道路与桥梁工程试验检测技术

王渭锋　何有强　吴　晶◎著

吉林科学技术出版社

图书在版编目（CIP）数据

道路与桥梁工程试验检测技术 / 王渭锋，何有强，
吴晶著. -- 长春：吉林科学技术出版社，2021.8
ISBN 978-7-5578-8483-3

Ⅰ．①道… Ⅱ．①王… ②何… ③吴… Ⅲ．①道路试
验－检测②桥梁试验－检测 Ⅳ．①U416.03②U446.1

中国版本图书馆 CIP 数据核字(2021)第 161305 号

道路与桥梁工程试验检测技术

著	王渭锋　何有强　吴　晶	
出 版 人	宛　霞	
责任编辑	李永百	
封面设计	金熙腾达	
制　版	金熙腾达	
幅面尺寸	185mm×260mm　1/16	
字　　数	532 千字	
印　　张	23	
印　　数	1—1500 册	
版　　次	2021 年 8 月第 1 版	
印　　次	2022 年 5 月第 2 次印刷	

出　　版　吉林科学技术出版社
发　　行　吉林科学技术出版社
地　　址　长春市净月区福祉大路 5788 号
邮　　编　130118
发行部电话/传真　0431-81629529　81629530　81629531
　　　　　　　　　81629532　81629533　81629534

储运部电话　0431-86059116

编辑部电话　0431-81629518

印　　刷　保定市铭泰达印刷有限公司

书　　号　ISBN 978-7-5578-8483-3
定　　价　90.00 元

前　言

　　随着时代的发展，公路工程检测技术也在不断发展和完善中，尤其是进入 21 世纪后，随着新技术、新材料、新工艺的不断涌现，公路工程检测技术也与时俱进，日臻完善。为了保证工程一线技术人员能及时掌握公路工程检测技术，更好地保证和提高公路工程质量，我们组织了一些试验检测理论知识扎实、施工经验丰富的人员编写了本书。在编写本书过程中，力求贴近我国公路工程实际，侧重于公路工程检测技术的具体操作，目的就是让我们的公路工程建设者能熟练掌握公路工程检测技术，并能成功地运用到工程实践中去。需要指出的是，本书编写的内容是针对具有一定公路工程工作经验、并有一定公路工程试验检测基础的工程技术人员。

　　大量的工程实践证明，工程质量控制最有效的手段是运用工程试验检测技术。公路工程试验检测技术主要是研究道路与桥梁、隧道等的试验检测原理、方法和应用。它融试验检测理论知识、操作技能及相关基础知识于一体，涉及的知识面较广，包含的内容和项目多，内容更新也快。通过试验、检测，能用定量的方法评价各种原料和现场工程实体的质量，能迅速推广应用新材料、新工艺，能合理地进行施工质量控制和科学地评定工程质量。这一工作是公路工程质量管理中的一个重要组成部分，也是施工现场的一个独立工作岗位。随着我国公路桥梁基础设施建设投资规模的加大，公路工程试验检测工作将更加繁重。我们要努力开拓，使公路工程试验检测工作走上更加规范、健康的发展道路。广大公路工作者、特别是从事公路工程试验检测工作的人员，要不断加强业务学习，努力提高自身素质，进一步增强责任感，切实提高试验检测工作质量和水平，提供真实可靠的试验检测数据，为正确指导、准确控制和客观评定公路工程质量提供科学的依据，促进公路工程质量提高到新的水平。

　　笔者在撰写本书的过程中，得到了许多专家学者的帮助和指导，在此表示诚挚的谢意。由于笔者水平有限，加之时间仓促，书中所涉及的内容难免有疏漏之处，希望各位读者多提宝贵意见，以便笔者进一步修改，使之更加完善。

目 录

第一章 道路与桥梁工程技术概述

第一节 道路工程施工技术概述

一、道路的分类及其工程组成

道路工程是供各类无轨车辆和行人等通行的基础设施。道路是一种带状构筑物，它的中心线是一条空间曲线，它具有高差大、曲线多且占地狭长的特点。道路工程施工图的表现方法与其他工程图有所不同。道路工程施工图由平面图、纵断面图、横断面图及构造详图组成。

（一）道路的分类

道路作为一个总称，它可分为城市道路、公路、农村道路、专用道路。

1. 城市道路

城市道路是在城市范围内，联系各组成部分，并供车辆及行人通行的、具备一定技术条件和设施的道路。按在道路系统中的地位、交通功能与对沿线建筑物的服务功能等来划分，城市道路可分为快速路、主干路、次干路与支路。

（1）快速路是为较高车速的长距离交通而设置的重要道路。快速路对向车道之间应设中间带以分隔对向交通，当有自行车通行时，应加设两侧带。快速路与高速公路、快速路、主干路相交时，必须采用立体交叉；与交通量较小的次干路相交时，可采用平面交叉；与支路不能直接相交。在过路行人集中地点应设置过街人行天桥或地下通道。

（2）主干路是城市道路网的骨架，为连接城市各主要分区的交通干路，以交通功能为主。自行车交通多时，宜采用机动车与非机动车分流形式，如三幅路或四幅路。

（3）次干路是城市的交通干路，兼有服务功能。次干路配合主干路组成道路网，起广泛连接城市各部分与集散交通的作用。

（4）支路是次干路与街巷路的连接线，解决局部地区交通，以服务功能为主。

街巷内部道路，作为街巷建筑的公共设施组成部分，不列入等级道路以内。

2. 公路

公路是指在城市以外，连接相邻市县、乡村、港口、厂矿和林区等，主要供汽车行驶，且具备一定技术条件和交通设施的道路。根据其功能、使用任务和远景交通量等综合因素可分为5个等级：高速公路、一级公路、二级公路、三级公路和四级公路。

（1）高速公路为专供汽车分向、分车道行驶，并应全部控制出入的多车道公路，一般能适应将各种汽车折合成小客车的远景设计年限年平均昼夜交通量25 000辆以上（四车道：25 000~55 000辆；六车道：45 000~80 000辆；八车道：60 000~100 000辆）。

（2）一级公路为供汽车分向、分车道行驶，并可根据需要部分控制出入及公路部分立体交叉的多车道公路，一般能适应将各种汽车折合成小客车的远景设计年限年平均昼夜交通量15 000~55 000辆（四车道：15 000~30 000辆；六车道：25 000~55 000辆）。

（3）二级公路为供汽车行驶的双车道公路，一般能适应将各种汽车折合成小客车的远景设计年限年平均昼夜交通量7 500~15 000辆。

（4）三级公路为主要供汽车行驶的双车道公路，一般能适应将各种汽车折合成小客车的远景设计年限年平均昼夜交通量2 000~6 000辆，为沟通县及县以上城市的一般干线公路。

（5）四级公路为主要供汽车行驶的双车道或单车道公路，一般能适应将各种汽车折合成小客车的远景设计年限年平均昼夜交通量2 000辆（单车道400辆）以下，为沟通县、镇、乡的支线公路。

公路按其重要性和使用性质又可分为国家干线公路（国道）、省级干线公路（省道）、县级公路（县道）和乡级公路（乡道）。

3. 农村道路

农村道路一般是指在农村中联系乡、村、居民点的主要道路，其交通性质、特点、技术标准要求等均与公路不同。

4. 专用道路

专用道路包括厂矿道路和林区道路。厂矿道路是指修建在工厂、矿区内部以及厂矿到公路、城市道路、车站、港口衔接处的对外连接段，主要为工厂、矿山运输车辆通行的道路。林区道路是指修建在林区，主要供各种林业运输工具通行的道路。

（二）道路工程的组成

道路工程的基本组成部分包括：路床、路基、路面、桥梁、涵洞、隧道、防护与加固工程、排水设施、山区特殊构造物，城市道路还包括各种管线等，以及为保证汽车行驶的安全、畅通和舒适的各种附属工程，如公路交通安全设施、路用房屋、综合服务区（加油站、维修站、餐饮、宾馆等）及绿化栽植等。此外，还包括为防止路基填土或山坡土体坍塌而修筑的承受土体侧压力的挡土墙，以及为保持路基稳定和强度而修建的地表和地下路基排水设施，包括边沟、截水沟、排水沟、急流槽、渗沟、渗水井等。

二、道路工程施工的一般特点

新建、改造或扩建的道路工程，其施工都不同程度地呈现以下特点：

第一，道路工程是固定在土地上的构筑物，而施工生产是流动的，所以道路工程施工组织是复杂的，这是区别于工业生产的最根本的特点。由于道路工程的流动性，就需要把众多的劳力、施工机具、材料，在时间和空间上加以合理的组织，从而使它们在线性的施工现场按照科学的施工顺序流动，不致互相妨碍而影响施工，这是施工组织的重要内容。

第二，道路工程施工规模大、周期长，施工组织工作十分艰巨。由于道路工程往往工程量较大，需要消耗大量的人力和物力，施工组织工作不仅要做好统筹部署，还要考虑各种不同工种之间的开竣工的衔接，只有这样，才能保证公路工程施工生产连续且有序地进行。

第三，道路工程施工是在室外进行的，受气候和自然条件的影响与制约，决定了公路施工组织工作的特殊性和不能全年连续均衡地进行施工生产。因此，在施工组织中，要对雨季、冬季和高温季节采取特殊的技术措施和施工方法，在高空和地下作业则要采取必要的防护措施，并尽可能连续而均衡地进行施工，注意避免气候、自然条件对施工生产所产生的不利影响，以确保工程质量和施工安全以及工期要求。

综上所述，道路工程施工的特点集中表现在施工条件复杂多变，给施工生产活动带来很大的困难，故要求针对道路工程的不同对象、不同的施工条件，从实际出发，充分做好准备工作，包括施工管理和组织计划工作。施工中实行流水作业，严格施工管理，健全岗位责任制，加强质量保证体系工作，每道工序都要严格把关，前一道工序未经验收不得进行下道工序，稳妥而科学地做好施工组织工作。

三、道路工程施工的基本程序

道路工程施工的基本程序是指施工单位从接受施工任务到工程竣工阶段必须遵守的工作程序。道路工程施工的大致程序如下。

（一）施工准备工作

施工准备工作是为拟建工程的施工建立必要的技术和物质条件，统筹安排施工力量和现场。施工准备工作也是施工企业搞好目标管理、推行技术经济承包的依据。

为了保证施工顺利进行，在施工准备阶段，建设主管部门应根据计划要求的建设进度指定一个企业或事业单位组织基建管理机构，办理登记及拆迁，做好施工沿线有关单位和部门的协调工作，抓紧配套工程项目的落实，组织施工范围内的技术资料、材料、设备的供应；勘测设计单位应按照技术资料供应协议，按时提供各种图纸资料，做好施工图纸的会审及发放工作；施工单位应组织机具、人员进场，进行施工测量，修筑便道及生产、生活等临时设施，组织材料、物资采购、加工、运输、供应、储备，做好施工图纸的接收工作，熟悉图纸的要求。

（二）组织施工

施工准备就绪后，施工单位向上一级单位提交开工申请，主管技术部门报监理工程师，由总监理工程师下达开工命令。施工单位要遵照施工程序和施工组织计划中所拟定的施工方法合理组织施工。施工过程中应严格按照设计要求和施工规范施工，确保工程质量，安全施工。推广应用新工艺、新技术，努力缩短工期，降低造价，同时应注意做好施工记录，建立技术档案。

组织施工应具备的文件有：①设计文件；②施工规范和技术操作规程；③各种定额；④施工图预算；⑤施工组织设计；⑥道路工程质量检验评定标准和施工验收规范。

（三）竣（交）工验收、交付使用

竣（交）工验收阶段主要工作是检查施工合同的执行情况，评价工程质量，对各参建单位工作进行初步评价。各合同段的设计、施工、监理等单位参加竣（交）工验收工作，由项目法人负责组织。公路工程竣（交）工验收工作一般按合同段进行，并应具备以下条件：合同约定的各项内容已全部完成；施工单位按《公路工程质量检验评定标准 第一册 土建工程》及相关规定对工程质量自检合格；监理单位对工程质量评定合格；质量监督机构按《公路工程质量鉴定办法》对工程质量进行检测；竣工文件按要求完成，施工单位、监理单位完成本合同段的工作总结报告。

竣（交）工验收阶段主要工作是对工程质量、参建单位和建设项目进行综合评价，并对工程建设项目做出整体性综合评价。竣（交）工验收时成立竣工验收委员会，由交通运输主管部门、公路管理机构、质量监督机构、造价管理机构等单位代表组成。公路工程竣

（交）工验收应具备以下条件：通车试运营 2 年以上；竣（交）工验收提出的工程质量缺陷等遗留问题已全部处理完毕，并经项目法人验收合格；工程决算编制完成，并经交通运输主管部门或其授权单位认定；档案、环保等单项验收合格；各参建单位完成工作总结报告；质量监督机构对工程质量检测鉴定合格，并形成工程质量鉴定报告。

四、道路工程施工准备工作

道路工程施工前施工单位的准备工作，是为了保证施工正常进行而必须做好的一项重要工作。它之所以重要，是因为道路施工是一项非常复杂的生产活动，需要处理一系列复杂的技术问题，耗用大量的物资，使用众多人力和动用机械设备资源，所遇到的条件也是多种多样的，因而，施工前准备工作考虑的影响因素越多，准备工作做得越充分，则施工越顺利。

施工企业在投标时应成立工程项目部，施工单位在获得工程任务并与建设单位签订工程施工承包合同后，应按照合同的要求着手进行施工准备工作。施工准备工作分为组织准备、技术准备、物资准备和施工现场准备等几个方面。

（一）组织准备工作

组织准备工作主要是建立健全施工组织管理机构，制定施工管理制度，明确施工任务，确定施工应达到的目标。施工组织管理机构是为完成道路工程施工而设置的负责现场指挥、管理工作的组织机构，一般由项目经理部及下设各职能部门组成。建立严格的责任制，按计划将责任预先落实到有关部门甚至个人，同时明确各级技术负责人在施工准备工作中所负的责任，从而充分调动各部门和技术人员的积极性，使他们责任、权利相统一。建立完善的施工管理制度是公路施工管理的核心。施工管理制度包括施工计划管理制度、工程技术管理制度、工程成本管理制度、施工质量安全管理制度等。

（二）技术准备工作

技术准备工作，即通常所说的"内业"工作，它是工程顺利实施的基础和保证。技术准备工作的质量，直接影响到工程的进度、质量和经济效益，因此必须高度重视。技术准备工作的内容主要包括熟悉设计文件、现场调查核对、设计交桩和技术交底及建立工地试验室。

1. 熟悉和审核图纸，深化施工组织设计

项目负责人组织有关人员对施工图纸和资料进行学习和自审，如有疑问，应做好统计，在业主召开的设计交底和图纸会审中提出，请上级部门给予解答。

施工组织设计是全面安排施工生产的技术经济文件，是指导施工的主要依据。施工组织设计是以一个建设施工项目为编制对象，用以规划整个拟建工程施工活动的技术经济文件。它是整个项目施工任务总的战略性部署安排，主要内容包括工程概况、施工布置与施工方案、施工总进度计划、施工准备工作及各项资源需要量计划、施工总平面图、主要技术组织措施及主要技术指标。

2. 设计交桩和技术交底

建设单位负责人召集设计、施工、监理、科研人员参加图纸会审会议。设计人员向施工方做图纸交底，讲清设计意图和对施工的主要要求，并对设计桩点进行复测交接。施工人员应对图纸和有关问题提出质询。最终由设计单位对图纸会审中提出的合理化建议，按程序进行变更设计或做补充设计。

3. 建立工地试验室

工地试验室是为施工现场提供直接服务的试验室，主要任务是配合路基、路面、桥涵等工程施工，对工地使用的各种原材料、加工材料及结构性材料的物理力学性能，以及施工结构体的几何尺寸等进行检测。工地试验室的作用是通过各种材料试验，选用合适的材料及其性能参数，以保证工程结构物的强度和耐久性，并有利于掌握各种材料的施工质量指标，保证结构物的施工质量。工地试验室的试验检测人员必须是具有试验检测资质的检测机构的正式持证注册人员。

施工前的准备工作有全局性，它是组织施工的第一步，没有这项工作，工程就不能顺利开工，更不能连续施工。没有准备的施工或准备不充分的施工，均会使以后施工难以顺利进行。

（三）物资准备工作

物资准备工作是指施工中必需的劳动手段和施工对象的准备。它是根据各种物资需要量计划，分别落实货源、组织运输和安排储备，以保证连续施工的需要。物资准备是各种材料与机具设备购置、采集、调配、运输和储存，临时便道及工程房屋的修建，供水、供电、必需生活设施等的安装及建设等工作。

在道路施工前，各种生产、生活需用的临时设施，如各种仓库、搅拌站、预制构件厂（站、场）、各种生产作业棚、办公用房、宿舍、食堂、文化设施等均应按施工组织需要的数量、标准、面积、位置等在施工前修建完毕。修建完毕各种生产、生活需用的临时设施后，应及时根据施工组织设计确定的材料、半成品、预制构件的数量、品种、规格以及施工机具设备，编制好物资供应计划，按计划订货和组织进货，按照施工平面图要求在指定地点堆存或入库；对沙子、碎石、钢材等材料应提前做各种试验，确定其是否满足设计要求；对各种标号混凝土提前做好配比；对施工将用的施工机械和机具需用量进行计划，按计划进场安装、检修和试运转。

施工队应提早调整，健全和充实施工组织机构，进行特殊工种、稀缺工种的技术培训和持证上岗，提前预招临时工和合同工，落实具有相应资质的专业施工队伍和外包施工队伍。同时，根据地理位置、气候条件，夏、冬、雨期施工也应做些适当准备。

（四）施工现场准备工作

1. 恢复定线测量

恢复定线测量的主要程序为：①检查工程原测设的所有永久性标桩；②复测；③将施工中所有的标桩进行加固保护，并对水准点、三角网点等设立易于识别的标志；④向监理工程师提供全部的测量标记资料；⑤完成全部恢复定线、施工测量设计和施工放样；⑥各合同段衔接处的测量应在监理工程师的统一协调下由相邻两合同段的承包人共同进行，将测量结果协调统一在允许的误差范围内。

2. 建造临时设施

①工地临时房屋设施包括行政办公用房、宿舍、文化福利用房及作业棚等。其需要量根据职工与家属的总人数和房屋指标来确定。

②仓库用来存放施工所需要的各种物资器材，按物资的性质和存放量要求其形式可以是露天、敞棚、房屋或库房。仓库物资贮存量应根据施工条件通过计算确定。

3. 临时交通便道

在工地布设临时交通便道时应遵循下列原则：

①临时交通道路以最短距离通往主体工程施工场所，并连接主干道路，使内外交通便利；

②充分利用原有道路，对不满足使用要求的原有道路，应在充分利用的基础上对其进行改建，节约投资和施工准备时间；

③在本工程的施工与现有的道路、桥涵发生冲突和干扰之处，承包人都要在本工程施工之前完成改道施工或修建临时道路；

④利用现有的乡村道路作为临时道路，应将该乡村道路进行修整、加宽、加固及设置必要的交通标志，并经监理工程师验收合格后方可通行；

⑤工程施工期间，应配备人员对临时道路进行养护，以保证临时道路的正常通行；

⑥尽量避开洼地和河流，不建或少建临时桥梁。

4. 工地临时用电

施工现场用电，包括生产用电和生活用电。其中，生活用电主要是照明用电；生产用电包括各种生产设施用电、主体工程施工用电、其他临时设施用电。临时供电总用量按式（1-1）计算：

$$P = \eta \cdot \left(\frac{K_1 \sum P_1}{\cos\varphi} + K_2 \sum P_2 + K_3 \sum P_3 + K_4 \sum P_4 \right) \qquad (1-1)$$

式中　P——供电设备总需要容量，kW；

　　η——用电不均衡系数，一般取 1.05~1.20；

　　K_1——全部动力同时用电系数，视电动机台数而定；

　　P_1——动力设备用电额定功率，kW；

　　$\cos\varphi$——动力用电设备功率因数；

　　K_2——电焊机同时用电系数，视台数而定；

　　P_2——电焊机用电额定功率，kW；

　　K_3，K_4——分别为室内与室外同时照明时室内与室外的用电系数；

　　P_3，P_4——分别为室内与室外照明用电量，kW。

5. 工地临时用水

根据施工现场平面布置图中的临时用水、临时用电设计方案，做好施工现场的正常施工、生活和消防的临时用水管线铺设工作。

五、道路工程施工常用机械

（一）土石方机械

1. 推土机

推土机是一种多用途的自行式土方工程建设机械，它能铲挖并移运岩土。例如，在道路建设施工中，推土机可完成：路基基底的处理；路侧取土横向填筑高度不大于2m的路堤；沿道路中心线铲挖移运岩土的路基挖填工程；傍山取土修筑半堤半堑的路基。推土机还可用于平整场地、局部碾压、给铲运机助铲和预松土、堆集松散材料、清除作业地段内障碍物，以及牵引各种拖式土方机械等作业。

推土机按行走装置不同分为履带式和轮胎式，按工作装置不同分为固定式铲刀（直铲）和回转式铲刀（斜铲），按操纵方式不同分为钢丝绳机械操纵和液压操纵等类型。对工程量较为集中的土石方工程一般采用液压操纵的履带式推土机。推土机适用的经济运距为 50~100m，不宜超过 100m。

2. 铲运机

铲运机是一种利用铲头在随机械一起行进中依次完成铲削、装载、运输和铺筑的铲土运输机械。它广泛用于公路、铁路、水利、港口及大规模的建筑等施工中的土方作业，铲运机按行走方式不同分为有牵引式（拖式）和自行式，按操纵方式不同分为机械传动、液压传动、电力传动和静压传动等类型。在施工作业时，铲运机作业的卸土有强制式、半强制式、自行式三种。铲运机的特点是能独立完成铲土、运土、卸土、填筑、压实等工作。铲运机对行驶道路要求较低，常用于坡角在 20° 以内的大面积场地平整，开挖大型基坑、沟槽，以及填筑路基等土方工程。

一般来说，铲运机可在 Ⅰ～Ⅲ 类土中直接挖土、运土，适宜运距为 600～1 500m，当运距为 200～350m 时效率最高。铲运机的经济运距和行驶道路坡度是铲运机选型的重要依据。如果运距短、坡度大、路面松软，以选择拖式铲运机为宜；如果运距较长、坡度大，宜采用双发动机驱动的自行式铲运机比较经济；如果路面较平坦，则选用单发动机驱动的自行式铲运机较为经济。铲运机适用于中等运距（100～200m）和道路坡度不大条件下的大量土方转移工程。如果运距太短（100m 以内），采用铲运机是不经济的。这时采用推土机或轮胎式自装自运较为适宜，运距特长（200m 及以上）则采用自卸汽车较为经济。

3. 单斗挖掘机

单斗挖掘机是一个刚性或挠性连续铲斗，以间歇重复式循环进行工作，是一种周期作业自行式土方机械。当场地起伏高差较大、土方运输距离超过 1 000m，且工程量大而集中时，可采用单斗挖掘机挖土，配合自卸汽车运土，并在卸土区配备推土机平整土堆。

单斗挖掘机有内燃驱动、电力驱动、复合驱动的装置，挖斗有正铲挖掘机、反铲挖掘机、拉铲挖掘机、抓铲挖掘机等形式。正铲挖掘机的特点是"前进向上，强制切土"，能开挖停机面以上的 Ⅰ～Ⅳ 级土，适用在地质较好、无地下水的地区工作。反铲挖掘机的特点是"后退向下，强制切土"，能开挖停机面以下的 Ⅰ～Ⅲ 级土，适宜开挖深度 4m 以内的基坑，对地下水位较高处也适用。拉铲挖掘机的特点是"后退向下，自重切土"，能开挖停机面以下的 Ⅰ～Ⅱ 级土，适宜大型基坑及水下挖土。抓铲挖掘机的特点是"直上直下，自重切土"，特别适于水下挖土。

4. 装载机

装载机具有轮胎式及履带式的全回转式、半回转式和正回转式三种形式。它的优点是兼有推土机和挖掘机两者的工作能力，适应性强、作业效率高、操纵简便。

装载机常用于公路建设中的土石方铲运，以及推土、起重等多种作业，在运距不大或运距和道路坡度经常变化的情况下，如采用装载机与自卸车配合使用装运作业，会使工效下降，费用增高。在这种情况下，可单独采用装载机作为自铲运设备使用。

5. 平地机

平地机是用装在机械中央的铲土刮刀进行土壤的切削、刮送和整平连续作业，并配有其他多种辅助作业装置的轮式土方施工机械。当配置推土铲、土耙、松土器、除雪犁、压路辊等附属装置、作业机具时，平地机可进一步扩大使用范围，提高工作能力或完成特殊要求的作业。

平地机主要用于修筑路基路面横断面、路基边坡整理工程的刷坡作业，开挖边沟及路槽，平整场地等；还可用来在路基上拌和路面材料、摊铺材料，修整和养护土路基路面，推土，疏松土壤，清除杂物、石块和积雪等。

（二）压实机械

压路机一般分为光轮压路机、轮胎压路机和振动压路机三种。光轮压路机的自重可以在一定范围内调整以改变单位线压力，一般用于整理性压实工作，对于容重要求较低的黏性土、砂砾料、风化料、冲击砾质土较为适合。轮胎压路机具有弹性，在碾压时与土体同时变形，其碾压作用力主要取决于轮胎的内压力。接触面积与压实深度有着密切的关系，为了得到较大的接触面积，又增加压实深度，在轮胎允许范围内尽可能增加轮胎碾的负荷。一般地，刚性碾轮由于受到土壤极限强度的限制，机重不能太大，而轮胎碾则没有这个缺点，所以轮胎碾适合于压实黏性土及非黏性土，如壤土、砂壤土、砂土、砂砾料等土质，同时对于路面施工也常常采用。振动压路机俗称振动碾，其主要优点有：一是单位面积压力大，可适当增加压实厚度，碾压遍数也可适当减少；二是结构重力小，外形尺寸小。其最大缺点就是振动及噪声大，易使机械手过度疲劳。

六、道路工程现场施工安排

道路施工是一项非常复杂的生产活动，它不仅需要有诸如进度计划、质量和成本等实际管理和劳动力、建设物资、工程机械、工程技术及财务资金等诸要素管理，而且要为完成施工目标和实现组织施工要素的生产事务服务，否则就难以充分地利用施工条件，发挥施工要素的作用，甚至无法进行正常的施工活动，实现施工目标。

（一）现场施工管理基本任务

现场施工管理的基本任务是根据生产管理的普遍规律和施工的特殊规律，以每一个具体工程和相应的施工现场为对象，正确处理好施工过程中的劳动力、劳动对象和劳动手段的相互关系及其在空间布置上和时间安排上的各种矛盾，做到人尽其才、物尽其用，安全完成施工任务。

（二）现场施工管理基本内容

现场施工管理包括以下基本内容：

①编制施工作业计划并组织实施，全面完成计划指标；②做好施工现场的平面布置，合理利用空间，创造良好的施工条件；③做好施工中的调度工作，及时协调施工工种和专业工种之间，以及总包与分包之间的关系，组织交叉施工；④做好施工过程中的作业准备，为连续施工创造条件；⑤保护施工环境，节约社会资源，建设优良工程；⑥科学合理地设置管理机构，保证现场管理全面协调运作；⑦认真完成施工日志、施工记录及施工影像资料，为交工验收和技术档案积累资料。

（三）道路施工组织管理内容

道路工程施工要多快好省地完成施工生产任务，必须有科学的施工组织，并合理解决好一系列问题，其具体任务如下：

①确定开工前必须完成的各项准备工作；

②计算工程数量，合理部署施工力量，确定劳动力、机械台班、各种材料、构件等的需要量和供应方案；

③确定施工方案，选择施工器具；

④安排施工顺序，编制施工进度计划；

⑤确定工地上的设备停放场、料场、仓库、办公室、预制场地等的平面布置。

此外，道路工程的施工总方案可以是多种多样的，应该依据道路工程具体特点，工期需求，劳动力数量及技术水平，机械设备能力，材料供应以及构件生产、运输能力、地质、气候等自然条件及技术经济条件进行综合分析，进行方案比选，选择最理想的施工方案。

把上述各项问题加以综合考虑，并做出合理的决定，形成指导施工生产的技术经济文件——施工组织设计。施工组织设计本身是施工技术准备工作，是指导施工的准备工作，是全面布置施工生产活动、控制施工进度、进行劳动力和机械调配的基本依据，对是否能多快好省地完成道路工程的施工生产任务起着决定性作用。

七、道路工程安全文明施工和环境保护

（一）安全施工措施

在建筑安装施工生产中，有近80%的生产安全事故都是由于职工自身的不安全行为造

成的。从构成事故的三因素，即人、机械、环境的关系分析，"机械设备""环境"相对比较稳定，唯有"人"是最活跃的因素，而"人"又是操作机械设备、改变环境的主体。因而，紧紧抓住"人"这个活跃因素，通过科学的管理，有效的培训和教育，正确的引导和宣传，以及合理、及时的班组安全活动，不断提高员工的安全素质，是做好安全生产管理工作的关键。

具体的安全保障措施有以下几点：

1. 建立健全项目安全生产保障体系，实施安全生产责任制，确保各专业项目负责人及技术负责人对劳动保护和安全生产的工作负责。工程项目经理部必须建立安全生产领导小组，各班组设安全员，各作业点应有安全监督岗，并将安全生产责任制层层落实。

2. 组织工程项目施工的安全教育和技术培训考核，对管理人员和施工操作人员，按其各自的安全职责范围进行教育，并建立安全生产奖惩制度，认真落实。

3. 确保必需的安全投入。购置必备的劳动保护用品、安全设备及设施，确保完全满足安全生产的需要。另外，积极做好安全生产检查，发现事故隐患要及时整改。

4. 所有工程在开工前必须编制有安全技术的施工组织设计（包括施工用电组织设计）及技术复杂的专项方案，必须严格审核批准手续、程序。必须逐级进行安全技术交底，技术交底应有书面资料或有作业指导书（或操作细则）。技术交底针对性要强，并履行签字手续，保存资料。项目经理部安全员负责监督检查，严格按照安全技术交底的规定要求进行作业。

5. 施工现场应实施机械安全管理及安装验收制度。使用的施工机械、机具和电气设备，在安装前，应当按照规定的安全技术标准进行检测，经检测合格后方可安装，机械安装要按平面布置进行。在投入使用前，应按规定进行验收，并办好验收登记手续。经验收，确认机械状况良好，能安全运行的，才准投入使用。所有机械操作人员都必须经过培训合格后，持证上岗。机械操作人员要进行登记存档，按期复验。使用期间，应当指定专人负责维护、保养，保证机械设备的完好率和使用率以及安全运作。

6. 安全检查由项目经理或主管施工生产负责人主持，项目经理部有关人员参加。对查出的隐患，要建立登记、整改、验证、消项制度，要定人、定措施、定经费、定完成日期，在隐患没有消除前，必须采取可靠的防护措施，如有危及人身安全的紧急险情，应立即停止作业。

7. 施工现场临时用电要有施工组织设计或方案，应按《施工现场临时用电安全技术规范》的要求进行设计、验收和检查。临时用电还要有安全技术交底及验收表，变更组织设计要有变更记录，健全安全用电管理制度和安全技术档案。临时用电应落实四项技术措施：a. 防止误触带电体的措施；b. 防止漏电措施；c. 实行安全电压措施；d. 采用三相五线制。所有接地和重复接地电阻值，经检验应符合规范要求。

此外，在做好工地内安全工作的同时应对沿线居民做好安全宣传工作，提高广大行人的安全意识，确保在整个施工过程中无安全事故发生。

（二）文明施工措施

文明施工能够展示施工单位的形象，体现施工队伍的素质。施工的文明性主要包括场容场貌、料具管理以及综合治理。

1. 场容场貌

施工现场进出口大门外应悬挂"六牌二图"，即工程概况牌、管理人员名单及监督电话牌、现场出入制度牌、安全生产牌、消防保卫牌、文明施工牌和现场平面布置图、建筑物效果图。工地设有施工总平面图及安全生产、消防保卫、环境保护、文明施工等制度牌，施工危险区域或夜间施工均有醒目的安全警示标志，各类标牌整齐、规范。施工现场应将工程项目名称，建设、监理及施工单位名称，工程开、竣工时间等内容标注在醒目位置。

2. 料具管理

施工现场外临时存放的施工材料，须经有关部门批准，并应按规定办理临时占地手续。材料要码放整齐，符合要求，不得妨碍交通和影响市容，堆放散料时应进行围挡。料具和构配件应按施工平面布置图指定位置分类码放整齐。预制圆管、预制板等大型构件和大模板存放时，场地应平整夯实，有排水措施，码放应符合规定。施工现场的材料保管，应依据材料性能采取必要的防雨、防潮、防晒、防冻、防火、防爆、防损坏等措施。贵重物品、易燃、易爆和有毒物品应及时入库，专库专管，加设明显标志，并建立严格的领退料手续。

3. 综合治理

首先，要加强职工的教育，应经常对参与施工过程的职工（包括新入场的工人）进行文明施工教育。除对全体职工进行文明施工教育外，还应分工种以及根据施工进度部位对职工进行有针对性的文明施工教育。此外，要加强对职工宿舍卫生的管理，生活污水要及时处理，做到卫生区内无污水、无污物，不得出现废水乱流等现象。

（三）环境保护措施

依照国家、地方环境保护及相关法规，确定施工过程中要做的环境保护工作及具体的安排，使施工期的环境保护工作有序、有效进行，减少施工过程对周围环境造成的不利影响。环境保护的目标是：在工程施工期间，对废水、废气和固体废弃物进行全面控制，尽量减少这些污染排放所造成的影响，文明施工，保护农田和农作物。

施工中的环境污染问题，主要包括水污染、大气污染、噪声污染及固体废弃物污染等。针对这几种问题，有以下处理方法：

1. 在开工前完成工地排水和废水处理设施的建设，保证工地排水和废水处理设施在整个施工过程的有效性，做到现场无积水、排水不外溢、不堵塞、水质达标。

2. 对易产生粉尘、扬尘的作业面和装卸、运输过程，制定操作规程和洒水降尘制度，在旱季和大风天气适当洒水，保持湿度。合理组织施工，优化工地布局，使产生扬尘的作业、运输尽量避开敏感点和敏感时段（人群活动的时段），运输车辆应设有有效的封闭措施。易飞扬细颗粒散体物料尽量安排库内存放，堆土场、散装物料露天堆放场要压实、覆盖。此外，尽量使用清洁能源。

3. 施工中各种临时设施和场地，如堆料场、加工厂、轧石厂、沥青厂等距居民区不宜小于300m，而且应设于居民区主要风向的下风处。使用机械设备的工艺操作，要尽量减少噪声、废气等污染，施工场地的噪声应遵守当地有关部门对施工场地的具体规定。

4. 回填土方时，减少回填土方的堆放时间和堆放量，堆土场周围加护墙或护板，保证回填土的质量，不将有毒有害物质和其他工地废料、垃圾用于回填。制订泥浆和废渣的处理方案，选择有资质的运输队伍，及时清运施工弃土和渣土，建立登记制度，防止中途倾倒事件的发生并做到运输途中不撒落。剩余料具、包装及时回收、清退。对可利用的废弃物尽量回收利用，各类垃圾及时清扫、清运，不随意倾倒，一般要求每班清扫，每日清运。施工现场无废弃砂浆和混凝土，运输道路和操作面落地料及时清用，砂浆、混凝土倒运采取防撒落措施。

第二节　桥梁工程施工技术概述

桥梁工程的建设一般需经过规划、勘测、设计和施工等阶段。施工阶段的主要任务是具体实现桥梁设计思想和设计意图，将图纸上的内容变为实际的能够满足功能要求的工程结构物。

桥梁工程的施工主要包括桥梁的施工技术和施工组织。施工技术水平对桥梁的建设起着十分重要的作用，尤其是对于结构复杂、施工环境恶劣的桥梁，建设者的建设意图在实际的工程结构物中体现，很大程度上依赖于所采用的施工技术。桥梁工程施工技术的发展，为实现桥梁设计的意图，提供了丰富多样的手段，也为增大桥梁跨度、改进结构形式以及采用新材料，提供了必要的条件。因此，先进的施工技术，能够影响和促进桥梁设计水平的提高和发展。此外，采用先进合理的施工技术，对于降低工程造价、保证工程质量、加快施工进度和实现安全生产都十分重要。

桥梁施工包括桥梁下部结构施工和桥梁上部结构施工，下部结构主要包括桥墩、桥台和基础，桥墩分为实体墩、柱式墩和排架墩等，桥台可分为重力式桥台、轻型桥台、框架式桥台、组合式桥台、承拉桥台等，桥梁基础按构造和施工方法不同可分为明挖基础、桩基础、沉井基础、沉箱基础和管柱基础等。

一、桥梁的组成及分类

（一）桥梁的组成

桥梁由五个主要部件（桥跨结构、支座系统、桥墩、桥台、基础）和桥面构造（桥面铺装、排水防水系统、栏杆、伸缩缝和灯光照明）组成。

桥跨结构、支座系统和桥面构造是桥梁的上部结构，它是线路中断时跨越障碍的主要承重结构。上部结构的作用是满足车辆荷载、行人通行，并通过支座将荷载传递给墩台。墩台和基础是桥梁的下部结构，它的作用是支承上部结构，并将结构的荷载传给地基。

（二）桥梁的分类

桥梁的种类繁多，它们都是在长期的生产活动中通过反复实践和不断总结，逐步创造发展起来的。

1. 按桥梁的受力体系分类

桥梁可根据拉、压和弯三种基本受力方式分为梁式桥、拱式桥、悬索桥和刚构桥四种基本体系。当有几种不同的结构体系组合在一起时，则组成组合体系桥梁。

（1）梁式桥

梁式桥是一种在竖向荷载作用下无水平反力的结构。由于外力的作用方向与承重结构的轴线接近垂直，故与同样跨径的其他结构体系相比，梁内产生的弯矩最大，通常用抗弯能力强的材料来建造，它结构简单，施工方便。梁式桥又可分为简支梁桥和连续梁桥。简支梁桥的跨越能力有限，当计算跨径小于20m时，通常采用混凝土材料；当计算跨径较大时，需要采用预应力混凝土结构，但跨径一般不超过40m。悬臂梁桥和连续梁桥都是利用增加中间支承以减小跨中弯矩，更合理地分配内力，加大跨越能力。

（2）拱式桥

拱式桥的主要承重结构是拱圈或拱肋。其特点是结构在竖向荷载作用下，两拱脚处不仅产生竖向反力，还产生水平反力，由于水平推力的作用使得拱截面的弯矩和剪力大大地减小。设计合理的拱轴主要承受压力，拱截面内弯矩和剪力均较小，因此可充分利用石料或混凝土等抗压能力强的圬工材料。拱式桥是推力结构，其墩台、基础必须承受强大的拱脚推力。因此拱式桥对地基要求很高，适建于地质和地基条件良好的桥址。拱式桥不仅跨越能力强，而且外形酷似彩虹卧波，造型十分美观。

（3）悬索桥

悬索桥又称吊桥。传统的吊桥均使用悬挂在两边塔架上强大的缆索作为主要的承重结构。悬索桥由主塔、缆索、锚碇结构及吊杆、加劲梁等组成。在竖向荷载作用下，通过吊杆使缆索承受很大的拉力，通常就需要在两岸桥台的后方修筑巨大的锚碇结构。吊桥也是具有水平反力的结构。现代的吊桥上，广泛采用高强度的钢丝编制的钢缆，以充分发挥其优异的抗拉性能。因此，结构自重较轻、建筑高度较小的悬索桥能够建造出比其他任何桥型都要大的跨度。

（4）刚构桥

刚构桥的主要承重结构是梁与立柱刚性连接的结构体系。刚构桥的特点是在竖向荷载作用下，柱脚处不仅产生竖向反力，同时产生水平反力和弯矩，使其基础承受较大推力。刚构桥跨中的建筑高度可以做得较小。

（5）组合体系桥

由几种不同体系的结构组合而成的桥梁称为组合体系桥。常见的有：斜拉桥和梁、拱组合体系桥。

2. 桥梁的其他分类

除上述按受力特点将桥分成不同的结构体系外，人们还习惯按桥梁的用途、大小规模和建桥材料等其他方面来进行分类：

（1）按桥梁全长和跨径的不同，分为特大桥、大桥、中桥和小桥。

（2）按桥梁主要承重结构所用的材料划分，有圬工桥（包括砖、石、混凝土等）、钢筋混凝土桥、预应力钢筋混凝土桥、钢桥和木桥等。木材易腐且资源有限，因此除少数临时性桥外，一般不宜采用。目前，我国在公路上使用最广泛的是圬工桥、钢筋混凝土桥、预应力钢筋混凝土桥。

（3）按桥梁上部结构的行车道位置，分为上承式桥、下承式桥和中承式桥。桥面布置在主要承重结构之上者称为上承式桥，桥面布置在承重结构之下的称为下承式桥，桥面布置在桥跨结构高度中间的称为中承式桥。

（4）按桥梁用途来划分，分为公路桥、铁路桥、公路铁路两用桥、农桥、人行桥、运水桥及其他专用桥梁。

二、桥梁工程施工的一般特点

（一）流动性与地域性

桥梁工程施工生产不同于一般的工业生产，由于建造地点的不同，其施工是在不同的地区，或同一地区的不同场地进行的，因此其生产在地区之间、场地之间流动。桥梁工程施工受地区条件的影响，其结构、造型、材料和施工方案等方面均有所不同，具有一定的地域性。

（二）固定性与单一性

具体到某一座桥梁工程施工，经过统一规划后，根据其使用功能，在选定的地点上单独设计、单独施工，不可更改，建设地点具有固定性。即使是提倡使用标准设计和通用构件，但受桥梁工程所在地区的自然、经济和技术条件的约束，其结构、建筑材料、施工方法和施工组织等也可因地制宜加以修改，以适应不同地区和不同桥型的需要，从而使桥梁工程的施工具有单一性。

（三）周期性与重复性

桥梁工程施工受混凝土龄期、同部位分节施工等影响，需按部就班地开展，如梁板预制、钢筋绑扎、模板安装固定、混凝土浇筑、顶推循环施工等，从而使桥梁工程施工具有周期性和重复性。

（四）露天性与高空性

桥梁工程地点的固定性和体形庞大的特征决定了其施工具有露天作业和高空作业多的特点。随着社会经济发展和现代化交通运输的需要，各种大型桥梁的施工任务越来越多，使得桥梁工程高空作业的特点日益明显。

（五）施工周期长与占用流动资金多

桥梁体形庞大，其建造必然要消耗大量的人力、物力和财力，同时施工过程还要受到工艺流程和生产程序的制约，使各专业和各工种间必须按照合理的施工顺序进行配合与衔接。而建造地点的固定性，使得施工活动的空间具有一定的局限性，从而导致桥梁施工具有生产周期长、占用流动资金大的特点。

（六）施工生产组织协作的复杂性

桥梁工程施工涉及工程力学、地基基础、工程地质、水文水力学、土力学、工程材料、工程机械设备、施工组织管理等学科的专业知识，施工涉及面较广，需要在不同时期、不同地点上组织多专业、多工种的综合作业。此外，它还涉及不同种类的专业施工队伍，以及规划与征用土地、勘测设计、"五通一平"、科研试验、质量监督、交通运输、电水热供应、劳务等社会各领域的外部协作配合，使得桥梁工程施工生产的组织协作关系错综复杂。

三、桥梁工程施工的基本程序

桥梁工程主体施工大致可分为桥梁下部结构和桥梁上部结构两部分。桥梁下部结构工程（基础、墩台）大多采用就地浇筑施工，桥梁上部结构根据桥位的地形地貌特点、墩台高低、梁孔多少等选择桥位现浇法或预制梁场集中预制的运架方案。

四、桥梁工程施工准备工作

施工单位承接桥涵施工任务后，必须组织有关人员对设计文件、图纸及其他有关资料进行了解和研究，并进行现场勘测与核对，必要时进行补充调查。其内容包括：气候条件，气象资料，河流水文，地形地貌，河床地质，当地材料，可利用的现有建筑物，劳动力情况，工业加工能力，交通运输条件，施工场地的水、电源以及生活物资供应，农田耕作的要求等。

1. 施工单位在编制施工组织设计前，应组织有关人员对设计文件、图纸、资料进行研究和现场核对，必要时进行补充调查。研究设计文件、图纸、资料时，应首先查明是否齐全、清楚，图纸本身及相互之间有无矛盾和错误。如发现图纸和资料欠缺、错误、矛盾等情况，应向建设单位提出，予以补全、更正。较复杂的中桥、大桥和特大桥，可要求建设单位进行设计交底，施工单位可提出修改意见供建设单位考虑。

2. 在测查现场及审阅图纸后，应请建设单位主持，请建设主管部门、监理单位、设计单位设计人员进行设计交底。交底后施工单位将发现的问题提出，请设计单位解答，会议纪要由建设单位于会后以正式文件分发给设计、施工及其他单位。

在施工单位内部应贯彻层层交底制度，施工技术部分应由技术负责人进行书面交底。交底内容应包括结构特点、施工季节特点、施工步骤、操作方法、质量要求、安全要求和各项有关的规程、技术措施，并结合设计意图，向各级人员及操作人员交代清楚。

3. 根据工程规模，编制施工组织设计或施工方案，施工组织设计具体应该包括下列内容：

a. 工程特点：应叙述工程结构情况与特点及工程地点的水文、地质、气候、地形等特殊情况，以及与工程有关的其他情况。

b. 主要施工方法：根据工程特点，简要叙述本工程主要部位的施工方法和保证工程质量、施工安全、节约以及推广新工艺、新技术、新结构、新材料等的施工方法。

c. 施工现场总平面布置图及施工图纸：包括水、电、路和各加工厂与存料场的布置、面积，以及与场外的交通联系。

d. 施工进度计划：主要项目施工网络计划、施工物资供应计划及半成品供应计划、施工机具与劳动力计划。

e. 施工预算，科研项目及内容。

f. 对施工中间的障碍应作详细调查，并提出处理方法与时间，对旧建筑物的处理方法，如需爆破，则应提前做准备，并报请有关单位批准，按计划施行。

g. 在河道中施工时，应划定足够的施工水域和拟订过往船只通行的措施，报请航道部门批准。对河床情况，除探测外，还应向附近人员了解河道内有无特殊障碍，以便制订施工计划。在陆地施工时应充分考虑交通组织问题，应与铁道、公路及交通管理部门联系，并办理有关手续。

五、桥梁工程施工常备式结构与主要机具设备

（一）桥梁施工常备式结构

1. 钢管脚手架（支架）

根据钢管的连接、组合方式不同而产生了多种不同类型的脚手架，主要有扣件式、碗扣式、门式等。扣件式钢管脚手架的特点是装拆方便，搭设灵活，能适应结构平面、立面的变化。

2. 拼装式常备模板

拼装式钢模、木模和钢木结合模板的构造都基本相同，均由底模、侧模和端模三部分组成。整体式模板是预制工厂的常备结构，常用于桥梁预制工厂的一些标准定型构件的生产。目前，组合式钢制定型模板在桥梁工程施工中也有使用。

组合式定型钢模板具有通用性强、可灵活组装、装拆方便、强度高、刚度大、尺寸精度高、接缝严密、表面光洁、适于组合拼装成大块、便于实现机械化施工、周转次数多（50 次以上）、节约木材、降低成本等优点。

3. 万能杆件

万能杆件是用角钢制成的可拼成节间距为 2m×2m 的桁架杆件。万能杆件通用性强，各杆件均为标准件，装拆、运输方便，利用率高，可拼装成多种形式，也可作为墩台、索塔施工脚手架。万能杆件的构件一般有杆件、连接板、缀板三大部分。

4. 贝雷（贝雷梁）

贝雷是一种由桁架拼装而成的钢桁架结构。贝雷常拼成导梁作为承载移动支架，再配置部分起重设备与移动机具来实现架梁。贝雷主要构件有：桁架、加强弦杆、横梁、桁架销、螺栓、支撑构件等。

（二）桥梁施工常用的起重机具设备

1. 扒杆

扒杆是一种简单的起重吊装工具，一般都是由施工单位根据工程的需要自行设计和加工制作的。扒杆可以用来升降重物、移动和架设桥梁等。常用的扒杆种类有独脚扒杆、人字扒杆、摇臂扒杆和悬臂扒杆。

2. 龙门架

龙门架是一种最常用的垂直起吊设备。在龙门架顶横梁上设行车时，可横向运输重物、构件；在龙门架两腿下设有缘滚轮并置于铁轨上时，可在轨道上纵向运输；在两脚下设能转向的滚轮时，则可进行任何方向的水平运输。

3. 浮吊

浮吊船是在通航河流上建桥的重要工作船。常用的浮吊有铁驳轮船浮吊和用木船、型钢及人字扒杆等拼成的简易浮吊。我国承建的孟加拉国吉大港帕德玛大桥主桥建造工程中，浮吊船的最大起重重量可达 1000t。通常简易浮吊可以利用两只民用木船组拼成门船，用木料加固底舱，舱面上安装型钢组成的底板构架，上铺木板，其上安装人字扒杆制成。起重动力可使用双筒电动卷扬机一台，安装在门船后部中线上。制作人字扒杆的材料可用钢管或圆木，并用两根钢丝绳分别固定在民船尾端两舷旁钢构件上。吊物平面位置的变动由门船移动来调节，另外还需配备电动卷扬机绞车、钢丝绳、锚链、铁锚作为移动及固定船位用。

4. 缆索起重机

缆索起重机是利用承载缆索上行走的起重小车进行吊运作业的起重机具。缆索起重机以柔性钢索作为大跨距架空承载构件，具有垂直运输和水平运输功能，用于较大空间范围内起重、运输和装卸作业。

5. 架桥机

目前在我国使用的架桥机类型很多，其构造和性能也各不相同，最常用的有单梁式架桥机和双梁式架桥机两种类型。

单梁式架桥机的特点是：机械化程度较高，本身设有自动行驶的动力装置，能架桥、铺轨两用，轴重小，能自动行驶上桥对位，使用操作较安全、方便；机臂能做水平摆动，并可在隧道口架梁；能吊铺桥上 25m 长的轨排及上渣工作；除端门架和支柱需拆卸外，其余基本上不需要解体运输。因此，整机组装和拆卸均较简单，而且不需要其他超重机械帮助。

双梁式架桥机的特点是：架桥机吊梁桁车可直接由运梁平车上起吊梁，不需换装；架梁时，因吊梁桁车可横向移动，因此，每片梁均能一次就位，而不需要人工在墩台上移梁；机臂能做水平转动；可在隧道口和隧道内架桥；机臂前后两端均能架梁，架桥机不需转向。此外，双梁式架桥机还自带发电设备，结构简单，操作方便，便于养护维修，适用于山区和地形复杂的道路铺设和架桥工作。

6. 汽车起重机

汽车起重机是装在普通汽车底盘或特制汽车底盘上的一种起重机，其行驶驾驶室与起重操纵室分开设置。这种起重机的优点是机动性好，转移迅速。缺点是工作时须支腿，不能负荷行驶，也不适合在松软或泥泞的场地上工作。汽车起重机的底盘性能等同于同样整车总重的载重汽车，符合公路车辆的技术要求，因而可在各类公路上通行无阻。此种起重机一般备有上、下车两个操纵室，作业时必须伸出支腿保持稳定。起重量的范围很大，为 8~1 000t，底盘的车轴数，可为 2~10 根，是使用广泛的起重机类型之一。

六、桥梁工程施工现场安排

施工现场的施工安排工作，主要是为工程的施工创造有利的施工条件和物资保证。其具体内容如下：

（一）施工测量控制网的复测和加密

按照设计单位提供的桥位总平面图及测量控制网中给定的基线桩、水准基桩和保护桩等资料，在施工现场进行三角控制网的复测。并根据桥梁的精度要求和施工方案，补充加密施工所需要的各种标桩，建立满足施工要求的工程测量控制网。

（二）"五通一平"

"五通一平"是指工程中为了合理有序施工进行的前期准备工作，一般包括通水、通电、通路、通信、通排水、平整土地。一般基本要求是"三通一平"（通水、通电、通路、平整土地）。为满足采用混凝土构件蒸汽养生和寒冷冰冻地区施工取暖的需要，还要考虑做好供热工作。

（三）建造临时设施

按照施工总平面图的布置，建造各种生产、办公、生活居住和储存等临时房屋，以及施工便道、便桥、码头、混凝土搅拌站和构件预制场等大型临时设施。由于临时设施的项目繁多，内容庞杂，因此建造时应精打细算，做好规划，合理确定项目、数量和进度等。要因地制宜，降低造价，使之尽量标准化和通用化，以便于拆迁和重复利用。

（四）安装调试施工机具

按照施工机具需要量计划，组织施工机具进场，并根据施工总平面图的布置将施工机具安置在规定的地点。对所有施工机具都必须在施工之前进行检查和试运转。

（五）原材料进场及验收

为了确保进入施工现场的材料符合规范要求，确保工程质量，应从原材料的采购进行控制，选择合格的供应商，保证所有同工程质量有关的物资采购能满足规定的要求，做到比质比价，质量第一。进场材料由项目物资部、质保部联合按批次验收；原材料进场时必须资料齐全；钢筋、水泥等必须经复验合格。

项目部组织验收合格后，须报监理和甲方验收，通过后方可使用。未经检验和试验的材料，未经批准紧急放行的材料，经检验和试验不合格的材料，无标识或标识不清楚的材料，过期失效、变质受潮、破损和对质量有怀疑的材料等不得使用。当材料需要代用时，应先办理代用手续，经设计单位或监理单位同意认可后才能使用。

（六）原材料的试验和储存堆放

按照材料的需要量计划，应及时提供材料试验如钢材的机械性能试验，预应力材料的力学性能试验，水泥、砂石等原材料的试验，以及混凝土的配合比试验等申请计划。材料的进场要及时组织，进场后应按规定的地点和指定的方式进行储存和堆放。

（七）做好夏、冬、雨季施工安排

按照施工组织设计的要求，落实夏、冬、雨季的临时设施和技术措施，做好施工安排。

（八）落实消防和保安措施

建立消防和保安等组织机构，制定有关的规章制度，布置安排好消防、保安等措施。

七、桥梁工程安全文明施工和环境保护

（一）安全施工措施

桥梁工程施工常采用高处作业，由于高处作业危险性大，伴随着高处作业易发生坠落事故，因此必须认真采取防护措施，做好防护工作和应急措施。

桥梁工程施工中的安全基本规定：

1. 高桥、大跨、深水、结构复杂的大型桥梁施工，应对施工安全做专项调查研究，并制定相应的安全技术措施。单项工程（包括辅助结构、临时工程）开工前，应根据规定的安全操作细则向施工人员进行安全技术交底。

2. 桥梁施工前，应对施工现场、机具设备及安全防护措施等进行全面检查，确认符合安全要求后方可施工。

3. 手持式电动工具，应按《手持式电动工具的管理、使用、检查和维修安全技术规程》的规定，根据手持式电动工具的类别和作业场所的安全要求，加设漏电保护器。

4. 桥梁施工中，采用多层作业或桥下通车、行人等立体施工时，应得到交通管理和市政部门的同意，并布设安全网。

5. 对于通航江河上的桥涵工程，施工前应与当地港航监督部门联系，商定有关通航、作业安全事宜。

6. 桥梁施工受气候环境因素影响很大。因此，应注意天气预报风力级别，高处露天作业及缆索吊装、大型构建等起重吊装时，应根据作业高度和现场风力大小对作业的影响程度，制定适于施工的风力标准。遇有六级（含六级）以上大风时，上述施工应停止作业。

（二）文明施工措施

同道路工程施工相同，文明施工能够展示施工单位的形象，体现施工队伍素质。文明施工不仅可以体现当代建设者及建设单位的责任感，还能够提高施工质量，保证工程建设有序进行，具体同道路文明施工规定。

（三）环境保护措施

1. 水土保持措施

（1）桥梁施工水土保持措施

基础施工，特别是钻孔过程中会有大量的泥浆水排放，为防止污染水源，破坏环境，钻孔过程中的泥浆水先集中在泥浆池沉淀，符合要求后排放到工地的排水系统，严禁乱流乱淌。

（2）弃渣（土）场水土保持措施

弃渣场选址应依据设计文件规划或与地方有关部门协商，并结合当地土地利用规划。一般选择在坡度较缓、易于形成坡度开发的山坡荒地处，避开大面积汇水地带的滞留谷地。弃渣前先将地表熟土集中存放，砌筑片石挡渣墙，墙身设泄水孔，渣底预埋透水管道。必须先挡后弃，工程结束后对弃渣场进行平整，地面做必要的防护，将存放的熟土回填弃渣场顶部，植草复垦。

（3）防止水污染措施

施工及生活废水的排放遵循清污分流、雨污分流的原则，各种施工废油、废液集中储积，集中处理，严禁乱流乱淌，防止污染水源，破坏环境。

（4）地表植被的保护

合理规划施工便道、施工场地，固定行车路线、便道宽度，限制施工人员的活动范围，尽量少扰动地表、少破坏地表植被。

（5）维护生态平衡，避免人为恶化环境措施

加强生态环境保护的宣传工作，使全体参建员工充分认识环境保护的重要性和必要性，加强环保意识，制定详细的环境保护措施，建立严格的检查制度，避免人为恶化环境。保护好桥址沿线的植被、水环境、大气环境、自然生态环境、土壤结构、自然保护区、野生动植物，维护生态平衡系统。

2. 生态环境保护措施

（1）临时工程环境保护

便道、混凝土搅拌站及办公生活区的设置要合理、紧凑，严禁随意搭建，尽量减少对植被的损坏，不占用乡村道路。搅拌站等高噪音生产设施尽可能远离居民区或采取限时作业措施。施工场地周围预先开挖排水沟，做到排水畅通，场内不得积水、积污，应充分考虑其对原地面排水的影响，以免阻挡地表径流的排泄，影响当地居民的生产、生活。

（2）植被保护

施工期间加强对施工人员保护自然资源及野生动植物的教育，限制施工人员和车辆的

活动范围。施工便道选线和办公生活区、大型临时设施场地选址尽量少占或绕避林地、耕地,保护原有植被。对合同规定的施工界限外的植物尽力维护,工程完工后及时进行现场清理,复垦或绿化。

（3）施工中的环保措施

注意夜间施工的噪音影响,尽量采用低噪音施工设备。不能使用不符合尾气排放标准的机械设备。做好当地水系、植被的保护工作,在施工时对路基边坡及时进行防护与植被绿化,施工车辆不得越界行驶,以免碾坏植被、庄稼、乡村道路等。施工便道、工棚及作业场地的布置,尽量维护自然面貌,少占荒地,少开挖,以保护自然植被。

（4）竣工后环境恢复措施

工程完工后,将临时设施全部拆除,当地可以利用的,经当地政府或环保部门的同意,协议转让。施工场地认真清理并收集施工垃圾运至指定的位置处理或就地掩埋。工程完工后,临时租用的土地立即复耕归还。工程竣工的同时,严格按照环保及生态环境保护的要求,对临时设施、施工工点、取弃土场及其他施工区域范围做好环保及生态环境的恢复工作。

第二章 试验检测及数据处理的基础知识

第一节　试验检测的目的和规程

试验检测工作是质检机构工作中的一个关键环节，试验检测结果的准确性与可靠性将直接影响质检机构的工作质量。为了确保提供的数据准确可靠，要求质检人员试验检测的全过程必须严格遵照有关试验检测规程，并力求消除人为误差，提高精度。

一、试验检测标准和规程

质检机构必须具备所检测项目内容业务范围内的相关技术标准、操作规程、工作规范等技术文件，它是检测工作的重要依据，必须齐全。对于不具备正式标准的项目内容，也可以检测机构内部制定的有关暂行操作规程或技术文件为依据，对原材料或工程质量进行检测。但这要求有检测机构的正式文件，同时只有在受检单位同意后才能按这种标准或技术文件对原材料或工程质量做出是否合格的结论，否则就要进行项目认证。

质检机构检测的依据是设计文件、技术标准及试验检测规程，特殊情况下可由用户提供检测要求。当现行标准缺少结果判断方法或结果判断方法不明确时，用户应提供明确的结果判断方法。

二、常用试验检测标准、规范与规程

现行主要公路工程试验检测标准、规范与规程如下：

1. 公路工程技术标准。

2. 公路工程质量检验评定标准 第一册 土建工程。

3. 公路土工合成材料试验规程。

4. 公路土工试验规程。

5. 公路工程无机结合料稳定材料试验规程。

6. 公路工程水泥及水泥混凝土试验规程。

7. 公路工程沥青及沥青混合料试验规程。

8. 公路工程集料试验规程。

9. 公路工程岩石试验规程。

10. 公路工程水质分析操作规程。

11. 公路路基路面现场测试规程。

12. 公路工程地质勘察规范。

13. 公路路基设计规范。

14. 公路路基施工技术规范。

15. 公路路面基层施工技术规范。

16. 公路沥青路面设计规范。

17. 公路沥青路面施工技术规范。

18. 公路水泥混凝土路面施工技术规范。

19. 公路桥涵地基与基础设计规范。

20. 公路桥涵设计通用规范。

21. 公路圬工桥涵设计规范。

22. 公路钢筋混凝土及预应力混凝土桥涵设计规范。

23. 公路水泥混凝土路面设计规范。

24. 公路桥涵施工技术规范。

第二节　试验检测人员配置及检测机构资质要求

质检机构的人员配置应合理，人员的配置包括行政管理人员、试验检测技术人员和其他工作人员三类，其中试验检测技术机构应由不同学科和不同职称的技术人员组成。检测部门人员、仪器设备、机构均应有相应的资质等级证书。

一、质检机构技术负责人、质量保证负责人及其他人员配置

质检机构的技术负责人要对整个质检机构的全部工作负责，业务上应具有较高的资质水平。另一方面，由于技术负责人在一定程度上决定了检测工作的质量，当技术负责人变动时，应检查在技术负责人变动后该机构的工作水平。质量保证负责人协助技术负责人对整个质检机构的全部检测工作的质量负责，技术负责人不在时可代行其职权。小的质检机

构，质量保证负责人可由技术负责人兼任。质量保证负责人不一定要求精通所管辖的每一项具体工作，但必须熟悉本单位的主要业务，并且有一定的质量管理方面的知识。质量保证负责人必须是该机构的主要负责人之一，这有助于质量工作中的有关决定的贯彻执行。

技术负责人、质量保证负责人和质量检测管理人员应熟悉国家、部门、地方关于产品质量检测方面的政策、法令、法规、规定；应熟悉工程技术标准；应熟悉抽样理论，能熟练地应用各类抽样标准，确定其样本大小；具备编制审定检测实施细则、审查检测报告的能力；熟悉掌握检测质量控制理论，具有对检测工作进行质量诊断的能力；熟悉国内外工程质量的检测方法、检测技术的现状及发展趋势，掌握国内外检测仪器设备的信息；能不断学习新知识，不断进行知识更新。

质检机构的技术负责人应具有工程师以上职称，具有 10 年以上专业工作的经验，精通所管辖的业务。质检机构的人员应按所进行的业务范围进行配置，各类工程技术人员、工程师以上人员不得低于 20%。各业务岗位人员的配置应与所从事的检测项目相匹配，重要的检测项目应有两人，每人可兼做几个项目。

二、试验检测人员要求

试验检测人员应按各自的岗位分工，认真履行岗位职责，做好本职工作，确保检测工作质量。

（一）对试验检测人员的要求

1. 检测操作人员应熟悉检测任务、内容、项目，了解被测对象和所用检测仪器设备的性能。检测人员必须经过考核合格，取得上岗操作证后，才能上岗操作。凡使用精密、贵重、大型检测仪器者，必须熟悉该检测仪器的性能，具备使用该仪器的知识，经过考核合格，取得操作证书才能上岗操作，并能进行日常养护，进行一般或常规仪器的检验与校正。

2. 检测人员应掌握所从事检测项目的有关技术标准，了解本领域国内外测试技术、检测仪器的现状及发展方向，具备制定检测大纲、采用国内外最新技术进行检测工作的能力。

3. 检测人员应正确、如实地填写原始记录。原始记录不得用铅笔填写，必须有检测人员、计算人员和校核人员的签名。原始记录如需要更改，应在作废数据上画两条水平线，将正确数据填在上方，盖上更改人的印章。原始记录保管期不得少于两年。检测结果必须由在本领域五年以上工作经验者校核，校核者必须在检测记录和报告中签字，以示负责。

4. 检测人员应了解计量法常识及国际单位制基本内容，能运用误差理论、数理统计方面的知识对检测结果独立进行数据处理工作。

5. 检测人员要坚持原则、忠于职守、作风正派、秉公办事，应对检测工作、数据处理工作持严肃的态度，以数据说话，不受行政或其他方面的干扰。

（二）对检测人员考核的主要内容

1. 工程质量检测专业知识

了解所用仪器设备的结构原理、性能及正确使用、维护等知识；掌握所检测工程项目的质量标准和有关技术指标；具有实际操作和数据处理的能力。

2. 计量基础知识

了解计量法常识；国际单位制基本内容；误差理论基本知识。

三、试验检测人员纪律

1. 认真学习贯彻国家、部门、地方有关质量方面的文件、政策、法令、法规，严格按产品技术生产。

2. 坚持原则、忠于职守，遵守质检机构规定的各项规章制度。

3. 不准利用职权和工作条件接受受检企业或单位的礼品。

4. 不准擅自多抽或少抽样品，不准违章处理或使用样品。

5. 不准受贿，不准假公济私、弄虚作假。

6. 作风正派，秉公办事。

四、试验检测机构的资质要求

第一，试验技术人员及试验检测人员均应通过交通行业的培训，并应持有经交通行政主管部门批准的相应资质证书。技术主管应具有工程师以上技术职称。

第二，试验检测机构仪器设备（包括标准物质）均应经相应质量技术监督部门的计量认证、审查验收并取得合格证。

第三，试验检测机构应具有相应交通行政主管部门批准的公路工程试验检测机构的相应等级资质证书，并在规定范围内进行试验检测工作。

第三节　试验检测数据处理基础知识

　　工程质量的评价是以试验检测数据为依据进行的。试验检测采集得到的原始数据类多量大，有时还有错误，因此，必须对原始数据进行分析处理才能得到可靠的试验检测结果。本章以数理统计与概率论为基础，介绍试验检测数据的处理方法和质量检验评定标准。

一、总体与样本

　　检验是质量管理工作的重要内容之一，常称质量检验，其主要功能是对产品的合格性进行控制。在工程质量检验中，除重要项目外，大多数采用抽样检验，这就涉及总体与样本的概念，总体又称为母体，是统计分析中所要研究对象的全体。而组成总体的每个单元称为个体。从总体中抽取一部分个体就是样本（又称为子样）。例如，从每一桶沥青中抽取两个试样，一批沥青有 100 桶，抽检了 200 个试样做试验，100 桶沥青称为总体，200 个试样就是样本，而组成样本的每一个个体，即为样品。样本中的某一个，就是该样本中的一个样品。

　　检验的含义：将用某种方法检验物品的结果与质量判定标准相比较，来判断各个物品是否合格。

二、抽样检验的意义

　　在产品检验中，全数检验的应用场合很少，大多数情况下是采取抽样检验。其原因如下。

　　第一，由于无破损检验仪器的种类较少，性能难以稳定，在不采用无破损性检验时，就要采用破坏性检验，而破坏性检验是不可能对全部产品进行检验的。

　　第二，当检验对象为连续性物体或粉块混合物（如沥青、水泥等）时，在一般情况下不可能对全部物品的质量特性进行检测试验。

　　第三，由于一批产品的质量往往有所波动，采用全数检验实际上做不到，用无损检验也有可能导致由于产品不良品率高而带来重大经济损失。

　　第四，抽样检验由于检验的样本较少，因而可以收集质量信息，提高检验的全面程度和促进产品质量的改善。

三、抽样检验的条件

抽样检验是从一批产品中随机抽取少量的样本进行检验，根据检验结果来判断该批产品是否合格的检验方法。因此，为使抽样检验对判定质量是否合格提供准确的信息，必须注意抽样检验应具备的条件。

（一）要明确批的划分

即要注意使同批产品在原材料、工艺条件、生产时间等方面具备基本相同的条件。例如，抽样检验水泥、沥青等产品的质量特性时，应将相同厂家、相同品种或相同标号的产品作为一个批次。

（二）必须抽取能代表批的样本

由于抽样检验是以样本检验结果来推断批的质量的方法，故样本的代表性尤为重要。为使所抽取的样本能成为批的可靠代表，常采用如下方法。

1. 单纯随机取样

这是一种完全随机化的取样，它适用于对总体缺乏基本了解的场合。

2. 分层取样

当批量或工序被分为若干层（道）时，可从所有分层（道）中按一定比例取样。例如，有两台拌和机同时拌制原材料相同的同标号混凝土，为了检验混凝土的质量特性，采用抽样方法时，应注意对两台拌和机分别取样，这样便于了解不同"层"的产品质量特性，研究各层造成不良品率的原因，也可将甲、乙样品混合进行试验，了解混合产品的质量特性。

3. 两级取样

当物品堆积在一起构成批量时，可先在若干箱中进行第一级随机取样，挑出部分箱中物品，然后再从已挑选出的箱中物品对其进行随机取样。

4. 系统取样

当对总体实行单纯随机抽样有困难时，如测定公路路基的弯沉值，可采用一定间隔进行抽取的抽样方法，称为系统取样。

（三）要明确检验标准

所谓检验标准，是指对于一批产品中不良品的质量判定标准。

（四）要有统一的检测试验方法

产品质量判定标准应与统一的检测试验方法所测定结果相比照。

四、数值的修约规则

（一）质量数据

质量数据的来源，主要是工程建设过程中的各种检验，即材料检验、工序检验、竣工验收等，只有通过对它的收集、处理和分析，才能达到对生产施工过程的了解、掌握及控制。没有质量数据，就不可能有现代化的科学的质量控制。

质量数据就其本身的特性来说，可以分为计量值数据和计数值数据等两类。

1. 计量值数据

计量值数据是可以连续取值的数据，如长度、厚度等，一般可以用检测工具计量。

2. 计数值数据

有些反映质量状况的数据是不能用测量器具来度量的。为了反映或描述这类型质量状况，而且必须用数据来表示时，便采用计数的办法来获得数据，凡属于这样性质的数据即为计数值数据。如不合格品数、不合格的构件数等，以断定方法得出的数据和以感觉性检验方法得出的数据大多属于计数值数据。

计数值数据有两种表示方法：一是直接用计数出来的次数、点数来表示；二是把计数出来的次数、点数与总检查次（点）数相比，用百分数表示。

（二）有效数字

在测量工作中，由于测量结果会有误差，因此表示测量结果的位数不宜太多，也不宜太少，太多容易使人误认为测量精度很高，太少则会损失精度。测量过程中，由于受到一系列不可控制和不可避免的主观因素和客观因素的影响，所获得的测量值必定含有误差，即获得的测量值仅仅是被测量的近似值。

另一方面，在数据处理过程中引入的诸如 π，e 等一些常量，在大多数情况下，是以无穷小数形式的无理数来表示，这就需要确定一项原则，将测得的或计算的数值截取到所需的位数。认为在一个数值中小数点后面的位数越多，这个数值就越准确；或者在计算中，保留的位数越多，这个数值就越准确的想法都是错误的。第一种想法的错误在于没有弄清楚小数点的位置不是决定准确与否的标准，而是仅与所用计量单位的大小有关，如长度为 21.3mm 与 0.0213m，其准确程度完全相同。第二种想法的错误在于不了解所有测量，由于仪器和人们的感官只能做到一定的准确程度，这个准确程度一方面取决于所用仪器刻度的精细程度，另一方面与所用方法有关。因此在计算结果中，无论小数点取多少位数都不可能把准确程度增加到超过测量误差所允许的范围。反之，表示一个数值时，如果数值位数过少，即数值所取的有效位数少于实际所能达到的精度，则不能把已经达到的精度表示出来，也是错误的。例如，不考虑测量误差，单从有效数字来考虑，在数学上 23 与 23.00 两个数是相等的，而作为表示测量结果的数值，二者相差是很悬殊的。用 23 表示的测量结果，其误差可能为±0.5；而用 23.00 表示的测量结果，其误差可能为±0.005。再如，1 和 0.1 在数值上相差 10 倍，单从数值上看两个数是不等的，而作为测量结果可能因所用单位不同，所表示的测量结果和所达到的精度是相同的。因此，在对测量数据的处理中，掌握有效数字的有关知识是十分重要的。有效数字的概念可表述为：由数字组成的一个数，除最末 1 位数字是不确切值或可疑值外，其他数字皆为可靠值或确切值，则组成该数的所有数字包括末位数字称为有效数字，除有效数字外其余数字为多余数字。对于"0"这个数字，它在数中的位置不同，可能是有效数字，也可能是多余数字。整数前面的"0"无意义，是多余数字。对纯小数，在小数点后，数字前的"0"只起定位和决定数量级的作用（相当于所取的测量单位不同），所以，也是多余数字。

处于数中间位置的"0"是有效数字。处于数后面位置的"0"是否为有效数字可分为以下三种情况。

（1）数后面的"0"，若把多余数字的"0"用 10 的乘幂来表示，使其与有效数字分开，这样在 10 的乘幂前面所有数字包括"0"皆为有效数字。

（2）作为测量结果并注明误差值的数值，其表示的数值等于或大于误差值的所有数字，包括"0"皆为有效数字。

（3）上面两种情况外的数后面的"0"，则很难判断是有效数字还是多余数字，因此，应避免采用这种不确切的表示方法。一个数，有效数字占有的位数，即有效数字的个数，为该数的有效位数。

为弄清有效数字的概念，举例如下：

00713，0.0715，7.03，7.03×10^2，这四个数的有效位数均为 3，有效数字都是 3 个。

在测量或计量中应取多少位有效数字，可根据下述准则判定。

（1）对不需要标明误差的数据，其有效位数应取到最末一位数字为可疑数字（也称为不确切数字或参考数字）；

（2）对需要标明误差的数据，其有效位数应取到与误差同一数量级。

（三）质量数据处理的修约规则

数据获得后，还涉及数据的定位问题，也就是出现了对规定精确程度范围之外的数字如何取舍的问题。在统计中一般常用的数值修约规则如下。

1. 确定修约间隔

（1）指定修约间隔为 10^{-n}（ n 为正整数），或指明将数值修约到" 位小数。

（2）指定修约间隔为 1，或指明将数值修约到"个"数位。

（3）指定修约间隔为 10^n（ n 为正整数），或指明将数值修约到 10^n 数位，或指明将数值修约到"十""百"、"千"……数位。

2. 进舍规则

（1）拟舍弃数字的最左 1 位数字小于 5 时，则舍去，即保留其余各位数字不变。

例如：将 12.149 8 修约到"个"数位，得 12；将 12.1498 修约到一位小数，得 12.1。

（2）拟舍弃数字的最左 1 位数字大于 5 时，则进一，即保留的末位数字加 1。

例如：将 1 268 修约到"百"数位，得 $13×10^2$（特定场合可写为 1300），注：本标准示例中，"特定场合"是指修约间隔明确的情况。

（3）拟舍弃数字的最左 1 位数字是 5，且其后有非。数字时进一，即保留数字的末位数字加 1。例如：将 10.5002 修约到个数位，得 11。

（4）拟舍弃数字的最左 1 位数字为 5，且其后无数字或皆为零时，若所保留的末位数字为奇数（1.3，5，7，9）则进一，即保留的末位数字加 1；若所保留的末位数字为偶数（0，2，4，6，8）则舍去。

3. 不允许连续修约

（1）拟修约数字应在确定修约间隔或指定修约数位后一次修约获得结果，不得多次按规则。

（2）连续修约。

例如：修约 97.46.修约间隔为 1。

正确的做法：97.46→97；

不正确的做法：97.46→97.5→98。

例如：修约 15.454 6，修约间隔为 1。

正确的做法：15.4546→15；

不正确的做法：15.454 6→15.455→15.46→15.5→16。

（3）在具体实施中，有时测试与计算部门先将获得数值按指定的修约数位多 1 位或几位报出，而后由其他部门判定。为避免产生连续修约的错误，应按以下步骤进行。

①报出数值最右的非零数字为 5 时，应在数值右上角加"＋"符号或加"－"符号或不加符号，分别表明已进行过舍、进或未舍未进。

例如：16.50+表示实际值大于 16.50，经修约舍弃为 16.50；16.50⁻表示实际值小于 16.

50，经修约进一为 16.50。

②如对报出值需进行修约，当拟舍弃数字的最左 1 位数字为 5，且其后无数字或皆为 0 时，数值右上角有"+"者进一，有"−"者舍去，其他仍按进舍规则的规定进行。

4. 0.5 单位修约与 0.2 单位修约

在对数值进行修约时，若有必要，也可采用 0.5 单位修约或 0.2 单位修约规则。

（1）0.5 单位修约（半个单位修约）

0.5 单位修约是指按指定修约间隔对拟修约的数值 0.5 单位进行的修约。

0.5 单位修约方法如下：将拟修约数值 x 乘以 2，按指定修约间隔对 $2x$ 依进舍规则的规定修约，所得数值（$2x$ 修约值）再除以 2。

（2）0.2 单位修约

0.2 单位修约是指按指定修约间隔对拟修约的数值 0.2 单位进行的修约。

0.2 单位修约方法如下：将拟修约数值 x 乘以 5，按指定修约间隔对 $5x$ 依进舍规则的规定修约，所得数值（$5x$ 修约值）再除以 5。

5. 极限数值的表示和判定

（1）标准（或其他技术规范）中规定考核的以数量形式给出的指标或参数等，应当规定极限数值。极限数值表示符合该标准要求的数值范围的界限值，它通过给出最小极限值和（或）最大极限值，或给出基本数值与极限偏差值等方式表达。

（2）标准中极限数值的表示形式及书写位数应适当，其有效数字应全部写出。书写位数表示的精确程度，应能保证产品或其他标准化对象应有的性能和质量。

上述数值修约规则（有时称为"奇升偶舍法"）与以往用的"四舍五入"的方法区别在于，"四舍五入"法对数值进行修约，从很多修约后的数值中得到的均值偏大，用上述修约规则，进舍的状况具有平衡性，进舍误差也具有平衡性，经过这种修约后，修约值之和变大与变小的可能性是一样的。

五、数据的统计特征与分布

工程质量数据的统计特征量分为以下两类。

（一）表示统计数据的差异性

即工程质量的波动性，主要有极差、标准偏差、变异系数等。

（二）表示统计数据的规律性

主要有算术平均值、中位数、加权平均值等。

质量控制中，就是要应用数理统计方法，从反映工程质量的数据的差异性中寻找其规律性，从而预测和控制工程质量。

1. 算术平均值

算术平均值是表示一组数据集中位置最有用的统计特征量，经常用样本的算术平均值来代表总体的平均水平。样本的算术平均值则用 $\bar{x}$ 表示。如果 n 个样本数据为 x_1，x_2，x_3，$\cdots$，x_n，那么，样本的算术平均值为

$$\bar{x} = \frac{1}{n}(x_1 + x_2 + x_3 + \cdots + x_n) = \frac{1}{n}\sum_{i=1}^{n} x_i \tag{2-1}$$

2. 中位数

在一组数据 z_1，z_2，$\cdots$，z_n 中，按其大小次序排序，以排在正中间的一个数表示总体的平均水平，称为中位数，或称为中值，用 $\bar{x}$ 表示。n 为奇数时，正中间的数只有一个；n 为偶数时，中间的数有两个，取这两个数的平均值作为中位数。

$$\bar{x} = \begin{cases} x_{\frac{n+1}{2}} & (n \text{ 为奇数}) \\ \dfrac{1}{2}\left(x_{\frac{n}{2}} + x_{\frac{n}{2}+1}\right) & (n \text{ 为偶数}) \end{cases} \tag{2-2}$$

3. 极差

在一组数据中最大值与最小值之差，称为极差，记作 R，即有

$$R = x_{\max} - x_{\min} \tag{2-3}$$

4. 标准偏差

标准偏差有时也称为标准离差、标准差或均方差，它是衡量样本数据波动性（离散程度）的指标。在质量检验中，总体的标准偏差一般不易求得。而样本的标准偏差 S 为

$$S = \sqrt{\frac{(x_1 - \bar{x})^2 + (x_2 - \bar{x})^2 + \cdots + (x_i - \bar{x})^2}{n-1}} = \sqrt{\frac{\sum\limits_{i=1}^{n}(x_i - \bar{x})^2}{n-1}} \tag{2-4}$$

5. 变异系数

标准偏差反映了样本数据的绝对波动状况。当测量较大的量值时，绝对误差一般较大；当测量较小的量值时，绝对误差一般较小，因此，用相对波动的大小，即变异系数更能反映样本数据的波动性。变异系数用 C_v 表示，是标准偏差 S 与算术平均值的比值，即

$$C_v = \frac{S}{\bar{x}} \times 100\% \tag{2-5}$$

六、可疑数据处理

工程质量常会发生波动情况。质量的波动自然会引起质量检测数据的参差不齐。有时

还会发现一些明显过大或过小的数据，这些数据为可疑数据。因此，在进行数据分析之前，应用数理统计法判别其真伪，并决定取舍。常用的检测方法如下。

（一）拉依达法

当试验次数较多时，可简单地用3倍标准差（3S）作为确定可疑数据取舍的标准。当某一测量数据与其测量结果的算术平均值 $\bar{x}$ 之差大于3倍标准偏差，即

$$|x_i - \bar{x}| > 3S \tag{2-6}$$

时，该测量数据应舍弃。

这是美国混凝土标准中所采用的方法，由于该方法是以3倍标准偏差为判别标准的，所以亦称为3倍标准偏差法，简称3S法。

取3S的理由是：根据随机变量的正态分布规律，在多次试验中，测量值落在 $\bar{x}-3S$ 与 $\bar{x}+3S$ 之间的概率为99.73%，出现在此范围之外的概率仅为0.27%，也就是在近400次试验中才能遇到一次，这种事件为小概率事件，出现的可能性很小，几乎是不可能，因而在实际试验中，一旦出现，就认为该测量数据是不可靠的，应将其舍弃。

另外，当测量值与平均值之差大于2倍标准偏差（即 $|x_i - \bar{x}| > 2S$）时，该测量值应保留，但需存疑。如发现生产（施工）、试验过程中，有可疑的变异，则该测量值应予舍弃。

（二）肖维纳特法

进行 n 次试验，其测量值服从正态分布，以概率 $1/（2n）$ 设定一判别范围 $(-k_n S_k, k_n S)$，当偏差（测量值 x_i 与其算术平均值 $\bar{x}$ 之差）超出该范围时，就意味着该测量值 x_i 是可疑的，应予舍弃。判断范围为

$$\frac{1}{2n} = 1 - \int_{-k_n}^{k_n} \frac{1}{\sqrt{2\pi}} e^{\frac{-t^2}{2}} dt \tag{2-7}$$

式中 k_n ——肖维纳特系数，与试验次数 n 有关，可由正态分布系数表查得。

（三）格拉布斯法

格拉布斯法假定测量结果服从正态分布，根据顺序统计量来确定可疑数据的取舍。进行 n 次重复试验，测得结果为 x_1，x_2，$\cdots$，x_i，$\cdots$，x_n 从而 x_i 服从正态分布。

为了检验 $x_i(i = 1, 2, \cdots, n)$ 中是否有可疑值，可将 x_i 按其值由小到大顺序重新排

列，得

$$x_{(1)} \leqslant x_{(2)} \leqslant \cdots \leqslant x_{(n)}$$

根据顺序统计原则，给出标准化顺序统计量 g 为

$$\begin{cases} g_{(1)} = \dfrac{\overline{x} - x_{(1)}}{S} & （当最小值 x_{(1)} 可疑时） \\[3mm] g_{(n)} = \dfrac{x_{(n)} - \overline{x}}{S} & （当最小值 x_{(n)} 可疑时） \end{cases} \qquad (2-8)$$

根据格拉布斯统计量的分布，在指定的显著性水平 β（一般 $\beta = 0.05$）下，求得判别可疑值的临界值 $g_o = (\beta, n)$，格拉布斯法的判别标准为

$$g \geqslant g_o(\beta, n) \qquad (2-9)$$

当 $g \geqslant g_o(\beta, n)$ 时，该测量可疑值是异常的，应予以舍去。

格拉布斯法每次只能舍弃一个可疑值，若有两个以上的可疑数据，则应该一个一个数据舍弃。舍弃第一个数据后，检测次数由 n 变为 $n-1$，以此为基础再判别第二个可疑数据。

第四节　质量检验评定标准

一、一般规定

第一，根据建设任务、施工管理和质量检验评定的需要，应在施工准备阶段按《公路工程质量检验评定标准 第一册 土建工程》（JTG F80/1-2017）中附录 A 将建设项目划分为单位工程、分部工程和分项工程，施工单位、工程监理单位和建设单位应按相同的工程项目划分进行工程质量的监控和管理。

①单位工程。在建设项目中，根据签订的合同，具有独立施工条件的工程。

②分部工程。在单位工程中，应按结构部位、路段长度及施工特点或施工任务划分为若干个分部工程。

③分项工程。在分部工程中，应按不同的施工方法、材料、工序及路段长度等划分为若干个分项工程。

第二，工程质量检验评分以分项工程为单元，采用百分制进行检评。在分项工程评分的基础上，逐级计算各相应分部工程、单位工程、合同段和建设项目评分值。

第三，工程质量评定等级分为合格与不合格，应按分项、分部、单位工程、合同段和建设项目逐级评定。

第四，施工单位应对各分项工程按标准（JTG F80/1-2017）所列基本要求、实测项目和外观鉴定进行自检，按（JTG F80/1-2017）中附录 J 中"分项工程质量检验评定表"及相关施工技术规范提交真实、完整的自检资料，对工程质量进行自我评定。

工程监理单位应按规定要求对工程质量进行独立抽检，对施工单位检评资料进行签字确认，对工程质量进行评定。

建设单位根据对工程质量的检查及平时掌握的情况，对工程监理单位所做的工程质量评分及等级进行审定。

质量监督部门、质量检测机构可依据（JTG F80/1-2017）对公路工程质量进行检测评定。

二、工程质量评分

（一）分项工程质量评分

分项工程质量检验内容包括基本要求、实测项目、外观鉴定和质量保证资料四个部分。只有在其使用的原材料、半成品、成品及施工工艺符合基本要求的规定，且无严重外观缺陷和质量保证资料真实并基本齐全时，才能对分项工程质量进行检验评定。

涉及结构安全和使用功能的重要实测项目为关键项目（在标准中以"△"标识），其合格率不得低于90%（属于工厂加工制造的交通工程安全设施及桥梁金属构件合格率不低于95%，机电工程合格率为100%），且检测值不得超过规定极值，否则必须进行返工处理。

实测项目的规定极值是指任一单个检测值都不能突破的极限值，不符合要求时该实测项目为不合格。

采用（JTG F80/1-2017）附录 B 至附录 I 所列方法进行评定的关键项目，不符合要求时则该分项工程评为不合格。

分项工程的评分值满分为 100 分，按实测项目采用加权平均法计算，存在外观缺陷或资料不全时，须予减分，即分项工程评分值＝分项工程得分－外观缺陷减分－资料不全减分。

1. 基本要求检查

分项工程所列基本要求，对施工质量优劣具有关键作用，应按基本要求对工程进行认真检查。经检查不符合基本要求规定时，不得进行工程质量的检验和评定。

2. 实测项目计分

规定检查项目采用现场抽样方法，按照规定频率和分项工程的施工质量，直接进行检测计分。

检查项目除按数理统计方法评定的项目以外，均应按单点（组）测定值是否符合标准要求进行评定，并按合格率计分。

3. 外观缺陷减分

对工程外表状况应逐项进行全面检查，如发现外观缺陷，应进行减分。对于较严重的外观缺陷，施工单位须采取措施进行整修处理。

4. 资料不全减分

分项工程的施工资料和图表残缺，缺乏最基本的数据，或有伪造涂改者，不予检验和评定。资料不全者应予减分，减分幅度可按（JTG F80/1-2017）中第 3.2.7 条所列各款逐款检查，视资料不全情况，每款减 1~3 分。

（二）分部工程和单位工程质量评分

（JTG F80/1-2017）附录 A 所列分项工程和分部工程区分为一般工程和主要（主体）工程，分别给以 1 和 2 的权值计分。进行分部工程和单位工程评分时，采用加权平均值计算法确定相应的评分值，即

$$分部（单位）工程评分值 = \frac{\sum[分项（部分）工程评分值 \times 相应权值]}{\sum 分项（分部）工程权值}$$

（三）合同段和建设项目工程质量评分

合同段和建设项目工程质量评分值按《公路工程竣（交）工验收办法》计算。

（四）质量保证资料

施工单位应有完整的施工原始记录、试验数据、分项工程自查数据等质量保证资料，并进行整理分析，负责提交齐全、真实和系统的施工资料和图表。工程监理单位负责提交齐全、真实和系统的监理资料。质量保证资料应包括以下六个方面。

1. 所用原材料、半成品和成品质量检验结果。

2. 材料配比、拌和加工控制检验和试验数据。

3. 地基处理、隐蔽工程施工记录和大桥、隧道施工监控资料。

4. 各项质量控制指标的试验记录和质量检验汇总图表。

5. 施工过程中遇到的非正常情况记录及其对工程质量影响分析。

6. 施工过程中如发生质量事故，经处理补救后，达到设计要求的认可证明文件等。

三、工程质量等级评定

（一）分项工程质量等级评定

分项工程评分值不小于 75 分者为合格；小于 75 分者为不合格；机电工程、属于工厂加工制造的桥梁金属构件不小于 90 分者为合格，小于 90 分者为不合格。

评定为不合格的分项工程，经加固、补强或返工、调测，满足设计要求后，可以重新评定其质量等级，但计算分部工程评分值时按其复评分值的 90% 计算。

（二）分部工程质量等级评定

所属各分项工程全部合格，则该分部工程评为合格；所属任一分项工程不合格，则该分部工程为不合格。

（三）单位工程质量等级评定

所属各分部工程全部合格，则该单位工程评为合格；所属任一分部工程不合格，则该单位工程为不合格。

（四）合同段和建设项目质量等级评定

合同段和建设项目所含单位工程全部合格，其工程质量等级为合格；如所属任一单位工程不合格，则合同段和建设项目的工程质量评为不合格。

第三章 公路工程试验检测技术

第一节 概 述

公路交通作为我国经济建设中重点投资建设的行业，正以前所未有的规模和速度向前发展。目前，我国高速公路通车里程超过 10 万千米，公路通车总里程已超过 400 万千米，建成各类桥梁达 40 万座，先后在长江、黄河、珠江等河流上建成一批大跨径、深水基础的桥梁，已经修建特大桥 1800 多座，使我国在大跨径悬索桥、斜拉桥、拱桥和连续刚构桥建设方面跨入世界先进行列。可以预计，今后公路工程建设仍将保持一段高速发展时期，公路工程建设质量也将越来越受到重视。随着公路建设管理体制的改革，利用世界银行贷款和采用多渠道筹集资金建设的项目越来越多，工程建设普遍实行招投标和工程监理制度，形成了政府管理、社会监督和企业自检的质量保证体系，而各级质量监督部门、建设监理机构以及承担建设施工任务的企业控制质量的主要手段则是依据国家和交通部颁布的有关法规、技术标准、规范和规程进行的试验检测。

一、试验检测的意义

公路工程试验检测机构的职能是对公路工程项目或产品进行检测，根据检测的结果判断公路工程质量或产品质量状态。试验检测工作是公路质量检测的重要组成部分，是公路工程质量评定验收的主要环节。公路工程试验检测技术融试验检测基本理论和测试操作技能及公路工程相关学科基础知识于一体，是工程设计参数、施工质量控制、施工验收评定、养护管理决策的主要依据。因此，完善工程试验检测机构的工作制度、制定试验检测工作细则、配置合理的试验检测人员，对公路工程试验检测工作具有重要的现实意义。

第一，公路工程试验检测工作有利于推广新技术、加强新工艺和新材料的应用。对于某种新工艺、新技术、新材料进行及时有效的检测，还可以对其适用性、可行性、先进性和有效性进行鉴别和了解，从而积累公路工程的施工经验，为推动整个行业的技术进步、提高公路工程试验检测工作质量做出积极的贡献。

第二，公路工程试验检测工作有利于充分利用当地出产的材料，可有效降低施工成本。例如，通过对施工地点的砂石、填料等的检测，可以确定这些材料是否符合施工要求，如果符合，则可进行就地取材。

第三，公路工程试验检测工作有利于对施工所用到的各种原材料的质量优劣进行科学的鉴定。通过合理有效的测试手段，施工所用材料的各种性能是否符合规定就变得更加明了，对于合理应用材料、提高工程质量具有重要作用。

第四，公路工程试验检测工作有利于增强施工质量评价的说服力，增强施工过程中质量控制工作和竣工后的评定验收工作的科学性。积极开展工程试验检测工作对于加快公路工程施工进度、降低工程造价、推动技术进步等都会起到积极的作用。因此，进一步完善公路工程试验检测工作势在必行，有关部门必须加以重视。

二、试验检测方法和规程

按试验检测目的的分类，试验检测方法可分为：①作为学术研究手段进行的试验检测；②作为设计依据参数进行的试验检测；③作为工程质量控制检查或质量保证进行的试验检测；④作为竣工验收评定进行的试验检测；⑤作为积累技术资料进行的养护管理或后评估试验检测；⑥作为工程质量事故调查分析进行的试验检测。

三、试验检测工作细则

每项试验检测方法应根据国家或部颁有关现行最新技术标准、操作规程和有关行业工作规范制定详细的实施细则。

（一）制定实施细则的必要性

由于有些标准规定得不细，而有些质检机构的检测操作人员可能是刚刚上岗。虽然已通过本单位的考核，但不一定很熟练；更重要的是质检机构的工作就像工厂生产产品一样，每一步都应该按工艺要求进行详细的实施，为此必须制定有关实施细则。

（二）实施细则的内容

①技术标准、规定要求；②抽样方法及样本大小；③检测项目、被测参数大小及允许变化范围；④检测仪器设备的名称、型号、量程、准确度；⑤检测人员组成和检测系统框图；⑥对检测仪器的检查标定项目和结果；⑦对检测仪器和样品或试件的基本要求；⑧从保证计量检测结果可靠角度出发对环境条件的检查项目范围的规定；⑨在检测过程中发生

异常现象的处理办法；⑩在检测过程中发生意外事故的处理办法。

凡要求对整体工程项目或新产品进行质量判断的检测项目，均应进行抽样检测。凡送样检测的产品，检测结果仅对样品负责，不对整体产品质量做任何评价。

四、试验检测原始记录

原始记录是试验检测结果的如实记载，不允许随意更改，不许删减。原始记录应印成一定格式的记录表，其格式根据检测的要求不同可以有所不同。原始记录表应主要包括：产品名称、型号、规格；产品编号、生产单位；检测项目、检测编号、检测地点；温度、湿度；主要检测仪器名称、型号、编号；检测原始记录数据、数据处理结果；检测人、复核人；试验日期等。

记录表中还应包括所要求记录的信息及其他必要信息，以便在需要时能够判断检测工作在哪个环节可能出现差错；同时，根据原始记录提供的信息，能在一定准确度内重复所做的检测工作。试验检测原始记录一般不得用铅笔填写，内容应填写完整，应有试验检测人员和计算校核人员的签名。

原始记录如果确需更改，应在作废数据上画两条水平线，将正确数据填在其上方，更改人要签字盖章。原始记录应集中保管，保管期一般不得少于两年。原始记录也可以保存在计算机硬盘中。原始记录经过计算后的结果即检测结果，必须有人校核。校核者必须在本领域有 5 年以上工作经验。校核者必须认真核对检测数据，校核量不得少于所检测项目的 5%。校核完毕后，校核者必须在试验检测记录和报告中签字，以示负责。

试验检测记录数据整理时应注意：①记录数据时，应确定数据的有效位数，根据检测数据异常值的判定方法区分可剔除异常值和不可剔除异常值。经过整理后的数据应填入原始记录的相应部分；②检测数据的有效位数应与检测系统的准确度相适应，不足部分以"0"补齐，以便测试数据位数相等；③同一参数检测数据个数少于 3 时用算术平均值法时，建议采用数理统计方法，求算代表值；④试验数据异常值的判断：对于每一单元内检测结果中的异常值用格拉布斯法；检测各试验室平均值中的异常值用狄克逊法。

第 二 节　试 验 检 测 工 作 制 度

工作制度是否健全，制度能否坚持贯彻执行，反映了一个单位的管理水平。对质检机构来说，它必然会影响到检测工作的质量。为了保证检测质量，从全面质量管理的观点出发，应对影响检测结果的各种因素（包括人的因素和物的因素）进行控制。

一、岗位责任制

岗位责任制是质检机构的一项重要制度，它应明确组织机构框图中列出的各部门的职责范围和权限。各部门的职责范围应对质量检测机构计量认证评审内容及考核办法中规定的管理功能、技术功能全部覆盖，做到事事有人管。明确各部门的质量职责，明确各类人员的职责，尤其对检测中心负责人、技术负责人、质量负责人和各部门负责人、各项目负责人、计量检定负责人、检测报告签发等人员，应明确其职责范围、权限及质量责任。

（一）各部门的职责

1. 检测办公室

安排检测计划；对外签订检测合同；收发及保管文件；发送及登记检测报告；收发、保管及检后处理样品；购置检测仪器设备及标准件；收检测费，进行财务管理；打印试验检测报告，复制资料；负责人事管理及保卫、安全、卫生及日常管理工作；制订各类人员的培训计划，并组织人员考核。

2. 检测资料室

收集、保管国内外用于试验检测的产品标准、检测规范、检测细则、检测方法和计量认证规程、暂行校验方法及专用设备鉴定资料；保管检测报告、原始记录；保管产品技术资料、设计文件、图纸及其他有关资料；保存抽样记录、样品发放及处理记录；保存全部文件及有关产品质量检测的政策、法令、法规。

3. 仪器设备室

负责计量标准器具和标准件的计量检定及日常维护保养；负责全部试验检测仪器设备的维修及保养等工作，及时检查在用检测仪器的状况；负责新购置检测仪器设备的验收工作；保管试验检测仪器设备的维修、使用、报废记录；保管检测仪器设备的计量检定证书和试验检测仪器设备的说明书；建立并保管检测仪器设备台账；负责大型精密设备的日常维修；制订试验检测仪器设备检定周期表并付诸实施。

（二）各类人员的岗位职责

1. 试验检测中心主任

贯彻执行上级有关政策、方针、法规、条例和制度；确定本单位的方针和目标，决定本单位的发展规划和工作计划；对中心的检测工作计划完成情况及检测工作的质量负责；建立健全质量管理体系和质量保证体系，切实保证能公正、科学、准确地进行各类检测工作；协调各部门的工作，使之纳入全面质量管理的轨道；批准经费使用计划、奖金发放计划；批准检测报告；主持事故分析会和质量分析会；督促、检查各部门岗位责任制的执行情况；考核各类人员的工作质量；主管中心的人事工作及人员培训考核、提职、晋级工作；检查质量管理手册的执行情况，主持质量管理手册的制定、批准、补充和修改。

2. 试验检测技术负责人

在中心主任领导下，全面负责中心的技术工作；掌握本领域检测技术的发展方向，制订测试技术的发展计划；批准测试大纲、检测实施细则、检测操作规程、非标准设备和检测仪器的暂行校验方法；主持综合性非标准检测系统的鉴定工作；深入各试验检测室，随时了解并解决检测过程中存在的技术问题；组织各类人员的培训、负责各类人员的考核；签发检测报告。

3. 试验检测质量保证负责人

全面负责检测工作质量，定期向中心主任和技术负责人报告测试工作质量情况；负责质量事故的处理；负责检测质量争议的处理并向中心主任和技术负责人报告结果；制定质量政策及方针；检查各类人员的检测质量、工作质量；负责质量管理手册的贯彻执行。

4. 试验检测室主任

对本室工作全面负责；确定本室的质量方针及质量目标，组织完成各项试验检测任务；掌握本专业国内外的现状及发展趋势，根据需要和可能，提出新的检测方案；提出计量检测仪器设备的购置、更新、改造计划；提出计量检测仪器设备的维修、降级和报废计划；负责本室各类人员的技术培训和考核；对本室各类事故提出处理意见；审查本室制定的检测大纲、检测细则；审阅各类检测报告及原始记录；考核本室人员的工作情况及质量状况；对本室人员晋级提出建议；负责本室的行政管理事务。

5. 试验检测人员

对各自负责的试验检测工作的质量负责；严格按照检测规范、检测大纲、实施细则进行各项检测工作，确保检测数据的准确可靠；上报检测仪器设备的核定、维修计划，有权拒绝使用不合格检测仪器或超过检定周期的仪器；不断更新专业知识，掌握本专业检测技术及检测仪器的发展趋势和现状；按期填写质量报表，填写检测原始记录及检测证书；有权拒绝行政或其他方面的干预；有权越级向上级领导反映各级领导违反检测规程或对检测数据弄虚作假的现象；按时填写仪器设备操作使用记录；严格遵守检测人员纪律和试验室管理制度。

6. 资料保管人员

负责做好保密工作，严格遵守保密制度，不得随意复制散发检测报告，不得泄露原始数据，不得做损害用户的事；负责办理各类资料入库登记手续，应分类进行，入库手续齐全，送交人、整理人、接收人均应签名；负责对各类资料的查找工作，为检测人员做好技术服务工作；负责随时收集最新的技术标准、检测规程、规范、细则、方法；负责对过期资料的销毁工作，应严格履行报批手续，并造册登记入档；丢失检测资料应视为质量事故处理，负责填写事故报告，并视情节轻重接受必要的处分；负责做好防火、防盗、防蛀工作，以防资料的损坏。

7. 样品保管人员

负责样品入库时外观检查、封样标记完整性检查并清点数量，核实无误后，登记入库，入库登记本应有样品保管人员签字；负责样品分类管理，未检、已检样品应有明显的标记，不同单位送交的样品应有区分标志；负责样品桶、样品箱、样品袋的清洁完好，不得用留有他物或未经清洗的用具存放样品；样品保管人员应将各类样品立账、设卡，做到账、物、卡三者相符；负责保存样品室的环境条件符合该样品的贮存要求，不使样品变质、损坏，不使其降低或丧失性能；负责样品的领取和发放，领取者和发放者都应检查样品是否完好并签名；负责样品的检后处理及备用样品的处理，应按有关规定办理手续，经办人及主管人员应签名；负责做好样品保管室的防火、防盗工作。

二、检测仪器的管理制度

专管共用的检测仪器设备的保管人由试验检测中心确定，使用人在使用仪器设备前应征得保管人同意并填写使用记录。使用前后，由使用人和保管人共同检查仪器设备的技术状态，经确认以后，办理交接手续。专管专用的检测仪器设备的使用人即为保管人。检测仪器设备的保管人应参加新购进仪器验收安装、调试工作。填写并保管仪器设备档案，填写并保管仪器设备使用记录，负责仪器设备降级使用及报废申请等事宜。

使用贵重、精密、大型仪器设备者，均应经培训考核合格，取得操作许可证。精密、贵重、大型仪器设备的安放位置不得随意变动，如确实需要变动，应事先征得仪器设备室的同意。重新安装后，应对其安装位置、安装环境、安装方式进行检查，并重新进行检定或校准。

检测仪器设备的保管人应负责所保管设备的清洁卫生，不用时，应罩上防尘罩。长期不用的电子仪器，每隔 3 个月应通电一次，每次通电时间不得少于半小时。

检测仪器设备不得挪作他用，不得从事与检测无关的工作。

仪器设备室除对所有仪器设备按周期进行计量检定外，还应进行不定期的抽查，以确保其功能正常，性能完好，精度满足检测工作的要求。

全部仪器设备的使用环境均应满足说明书的要求。

（一）仪器设备的借用

①计量标准器具一律不外借，一般不能直接用于检测；②试验检测中心内部仪器的借用，由各室自行商定，但仪器设备所有权的调动应经中心领导同意，并在设备技术档案上备案；③外单位借用仪器设备应办理书面手续。

（二）仪器设备购置、验收、维修、降级和报废

计量标准器具的购置由仪器设备室提出申请，试验检测中心主任批准后交办公室办理。测试仪器设备、标准物质的购置计划由各检测室提出，仪器设备室审核，经试验检测中心主任批准后交办公室办理。计量标准器具、标准物质、测试仪器设备到货后验收合格的仪器设备，由仪器设备室填写设备卡片。测试仪器设备的维修由仪器设备室归口管理。各专业检测室根据检测仪器设备的技术状态和使用时间，填写仪器设备维修申请书，由仪器设备室在规定时间内进行维修。在计量检定中发现仪器设备损坏或性能下降时，由仪器设备室直接进行维修，维修情况应填入设备档案。修理后的仪器设备均由仪器设备室根据校定结果分别贴上合格（绿）、准用（黄）或停用（红）标志，其他人员均不得私自更改。

材料试验机、疲劳试验机、振动台等试验设备的清洗和换油工作由各专业检测室的设备保管人负责，并在设备档案内详细记载。

凡降级使用的仪器设备均应由各专业检测室提出申请，由仪器设备室确定其实际检定精度，提出使用范围的建议，经试验检测中心主任核准批准后实施。降级使用情况应记入设备档案。

凡报废的仪器设备均应由各专业检测室填写仪器设备报废申请单，经确认后，由试验检测中心主任批准，并填入设备档案。已报废的仪器设备，不应存放在试验室内，其档案由资料室统一保管。

三、检测事故分析报告制度

（一）检测过程中按事故处理的情况

①样品丢失，零部件丢失，样品损坏；②样品生产单位提供的技术资料丢失或失密；③由于检测人员、检测仪器设备、检测条件不符合检测工作的要求，试验方法有误，数据差错而造成的检测结论错误；④检测过程中发生人身伤亡；⑤检测过程中发生仪器设备损坏。

（二）事故的分类

凡违反上述各项规定所造成的事故均为责任事故，可按经济损失的大小、人身伤亡情况分成小事故、大事故和重大事故。

（三）发生事故后的处理要求

①大或重大事故发生后，应立即采取有效措施，并保护现场，通知有关人员处理事故；②事故发生后 3 天内，由发生事故部门填写事故报告单，报告办公室；③事故发生后 5 天内，由中心负责人主持，召开事故分析会，对事故的直接责任者做出处理，对事故做善后处理并制定相应的办法，以防类似事故再次发生；④大或重大事故发生后 1 周内，试验检测中心应向上级主管部门补交事故处理专题报告。

四、技术资料文件的管理制度

长期保存的技术资料由资料室负责收集、整理、保存，其他各项技术资料由主管部门整理、填写技术资料目录，并对卷内资料进行编号，由资料室装订成册。技术资料入库时应办理交接手续，统一编号，填写资料索引卡片。检测人员需借阅技术资料时，应办理借阅手续。与检测无关的人员不得查阅检测报告和原始记录。检测报告和原始记录不允许复制。

资料室工作人员要严格为用户保守技术机密，否则以违反纪律论处。

长期保存的技术资料有：国家、地区、部门有关产品质量检测工作的政策、法令、文件、法规和规定；产品技术标准、相关标准、参考标准（国外和国内的），检测规程、规范、大纲、细则，操作规程和方法（国外的、国内的或自编的）；计量检定规程、暂行校验方法；仪器设备说明书、计量合格证，仪器、仪表、设备的验收、维修、使用、降级和报废记录；仪器设备明细表和台账；产品检验委托书、设计文件及其他技术资料。

定期保存的技术资料有：各类原始记录；各类检测报告；用户反馈意见及处理结果；样品入库、发放及处理登记本。保管期不少于 2 年。

超过保管期的技术资料应分门别类造册登记，经试验检测中心主任批准后才能销毁。

五、试验室管理制度

①试验室是进行检测、检定工作的场所，必须保持清洁、整齐、安静；②试验室内禁止随地吐痰、吸烟、吃东西。禁止将与检测工作无关的物品带入试验室。在恒温恒湿室内，禁止喝水、用湿布擦地、开启门窗；③要求换鞋、换衣的试验室，无论任何人进入，

都要按规定更换工作服、鞋；④试验室应建立卫生值日制度，每天有人打扫卫生，每周彻底清扫一次，每季度彻底清扫一次空调通风管；⑤下班后与节假日，必须切断电源、水源，确保试验室的安全；⑥仪器设备的零部件要妥善保管，连接线、说明书、操作手册和原始记录表等应专柜保管；⑦带电作业应由两人以上操作，地面应采取绝缘措施。电烙铁应放在烙铁架上，电源线应排列整齐，不得横跨过道；⑧试验室内设置消火栓和灭火桶等消防设施。灭火桶应经常检查，任何人不得私自挪动位置，更不得挪作他用。

第三节　试验检测人员配置及检测机构资质要求

试验检测机构的人员配置应合理，人员的配置包括行政管理人员、试验检测技术人员和其他工作人员三类，其中试验检测技术人员应由不同学科和不同职称的技术人员组成。检测部门人员、仪器设备、机构等应有相应的资质等级证书。

一、检测机构技术员责人、质量保证负责人及其他人员配置

检测机构的技术负责人要对整个检测机构的工作全部负责，业务上应该有较高的水平。另一方面，由于技术负责人在一定程度上决定了检测工作的质量，当技术负责人变动时，应检查在技术负责人变动后该机构的工作水平。

检测机构的技术负责人应有工程师以上职称，具有 10 年以上专业工作的经验，精通所管辖的业务。

质量保证负责人协助技术负责人对整个检测机构的全部检测工作的质量负责，在技术负责人不在时代行其职权。小的质检机构中，质量保证负责人可由技术负责人兼任。

质量保证负责人不一定要求精通所管辖的每一项具体工作，但必须熟悉本单位的主要业务，并且有一定的质量管理方面的知识。

质量保证负责人必须是该机构的主要负责人之一，这有助于质量工作中的有关决定的贯彻执行。

技术负责人、质量保证负责人及质量检测管理人员，应熟悉国家、部门、地方关于产品质量检测方面的政策、法令、法规、规定；应熟悉工程技术标准；应熟悉抽样理论，能熟练地应用各类抽样标准，确定其样本大小；具备编制审定检测实施细则、审查检测报告的能力；熟悉掌握检测质量管理理论，具有对检测工作进行质量诊断的能力；熟悉国内外工程质量的检测方法、检测技术的现状及发展趋势，掌握国内外检测仪器设备的信息；能不断学习新知识，不断进行知识更新。

检测机构的人员应按所进行的业务范围进行配置，各类工程技术人员、工程师以上人员不得低于20%。

各业务岗位人员的配置应与所从事的检测项目相匹配，重要的检测项目应有两人，每人可兼做几个项目。

（一）对试验检测人员的要求

第一，操作人员应熟悉检测任务，了解被测对象和所用检测仪器设备的性能。检测人员必须经过考核合格，取得上岗操作证后，才能上岗操作。凡使用精密、贵重、大型检测仪器设备者，必须熟悉检测仪器的性能，具备使用该仪器的知识，经过考核合格，取得操作证书才能操作。

第二，检测人员应掌握所从事检测项目的有关技术标准，了解本领域国内外测试技术、检测仪器的现状及发展方向，具备制定检测大纲、采用国内外最新技术检测工作的能力。

第三，检测人员应了解误差理论、数理统计方面的知识，能独立进行数据处理工作。

第四，检测人员应对检测工作、数据处理工作持严肃的态度，以数据说话，不受行政或其他方面影响的干扰。

（二）对检测人员考核的主要内容

1. 工程质量检测专业知识

了解所用仪器设备的结构原理、性能及正确使用维护等知识；掌握所检测工程项目的质量标准和有关技术指标；具有实际操作和数据处理的能力。

2. 计量基础知识

了解计量法常识、国际单位制基本内容、误差理论基本知识。

（三）计量检定人员的要求

第一，凡从事计量检定工作的人员，必须具备从事计量检定工作所必备的知识和技能，且经上级计量行政部门考核合格并取得"检定员证"，才能从事所考核合格项目的计量检定工作。见习人员或学徒工、代培人员不得独立从事检定工作，不得在检定证书上签字。

第二，计量检定复核人员应真正起到复核的作用，复核人员必须是从事该项目2年以上具有工程师职称的人员或从事该项目5年以上的助理工程师。

第三，计量检定人员必须具备高中以上文化程度。计量检定人员应不断学习新知识，随时了解国内外本领域计量技术的现状及检测仪器设备的信息。

（四）对计量检定人员考核的主要内容

1. 计量基础知识

了解计量法常识、国际单位制基本内容、误差理论基本知识。

2. 计量专业知识

了解本专业所用标准器具的结构原理和正确使用维护等知识；掌握本专业的检定系统和检定规程；具有实际操作和数据处理能力。

（五）试验检测人员纪律

①认真学习贯彻国家、部门、地方有关质量方面的文件、政策、法令、法规，严格按产品技术标准、试验检测规程进行各项测试工作；②坚持原则、忠于职守，遵守质检机构规定的各项规章制度；③不准利用职权和工作条件接受受检企业或单位的礼品；④不准擅自多抽或少抽样品，不准违章处理或使用样品；⑤不准受贿，不准假公济私、弄虚作假；⑥作风正派，秉公办事。

二、试验检测机构的资质要求

第一，试验技术及检测人员均应通过交通行业的培训，并应持有经交通行政主管部门批准的相应资格证书。技术主管应具有工程师以上技术职称。

第二，试验检测机构仪器设备（包括标准物质）均应经相应质量技术监督部门的计量认证、审查验收并取得合格证。

第三，试验检测机构应具有相应交通行政主管部门批准的公路工程试验检测机构的相应等级资质证书，并在规定范围内进行试验检测工作。

第四节　试验检测数据分析与处理

各种试验检测数据是工程质量检测评定的依据，试验检测采集得到的大量原始数据必须经过分析处理，如有些数据要经过无量纲化处理之后才具备可比性，况且数据中还存在各种误差，甚至还有一些要剔除的错误数据。所以，原始数据一定要进行分析处理，才能取得真实的试验检测成果。

一、数据的分析

（一）真值

真值即真实值，是指在一定条件下，被测量客观存在的实际值。真值通常是个未知量，一般所说的真值是指理论真值、规定真值和相对真值。

1. 理论真值

理论真值也称"绝对真值"，如平面三角形三内角之和恒为 180°。

2. 规定真值

国际上公认的某些基准量值，如 1960 年国际计量大会规定"1m 等于真空中氪-86 原子的 2P10 和 5d1 能级之间跃迁时辐射的 1650763.73 个波长的长度"。1982 年国际计量局召开的米定义咨询委员会提出新的米定义为"米等于光在真空中 1/299 792 458 秒时间间隔内所经路径的长度"。这个米基准就当作计量长度的规定真值。规定真值也称"约定真值"。

3. 相对真值

计量器具按精度不同分为若干等级，上一等级的指示值即为下一等级的真值，此真值称为"相对真值"。例如，在力值的传递标准中，用二等标准测力机校准三等标准测力计，此时二等标准测力机的指示值即为三等标准测力计的相对真值。

（二）误差

1. 误差的表示方法

根据表示方法的不同，误差分为绝对误差和相对误差。

（1）绝对误差

绝对误差是指实测值与被测真值之差，即：

$$\Delta L = L - L_0$$

式中：ΔL——绝对误差；

L——实测值；

L_0——被测真值。

但是，大多数情况下，真值是无法得知的，因而绝对误差也无法得到。一般只能应用一种更精密的量具或仪器进行测量，所得数值称为"实际值"，它更接近真值，并用它代替真值计算误差。

绝对误差具有以下一些性质：①它是有单位的，与测量时采用的单位相同；②它能表示测量的数值是偏大还是偏小以及偏离程度；③它不能确切地表示测量所达到的精确程度。

（2）相对误差

相对误差是指绝对误差与被测真值（或实际值）的比值。

相对误差不仅表示测量的绝对误差，而且能反映出测量时所达到的精度。相对误差具有以下一些性质：①它是无单位的，通常以百分数表示，而且与测量时所采用的单位无关。而绝对误差则不然，测量单位改变，其值亦变；②能表示误差的大小和方向，因为相对误差大时绝对误差亦大；③能表示测量的精确程度。当测量所得绝对误差相同时，则测量的量大者精度就高。

因此，通常都用相对误差来表示测量误差。

2. 误差的来源

在任何测量过程中，无论采用多么完善的测量仪器和测量方法，也无论在测量过程中怎样细心和注意，都不可避免地存在误差。产生误差的原因是多方面的，可以归纳如下：

（1）装置误差

主要由设备装置的设计制造、安装、调整与运用引起的误差。如试验机示值误差，等臂天平不等臂，仪器安装不垂直、偏心等。

（2）环境误差

由于各种环境因素达不到要求的标准状态所引起的误差。如混凝土养护条件达不到标准的温度、湿度要求等。

（3）人员误差

测试者生理上的最小分辨力和固有习惯引起的误差。如对准示值读数时，始终偏左或偏右，偏上或偏下，偏高或偏低。

（4）方法误差

测试者未按规定的操作方法进行试验所引起的误差。如强度试验时试块放置偏心，加荷速度过快或过慢等。

需要指出，以上几种误差来源，有时是联合作用的，在进行误差分析时，可作为一个独立的误差因素来考虑。

3. 误差的分类

误差就其性质而言，可分为系统误差、随机误差（或称"偶然误差"）和过失误差（或称"粗差"）。

（1）系统误差

在相同条件下，多次重复测试同一量时，误差的数值和正负号有较明显的规律。系统误差通常在测试之前就已经存在，而且在试验过程中，始终偏离一个方向，在同一试验中其大小和符号相同。例如，试验机示值的偏差等。系统误差容易识别，并可通过试验或用分析方法掌握其变化规律，在测量结果中加以修正。

（2）随机误差

在相同条件下，多次重复测试同一量时，误差的数值和正负号没有明显的规律，它是由许多难以控制的微小因素造成的。例如，原材料特性的正常波动，试验条件的微小变化等。由于每个因素出现与否，以及这些因素所造成的误差大小、方向事先无法知道，有时大、有时小，有时正、有时负，其发生完全出于偶然，因而很难在测试过程中加以消除。但是，完全可以掌握这种误差的统计规律，用概率论与数理统计方法对数据进行分析和处理，可以获得可靠的测量结果。

（3）过失误差

过失误差明显地歪曲试验结果，如测错、读错、记错或计算错误等。含有过失误差的测量数据是不能采用的，必须利用一定的准则从测得的数据中剔除。因此，在进行误差分析时，只考虑系统误差与随机误差。

（三）有效数字

（1）在正常测量时一般只能估读到仪器最小刻度的十分之一，故在记录测量结果时，只允许末位有估读得来的不确定数字，其余数字均为准确数字，称这些所记的数字为"有效数字"。

（2）有效数字的概念可表述为：由数字组成的一个数，除最末一位数是不确切值或可疑值外，其余均为可靠性正确值，则组成该数的所有数字包括末位数字在内称为"有效数字"。除有效数字外，其余数字为多余数字。

（3）从计算数学的观点，有效数字可用来描述一个近似数的精度，一个数的相对（绝对）误差都与有效数字有关，有效数字的位数越多，相对（绝对）误差就越小。

（4）对于"0"这个数字，根据它在数中的位置不同，可能是有效数字，也可能是多余数字。归纳起来有以下规律：1）整数前面的"0"无意义，是多余数字；2）处于数中间位置的"0"是有效数字；3）处于数后面位置的"0"是否为有效数字可分为以下三种情况：①数后面的"0"，若把多余数字的"0"用10的乘幂来表示，使其与有效数字分开，这样在10的乘幂前面所有数字包括"0"皆为有效数字；②作为测量结果并注明误差值的数值，其表示的数值等于或大于误差值的所有数字，包括"0"皆为有效数字；③上面两种情况外的数后面的"0"则很难判断是有效数字还是多余数字，因此，应避免采用这种不确切的表示方法。

在测量或计量中应取多少位有效数字，可根据下述准则判定：①对不需要表明误差的数据，其有效位数应取到最末一位数字为可疑数字（也称"不确切数字"或"参考数字"）；②对需要表明误差的数据，其有效位数应取到与误差同一数量级。

（四）数字修约的规则

1. 修约间隔

修约间隔是指确定修约保留位数的一种方式。修约间隔的数值一经确定，修约值即应为该数值的整数倍。例如，指定修约间隔为0.01，修约值即应在0.01的整数倍中选取，相当于将数值修约到两位小数。又如，指定修约间隔为100，修约值即应在100的整数倍中选取，相当于将数值修约到"百"数位。

0.5单位修约是指修约间隔为指定数位的0.5单位，即修约到指定数位的0.5单位。

0.2单位修约是指修约间隔为指定数位的0.2单位，即修约到指定数位的0.2单位。

2. 数值修约进舍规则

拟舍弃数字的最左一位数字小于5时，则舍去，即保留的各位数字不变。

拟舍弃数字的最左一位数字大于5；或者是5，而且后面的数字并非全部为0时，则进1，即保留的末位数加1。

拟舍弃数字的最左一位数字为5，而后面无数字或全部为0时，若所保留的末位数为奇数（1，3，5，7，9）则进一，为偶数（2，4，6，8，0）则舍弃。

负数修约时，先将它的绝对值按上述三条规定进行修约，然后在修约值前面加上负号。

0.5单位修约时，将拟修约数值乘以2，按指定数位依进舍规则修约，所得数值再除以2。

0.2单位修约时，将拟修约数值乘以5，按指定数位依进舍规则修约，所得数值再除以5。

上述数值修约规则（有时称之为"奇升舍偶法"）与常用的"四舍五入"的方法区别在于：用"四舍五入"法对数值进行修约，从很多修约后的数值中得到的均值偏大；而用上述的修约规则，进舍的状况具有平衡性，进舍误差也具有平衡性，若干数值经过这种修约后，修约值之和变大的可能性与变小的可能性是一样的。

3. 数值修约注意事项

拟修约数字应在确定修约后的一次修约获得结果，而不得多次按进舍规则连续修约。

在具体实施中，有时测量与计算部门先将获得数值按指定的修约数位多一位或几位报出，而后由其他部门判定。为避免产生连续修约的错误，应按下列步骤进行：

（1）报出数值最右的非 0 数字为 5 时，应在数值后面加"（+）"号或"（−）"号或不加符号，以分别表明已进行过舍、进或未舍未进。

（2）如果判定报出值需要进行修约，当拟舍弃数字的最左一位数字为 5，而后面无数字或全部为 0 时，数值后面有"（+）"号者进 1，数值后面有"（−）"号者舍去，其他仍按进舍规则进行。

（五）计算法则

1. 加法运算

应以各数中有效数字末位数的数位最高者为准（小数即以小数部分位数最少者为准），其余数均比该数向右多保留一位有效数字。

2. 乘法运算

应以各数中有效数字末位数的数位最少者为准，其余数均多取一位有效数字，所得积或商也多取一位有效数字。

3. 平方或开方运算

其结果可比原数多保留一位有效数字。

4. 对数运算

所取对数位数应与真数有效数字位数相等。

二、数据的统计特征与概率分布

（一）总体与样本

在工程质量检验中，对无限总体中的个体逐一考察其某个质量特征显然是不可能的；即使对有限总体，所含个体数量虽不大，但要做全部破坏性考察也是很难实现的。所以，除特殊项目外，主要通过抽取总体中的一小部分个体加以检测，以便了解和分析总体质量状况。这就是通常所说的"抽样检验"。

总体又称"母体"，是统计分析中所需研究对象的全体。而组成总体的每个单元称为"个体"。例如，在沥青混合料拌和工地上，需要确定某公司运来的一批沥青质量是否合格，则这批沥青就是总体。总体分为有限总体和无限总体。从总体中抽取一部分个体就是样本（又称"子样"）。样本容量是样本中所含样品的数量，通常用 n 来表示。

（二）数据的统计特征量

用来表示统计数据分布及其某特征的特征量分为两类：一类表示数据的集中位置，例如算术平均值、中位数等；一类表示数据的离散程度。例如级差、标准偏差等。有时还需要把这两类基本特征量联合起来说明问题，例如变异系数等。

1. 算术平均值

算术平均值是表示一组数据集中位置最有用的统计特征量，经常用样本的算术平均值来代表总体的平均水平。总体平均值用 μ 表示，样本的算术平均值则用 $\bar{x}$ 表示，$\bar{x} \approx \mu$。如果一个样本数据为 x_1，x_2，$\cdots$，x_n，那么，样本的算术平均值为：

$$\bar{x} = \frac{1}{n}(x_1 + x_2 + \cdots + x_n) = \frac{1}{n}\sum_{i=1}^{n} x_i \tag{3-1}$$

2. 中位数

在一组数据 x_1，x_2，$\cdots$，x_n 中，按其大小次序排列，以排在正中间的一个数表示总体的平均水平，称为"中位数"，或称"中值"，用 $\tilde{x}$ 表示。n 为奇数时，正中间的数只有一个，即为中位数；n 为偶数时，正中间的数有两个，取这两个数的平均值作为中位数。即：

$$\tilde{x} = \begin{cases} x_{1+\frac{n+1}{2}} & (n \text{ 为奇数}) \\ \frac{1}{2}(x_{\frac{n}{2}} + x_{\frac{n+1}{3}}) & (n \text{ 为偶数}) \end{cases} \tag{3-2}$$

3. 级差

为了解数据波动范围，在一组数据中最大值与最小值之差，称为"级差"，记作 R，则有：

$$R = x_{\max} - x_{\min} \tag{3-3}$$

4. 标准偏差

标准偏差有时也称"标准离差""标准差""均方差"，它是衡量样本数据波动性（离散程度）的指标。在质量检验中，总体的标准偏差 σ 一般不易求得。样本的标准偏差 s 可按下式计算：

$$s = \sqrt{\frac{(x_1 - \bar{x})^2 + (x_2 - \bar{x})^2 + \cdots + (x_n - \bar{x})^2}{n-1}} = \sqrt{\frac{\sum_{i=1}^{n}(x_i - \bar{x})^2}{n-1}}$$

$$= \sqrt{\frac{1}{n-1}\left(\sum_{i=1}^{n} x_i^2 - n\bar{x}^2\right)} \tag{3-4}$$

5. 变异系数

标准偏差是反映样本数据的绝对波动状况，当测量较大的量值时，绝对误差一般较大；而测量较小的量值时，绝对误差一般较小。因此，用相对波动的大小，即变异系数更能反映样本数据的波动性。

变异系数用 C_v 表示，是标准偏差 s 与算术平均值下的比值，即：

$$C_v = s/\bar{x} \times 100\% \qquad\qquad (3-5)$$

三、正态分布

数据按其性质可分计量值和计数值两大类。计量值数据是指可以连续取值的数据，如长度、质量、强度和对角线偏差等。计数值数据是指不能连续取值，只能用个数计数的数据，如不合格品数、不合格品率和表面缺陷数等，其中不合格品率 1%，1.1%，1.2%，…看起来似乎是可以连续取值的计量值，但实际它是计数值。所以，判别一个数据是计量值还是计数值在于给出该数据的代数式的分子，即分子为计量值，那么用该数学式求得的数据就是计量值；分子是计数值，求得的数据就是计数值。

计量值的概率分布为正态分布，计数值的概率分布为超几何分布、二项分布和泊松分布等。正态分布是应用最多、最广泛的一种概率分布曲线，它是其他概率分布的基础。所谓"正态"也叫"常态"，即常见的状态。凡是计量值数据，它们的概率分布，都将遵从正态分布，用 Y 来表示正态分布的概率密度函数如下：

$$Y = f(x) = \frac{1}{\sqrt{2\pi}\sigma} e^{-\frac{(x-\mu)^2}{2\sigma^2}} \ (-\infty < x < +\infty) \qquad\qquad (3-6)$$

式中：x ——随机变量，曲线的横坐标值；

$f(x)$ ——相应的值出现的概率密度，曲线的纵坐标值；

μ ——总体平均值；

σ ——总体标准偏差；

π ——圆周率（$\pi \approx 3.1416$）；

e ——自然对数的底（$e \approx 2.7183$）。

平均值 μ 是 $f(x)$ 曲线的位置参数，决定曲线最高点的横坐标。标准偏差 σ 是 $f(x)$ 曲线的形状参数，它的大小反映了曲线的宽窄程度。σ 愈大，曲线低而宽，随机变量在平均值 μ 附近出现的密度愈小；σ 愈小，曲线高而窄，随机变量在平均值 μ 附近出现的密度愈大。

第五节　公路工程质量检验评定方法及依据

一、概述

为了加强公路工程质量管理，统一公路工程质量检验标准和评定标准，保证工程质量，交通运输部制定了《公路工程质量检验评定标准 第一册 土建工程》（JTG F80/1—2012），该标准适用于公路工程施工单位、工程监理单位、建设单位、质量检测机构和质量监督部门对公路工程质量的管理、监控和检验评定。

《公路工程质量检验评定标准 第一册 土建工程》为交通部运输行业标准，其适用范围主要针对四级及四级以上公路的新建和改建工程。对于公路的大中修工程，由于交通部已专门制定了《公路大中修工程的质量检验评定标准》，故该标准不再要求大中修工作参照执行。

根据设计任务、施工管理和质量检验评定的需要，应在施工准备阶段将建设项目划分为单位工程、分部工程和分项工程。施工单位、工程监理单位和建设单位应按相同的工程项目划分进行工程质量的监控和管理。

（一）单位工程

在建设项目中，根据签订的合同，具有独立施工条件的工程可分为单位工程。每个合同段范围的路基工程、路面工程、交通安全设备分别作为一个单位工程；特大桥、大桥、中桥、隧道以每座作为一个单位工程（特大桥、大桥、特长隧道、长隧道分为多个合同段施工时，以每个合同段作为一个单位工程）；互通式立体交叉的路基、路面、交通安全设施按合同段纳入相应单位工程；桥梁工程按特大桥、大桥、中桥分别作为一个单位工程。

（二）分部工程

在单位工作中，应按结构部件、路段长度及施工特点或施工任务划分为若干个分部工程。每个合同段的路基土石方、排水、小桥、涵洞、支挡、路面面层、标志、防护栏等分别作为一个分部工程；桥梁上部、下部各作为一个分部工程；隧道衬砌、总体各作为一个分部工程。

（三）分项工程

在单位工程中，应按不同的施工方法、材料、工序及路段长度等分为若干个分项工程。

二、工程质量评分

工程质量检验评分以分项工程为单元，采用 100 分制进行。在分项工程评分的基础上，逐级计算各相应分部工程、单位工程、合同段和建设项目评分值。

施工单位应对各分项工程按 JTG F80/1-2017 所列基本要求，实测项目和外观鉴定进行自检，按"分项工程质量检验评定表"及相关施工技术规范提交真实、完整的自检资料，对工程质量进行自我评定。

工程监理单位应按规定要求对工程质量进行独立抽检，对施工单位检评资料进行签认，对工程质量进行评定。

建设单位根据对工程质量的检查及平时掌握的情况，对工程监理单位所做的工程质量评分及等级进行审定。

质量监督部门、质量检测机构可依据 JTG F80/1-2017 对公路工程质量进行检测评定。

（一）分项工程质量评分

分项工程质量检验内容包括基本要求、实测项目、外观鉴定和质量保证资料等四个部分。基本要求具有质量否决权，只有在其使用的原材料、半成品、成品及施工工艺符合基本要求的规定，且无严重外观缺陷和质量保证资料真实并基本齐全时，才能对分项工程质量进行检验评定。

涉及结构安全和使用功能的重要实测项目为关键项目，其合格率不得低于90%（属于工厂加工制造的交通工程安全设施及桥梁金属构件不低于95%，机电工程为100%）且检测值不得超过规定极值，否则必须进行返工处理。

实测项目的规定极值是指任一单位检测值都不能突破的极限值，不符合要求时该实测项目为不合格。

分项工程的评定分值满分为 100 分，按实测项目采用加权平均法计算。存在外观缺陷或资料不全时，须予减分。

1. 基本要求检查

分项工程所列基本要求，对施工质量优劣具有关键作用，应按基本要求对工程进行认真检查。经检查不符合基本规定要求时，不得进行工程质量的检验和评定。

2. 实测项目计分

对规定检查项目采用现场抽样方法，按照规定频率和下列计分方法对分项工程的施工质量直接进行检测计分。

检查项目除按数理统计方法评定的项目以外，均应按单点（组）测定值是否符合标准要求进行评定，并按合格率计分。

对于路基路面的压实、弯沉值、路面结构层厚度、水泥混凝土抗压和抗弯拉强度、半刚性材料强度及路面横向力系数等检查项目，则应按要求采用有关数理统计方法进行评定计分。除路面横向力外，其余均为分项工程中的关键项目，不符合要求则该分项工程评为不合格。

3. 外观缺陷减分

对工程外表状况应逐项进行全面检查，如发现缺陷，应进行减分。对于较严重的外观缺陷，施工单位须采取措施进行整修处理。

4. 资料不全减分

分项工程的施工资料和图表残缺，缺乏最基本的数据，或有伪造涂改者，不予检验和评定。资料不全者应予减分，减分幅度可按《公路质量检验评定标准》3.2.7 条所列各款逐款检查，视资料不全情况减 1~3 分。

（二）分部工程和单位工程质量评分

进行分部工程和单位工程评分时，采用加权平均法确定相应的评分值。

（三）合同段和建设项目工程质量评分

合同段和建设项目工程质量评分值按《公路工程竣（交）工验收办法》计算。

（四）质量保证资料

施工单位应有完整的施工原始记录、试验数据、分项工程自查数据等质量保证资料，并进行整理分析，负责提交齐全、真实和系统的施工资料和图表。工程监理单位负责提交齐全、真实和系统的监理资料。质量保证资料应包括以下六个方面：①所用原材料、半成品和成品质量检验结果；②材料配比、拌和、加工控制检验和试验数据；③地基处理、隐蔽工程施工记录和大桥、隧道施工监控资料；④各项质量控制指标的试验记录和质量检验汇总图表；⑤施工过程中遇到的非正常情况记录及其对工程质量影响分析；⑥施工过程中如发生质量事故，经处理补救后，达到设计要求的认可证明文件等。

三、工程质量等级评定

工程质量评定等级分为合格与不合格，应按分项、分部、单位工程、合同和建设项目逐级评定。

（一）分项工程质量等级评定

分项工程评分值不小于 75 分者为合格，小于 75 分者为不合格；机电工程、属于工厂加工制造的桥梁金属构件不小于 90 分者为合格，小于 90 分者为不合格。

评定为不合格的分项工程，经加固、补强或返工、调测，满足设计要求后，可以重新评定其质量等级，但计算分部工程评分值时按其复评分值的 90% 计算。

（二）分部工程质量等级评定

所属各分项工程全部合格，则该分部工程合格；所属任一分项工程不合适，则该分部工程为不合格。

（三）单位工程质量等级评定

所属各分部工程全部合格，则该单位工程合格；所属任一分部工程不合格，则该单位工程为不合适。

（四）合同段和建设项目质量等级评定

合同段和建设项目所含单位工程全部合格，其工程质量等级为合格；所属任一单位工程不合格，则合同段和建设项目为不合格。

第四章 路基路面工程现场检测

第一节 路面厚度与压实度的现场检测

一、路面厚度和压实度的基本概念

路面结构层的厚度是保证路面使用性能的基本条件，实际施工检测时，路面结构的厚度是一项十分重要的技术指标。路面结构的研究分析结果表明，路面厚度的变异性对路面结构的整体可靠度影响很大。同时，路面厚度的变化将导致路面受力不均匀，局部将产生应力集中现象，加快路面结构破坏。在《公路工程质量检验评定标准 第一册 土建工程》（JTG F80/1-2017）中，路面各结构层厚度和压实度均有严格要求。所以检测路面各结构层施工完成后的厚度和压实度数据是工程交工验收必不可少的项目。

路基路面压实质量是公路工程施工质量管理最重要的内在指标之一，只有对路基、路面结构层进行充分压实，才能保证路基、路面的强度、刚度及路面的平整度，并可以保证及延长路基路面的使用寿命。

路基路面现场压实质量用压实度表示，对于路基土及路面基层，压实度是工地实际达到的干密度与室内标准击实试验得到最大干密度的比值；对于沥青路面是指现场实际达到的密度与室内试验得到的标准密度之比值。路面厚度按设计值控制，厚度应均匀。因此对路面厚度与压实度的检测应严格按交通运输部行业标准《公路路基路面现场测试规程》（JTG 3450-2019）（以下简称规程）中规定方法进行。

二、路面厚度测试方法

（一）测试方法

路面基层、路基、砂石路面采用挖坑法进行厚度测试；沥青路面和水泥混凝土路面采用钻孔取芯法进行测试。

根据现行规程的要求，按规程附录 A 的方法，随机取样决定挖坑或钻孔检查的位置，如为旧路，有坑洞等显著缺陷或接缝时，可在其旁边检测。

当采用挖坑法进行测试时，应挖至下层表面，将钢板尺平放横跨于坑的两边，用另一把钢尺或卡尺等量具在坑中间位置垂直至坑底，测量坑底至钢板尺的距离，即为检查层的厚度，以 mm 计，准确至 1mm。

当用路面取芯钻机钻孔时，芯样的直径应符合规定的要求，钻孔深度必须达到层厚。仔细取出芯样，清除底面基层材料，找出与下层的分层面。用钢板尺或卡尺沿圆周对称的十字方向四处量取表面至上下层界面的高度，取其平均值，即为该层的厚度，准确至 1mm。

在施工过程中，当沥青混合料尚未冷却时，可根据需要，随机选择测点，用大螺丝刀插入量取或挖坑量取沥青层的厚度（必要时用小锤轻轻敲打），但不得使用铁锹扰动四周的沥青层。挖坑后清扫坑边，架上钢板尺，用另一钢板尺量取层厚，或用螺丝刀插入坑内量取深度后用尺读数，即为层厚，准确至 1mm。

试坑的修补应按照相关施工技术规范的要求进行。

需要注意的是：补坑工序如有疏忽、遗留或补得不好，易成为隐患而导致路面开裂，因此，所有挖坑、钻孔均应仔细做好修补。

（二）测试结果计算

1. 按式（4-1）计算实测厚度 T_{li} 与设计厚度 T_{oi} 之差。

$$\Delta T_i = T_{li} - T_{oi} \qquad (4-1)$$

式中：T_{li} ——路面的实测厚度（mm）；

T_{oi} ——路面的设计厚度（mm）；

ΔT_i ——路面实测厚度与设计厚度的差值（mm）。

2. 按下面方法计算一个评定路段检测厚度的平均值、标准差、变异系数等。

（1）按式（4-1）计算实测值 T_{li} 与设计值 T_{oi} 之差 ΔT_i；

（2）测定值的平均值、标准差、变异系数、绝对误差、试验精度分别按式（4-2），（4-3），（4-4），（4-5），（4-6）计算：

$$\bar{T} = \frac{\sum T_i}{N} \qquad (4-2)$$

$$S = \sqrt{\frac{\sum (T_i - \bar{T})^2}{(N-1)}} \qquad (4-3)$$

$$C_v = \frac{S}{\overline{T}} \times 100\% \qquad (4-4)$$

$$m_x = \frac{S}{\sqrt{N}} \qquad (4-5)$$

$$P_x = \frac{m_x}{\overline{T}} \times 100\% \qquad (4-6)$$

式中：T_i ——各测点的测定值（mm）；

S ——测试路段的标准差（mm）；

N ——一个评定路段内的测点数；

$\overline{T}$ ——一个评定路段内测定值的平均值（mm）；

C_v ——一个评定路段内测定值的变异系数（%）；

m_x ——一个评定路段内测定值的绝对误差；

P_x ——一个评定路段内测定值的试验精度（%）。

三、路面基层压实度与含水量测试方法

路面基层压实度的测试方法有：挖坑灌砂法、环刀法、核子仪法三种。

核子仪法适用于施工现场的快速评定，不宜用作仲裁试验或评定验收的依据。环刀法适用于细粒土及无机结合料稳定细粒土的密度，但对于无机结合料稳定细粒土，其龄期不宜超过 2 天，且宜用于施工过程中的压实度检验。本节依据《公路路基路面现场测试规程》（JTG 3450—2019）的规定将介绍挖坑灌砂法、环刀法和核子仪法测定路面基层、路基压实度的试验方法。

（一）灌砂法

1. 灌砂法的基本概念与适用范围

灌砂法适用于在现场测定基层（或底基层），砂石路面及路基土等各种材料压实层的密度和压实度，也适用于沥青表面处治，沥青贯入式路面层的密度和压实度检测，但不适用于填石路堤等有大孔洞或大孔隙材料的压实度检测。

采用挖坑灌砂法测定密度与压实度时，应符合下列规定：

（1）灌砂筒有大小两种，根据需要选用。型号如图 4-1。

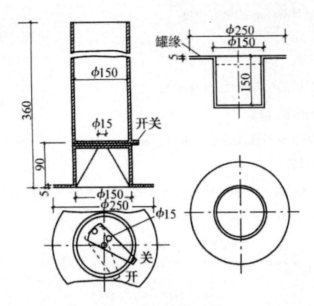

图 4-1　灌砂筒和标定罐

（2）当集料的最大粒径小于 13.2mm，测定层厚度不超过 150mm 时，宜采用直径 100mm 的小型灌砂筒测试。

（3）当集料的最大粒径等于或大于 13.2mm，但不大于 31.5mm，测定层的厚度超过 150mm，但不超过 200mm 时，应用直径 150mm 的大型灌砂筒测试。

2. 测试方法

（1）按现行规程试验方法对检测对象用同样材料进行标准击实试验，得到最大干密度及最佳含水量。

（2）按规定选用适宜的灌砂筒并标定灌砂筒下部圆锥体内砂的质量 m_2。

（3）标定量砂的松方密度 $\rho_s(g/cm^3)$

①用水确定罐的容积 V，准确至 1mL。

②在储砂筒中装入质量为 m_1 的砂，并将灌砂筒放在标定罐上，将开关打开，让砂流出。在整个流砂过程中，不要碰动灌砂筒，直到储砂筒内的砂不再下流时，将开关关闭。取下灌砂筒，称取筒内剩余砂的质量 m_3，准确至 1g。

③按式（4-7）计算填满标定罐所需砂的质量 $m_a(g)$：

$$m_a = m_1 - m_2 - m_3 \tag{4-7}$$

式中：m_1——标定罐中砂的质量（g）；

m_2——灌砂筒下部圆锥体内砂的质量（g）；

m_3——灌砂筒内砂的剩余质量（g）。

④重复上述步骤测量三次，取其平均值。

⑤按式（4-8）计算量砂的松方密度

$$\rho_s = \frac{m_a}{V} \tag{4-8}$$

式中：ρ_s——量砂的松方密度（g/cm^3）；

V——标定罐的体积（cm^3）。

⑥按规定试验方法进行现场挖坑、取样、灌砂、含水量测定等相关试验。

3. 数据处理与计算

（1）按式（4-9）或（4-10）计算填满试坑所用的砂的质量 m_b(g)：

灌砂时，试坑上放有基板时：

$$m_b = m_1 - m_4 - (m_5 - m_6) \tag{4-9}$$

灌砂时，试坑上不放基板时：

$$m_b = m_1 - m'_4 - m_2 \tag{4-10}$$

式中：m_b——填满试坑的砂的质量（g）；

m_1——灌砂前灌砂筒内砂的质量（g）；

m_2——灌砂筒下部圆锥体内砂的质量（g）；

m_4，m'_4——灌砂后，灌砂筒剩余砂的质量（g）；

$m_5 - m_6$——灌砂筒下部圆锥体内及基板和粗糙表面间砂的合计质量（g）。

（2）按式（4-11）计算试坑材料的湿密度

$$\rho_w = \frac{m_w}{m_b} \times \rho_s \tag{4-11}$$

式中：m_w——试坑中取出的全部材料的质量（g）；

ρ_s——量砂的松方密度（g/cm^3）。

（3）按式（4-12）计算试坑材料的干密度：

$$\rho_d = \frac{\rho_w}{1 + 0.01w} \tag{4-12}$$

式中：w——试坑材料的含水量（%）。

（4）当为水泥、石灰、粉煤灰等无机结合料稳定土的场合，可按式（4-13）计算干密度 ρ_d（g/cm^3）：

$$\rho_d = \frac{m_d}{m_b} \times \rho_s \tag{4-13}$$

式中：m_d——试坑中取出的稳定土的烘干质量（g）。

（5）按式（4-14）计算施工压实度：

$$K = \frac{\rho_d}{\rho_c} \times 100\% \qquad\qquad (4-14)$$

式中：K——测试地点的施工压实度（%）；

ρ_d——样的干密度（g/cm^3）；

ρ_c——由标准击实试验得到的试样的最大干密度（g/cm^3）。

注意：当试坑材料组成与击实试验的材料有较大差异时，可用试坑材料重新做标准击实试验，求取实际的最大干密度。

（二）环刀法

1. 环刀法的基本概念

环刀法是测量现场密度的传统方法。国内习惯采用的环刀容积通常为 200cm^3，环刀高度通常为 5cm。用环刀法测得的密度是环刀内土样所在深度范围内的平均密度。它不能代表整个碾压层的平均密度。由于碾压层的密度一般是从上到下逐渐减小的，若环刀取在碾压层上部，则得到的数值往往偏大，若环刀取的是碾压层的底部，则所测得的数值明显偏小，就检查路基土和路面结构层的压实度而言，我们需要的是整个碾压层的平均压实度，而不是压实层中某一部分（位）的压实度，因此，在用环刀法测定土的密度时，应使所得密度能代表整个压实层的平均密度。然而，这在实际检测中是比较困难的，只有使环刀所取的土恰好是碾压层中间的土，环刀法所测的结果才可能与灌砂法的结果大致相同。另外，环刀法适用面较窄，对于含有粒料的稳定土及松散性材料则无法使用。

2. 环刀法的试验步骤（详见规程 JTG 3450—2019）

（1）擦净环刀，称取环刀质量 m，准确至 0.1g。

（2）在试验地点，按规定要求将环刀打入压实层，并取出，并修平环刀两端。

（3）擦净环刀外壁，用天平称取环刀及试样合计质量 m，准确至 0.1g。

（4）自环刀中取出试样，取具有代表性的试样，测定其含水量 s。

3. 计算

按下式分别计算试样的湿密度 ρ_w 有及干密度 P_d：

$$\rho_w = \frac{4 \times (m_1 - m_2)}{\pi d^2 h} \qquad\qquad (4-15)$$

$$\rho_d = \frac{\rho_w}{1 + 0.01w} \qquad\qquad (4-16)$$

式中：ρ_w——试样的湿密度（g/cm^3）；

ρ_d——试样的干密度（g/cm^3）；

m_1——环刀或取芯套筒与试样的合计质量（g）；

m_2——环刀或取芯套筒的质量（g）；

d——环刀或取芯套筒的直径（cm）；

h——环刀或取芯套筒的高度（cm）；

w ——试样的含水量（%）。

（三）核子密度湿度仪法

1. 基本概念

核子密度湿度仪法是利用放射性元素（通常是 γ 射线或中子射线）测量土或路面材料的密度和含水量。这类仪器的特点是测量速度快，需要人员少。此方法适用于测量各种土或路面材料的密度以及含水量，有些进口仪器可贮存、打印测试结果。它的缺点是，放射性物质对人体有害。对于核子仪法，可作施工控制使用，但需与常规方法比较，以验证其可靠性。

2. 试验方法的选用与适用性

本方法适用于测定沥青混合料面层的压实密度或硬化水泥混凝土等，当测难以打孔材料的密度时宜使用散射法；用于测定土基、基层材料或非硬化水泥混凝土等可以打孔材料的密度及含水率时，应使用直接透射法。

在表面用散射法测定，所测定沥青面层的厚度应不大于根据仪器性能决定的最大厚度。用于测定土基或基层材料的压实度及含水量时，打洞后用直接透射法测定，测定层的厚度不宜大于 30cm。

检测前仪器应按操作说明书的要求进行标定。

3. 测定方法

①如用散射法测定时，应按图 4-2 的方法将核子仪平稳地置于测试位置上。测点应随机选择，测定温度应与试验段测定时一致，一组不少于 13 点，取平均值。检测精度通过试验路段与钻孔试件比较评定。

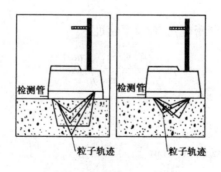

图 4-2　用散射法测定的方法

②如用直接透射法测定时，应按图 4-3 的方法将放源棒放下插入已预先打好的孔内。

图 4-3　用直接透射法测定的方法

③打开仪器，测试员退出仪器 2m 以外，按照选定的测试时间进行测量，到达测定时间后，读取显示的各项数值，并迅速关机。

4. 使用安全注意事项

（1）仪器工作时，所有人员均应退到距仪器 2m 以外的地方。

（2）仪器不使用时，应将手柄置于安全位置，仪器应装入专用的仪器箱内，放置在符合核辐射安全规定的地方。

（3）仪器应由经有关部门审查合格的专人保管，专人使用。对从事仪器保管和使用的人员，应遵照有关核辐射检测的规定，不符合核防护规定的人员，不宜从事此项工作。

四、沥青面层的压实度测试方法

（一）沥青混合料面层压实度的基本概念

压实沥青混合料面层的施工压实度是指按规定方法采取的现场混合料试样的毛体积密度与标准密度之比，以百分率表示。

（二）检测依据与适用范围

《公路路基路面现场测试规程》（JTG 3450—2019）（T0924-2008）适用于检验从压实的沥青路面上钻取的沥青混合料芯样试件的密度，以评定沥青面层的施工压实度。

（三）检测方法

1. 钻取芯样

按规程 T0903 "钻芯和切割取样方法" 钻取路面芯样，芯样直径不宜小于 $\varphi100mm$。当一次钻孔取得的芯样包含有不同层位的沥青混合料时，应根据结构组合情况用切割机将芯样沿各层结合面锯开并分层进行测定。

钻孔取样应在路面完全冷却后进行，对普通沥青路面通常在第二天取样，对改性沥青及 SMA 路面宜在第三天以后取样。

2. 测定试件密度

（1）将钻取的试件在水中用毛刷轻轻刷净黏附的粉尘。如试件边角有浮松颗粒，应仔细清除。

（2）将试件晾干或电风扇吹干不少于 24h，直至恒重。

（3）按现行《公路工程沥青及沥青混合料试验规程》（JTG E20-2011）的沥青混合料试件密度试验方法测定试件的视密度或毛体积密度 ρ_s。当试件的吸水率小于 2% 时，采用水中重法或表干法测定；当吸水率大于 2% 时，用蜡封法测定；对空隙率很大的透水性混合料及开级配混合料用体积法测定；对吸水率小于 0.5% 特别致密的沥青混合料，在施工质量检验时，允许采用水中重法测定表观相对密度。

3. 根据现行的《公路沥青路面施工技术规范》（JTG F40-2004）附录 E 的规定，确定计算压实度的标准密度。

（四）检测结果计算

1. 当计算压实度的沥青混合料的标准密度采用马歇尔击实成型的试件密度或试验路段钻孔取样密度时，沥青面层的压实度按式（4-17）计算：

$$K = \frac{\rho_s}{\rho_0} \times 100 \qquad (4-17)$$

式中：K——沥青层面的压实度（%）；

ρ_s——沥青混合料芯样试件的实测密度（g/cm^3）；

ρ_0——沥青混合料的标准密度（g/cm^3）。

2. 当沥青混合料标准密度采用最大密度计算压实度，应按式（4-18）进行计算：

$$K = \frac{\rho_s}{\rho_t} \times 100 \qquad (4-18)$$

式中：ρ_s——沥青混合料芯样实测密度（g/cm^3）；

ρ_t——沥青混合料的最大理论密度（g/cm^3）。

3. 按规程（JTGE60-2008）的方法，计算一个评定路段检测的压实度平均值、标准差、变异系数，并计算代表压实度。

五、路面厚度和压实度的工程评定标准与评定方法

路面厚度与压实度检测结果合格与否，应按 JTG F80/1-2017 中规定的评定标准和评定方法，根据检测数据进行评定。

第二节 路面使用性能的现场测试方法

一、路面使用性能的概念

（一）路面使用性能的基本含义

路面是铺筑在路基上供车辆行驶的结构层。它要求按照相应等级的设计标准而修建，能提供舒适良好的行车条件。

路面的使用性能可分为五个方面：功能性、结构性能、结构承载力、安全性和外观。

（二）路面平整度的概念与检测的意义

路面平整度即是以规定的标准量规，间断地或连续地测量路表面的凹凸情况，即不平整度。它既是一个整体性指标，又是衡量路面质量及现有路面破坏程度的一个重要指标。

路面的不平整性有纵向和横向两类，但这两种不平整性的形成原因基本是相同的。首先是由于施工原因而引起的建筑不平整，其次是由于个别的或多数的结构层承载能力过低，特别是沥青面层中使用的混合料抗变形能力低，致使道路产生永久变形。

纵向不平整性主要表现为坑槽、波浪。研究表明，路面不平整所造成的影响如图 4-4 (a) 所示，纵向高低畸变，不同频率和不同振幅的跳动会使行驶在这种路面上的汽车产生振荡，从而影响行车速度和乘客的舒适性。

横向不平整性主要表现为车辙和隆起，它除造成车辆跳动外，还妨碍行驶时车道变换及雨水的排出，以至于影响行车的安全和舒适，如图 4-4 (b) 所示。

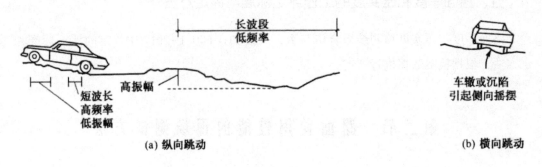

图 4-4　路面不平整度

（三）路面平整度的常用检测方法与不平整度的表示方法

目前国际上对路面的平整度测试方法大致有四种：一是 3m 直尺法；二是连续式平整度仪法；三是车载颠簸累积仪法；四是激光平整度仪法。这四种测试方法目前在我国也普遍采用。路面的不平整度的主要表示方法有：①单位长度上的最大间隙；②单位长度间的间隙累积值；③单位长度内间隙超过某定值的个数；④路面不平整的斜率；⑤路面的纵断面；⑥振动和加速度（根据行车舒适感作为评价指标）。

二、路面平整度测试方法

（一）3m 直尺测定平整度试验方法

1. 适用范围

（1）按《公路路基路面现场测试规程》（JTG 3450—2019）（T0931-2008）规定，用 3m 直尺为基准面测定距离路表面的最大间隙表示路基路面的平整度，以 mm 计。

（2）本方法适用于测定压实成型的路面各层面的平整度，以评定路面的施工质量及使用质量，也可用于路基表面成型后的施工平整度检测。

2. 检测方法

（1）按有关规范规定选定测试路段。

（2）在测试路段路面上选择测试地点：当为施工过程中质量检测需要时，测试地点根据需要确定，可以单杆检测；当为路基路面工程质量检查验收或进行路况评定需要时，应连续测量 10 尺。除特殊需要者外，应以行车道一侧车轮轮迹（距车道线 80～100cm）作为连续测定的标准位置。对旧路已形成车辙的路面，应取车辙中间位置为测定位置，用粉笔在路面上做好标记。

（3）将 3m 直尺摆在测试地点的路面上，目测 3m 直尺底面与路面之间的间隙情况，确定间隙为最大的位置。

（4）用有高度标线的塞尺塞进间隙处，测量其最大间隙的高度（mm），准确至 0.2mm。

（5）施工结束后检测时，按现行 JTG F80/1-2017 的规定，每 1 处连续检测 10 尺，测记 10 个最大间隙。

3. 检测结果计算

单杆检测路面的平整度计算，以 3m 直尺与路面的最大间隙为测定结果。连续测定 10 尺时，判断每个测定值是否合格，根据要求计算合格百分率，并计算 10 个最大间隙的平均值。

（二）连续式平整度仪检测平整度测试方法

1. 适用范围

（1）依据《公路路基路面现场测试规程》（JTG 3450—2019）（T0932-2008）规定，采用连续式平整度仪测量路面的不平整度的标准差 σ，以表示路面的平整度，以 mm 计。

（2）本方法适用于测定路表面的平整度，评定路面的施工质量和使用质量，但不适用于在已有较多坑槽、破坏严重的路面上测定。

2. 检测设备与配套仪器

（1）连续式平整度仪：结构示意如图 4-5。除特殊情况外，连续式平整度仪的标准长度 3m，其质量应符合仪器标准的要求。测定轮上装有位移传感器、距离传感器等检测器，自动采集位移数据时，测定间距为 10cm，每一计算区间的长度为 100m，输出一次结果。

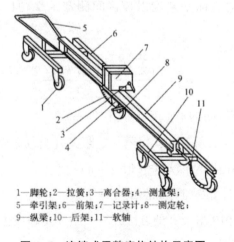

1—脚轮；2—拉簧；3—离合器；4—测量架；
5—牵引架；6—前架；7—记录计；8—测定轮；
9—纵梁；10—后架；11—软轴

图 4-5 连续式平整度仪结构示意图

（2）配套设备牵引车：小面包车或其他小型牵引汽车和皮尺等。

3. 选择测试路段

当为施工过程中质量检测需要时，测试地点根据需要决定；当为路面工程质量检查验收后进行路况评定需要时，通常以行车道一侧车轮轮迹带作为连续测定的标准位置。对旧路已形成车辙的路面，取一侧车辙中间位置为测量位置，按规定在测试路段路面上确定测试位置，当以内侧轮迹带（IWP）或外侧轮迹带（OWP）作为测定位置时，测定位置距车道标线 80~100cm。

4. 检测方法

（1）将连续式平整度测定仪置于测试路段路面起点上。

（2）在牵引汽车的后部，将平整度仪的挂钩挂上后，放下测定轮，启动检测器及记录仪，随即启动汽车，沿道路纵向行驶，横向位置保持稳定，并检查平整度检测仪表上测定数字显示、打印、记录的情况。如遇检测设备中某项仪表发生故障，即须停止检测。牵引平整度仪的速度应保持匀速，速度宜为 5km/h，最大不得超过 12km/h。

在测试路段较短时，亦可用人力拖拉平整度仪测定路面的平整度，但拖拉时应保持匀速前行。

5. 检测结果计算

（1）连续式平整度测定仪测定后，可按每 10 cm 间距采集的位移值自动计算每 100m 计算区间的平整度标准差（mm），还可记录测试长度（m）、曲线振幅大于某一定值（如 3mm、5mm、8mm、10mm 等）的次数、曲线振幅的单向（凸起或凹下）累计值及以 3m 机架为基准的中点路面偏差曲线图，计算打印。当为人工计算时，在记录曲线上任意设一基准线，每隔一定距离（宜为 1.5m）读取曲线偏离基准线的偏离位移值 d_i。

（2）每一计算区间的路面平整度以该区间测定结果的标准差表示，按式（4-19）计算：

$$\sigma_i = \sqrt{\frac{\sum d_i^2 - \left(\sum d_i\right)^2 / N}{N - 1}} \qquad (4-19)$$

式中：σ_i——各计算区间的平整度计算值（mm）；

d_i——以 100m 为一个计算区间，每隔一定距离（自动采集间距为 10 cm，人工采集间距为 1.5m）采集的路面凹凸偏差位移值（mm）；

N——计算区间用于计算标准差的测试数据个数。

（3）按 JTG 3450—2019 附录 B 的方法计算一个评定路段内各区间的平整度标准差的平均值、标准差、变异系数。

（三）车载式颠簸累积仪测定平整度试验方法

1. 适用范围

（1）依据《公路路基路面现场测试规程》（JTG 3450—2019）（T0933-2008）规定，采用车载式颠簸累积仪测量车辆在路面上通行时后轴与车厢之间的单向位移累积值 VBI，表示路面的平整度，以 cm/km 计。

（2）本方法适用于测定路面表面的平整度，以评定路面的施工质量和使用期的舒适性。但不适用于在已有较多坑槽、破损严重的路面上测定。

2. 测试配套设备与要求

（1）测试系统

测试系统由承载车辆、距离测量装置、颠簸累积值测试装置和主控系统组成。主控系统对测试装置的操作实施控制，完成数据采集、传输、存储与计算过程。

（2）设备承载车要求

根据设备供应商的要求选择测试系统承载车辆。

（3）测试系统基本技术要求和参数：

·测试速度：30~80 km/h；

·最大测试振幅值：±20 cm；

·垂直位移分辨率：1mm；

·距离标定误差：<0.5%；

·系统工作环境温度：0~60℃；

·系统软件能够依据相关关系公式自动对颠簸累积值进行换算，间接输出国际平整度指数。

3. 测试方法

（1）测试车与仪器

①测试车辆有下列条件之一时，都应进行仪器测值与国际平整度指数 IRI 的相关性标定，相关系数 R 应不低于 0.99：在正常状态下行驶超过 20 000 km；标定的时间间隔超过 1 年；减震器、轮胎等发生更换、维修。

②检查测试车轮胎气压，应达到规定的标准气压，且车胎应清洁，不得黏附杂物，车上载重、人数以及分布应与仪器相关性标定试验时一致。

③距离测量系统需要现场安装的，根据设备操作手册说明进行安装和调试，确保紧固装置安装牢固。

（2）测试步骤

①测试车停在测试起点 300~500m 处，启动平整度测试系统程序，按照设备操作手册的规定和测试路段的现场技术要求设置完毕所需的测试状态。

②驾驶员在进入测试路段前应保持车速在规定的测试速度范围内，沿正常行车轨迹驶入测试路段。

③进入测试路段后，测试人员启动系统的采集和记录程序，在测试过程中必须及时准确地将测试路段的起点、终点和其他需要特殊标记的位置输入测试数据记录中。

④当测试车辆驶出测试路段后，仪器操作人员停止数据采集和记录，并恢复仪器各部分至初始状态。

4. 测试结果的计算

颠簸累积仪直接测试输出的颠簸累积值 VBL 要按照相关性标定试验得到相关关系式，并以 100m 为计算区间换算成国际平整度指数（IRI），以 m/km 计，保留 2 位小数。

（四）颠簸累积仪测值与国际平整度指数 IRI 相关关系对比试验

1. 基本要求

由于颠簸累积仪测值受测试速度等因素的影响，因此测试系统的每一种实际采用的测试速度都应单独进行标定，建立相关关系公式。标定过程及分析结果应详细记录并存档。

2. 试验条件

（1）按照每段 IRI 值变化幅度不小于 1.0 的范围，选择不少于 4 段不同平整度水平的路段，且具有够加速或减速长度的路段。根据实际测试道路的分布情况，可以增加某些范围内的标定路段。

（2）每一路段长度不小于 300m。

（3）每一段内平整度应均匀，包括路段前 50m 的引道。

（4）选择坡度变化较小的直线路段，路段交通量小，便于疏导。

（5）标定宜选择在车道的正常行驶轮迹上进行，明确标出标定路段的轮迹、起点、终点。

3. 测试方法

（1）距离标定

①依据设备供应商建议的长度，选择坡度变化较小的平坦直线路段，标出起点、终点和行驶轨迹。

②将测试车的前轮对准起点，启动距离校准程序，然后令车辆沿着路段轨迹直线行驶，避免突然加速或减速，接近终点时看指挥人员手势减速停车，确保测试车的前轮对准

终点线，结束距离的校准程序。重复此过程，确保距离传感器脉冲当量的准确性，应在允许误差范围之内。

③参照上述测试步骤②，令颠簸累积仪按选定的测试速度测试每个标定路段的反应值，重复测试至少5次，取其平均值作为该路段的反应值。

（2）IRI值的确定

以精密水准仪作为标准仪具，分别测量标定路段两个轮迹的纵断高程，要求采样间隔为250mm，高程测量精度为0.5mm；然后用IRI标准计算程序对每个轮迹的纵断面测量值进行模型计算，得到该轮迹的IRI值。两个轮迹IRI值的平均值即为该路段的IRI值。

4. 试验数据处理

用数理统计的方法将各标定路段的IRI值和相应的颠簸累积仪测值进行回归分析，建立相关关系方程式，相关系数R不得小于0.99。

（1）平整度测试报告应包括颠簸累积值VBL、国际平整度指数IRI平均值和现场测试速度。

（2）提供颠簸累积值VBI与国际平整度指数在选定测试条件下的相关关系式及相关系数。

三、路面行驶质量的现场检测与评定原则

（一）路面行驶质量检测

路面使用性能评定是依据所采集到的路面状况数据，对路面性能满足使用要求的程度做出判断。利用这一判断可以了解路网的服务水平，判断路网内需要采取养护和改建措施的路段，为之选择相应的养护和改建对策。路面行驶质量的评价，不仅依赖于路面平整度和车辆特性，也取决于乘客对车辆颠簸的接受程度。

对路面行驶质量而言，主要是采用上文中所述三种方法检测路面的平整度，按照现行规范的要求进行行驶质量的评定。

（二）路面行驶质量评定原则

目前我国《公路养护技术规范》（JTG H10-2009）是根据国际平整度指数IRI和行驶质量指数RQI进行评定的。国际平整度指数IRI是指国际上公认的衡量路面行驶舒适性指数RCI或路面行驶质量指数RQJ的指数，因此可作为路面平整度的标定值，不同设备的实际结果都可以换算成国际平整度指数IRI。

第三节 路面强度与承载力现场测试

一、路基路面强度与承载力常用测定方法

路基路面强度是衡量柔性路面承载能力的一项重要内容，其测量指标为路面弯沉值，一般采用路面弯沉仪检测。通过测得的弯沉值得出强度指标，可以反映路面结构承载能力。然而，路面的结构破坏大多是由于过量的变形所造成的；也可能是由于某一结构层的断裂破坏所造成的。对于前者，采用最大弯沉值表征结构的承载能力较为合适；而对于后者，则采用路面在荷载作用下的弯沉盆曲率半径表征其能力更为合适。

目前使用的路面弯沉测试系统有四种：①贝克曼梁弯沉仪；②自动弯沉仪；③稳态动弯沉仪；④脉冲弯沉仪。前两种为静态测定，得到路表的最大弯沉值；后两种为动态测定，可得到最大弯沉值和弯沉盆。

（一）静态弯沉测定

1. 贝克曼梁弯沉仪测量法

（1）适用范围

①依据我国交通运输部行业标准（JTG 3450—2019）（T0951-2008）的规定，本方法适用于测定各类路基路面的回弹弯沉以评定其整体承载能力，可供路面结构设计使用。

②沥青路面的弯沉检测以沥青面层平均温度 20℃ 时为准，当沥青路面平均温度在 20℃±2℃ 以内可不修正，在其他温度测试时，对沥青路面厚度大于 5 cm 的沥青路面，弯沉值应予以温度修正。

③根据实测所得的土基或整层路面材料的回弹弯沉值，按照弹性半空间体理论的垂直位移公式计算土基或路面材料的回弹模量。

④通过对路面结构分层测定所得的回弹弯沉值，根据弹性层状体系垂直位移理论解，反算路面各结构层的材料回弹模量值。

（2）主要仪器和设备

①弯沉仪 1~2 台，国内目前多使用贝克曼梁弯沉仪。通常由铝合金制成，有总长为 3.6m 和 5.4m 两种，杠杆比（前臂与后臂长度之比）一般为 2：1。要求刚度好、重量轻、精度高、灵敏度高和使用方便。

在半刚性基层沥青路面或水泥混凝土路面上测定时，应采用长度为 5.4m 弯沉仪；对

柔性基层、路基或混合式结构沥青路面可采用长度为3.6m弯沉仪测定。弯沉值采用百分表测量，也可以采用自动记录装置进行测量。

为避免支座变形带来的影响，目前一般采用5.4m弯沉仪进行检测。贝克曼梁弯沉仪是该方法的关键仪器，应按照相关行业标准及检定规程，对仪器挠度、顺直度等关键性能指标进行必要的检验，为试验准确性提供保障。

②试验用标准汽车：双轴，后轴双侧4轮的载重汽车，其标准荷载、轮胎尺寸、轮胎间隙及轮胎气压等主要参数应符合表4-1的要求。测试车应采用后轴100 kN标准轴载BZZ-100的汽车。

表4-1 弯沉测定用的标准车参数

标准轴载等级	BZZ-100
后轴标准轴载 P（kN）	100±1
单侧双轮荷载（kN）	50±0.5
轮胎充气压力（MPa）	0.70±0.05
单转传压面当量圆面积（mm^2）	（3.56±0.20）×10^4
轮隙宽度	应满足自由插入弯沉仪测头的测试要求

③百分表1~2只，量程为10mm，并带百分表支架。

④接触式路表温度计：端部为平头，分度不大于1℃。

（3）测试方法

①测点应在路面行车车道的轮迹带上，并做好标记。

②将弯沉仪插入汽车后轮之间的缝隙处，与汽车方向一致，梁臂不得碰到轮胎，弯沉仪测头置于测点上（轮隙中心前方3~5 cm处），并安装百分表于弯沉仪的测定杆上，百分表调零，用手轻轻叩击弯沉仪，检查百分表应稳定回零。

弯沉仪可以是单侧测定，也可以是双侧同时测定。

③测定者吹哨发令指挥汽车缓缓前进，百分表随路面变形的增加而持续向前转动。当表针转动到最大值时，迅速读取初读数L_1，汽车仍在继续前进，表针反向回转，待汽车驶出弯沉影响半径（约3m以上），吹口哨或挥动指挥红旗，汽车停止。待表针回转稳定后，再次读取终读数L_2，汽车前进的速度宜为5 km/h左右。

④弯沉仪的支点变形修正

当采用长度3.6m的弯沉仪进行弯沉测定时，有可能引起弯沉仪支座处变形，在测定时应检验支点有无变形，如果有变形，此时应用另一台检测用的弯沉仪安装在测定用弯沉仪的后方，其测点架于测定用弯沉仪支点旁。当汽车开出时，同时测定两台弯沉仪的弯沉读数，如检验弯沉仪百分表有读数，应该记录并进行支点变形修正。当在同一结构层上测定时，可在不同位置测定5次，求平均值，以后每次测定时以此作为修正值。支点变形修正原理如图4-6所示。当采用长度5.4m的弯沉仪测定时，可不进行支点变形修正。

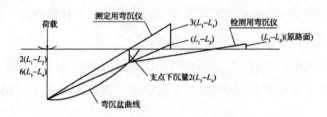

图4-6 弯沉仪支点变形修正原理

（4）测试结果计算及温度修正

①路面测点的回弹弯沉值按式（4-20）计算：

$$l_t = (L_1 - L_2) \times 2 \qquad (4-20)$$

式中：l_t——在路面温度t时的回弹弯沉值（0.01mm）；

L_1——车轮中心临近弯沉仪测头时百分表的最大读数（0.01mm）；

L_2——汽车驶出弯沉影响半径后百分表的终读数（0.01mm）。

②当需要进行弯沉仪支点变形修正时，路面测点回弹弯沉值按式（4-21）计算：

$$l_t = (L_1 - L_2) \times 2 + (L_3 - L_4) \times 6 \qquad (4-21)$$

式中：L_1——车轮中心临近弯沉仪测头时百分表的最大读数（0.01mm）；

L_2——汽车驶出弯沉影响半径后百分表的终读数（0.01mm）；

L_3——车轮中心临近弯沉仪测头时检验用弯沉仪百分表的最大读数（0.01mm）；

L_4——汽车驶出弯沉影响半径后检验用弯沉仪的终读数（0.01mm）。

此式适用于测定用弯沉仪支座处有变形，但百分表架处路面已无变形。

③沥青面层厚度大于5cm的沥青路面，回弹弯沉值应进行温度修正，温度修正及回弹弯沉的计算宜按下列步骤进行。

测定时的沥青层平均温度按式（4-22）计算：

$$t = (t_{25} + t_m + t_e) / 3 \qquad (4-22)$$

式中：t——测定时沥青层平均温度（℃）；

t_{25}——根据t_0由图4-6决定的路表下25mm处的温度（℃）；

t_m——根据t_0由图4-6决定的沥青层中间深度的温度（℃）；

t_e——根据t_0由图4-6决定的沥青层底面处的温度（℃）。

2. 拉克鲁瓦（Lacroix）自动弯沉仪测量法：[JTG 3450—2019（T0952-2008）]

（1）适用范围

①本方法适用于各类自动弯沉仪在新建、改建路面工程的质量验收中，在无严重坑槽、车辙等病害的正常通车条件下连续采集路面弯沉数据。

②本方法的数据采集、传输、记录和处理分别由专用软件自动控制进行。

（2）仪具与技术要求

①Lacroix 型自动弯沉仪由承载车、测量机架及控制系统、传感器（位移、温度和距离）、数据采集与处理系统等基本部分组成。

②设备承载车技术要求和参数：自动弯沉仪的承载车辆应为单后轴、单侧双轮组的载重汽车，其标准条件参考贝克曼梁测定路基路面回弹弯沉试验方法中 BZZ－100 车型的标准参数。

③测试系统基本技术要求和参数：

·位移传感器分辨率：0.01mm；

·位移传感器有效量程：≥3mm；

·设备工作环境温度：0~60℃；

·距离标定误差：≤1%。

（3）测试方法与步骤

根据操作说明书的要求检查设备工作状况，按规定程序对检测路段进行弯沉的检测。

（4）测试结果分析

①采用自动弯沉仪采集路面弯沉盆峰值数据；②数据组中左臂测值、右臂测值按单独弯沉处理；③对原始弯沉测试数据进行温度、坡度、相关性等修正。

3. 自动弯沉仪与贝克曼梁弯沉测值对比试验

（1）试验条件

按弯沉值不同水平范围选择不少于 4 段路面结构相似的路段，路段的长度可为 300~500m，标记好起终点位置。

对比试验路段的路面应清洁干燥，温度应在 10~35℃范围内，并且在温度变化不大的时间，天气宜选择在晴天无风条件，试验路段附近没有重型交通和震动。

（2）测试方法

①按照上述测试步骤，令自动弯沉仪按照正常测试车速测试选定路段，工作人员仔细用油漆每隔三个测试步距或约 20m 标记测点位置。

②自动弯沉仪测试完毕后，等待 30min。然后，在每一个标记位置用贝克曼梁按照测定路基面回弹弯沉试验方法测定各点回弹弯沉值。

（3）试验数据处理

从自动弯沉仪的记录数据中，按照路面标记点的相应桩号提出各试验点的测值，并与贝克曼梁测值——对应，用数理统计的回归分析方法得到贝克曼梁测值和自动弯沉仪测值之间的相关关系方程，相关系数 R 不得小于0.95。

（二）动态弯沉测定

1. 落锤式弯沉仪测量法

（1）适用范围

本方法依据标准［JTG 3450—2019（T0953-2008）］，适用于测定在落锤式弯沉仪标准质量的重锤落下一定高度发生的冲击荷载作用下，路基或路面表面所产生的瞬时变形，即测定在动态荷载作用下产生的动态弯沉及弯沉盆，并可由此反算路基路面各层材料的动态弹性模量，作为设计参数使用。所测结果经转换至回弹弯沉值后可用于评定道路承载能力，也可用于调查水泥混凝土路面接缝的传荷效果，探查路面板下的空洞等。

（2）测试仪具与技术要求

①落锤式弯沉仪：简称FWD，由荷载发生装置、弯沉检测装置、运算控制系统与车辆牵引系统等组成。

②荷载发生装置：重锤的质量及落高根据使用目的与道路等级选择，荷载由传感器测定，如无特殊要求，重锤的质量为200 kg±10 kg，可采用产生50 kN±2.5 kN的冲击荷载，承载板宜为十字对称，分开成四部分且底部固定有橡胶片的承载板。承载板的直径一般为300mm。

③启动落锤装置，落锤瞬间自由落下，冲击力作用于承载板上，又立即自动提升至原来固定位置。同时，各个传感器检测结构层表面变形，记录系统将位移信号输入计算机，并得到峰值，即路面弯沉，同时得到弯沉盆。每一测点重复测定不少于3次，除去第一个测定值，取以后几次测定值的平均值作为计算依据。

④提起传感器及承载板，牵引车向前移动至下一个测点，重复上述步骤，进行测定。

（3）落锤式弯沉仪与贝克曼梁弯沉仪对比试验

①路段选择

选择结构类型完全相同的路段，针对不同地区选择某种路面结构的代表性路段，进行两种测定方法的对比试验，以便将落锤式弯沉仪测定的动态弯沉值换算成包括贝克曼梁测定的回弹弯沉值。选择的对比路段长度300~500m，弯沉值应有一定的变化幅度。

②采用与实际使用相同且符合要求的落锤式弯沉仪及贝克曼梁弯沉仪测定车。落锤式弯沉仪的冲击荷载应与贝克曼梁弯沉仪测定车的后轴双轮荷载相同。

③用油漆标记对比路段起点位置。

④布置测点位置，按T0951的方法用贝克曼梁定点测定回弹弯沉。测定车开走后，用

粉笔以测点为圆心，在周围画一个半径为 15 cm 的圆，标明测点位置。

⑤将落锤式弯沉仪的承载板对准圆圈，位置偏差不超过 30mm，按上述要求进行测定。两种仪器对同一点弯沉测试的时间间隔不应超过 10min。

⑥逐点对应计算两者的相关关系。

通过对比试验得出回归方程式：

$$L_B = a + bL_{FWD} \qquad\qquad (4-23)$$

式中：L_B——贝克曼梁测定的弯沉值（0.01mm）；

L_{FWD}——落锤式弯沉仪测定的弯沉值（0.01mm）；

a、b——回归系数。

回归方程式的相关系数 R 应不小于 0.95。

由于路面结构和材料、路基状况、温度、水文条件、路面使用状况不同，对比关系也有所不同，为了提高数据的准确性，应分各种情况做此项对比试验。

（4）水泥混凝土路面板现场测试方法

①在测试路段的水泥混凝土路面板表面布置测点，当为调查水泥混凝土路面接缝传荷效果时，测点布置在接缝的一侧，位移传感器分开在接缝两边布置。当为探查路面板下的空洞时，测点布置位置随测试需要而定，应在不同位置测定。

②按测试步骤进行测定。

（5）测试结果分析与计算

①按桩号记录各测点的弯沉及弯沉盆数据，按规程附录 B 的方法计算一个评定路段的平均值、标准差、变异系数。

②当为调查水泥混凝土路面接缝的传力效果时，利用分开在接缝两边布置的位移传感器的测定值的差异及弯沉盆的形状，进行判断。

③当为探查路面板下的空洞时，利用在不同位置测定的测定值的差异及弯沉盆的形状，进行判断。

2. 稳态弯沉仪测量法

利用震动力发生器在路面上作用一固定频率的正弦动荷载，通过沿荷载轴线相隔一定间距布置的速度传感器（检波器），测量路表面的动弯沉曲线。目前应用在公路上的有重型弯沉仪（如 Dynaflect 和 Road Rater），所作用的动荷载约达 150 kN。为了保证施加震动荷载时仪器不跳离路面，仪器的自重必须大于动荷载。因此，在施加动荷载前，路面实际上已受到一较重的静载作用，这将影响测定的结果。

二、路基路面模量测定

（一）概述

路基是路面结构的支承基础，车轮荷载通过路面结构传至路基。所以路基的荷载-变形特性对路面结构的整体强度和刚度有很大影响。路面结构的损坏，除了它本身的原因外，主要是由于路基变形过大所引起的。在路面结构的总变形中，路基的变形占有很大部分，为70%~90%。以回弹模量表征路基的荷载-变形特性可以反映路基在瞬时荷载作用下的可恢复变形性质。对于各种以半空间弹性体模型来表征路基特性的设计方法，无论是柔性路面或是刚性路面，都以回弹模量 Er 作为路基的强度或刚度的计算技术指标。路基回弹模测量定方法有：承载板测试方法和分层测定法，本节仅介绍承载板测试方法，具体内容如下。

（二）承载板测试方法适用范围

1. 本方法依据［JTG 3450—2019（T0943-2008）］规定，主要适用于在现场路基表面，通过用承载板对路基逐级加载、卸载的方法，测出每级荷载下相应的回弹变形值，通过计算确定路基回弹模量。

2. 本方法测定的路基回弹模量可作为路面设计参数使用。

（三）测试仪具与技术要求

1. 加载设备：载有铁块或集料等重物，后轴不小于 60 kN 的载重汽车一辆，作为加载设备。在汽车大梁的后轴之后约 80 cm 处，附设加劲横梁一根作为反力架。汽车轮胎充气压力 0.50mPa。

2. 现场测试装置：如图 4-7 所示，由千斤顶、测力计（测力环或压力表）及球座组成。

3. 刚性承载板一块，板厚 20mm，直径为 30 cm，直径两端设有立柱和可以调节高度的支座，供安放弯沉仪测头用。承载板安放在路基表面。

4. 路面弯沉仪两台，由贝克曼梁弯沉仪、百分表及其支架组成。

5. 液压千斤顶一台，80~100 kN，装有经过标定的压力表或测力环，测定精度不小于测力计量程的 1%。

6. 秒表、水平尺及其他用具。

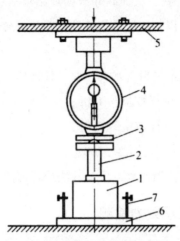

图 4-7 承载板现场测试装置

1——加载千斤顶；2——钢圆筒；3——钢板及球座；4——测力计；
5——加劲横梁；6——载板；7——立柱及支座

（四）测试方法

1. 测试设备与仪表安装

根据需要选择测点，所有测试设备和仪表的安装应符合现行规程的要求，同时应确保安全可靠。

2. 测试方法

（1）用千斤顶开始加载，注视测力环或压力表，预压 0.05mPa，稳定 1min，使承载板与土基紧密接触，同时检查百分表，其工作情况应正常，然后放松千斤顶油门卸载，稳压 1min 后将指针对零，或记录初始读数。

（2）测定路基的压力-变形曲线。用千斤顶加载，采用逐级加载卸载法，用压力表或测力环控制加载量，荷载小于 0.1mPa 时，每级增加 0.02mPa，以后每级增加 0.04mPa 左右。为了使加载和计算方便，加载值可适当调整为整数。每次加载至预定荷载 P 后稳定 1min，立即读记两台弯沉仪百分表数值，然后轻轻放开千斤顶油门卸载至 0，待稳定 1min 后再次读数，每次卸载后百分表不再对零。当两台弯沉仪百分表读数之差不超过平均值的 30%时，取平均值；如超过 30%，则应重测。当回弹变形值超过 1mm 时，即可停止加载。

（3）各级荷载的回弹变形和总变形，按式（4-24）和（4-25）计算：

回弹变形(L) = （加载后读数平均值 - 卸载后读数平均值）× 弯沉仪杠杆比

$$(4-24)$$

总变形(L') = （加载后读数平均值 - 加载初始前读数平均值）× 弯沉仪杠杆比

$$(4-25)$$

（4）测定总影响量 a。最后一次加载卸载循环结束后，取走千斤顶，重新读取百分表读数，然后将汽车开出 10m 以外，读取终读数，两只百分表的初、终读数差的平均值即为总影响量 a。

（5）在试验点下取样，测定材料含水率。取样数量如下：

最大粒径不大于 4.75mm，试样数量约 120g；

最大粒径不大于 19.0mm，试样数量约 250g；

最大粒径不大于 31.5mm，试样数量约 500g。

（6）在靠近试验点旁边的适当位置，用灌砂法或环刀法等测定土基的密度。

三、水泥混凝土路面的承载力检测

（一）概述

目前，在水泥混凝土路面设计中，采用小挠度弹性薄板理论，把水泥混凝土路面结构看成是弹性层状体系。水泥混凝土路面不同于沥青路面的特征是：首先，混凝土路面板的弹性模量及力学强度大大高于基层和土基的相应模量和强度；其次，混凝土的抗弯拉强度远小于抗压强度，为其 1/6~1/7，因此决定水泥混凝土板的强度指标是抗弯拉强度。

由于混凝土的抗弯强度比抗压强度低得多，在车轮荷载作用下当弯拉应力超过混凝土的极限抗弯拉强度时，混凝土板便产生断裂破坏。且在车轮荷载的重复作用下，混凝土板会在低于其极限抗弯强度时出现破坏。此外，由于温差会使板产生翘曲应力；另外，水泥混凝土又是一种脆性材料，它在断裂时的相对拉伸变形很小。因此，不均匀的基础和基层的变形情况对混凝土板的影响很大，不均匀的基础变形会使混凝土板与基层脱空，在车轮荷载作用下板产生过大的弯拉应力而遭破坏。

我国水泥混凝土路面设计规范规定，混凝土面板下必须设置厚为 0.15~0.2m 的基层，或者是具有足够刚度的老路面。其顶面的当量回弹模量 E_t 值不应低于表 4-2 的规定，表 4-2 中还列出了相应的最大计算弯沉值。

表 4-2　刚性路面下地基刚度指标的要求值

交通分类	E_t 不小于/MPa	表面弯沉 l_a 不大于（精确至 0.01mm）
特重	100	120
重	80	150
中等	60	200
轻	40	300

混凝土抗弯拉弹性模量试件尺寸及加载方式同抗弯拉强度试验，并规定用挠度法。取

四级荷载中 Pg 级（即极限抗弯拉荷载的一半）时的割线模量为标准。

（二）路面接缝传荷能力的现场检测

1. 接缝传荷能力的定义

混凝土路面的纵向和横向接缝具有一定的传荷能力。路面接缝的荷载传递机构分为三种类型：

（1）集料嵌锁

依靠接缝处断裂面上集料的啮合作用传递剪力，如不设传力杆的横向缩缝。

（2）传力杆

依靠埋设在接缝处的传力杆传递剪力、弯矩和扭矩，如设传力杆胀缝和施工缝等。

（3）传力杆和集料嵌锁

上述两类型的综合，如设传力杆缩缝等。

接缝的传荷能力可用传荷系数表征。它以接缝两侧相邻板的弯沉（即挠度）、应力或荷载量的比值定义，如：

①以挠度表示的传荷系数 E_w

$$E_w = \frac{W_2}{W_1} \times 100\% \tag{4-26}$$

或者

$$E_w = \frac{2W_2}{W_1 + W_2} \times 100\% \tag{4-27}$$

或者

$$E_w = \frac{2W_2}{W_1 + W_2} \times 100\% \tag{4-28}$$

②以应力表示的传荷系数

$$E_0 = \frac{\sigma_2}{\sigma_1} \times 100\% \tag{4-29}$$

或者

$$K_j = \frac{\sigma_{sj}}{\sigma_c} \times 100\% \tag{4-30}$$

式中：W_1、σ_1——分别为受荷板边缘的挠度和应力；

W_2、σ_2——分别为未受荷板边缘的挠度和应力；

σ_{si}——考虑接缝传荷作用的板边应力；

σ_c——无传荷作用（自由边）的板边应力。

2. 影响接缝传荷能力的因素

影响接缝传荷能力的因素很多，包括接缝传荷机构、路面结构相对刚度、环境（温度）和轴载（大小及作用次数）等。

3. 路面接缝传荷能力测定方法

水泥混凝土路面接缝传荷能力测定可以采用弯沉仪法或落锤弯沉仪法。弯沉仪法是用两台弯沉仪组合进行，并用公式（4-26）计算接缝的传荷能力，测定时应注意弯沉仪的支座不能在测定板上。落锤弯沉仪则可利用其中的两个传感器测定接缝两边的弯沉。

四、沥青混凝土路面的承载力检测

（一）概述

目前我国沥青路面承载力用容许弯沉值来衡量。路面容许弯沉值的确切含义是：路面在使用期末的不利季节，在设计标准轴载作用下容许出现的最大回弹弯沉值。当由标准汽车按前进卸荷法测定的路表回弹弯沉值大于容许弯沉值时，说明该路段的承载能力不足，须进行加强、修补或改善等措施。

容许弯沉值与使用寿命的关系可通过现场调查和检测确定。选择使用多年并出现某种破坏状况的路面，测定弯沉值，调查累计交通量，进行分析整理。其中对于路面破坏状况的判定十分重要，既要考虑路面的使用要求，又要兼顾能够达到这种要求的经济力量。因此世界各国确定容许弯沉值采用的标准不尽统一。我国对公路沥青路面按外观特征分为五个等级，如表4-3，并把第四外观等级作为路面临界破坏状态，以第四级路面的弯沉值的低限作为临界状态的划界标准。从表中所列的外观特征可知，这样的临界状态相当于路面已疲劳开裂并伴有少量永久变形的情况。对相同路面结构不同外观特征的路段进行测定后发现，外观等级越高，弯沉值越大。对于不同极限状态，容许弯沉值也不同。

表4-3　沥青路面外观等级评判

外观等级	外观状况	路面表面外观特征
一	好	坚实，平整，无裂纹，无变形
二	较好	平整，无变形，少量开裂
三	中	平整，无变形，有少量纵向或不规则裂纹
四	较坏	无明显变形，有较多纵横向裂纹或局部网裂
五	坏	连片严重龟（网）裂或伴有车辙、沉陷

研究表明，路面达到某种临界状态时，累计交通量同设计弯沉值之间存在良好的双对

数关系，可普遍地表示为

$$l_d = \frac{600}{N_{e\,0.2}} A_c A_s A_b \tag{4-34}$$

式中：l_d——路面设计弯沉值（0.01mm）；

N_e——累计当量轴载作用次数；

A_c的取值：高速公路和城市快速路为0.85；

一级公路和大城市主干路为1.0；

二级公路和大城市次干路为1.1；

三级公路和大城市支路及中、小城市次干路、支路为1.2。

A_s的取值：沥青混凝土和热拌沥青碎石为1.0；

冷拌沥青碎石、沥青贯入式和沥青上拌下贯式为1.1；

沥青表面处为1.2；

粒料类面层为1.3。

A_b的取值：半刚性基层取1.0；

柔性基层取1.6。

路面结构强度评定时，可以利用测定的弯沉值与路面设计弯沉值进行比较。

（二）检测方法

路面结构模量测定方法：

1. 破损法

钻孔取芯进行室内试验法、分层试验法；

2. 波传法

频谱分析法（表面波法）、雷达波法；

3. 非破损法

静态弯沉法、动态弯沉法。

（三）多层体系模量反算非破损法

力学分析法；目标函数法；以数据库为基础的模量反算方法；回归分析法。

（四）工程实际应用及主要问题

1. 实测弯沉与理论弯沉、动荷弯沉的修正

实测弯沉与理论弯沉值的关系在《公路沥青路面养护设计规范》中有明确的说明，即

主要由理论假定的误差、材料非线性实测值的误差等多方面的原因引起。因此，在规范中采用综合修正的方法，但该修正系数是中心点弯沉的修正系数，能否用于所有各点，必须进行研究。东南大学在沪宁高速公路试验路研究期间，进行了大量的测试，提出了弯沉盆修正系数。

$$F(r) = F_0 \frac{1}{A_0 + A_1(r/\delta) + A_2(r/\delta)^2 + A_3(r/\delta)^3} \qquad (4-32)$$

$$F_0 = A_F \left(\frac{l_s E_0}{2p\delta}\right)^n$$

$A_F = 1.3163$；$n = 0.5375$；$A_0 = 1.0$；$A_1 = 2.1967e-1$；$A_2 = 6.0639e-3$；$A_3 = 3.9861e-4$。

2. 测试误差的影响

反算结果的误差分析表明，设备的测试误差对反算结果有较大的影响。

3. 测试结果的重复性试验

在同一点进行多次测定，由于存在测试误差，因此，如何分析和考虑测试的重复性，对分析仪器的测量精度有很重要的意义。

五、强度评定

综上所述，水泥路面和沥青路面具有不同的特性，因此承载能力的评价标准也有所不同。其强度评定方法依据《公路技术状况评定标准》（JTG 5210—2018）进行评定。

第四节　路面抗滑性能的现场检测

一、路面抗滑性能基本概念

据资料分析，造成行车事故的原因除人为因素及汽车故障等之外，很大部分是直接或间接与路面滑溜有关。一般情况下，事故中25%是与路面潮湿而产生的滑溜有关，在严重的情况下大概为40%，在冰雪路面百分率则更高，因此对路面有一定的粗糙度要求，即抗滑性能。

这种情形在我国尤为明显，目前我国高速公路路面所占的比例仍不高，大多数为多年前修建的低等级路面，由于施工水平及原材料的缺陷，路面的抗滑性能相对较差，从而影响路面的使用安全。

影响路面的安全因素主要分为以下几个方面：①刹车阻力；②车辙；③路表反光；④车道的划分；⑤碎片及外部物体等。

（一）刹车阻力

汽车安全行驶的一个重要条件是路面应有一定的摩擦系数和粗糙度。沥青面层的粗糙度主要与材料和级配有关，而摩擦系数的变化主要与级配和矿料的性质有关。Stepher W. Forster 研究了路面粗糙情况与摩擦系数及轮胎花纹之间的关系。研究结果指出：路面必须保证有一定的粗糙度，同时轮胎花纹对抗滑性能有很大的影响。Rediger Lamm 等人研究了路面平整度与速度之间的关系式，提出了切向摩擦系数与运行速度之间的关系

$$F_{\mathrm{T}} = 0.591 - 7.81 \times 10^{-3} V_{\mathrm{d}} + 3.9 \times 10^{-5} V_{\mathrm{d}}{}^2 \tag{4-33}$$

式中：F_{T}——切向摩擦系数；

V_{d}——设计时速（m/h）。

法向摩擦系数与运行速度的关系式

$$F_{\mathrm{R}} = 0.269 - 3.53 \times 10^{-3} V_{\mathrm{d}} + 1.5 \times 10^{-5} V_{\mathrm{d}}^2 \tag{4-34}$$

根据摩擦系数值及司机反应时间，提出最小停车距离为

$$SSD = 1.47 V_{\mathrm{d}} t + \frac{V_{\mathrm{d}}^2}{30 F_{\mathrm{Tmax}}} \tag{4-35}$$

式中：t——司机反应时间；

F_{Tmax}——最大摩擦系数。

刹车阻力或摩擦阻力是汽车轮胎抱死时轮胎与路面之间的滑动阻力，并定义为

$$f = \frac{F}{W} \tag{4-36}$$

式中：f——摩阻系数；

F——在路表运动时的摩阻力；

W——垂直于路表的荷载。

刹车阻力直接影响到行车安全，如果笼统地说路面具有某一摩擦系数值是不正确的，不同的测试方法和条件，可得到不同的摩擦系数值，其测量方法国际上通用的有：①摆式摩擦系数测定仪法；②横向力系数测定仪法；③制动距离法；④锁轮拖车法等。摩擦阻力的大小除路面的状况外还取决于轮胎的特性、车速大小、温度、路面积水和是否有积雪或结冰等。

（二）车辙

车辙是影响路面使用安全的另一个方面原因，路表车辙深度在大雨过后可以直观看

到，通常采用直尺进行测量。当路面上积滞的水深达 5mm 以上，而行车速度又等于或大于式（4-37）所定的数值时，便有可能出现水面漂滑现象，即轮胎与路面之间由一层水膜所隔开。

$$V = 192.5\sqrt{P} \tag{4-37}$$

式中：V——有水膜时可能出现漂滑的临界车速（km/h）；

P——轮胎内压力（MPa）。

路面车辙深度大于 10-13mm 时，就有可能积滞足够深度的水而引起漂滑的出现。因此，在车辙较严重的路段，应测定车辙深度以判别出现漂滑的可能。通常采用开级配沥青混凝土或刻槽法，通过增加路表面的粗糙度减轻漂滑的影响。

此外，路面的颜色、路表反光以及车道的划分对路面的使用安全也有较大影响。

二、路面摩擦系数测定

（一）摆式仪测定路面抗滑值测试方法

1. 适用范围

《公路路基路面现场试验规程》（JTG 3450—2019）（T 0964-2008）规定，本方法主要适用于以摆式摩擦系数测定仪（摆式仪）测定沥青路面及水泥混凝土路面的抗滑值，用以评定路面在潮湿状态下的抗滑能力。

2. 测试仪具与材料技术要求

（1）摆式仪

形状及结构如图 4-8 所示，摆及摆的连接部分总质量为（1500±30）g，摆动中心至摆的重心距离为（410±5）mm，测定时摆在路面上滑动长度为（126±1）mm，摆上橡胶片端部距摆动中心的距离为 508mm，橡胶片对路面的正向静压力为（22.2±0.5）N。

（2）橡胶片

当用于测定路面抗滑值时的尺寸为 6.35mm×25.4mm×76.2mm，当橡胶片使用后，端部在长度方向上磨耗超过 1.6mm 或边缘在宽度方向上磨耗超过 3.2mm，或有油类污染时，即应更换新橡胶片。新橡胶片应先在干燥路面上测试 10 次后再用于测试。橡胶片的有效使用期为出厂日期起算 12 个月。

（3）标准量尺

长 126mm。

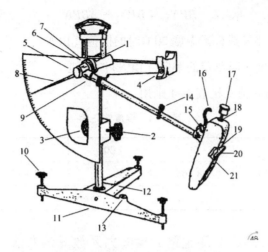

图 4-8 摆式仪形状及结构

1，2——紧固把手；3——升降把手；4——释放开关；5——转向节螺盖；6——调节螺母；

7——针簧片或毡垫；8——指针；9——连接螺栓；10——调平螺栓；11——底座；12——垫块；

13——水准泡；14——卡环；15——定位螺丝；16——举升柄；17——平衡锤；18——并紧螺母；

19——滑溜块；20——橡胶片；2——止滑螺丝。

3. 测试方法

选择测试地点，一般在行车道轮迹带上，并与构造深度测点位置相对应。

①仪器调平。

②仪器调零。

③校核滑动长度，校核滑动长度时应以橡胶片长边刚刚接触路面为准，不可借摆的力量向前滑动，以免标定的滑动长度过长。

④洒水测试，并读记每次测定的摆值，即 BPN，5 次数值中最大值与最小值的差值不得大于 3 BPN。如果差值大于 3 BPN 时应检查产生的原因，并再次重复上述各项操作，至符合规定为止。取 5 次测定的平均值作为每个测点路面的抗滑值（即摆值 F_B），取整数，以 BPN 表示。

⑤在测点位置上用路表温度计测记潮湿路面的温度，准确至 1℃。

⑥按以上方法，同一处平行测定不少于 3 次，3 个测点均位于轮迹带上，测点间距 3～5m。该处的测定位置以中间测点的位置表示。每一处均取 3 次测定结果的平均值作为试验结果，准确至 1BPN。

4. 抗滑值的温度修正

当路面温度为 T（℃）时测得的摆值为 BPN，必须按式（4-38）换算成标准温度 20℃的摆值 BPN_{20}：

$$BPN_{20} = BPN_t + \Delta BPN \tag{4 - 39}$$

式中：BPN_{20}——换算成标准温度20℃时的摆值（BPN）；

BPN_t——路面温度T时测得的摆值（BPN）；

ΔBPN——温度修正值，按表4-4采用。

表4-4　温度修正值

温度/P	0	10	20	30	40
弹性/%	43~49	58~65	66~73	71~77	74~79
硬度/IP	55±5				

（二）摩擦系数测定车测定路面横向力系数测试方法

1. 适用范围

（1）本方法按《公路路基路面现场试验规程》〔JTG 3450—2019（T 0965-2008）〕规定，主要适用于横向力系数测试系统在新建、改建路面工程质量验收和无严重坑槽、车辙等病害的正常行驶条件下连续采集路面的横向力系数。

（2）本方法的数据采集、传输、记录和处理分别有专用软件自动控制进行。

2. 测试仪具与技术要求

（1）测试系统构成

测试系统由承载车辆、距离测试装置、横向力测试装置、供水系统和主控系统组成。主控系统除实施对测试装置和供水装置的操作控制外，同时还控制数据的传输、记录与计算等环节。

（2）测试承载车基本技术要求和参数

横向力系数测试系统的承载车应为能够固定和安装测试、储供水、控制和记录等系统的载货车底盘，具有在水罐满载状态下最高车速大于100 km/h的性能。

（3）测试系统技术要求和参数

测试轮胎类型：光面天然橡胶充气轮胎；

测试轮胎规格：3.00-20-4PR；

测试轮胎标准气压：350 kPa±20 kPa；

测试轮偏置角：19.5°~21°；

测试轮静态垂直标准荷载：2 000 N±20 N。

3. 测试方法

（1）在正式开始测试之前，应按设备操作手册规定的时间要求对系统进行通电预热。

（2）进入测试路段前应将测试轮胎降至路面上预跑约 500m。

（3）按照设备操作手册的规定和测试路段的现场技术要求设置所需要的测试状态。

（4）驾驶员在进入测试路段前应保持车速在规定的测试速度范围内，沿正常行车轨迹驶入测试路段。

（5）进入测试路段后，测试人员启动系统的采集和记录程序。在测试过程中必须及时准确地将测试路段的起点、终点和其他需要特殊标记点的位置输入测试数据记录中。

（6）当测试车辆驶出测试路段后，仪器操作人员停止数据采集和记录，提升测量轮并恢复各部分至初始状态。

（7）操作人员检查数据文件应完整，内容应正常，否则需要重新测试。

（8）关闭测试系统电源，结束测试。

三、路面构造深度测定

现行规范中路面构造深度测试方法有：手工铺砂法、电动铺砂法和激光构造深度仪法。

（一）手工铺砂法测定路面构造深度测试方法

1. 适用范围

本方法按《公路路基路面现场试验规程》［JTG 3450—2019（T 0961-2008）］规定，主要适用于测定沥青路面及水泥混凝土路面表面构造深度，用以评定路面的宏观粗糙度、路面表面的排水性能和抗滑性能。

2. 测试仪具与技术要求

（1）人工铺砂仪：由量砂筒、推平板组成。

①量砂筒：形状尺寸如图 4-9 所示，一端是封闭的，容积为（25±0.15）mL，可通过称量砂筒中水的质量以确定其容积 V，并调整其高度，使其容积符合规定要求。附带一专门的刮尺将筒口量砂刮平。

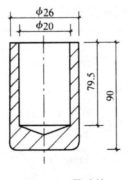

图 4-9　量砂筒

②推平板：形状尺寸如图4-10所示，推平板应为木制或铝制，直径50mm，底面粘一层厚1.5mm的橡胶片，上面有一圆柱形把手。

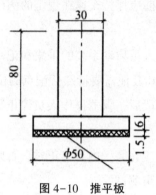

图4-10　推平板

③刮平尺：可用30 cm钢板尺代替。

（2）量砂：足够数量的干燥洁净的匀质砂，粒径0.15~0.3mm。

（3）量尺：钢板尺、钢卷尺，或采用已按式（4-44）将直径换算成构造深度作为刻度单位的专用构造深度尺。

3. 测试方法

（1）用扫帚或毛刷子将测点附近的路面清扫干净，面积不小于30 cm×30 cm。

（2）用小铲向圆筒中注满砂（不可直接用量砂筒装砂，以免影响量砂密度的均匀性），手提圆筒上方，在硬质路表面上轻轻地叩击3次，使砂密实，补足砂面并用钢尺一次刮平。

（3）将砂倒在路面上，用底面粘有橡胶片的推平板，由里向外重复做摊铺运动，稍稍用力将砂细心地尽可能地向外摊开，使砂填入凹凸不平的路表面的空隙中，尽可能将砂摊成圆形，并不得在表面上留有浮动余砂。注意摊铺时不可用力过大或向外摊挤。

（4）用钢板尺测量所构成圆的两个垂直方向的直径，取其平均值，准确至5mm。

（5）按以上方法，同一处平行测定不少于3次，3个测点均位于轮迹带上，测点间距3~5m。对同一处，应该由同一个试验员进行测定。该处的测定位置以中间测点的位置表示。

4. 测试结果计算

（1）路面表面构造深度测定结果按下式计算：

$$TD = \frac{1000V}{\pi D^2/4} = \frac{31831}{D^2} \tag{4-40}$$

式中：TD——路面表面的构造深度（mm）；

V——砂的体积（25 cm³）；

D——砂的平均直径（mm）。

（2）每一处均取 3 次路面构造深度测定结果的平均值作为试验结果，准确至0.01mm。

（3）按规定的方法计算每一个评定区间路面构造深度的平均值、标准差、变异系数。

（二）车载式激光构造深度仪测定路面构造深度测试方法

1. 适用范围

（1）本方法按《公路路基路面现场试验规程》［JTG 3450—2049（T 0966-2008）］规定，适用于各类车载式激光构造深度仪在新建、改建路面工程质量验收和无严重破损病害（无积水、积雪、泥浆）等正常行车条件下测定，连续采集路面构造深度，但不适用于带有沟槽的水泥混凝土路面构造深度测定。

（2）本方法的数据采集、传输、记录和处理分别由专用软件自动控制进行。

2. 测试仪具与技术要求

（1）测试系统构成

测试系统由承载车辆、距离传感器、激光传感器和主控系统组成。主控系统对测试装置的操作实施控制，完成数据采集、传输、存储与计算过程。

（2）设备承载要求

根据设备供应商的要求选择测试系统承载车辆。

（3）测试系统基本技术要求和参数

①最大测试速度：≥50 km/h；

②采样间隔：≤10mm；

③传感器测试精度：0.1mm；

④距离标定误差：<0.1%；

⑤系统工作环境温度：0~60℃。

3. 测试方法

（1）按照设备使用说明书规定的预热时间对测试系统进行预热。

（2）测试车停在起点前 50~100m 处，启动测试系统程序，按照设备操作手册的规定和测试路段的现场技术要求设置完毕所需的测试状态。

（3）驾驶员应按照设备操作手册要求的测试速度范围驾驶测试车，避免急加速和急减速，急弯路段应放慢车速，沿正常行车轨迹驶入测试路段。

（4）进入测试路段后，测试人员启动系统的采集和记录程序，在测试过程中必须及时准确地将测试路段的起点和其他需要特殊标记的位置输入测试数据记录中。

当测试车辆驶出测试路段后，测试人员停止数据采集和记录，并恢复仪器各部分至初始状态。检查测试数据文件应完整，内容正常，否则需要重新测试。关闭测试系统电源，结束测试。

4. 激光构造深度仪测值与铺砂法构造深度值相关关系对比试验

（1）选择构造深度分别为 0~0.3mm，0.3~0.55mm，0.55~0.8mm，0.8~1.2mm 范围的 4 个各长 100m 的试验路段。试验前将路面清扫干净，并在起终点做上标记。

（2）在每个试验路段上沿行车轮迹用铺砂法测试至少 10 个点的构造深度值，并计算平均值。

（3）驾驶测试车以 30~50 km/h 速度驶过试验路段，并且保证激光构造深度仪的传感器探头沿铺砂法所测构造深度的行车轮迹运行，计算试验路段的构造深度平均值。

（4）建立两种方法的相关关系，要求相关系数 R 不小于 0.97。

第五节 路面破损现场调查与测试

一、路面破损现场调查分类

公路路面一般分为刚性路面和柔性路面。下面以水泥混凝土路面和沥青混凝土路面为例，简要介绍路面的破损分类。

（一）水泥混凝土路面破损分类

1. 断裂类破损

包括板角断裂、D 型裂缝、纵向裂缝、横向裂缝、断板等。

2. 接缝类破损

包括接缝材料损坏、接缝脱开、无接缝材料、接缝被砂石尘土填塞、边角剥落、唧泥、错台（台阶）、拱起（翘曲）等。

3. 表面类破损

包括表面网状细裂缝、层状剥落、起皮、露骨、集料磨光、坑洞等。

4. 其他类破损

如板块沉陷等。

破损严重程度可分为轻微、中度、严重三种情况。

（二） 沥青混凝土路面破损分类

1. 裂缝类破损

包括龟裂、块裂及各类单根裂缝等；

2. 变形类破损

包括车辙、沉陷、壅包、波浪等；

3. 松散类破损

包括掉粒、松散、脱皮等引起的集料散失现象，以及坑槽等；

4. 其他类破损

包括泛油、磨光（抗滑性能差）及各类修补。

破损严重程度可分为轻微、中度、严重三种不同情况。

二、水泥混凝土路面错台测试方法

（一） 适用范围

本方法依据 ［JTG 3450—2019 （T 0972-2008）］ 规定，主要适用于测定水泥混凝土路面在人工构造物端部接头、水泥混凝土路面的伸缩缝两侧由于沉降所造成的错台（台阶）高度，来评价水泥混凝土路面行车舒适性能（跳车情况），并作为计算维修工作量的依据。

（二） 测试方法

1. 错台的测定位置，以行车道错台最大处纵断面为准，根据需要也可以其他代表性纵断面为测定位置。

2. 选择根据需要测定的断面，记录位置及桩号，检查发生错台的原因。

3. 路面由于沉降造成的接头错台的测定方法：

（1）将精密水准仪架在距构造物端部不远的路面平顺处调平。

（2）从构造物端部无沉降或鼓包的断面位置起，沿路线纵向用皮尺量一定距离，作为测点，在该处立起塔尺，测量高程。如此重复，直至无明显沉降的断面为止。无特殊需要，从构造物端部起的 2m 内应每隔 0.2m 测量一次，在 2~5m 之间，宜每隔 0.5m 测量一次，5m 以上可每隔 1m 测量一次，由此得出沉降纵断面及最大沉降值，即最大错台高度 D_m，准确至 1mm。

4. 测定由水泥混凝土路面或桥梁的伸缩缝或路面横向开裂造成的接缝错台时，可按上述的方法用水准仪测定接缝或裂缝两侧一定范围内的道路纵断面，确定最大错台位置及高度 D_m，准确至 1mm。

5. 当发生错台变形的范围不足 3m 时，可在错台最大位置沿路线纵向用 3m 直尺架在路面上，其一端位于错台高出的一侧，另一端位于无明显沉降变形处，作为基准线。可用钢板尺或钢卷尺每 0.2m 量取路面与基准线之间的高度 D，同时记录最大错台高度 D_m，准确至 1mm。

（三）资料整理

以测定的错台高度读数 D 与各测点的距离绘成纵断面图作为测定结果，图中应标明相应断面的设计纵断面高程、最大错台位置与高度 D_m，准确至 1mm。

三、沥青混凝土路面车辙现场调查与测试方法

（一）适用范围

本方法依据 [JTG 3450—2019（T 0973-2019）] 规定，主要适用于测定沥青混凝土路面的车辙，供评定路面使用状况及计算维修工作量时使用。

（二）车辙的定义与危害

1. 车辙是指沿道路纵向在车辆集中通过的位置处路面产生的带状凹槽。在一个行车道上它总是成双出现，使路表呈现凹陷，如"W"的形状。车辙已成为高速公路沥青路面的一种主要病害，是导致沥青路面破坏的重要原因。20 世纪 70 年代末美国各州公路局曾做过调查统计，在被调查的 44 条主要公路中有 13 条破坏是由车辙引起的，占调查总数的 29.5%；日本的高速公路路面维修、罩面的原因，80% 以上是由于车辙引起的。

随着我国高等级公路建设的迅猛发展，交通量、车辆轴载的不断增大和车辆行驶的渠道化，车辙将成为沥青路面的主要病害。为此，必须给予充分的关注。

2. 车辙的危害

路面平整度是保证车辆高速行驶的主要指标。平整度一旦恶化高速公路将失去"高速"的意义。不言而喻，路面出现车辙以后，平整度下降，轻则影响道路行车舒适，重则不能保证汽车正常行驶。

3. 车辙现场测定方法

世界各国测定车辙的方法各不相同。日本多用高速自动测定车或横断面仪进行测定。每 100m 为一个评价区间，每隔 20m 测一断面，取 5 个断面车辙的平均值作为该区间内的

车辙深度。断面处车辙的测定，对于高速公路是取峰值，即以车道两侧标线内最高点与最低点至基准线垂距离之差为该断面处的车辙深度。

美国南达科他州使用 SDDOT 横向平整度仪（测试车），以超声波测定两侧轮轴及车轴中部与路表的距离，分别以 h_1、h_3 和 h_2 表示，然后按 $(h_1 + h_3 - 2h_2)/2$，计算车辙深度。

瑞典则用激光道路表面测定仪测定测点处的横断面形状，然后再按直尺法或曲尺法量取车辙。

直尺法是将直尺置于车辙两侧的壅包顶部以辙槽底至直尺底面的最大距离（与直尺垂直）作为车辙深度。曲尺法是以横断面两侧为基点，拉伸曲尺，若两侧基点最高则尺被拉成直线；若两侧基点有更高的壅包，则曲尺为弧形，然后量取辙槽底至曲尺的最大距离（垂直曲尺）作为车辙深度。

（1）测试仪具与技术要求

①路面横断面仪：如图 4-11 所示，长度不小于一个车道宽度，横梁上有一位移传感器，可自动记录横断面形状，测试间距小于 20 cm，测试精度 1mm。

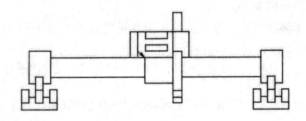

图 4-11 路面横断面仪

②激光或超声波车辙仪：包括多点激光或超声波车辙仪、线激光车辙仪和先扫描激光车辙仪等类型，通过激光测距技术或激光成像和数字图像分析技术得到车道横断面相对高程数据，并按规定模式计算车辙深度。

要求激光或超声波车辙仪有效测试宽度不小于 3.2m，测点不少于 13 个，测试精度 1mm。

③横断面尺：如图 4-12 所示，硬木或金属制直尺，刻度间距 5 cm，长度不小于一个车道宽度。顶部平直，最大弯曲不超过 1mm。两端有把手和高度为 10～20 cm 的支脚，两支脚的高度相同。

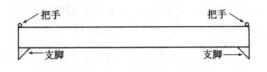

图 4-12 路面横断面尺

④量尺：钢板尺、卡尺、塞尺，量程大于车辙深度，刻度至 1mm。

（2）测试方法

①车辙测定的基准测量宽度应符合下列规定：

a. 对高速公路及一级公路，以发生车辙的一个车道两侧标线宽度中点到中点的距离为基准测量宽度。

b. 对二级及二级以下公路，有车道区划线时，以发生车辙的一个车道两侧标线宽度中点到中点的距离为基准测量宽度；无车道区划线时，以形成车辙部位的一个设计车道宽度作为基准测量宽度。

②以一个评定路段为单位，用激光车辙仪连续检测时，测定断面间隔不大于 10m。用其他方法非连续测定时，在车道上每 50m 作为一测定断面，用粉笔画上标记。根据需要也可按有关的方法随机选取测定断面，在特殊需要的路段如交叉口前后可予加密。

③采用激光或超声波车辙仪的测试方法如下：

a. 将检测车辆就位于测定区间起点前。

b. 启动并设定检测系统参数。

c. 启动车辙和距离测量装置，开动测试车沿车道轮迹位置且平行于车道线平稳行驶，测试系统自动记录出每个横断面和距离数据。

d. 到达测定区间终点后，结束测定。

e. 系统处理软件按照规定的方法通过各横断面相对高程数据计算车辙深度。

④用路面横断面仪测定的方法

a. 将路面横断面仪就位于测定断面上，方向与道路中心线垂直，两端支脚立于测定车道的两侧边缘，记录断面桩号。

b. 调整两端支脚高度，使其等高。

c. 移动横断面仪的测量器，从测定车道的一端移至另一端，记录出断面形状。

⑤用横断面尺测定的方法

a. 将横断面尺就位于测定断面上，两端支脚置于测定车道两侧。

b. 沿横断面尺每 20 cm 一点，用量尺垂直于路面上，用目光平视测记横断面尺顶面与路面之间的距离，准确至 1mm，如断面的最高处或最低处明显不在测定点上应加测该点距离。

c. 记录测定读数，绘出断面图，最后连接成圆滑的横断面曲线。

d. 横断面尺可用线绳代替。

e. 当不需要测定横断面，仅需要测定最大车辙时，亦可用不带支脚的横断面尺架在路面上由目测确定最大车辙位置，用皮尺量取。

（3）测定结果计算整理

①根据断面线画出横断面图及顶面基准线（通常选其中一种形式）。

②在图上确定车辙深 D_1 及 D_2，精确至 1mm。以其中最大值作为断面的最大车辙深度。

③求取各测定断面最大车辙深度的平均值作为该评定路段的平均车辙深度。

四、路面破损等级评判

（一）路面破损的评价因素

路面结构的破损状况，反映了路面结构在行车和自然因素作用下保持完整性或完好程度。路面破损须从三个方面进行描述和评价：①破损类型；②破损严重程度；③出现破损的范围或密度。综合这三方面，才能对路面结构的破损状况做出全面评价。

（二）路面破损类型

常见的主要破损类型，可按破损模式和影响程度的不同而分为四大类。

1. 裂缝或断裂类

路面结构的整体性因裂缝或断裂而受到破坏。

2. 永久变形类

路面结构虽仍保持整体性，但形状在各种因素的作用下产生较大的变化。

3. 表面损坏类

路面表层部分出现的局部缺陷，如材料的散失或磨损等。

4. 接缝损坏类

水泥混凝土接缝及其邻近范围出现的局部损坏。

（三）路面破损分级

各种路面破损都有一个产生和发展的过程。在这过程中，处于不同阶段的损坏，对于路面使用性能有不同程度的影响。例如，裂缝初现时，缝隙细微，边缘处材料完整，因而对行车舒适性的影响极小，裂缝间也尚有较高的传荷能力；而发展到后期，缝隙变得很宽，边缘处严重碎裂，行车出现较大颠簸，而裂缝间已几乎无传荷能力。因而，为了区别同一种损坏对路面使用性能的不同影响程度，对各种损坏须按其影响的严重程度一般划分为 2~3 个等级。

对于断裂或裂缝类损坏，分级时主要考虑对结构整体性影响的程度，可采用缝隙宽度、边缘碎裂程度、裂缝发展情况等指标表征。对于变形类损坏，主要考虑对行车舒适性的影响程度，可采用平整度作为指标进行分级。对于表面类损坏，往往可以不分级。具体指标和分级标准，可根据各地区的特点，经过调查分析后确定。损坏严重程度分级的调查，往往通过目测进行。为了使不同调查人员得到大致相同的判别，对分级的标准要有明确的定义和规定。

各种损坏出现的范围，对于沥青路面和砂石路面，通常按面积、长度或条数测量，再除以被调查子路段的面积或长度后，以损坏密度计（以%或 Σ 条数/子路段长表示）。而对于水泥混凝土路面，则调查出现该种损坏的板块数，以损坏板块数占该子路段总板块数的百分率计。

（四）路面破损的现场调查

路面破损调查通常由 2 人调查小组沿线通过目测进行。调查人员鉴别调查路段上出现的损坏类型和严重程度并丈量损坏范围后，记录在调查表格中。同一个调查路段上如出现多种损坏或多种严重程度，应分别计算和记录。

目测调查很费时，如果调查的目的不是为了确定养护对策和编制养护计划，则可采用抽样调查的方法，不必对整个路网的每一延米的各种损坏都进行调查。通常，可采取每公里抽取其中 100m 长的路段代表该公里的方法，但每次调查都要在同一路段上进行，以减少调查结果的变异性和保证各次调查结果的可比性。

第六节　路基路面检测新技术简介

一、车载式激光平整度仪测定平整度试验方法

用 3m 直尺检测路面的平整度，尽管设备简单、直观，但测试速度太慢，劳动强度大。连续式平整度仪的测量速度最高只有 15 km/h，工作效率也较低。

平整度的测量设备可分为两大类，一类是测试路表不平整程度（反应类设备），另一类是测试路表凹凸情况（断面测试仪）。目前，颠簸累积仪是应用最为广泛的反应类设备，激光平整度仪则是最先进的断面类设备。这类测量设备提高了路面平整度的测试速度和精度。

激光路面平整度仪（丹麦 Greenwood）是一种与路面无接触的测量仪器，测试速度快，精度高。这种仪器还可同时进行路面纵断面、横坡、车辙等测量，因此，也被称为激光路

面断面测试仪。

二、短脉冲雷达测定路面厚度试验方法

路面雷达测试系统（美国 Penetradar IRIS-L），能在高速公路时速下，实时收集公路的雷达信息，然后将信息输入计算机程序内，在很短的时间里，计算机程序便会自动分析出公路或桥面内各层的厚度、湿度、空隙位置、破损位置及程度。

目前，我国公路路面厚度测试常采用钻孔测量芯样厚度的方法，给路面造成损坏或留下后患。而路面雷达测试系统是一种非接触、非破损的路面厚度测试技术，检测速度高，精度也较高，检测费用低廉。因此，它不仅适用于沥青路面或水泥混凝土路面各层厚度及总厚度测试、路面下坑洞探测、路面下相对高湿度区域检测、路面下的破损状况检测，还可以用于检测桥面混凝土剥落状况、检测桥内混凝土与钢筋的脱离状况、测试桥面沥青铺装层的厚度。

第七节 道路自动化检测仪器的应用与发展前景

重大工程结构，诸如跨江跨海的超大跨桥梁、开发江河能源的大型水利工程、核电站建筑等，它们的使用期长达几十年，甚至上百年，环境侵蚀、材料老化和荷载的长期效应、疲劳效应与突变效应等灾害因素的耦合作用将不可避免地导致结构和系统的损伤积累和抗力衰减，甚至影响正常环境作用的能力，极端情况下将引发灾难性的突发事故。

随着物联网的逐步推广，利用传感器、互联网技术的日益成熟，云计算等重要技术的完善，工程健康监测将从独立的项目监测发展成区域性乃至全国性基础设施的联网监测。对于投资规模较大的大跨度桥梁，在桥梁上布设健康监测系统，以实时把握桥梁结构的受力状态和抗力衰减规律，是保证大跨度桥梁安全运营的重要和有效的手段。桥梁结构监测技术对于确保桥梁安全运营，延长桥梁使用寿命发挥重要作用；通过实时监测发现桥梁病害，能大大节约桥梁的维修费用，可以避免最终频繁大修关闭交通所引起的重大损失，同时桥梁健康监测系统能保证避免重大事故的发生，减少人员伤亡及财产损失。

随着城市现代化建设进程的加快，我国市政交通建设取得了辉煌的成果，国家的经济与交通形成了相辅相成的发展关联，道路交通质量安全决定了我国国民经济的稳定发展，同时影响着人们日常生活、工作与生产。随着公路交通运输业的发展，政府对道路工程建设质量提出了更高的要求，这就使得在道路的养护管理工作上同样面临着更高的要求，利用传统的人工检测方法早已无法满足日益繁重的市政道路养护管理工作，为了有效提高故

障或破损道路检测效率，降低人力消耗以及对交通的影响，适应公路现代化建设的要求，采用自动检测技术来提高道路检测质量。

一、道路自动检测系统的优势

首先分析传统的道路路面破损人工检测技术的缺陷。传统道路检测方法很简单，直接安排工作人员通过在道路上行走的方式，利用肉眼观察与判断道路破损情况，往往需要消耗大量的人力，且效率非常低，往往不能够全面排查道路破损现象。此外，传统的检测方式需要消耗大量的时间，超长里程的公路检测仅仅依靠人力进行检测，导致检测速度异常缓慢，加上检测人员自身综合素质等影响，在检测工作中，难以保证准确性，不同的检测人员根据自身经验可能会得出不同的判断。同时，这种检测方式必须首先对道路进行全面封闭，严重影响了道路交通，间接带来的经济损失比较大，且安全性不高，可能会威胁检测人员的人身安全。传统检测方法很难实现道路检测的周期性与及时性，且无法对结果进行重复判读，最终导致检测效率低下。

自动化检测系统在工作时间上没有限制，其检测速度基本能够达到 120 km/h 以上，具有速度快、效率高、准确性高等特点。检测车辆在前进过程中，车载的电子数据处理系统能够及时接收到前置车辙监测仪、平整度检测仪、破损检测仪的信息数据，并通过该处理系统对所有数据进行集中统计与管理，自动形成相应的道路破损检测报告，自动化与智能化程度较高。而且通过该电子数据处理系统得到的检测数据，都能够上传到公路信息化管理平台的网路数据库中，便于帮助多个部门解决需要的问题或决策分析。

二、道路自动化检测技术的应用

（一）路面破损自动检测原理

道路自动化检测系统在路面破损中的检测主要根据数据采集系统得以实现。该检测系统主要由数据采集系统与图像显示即数据处理系统组成，采集系统安装在检测车辆上，包括光电扫描设备与摄像设备，通过摄像机拍摄照片，将路面破损数据在胶片上进行记录，并将这些数据通过数字化的形式表达出来，便于利用计算机进行数据处理，以供决策与评价。路面破损图像处理系统包括了对破损路面图像的预处理、描述、识别、破损程度评价等功能。

（二）摄影技术在信息采集中的应用

摄影技术是道路自动检测系统采用最广泛的路面破损图像信息采集技术，西方发达国家早在 20 世纪 70 年代就开始将摄影技术应用到路面破损图像采集中。最早投入应用的摄像机是 16mm，到后来逐渐演变为高分辨率的 35mm 摄影机。摄影技术的图像信息数据采集流程主要为：首先对破损路面进行拍摄；照片存储与上传；系统判读路面状况；操作人员进行破损判断。相比较人工检测方法，极大地缩短了检测时间，现阶段由于摄影器材等成本较高，对路况条件要求较高，多应用于高速公路检测。摄影技术的发展促进了道路检测自动采集系统的不断更新与完善，比如美国的 PCES 系统、日本 Komatsu 系统等，通过引入线扫描摄像机来采集破损信息，系统采集图像的最大分辨率达到了 2048×2048。通过采用高密度摄影，能够每秒存储 100mbps 的图像数据，提高道路检测效率。

（三）数字图像技术在信息采集中的应用

近几年 CCD 电荷耦合器件受到了国内各领域的广泛关注与应用，标志着半导体成像器技术的成功。CCD 摄像机具有较高的动态范围与分辨率，具有动态场景图像采集的准确性与灵敏性。通过视频与图像采集卡将视频信号传输到控制系统中，实时显示、处理与存储数据信息。比较典型的成功案例有 AEEB 交通研究所开发的路面信息检测车辆，采用的路面图像采集系统为 CCD 摄像机，检测速度为 110km/h，分辨率为 771×582，水平分辨率为 570 电视线。该数据采集系统能够将图像实时显示在计算机上，实时存储图像数据，同时支持离线数据处理，检测路面的裂纹精准度可以达到 3mm。CCD 数字图像技术在道路检测中的应用取得了显著的成果，解决了车速与图像连续性匹配的问题，避免车速过快导致图像采集的遗漏或重叠。

三、道路自动化检测系统技术要求

（一）系统配置与参数

道路自动化检测设备应当包括高速激光平整度检测系统、高分辨率路面破损检测系统、高速线激光车辙检测系统、路况图像采集系统、三维变形类检测系统等。要求检测车辆在正常的行驶速度中对道路进行自动检测，并通过各项指标的检测来评价道路状况。

（二）检测技术要求

检测车辆应当安装 GPS 全球定位系统与距离测量装置传感器，确保能够对数据进行精确测量，并对里程进行准确定位，对故障或破损道路地段进行准确定位。同时配置高亮度辅助光源系统，能够保障检测车辆在夜间展开准确的数据采集工作，并保证检测车辆能够在雨雪、积水、大雾等天气条件下展开昼夜工作。

（三）路面图像数据处理子系统

图像数据处理主要是对路面图像的预处理与识别分析，要求准确识别出路面破损类型，同时判别路面破损程度。由于路面破损情况往往具有多样性，加上路面杂物、阴影与油迹等影响，路面破损自动识别一直是自动检测技术中的难点。图像数据处理子系统应当包含四大技术：图像压缩技术、破损图像预处理技术、破损图像特征描述与识别技术、破损程度自动评价技术。

1. 图像压缩

要求自动化系统能够对路面图像进行压缩处理，确保对大容量的存储数据进行合理加工。应采用 JPEG 格式进行压缩，符合国际图像压缩标准。要求对静止图像的压缩率达到 25∶1。路面信息序列图像可以采用 MPEG 标准进行压缩，应用于检测速度较快的情况。

2. 图像预处理

要求系统能够对破损路面图像进行预处理，目的在于消除路面上的噪音，比如杂物、轮胎痕迹等。图像生成、传输与记录中，系统传输介质的不完善会导致图像质量下降，造成较差的视觉效果与处理困难，因此预处理有助于提高检测准确度。

3. 图像特征描述与识别

图像特征描述是通过将物体目标进行分割，利用数据与公式等描述目标区。特征描述的数据量远小于原图像数据量，在破损路面识别上减少计算量，主要可以采用灰度特征、纹理特征以及几何形状特征等描述方法。

4. 破损程度自动评价

该自动化系统应当具备路面破损自动评价体系，能够对采集到的路面图像数据进行分析，对破损状况展开评价，评价结果主要与路面破损种类以及破损严重程度相关。主要对路面图像中的破损图像进行分析，即测量破损图像的比例来评价破损程度。

四、基于云计算的结构综合管理系统

（一）无线检测方案

该方案使用成熟的 GPRS/GSM 网络，通过灵活地控制设备的采集进行远程监测。

特点：该方案中无论无线数据传输主机在哪里，均可以控制设备的采集，操作简单方便。采集信号传输通过短信方式，缺点是收费偏高，同短信资费。

1. 无线数据传输模块

无线数据传输模块由无线数传终端和无线数传主机组成。TFL-SC-ZD 和 TFL-SC-ZJ

无线数传依靠成熟的 GPRS/GSM 网络，在网络覆盖区域内可以快速组建数据通信，实现实时远程数据传输。TFL-SC 系列通信模块内置工业级 GSM 无线模块，支持 AT 指令集，采用通用标准串口对模块进行设置和调试，提供标准的 RS232/485 接口。

环境温度：−25~+70℃。

湿度：0%~90%，非冷凝。

波特率：300~115 200 Bps。

接口：RS232/RS485/TTL232。

标准电源：DC 12 V。

2. 无线远程数据采集系统的特点

远程无线数传采集系统具备如下特点：

（1）支持 GSM 双频网络和 GPRS 数据通信网络等 2.5 代无线网络。

（2）易于安装、维护。

（3）使用方便、灵活、可靠，即插即用。

（4）采用强大的嵌入式互联网控制器，具备完整的 TCP/IP 协议栈及功能强大的透明传输保障机制。

（5）可实现点对点、点对多点多种方式的实时数据传输。

（6）不依赖于运营商交换中心的数据接口设备，直接通过 Internet 网络随时随地构建覆盖全国范围内移动数据通信网络。

（二）数据流传输与控制

只要能够接入互联网，系统即可取得测试数据，安全可靠。SQLServer 数据库是大型数据库，它的安全性高，用它来做监测系统的数据引擎可以保证数据的安全；系统对用户实现管理功能，检查使用者的名字和密码，正确后使用者才能进入。通过数据流方式传输，资费与短信相比较为便宜。

GPRS DTU 采用 ARM9 高性能工业级嵌入式处理器，以实时操作系统为软件支撑平台，超大内存，内嵌拥有自主知识产权的 TCP/IP 协议栈。为用户提供高速、稳定可靠、数据终端永远在线、多种协议转换的虚拟专用网络。

DTU 在应用之前首先要进行设置，通过软件设置好数据中心的 IP 和端口及其他参数，设置好之后串口和采集器串口对接。DTU 上电之后根据事先设置好的中心 IP 和端口进行连接，成功连接到中心软件后即可双向透明传输数据。

用户可以通过任何能联网的电脑登录服务器，输入自己的用户名和密码能及时查看自己监测的信息。系统提供的图标显示更直观地显示了被监测的数据。

（三）综合管理软件

依据十余年的工程安全监测经验，结合最新的云计算技术，可以提供良好的结构综合管理系统。

云计算将所有的计算资源集中起来，并由软件实现自动管理，无须人为参与。这使得应用提供者无须为烦琐的细节而烦恼，能够更加专注于自己的业务，有利于创新和降低成本。

云计算为用户和提供商之间的互动提供了一个平台，能够根据用户的设置来管理其开支并协调其订购的各种服务，能保证在低成本的前提下为公路基础设施的安全提供优质的服务。

工程综合管理软件是综合采集、传输、数据分析、显示、报表、预警、评估等各项功能于一体的集成系统，是根据不同行业的管理特点、监测结构特点、监测方法以及管理人员的具体情况，而研发的有针对性的综合管理系统。

综合管理系统能够提供良好的人机交互界面，便于使用者操作，主要功能如下。

第一，能够对硬件系统进行远程控制。综合管理系统结合智能仪器，可远程调整测试参数，避免传统仪器以及系统因为进行参数改变而必须进入桥梁现场的问题。

第二，能够对测试数据进行预处理。主要功能有数据的过滤、数据压缩、数据分类等，为后续的自动分析和人工分析提供良好的信息源。

第三，能完成各阶段数据的显示。可以显示实时监控的数据，也可将历史数据调出进行显示，或对几种参数同时进行显示分析。

第四，具有数据分析功能。主要对数据进行各类分析处理，包括数据的统计分析（极值、平均值、有效值、均方值、方差、标准差等）、结构参数识别（结构固有特性识别等）、结构的安全评估（趋势分析、原始指纹、动静结合、养护管理评定、承载力评定等）等功能。

第五，具有自动报表功能。可根据系统自动或者人工分析的结果，自由选择自动生成各类型报表。

第六，可进行设备的自诊断。对故障设备元件以报表形式提出，提示进行检查或维修。

第七，可进行结构安全状况的预报警。当判断出结构存在安全隐患时，系统进行预报警，报警可通过实时界面提示、报表、电子邮件和短信形式进行。

第八，系统管理的安全保障。为保障大桥健康与安全监测系统的安全运行，对不同管理者提供不同的权限，对用户身份进行验证，所提供的功能有查看、检索、修改、增加和删除等不同操作。

随着我国经济的快速发展，道路检测的发展也会越来越专业化。现在道路自动化检测技术已经为道路质量检测提供了很多便利，但仍没有达到最佳的水平，只有道路自动化检测水平越来越进步，越来越完善，我国的道路建设才会发展越来越快。

第一节　沥青分类

沥青是一种黏稠的、黑色的并且具有高度黏度的液体或半固体形态的石油，表面呈黑色，可溶于二硫化碳、四氯化碳。

一、沥青的成分包括四大类化合物

（一）环烷芳烃（萘）：

由部分氢化的多环芳烃化合物组成。

（二）极性芳烃

由高分子量的酚类和部分氧化产生的羧酸组成。

（三）饱和烃

沥青中饱和化合物的百分比与其软化点相关。

（四）沥青质

由高分子量酚和杂环化合物组成。

环烷经芳烃和极性芳烃是其主要组成部分。大多数天然沥青也含有有机硫化合物，导致总硫含量高达4%。镍和钒的含量小于百万分之十，这是某些石油的典型特征。

沥青物质可溶于二硫化碳。沥青通常被模拟为一种胶体，沥青质为分散相，软沥青质为连续相。"几乎不可能分离和识别沥青的所有不同分子，因为具有不同化学结构的分子数量十分庞大"。

可能会有人将沥青与煤焦油混淆，煤焦油是一种视觉上与沥青相似的黑色热塑性材料，通过对煤进行破坏性蒸馏生产。在20世纪早期和中期，当生产城市煤气时，煤焦油是一种容易获得的副产品，广泛用作道路混凝土的黏合剂。向碎石道路中添加煤焦油导致了单词"柏油路（tarmac）"的产生，但柏油路一词现在被广义地用于指代道路材料。然而，自20世纪70年代天然气取代城市天然气以来，沥青在这些应用中已经完全取代了煤焦油的使用。这种容易混淆的例子还包括拉布雷亚沥青坑和加拿大油砂，两者实际上都含有天然沥青而不是焦油。"Pitch"是另一个术语，有时非正式地用来指沥青，如在"彼奇湖（Pitch Lake）"一词中。

二、分类

第一，按产源不同划分成经地质开采加工后得到的地沥青或通过化学工业加工制作获得的焦油沥青。由于石油沥青的产量大，可加工改造的程度高，并能够较好地满足现代道路交通运输特点，是目前道路工程中最主要的沥青品种。

第二，按原油成分中所含石蜡数量的多少划分成石蜡基沥青（含石蜡5%以上）、沥青基沥青（含石蜡2%以下）和混合基沥青（含石蜡2%~5%）等。

第三，按加工方法分类，经过不同的加工工艺，得到多种性能有明显差别的沥青品种。有直馏沥青、溶剂脱沥青、氧化沥青和裂化沥青。

第二节　石油沥青的技术性质

一、黏滞性

沥青黏度是一个很重要的参数，该参数也是目前我国进行沥青标号划分的依据。

（一）针入度

针入度是表征黏稠沥青条件黏度的一种指标，在表示沥青黏稠度大小的同时，针入度还用于沥青标号的划分。针入度值是在规定的温度条件下，以规定质量的标准针经过规定的时间贯入沥青试样的深度，以0.1mm计。通常我国将这些试验条件规定为：温度25℃、标准针质量100g、贯入时间5 s，所以针入度通常记作$P_{25℃,100g,5s}$。通过针入度试验测得的针入度值愈大，表示沥青愈软。

（二）软化点

沥青材料是一种非晶质有机高分子材料，它由液态凝结为固态，或由固态溶化为液态时，没有明确的固化点或液化点，通常采用规定试验条件下的硬化点和滴落点来表示其状态的转变。在工程实际中，为保证沥青不致因温度升高而产生流动的状态，取滴落点和硬化点之间温度间隔的 87.21% 当作软化点。目前软化点的测定大多采用环球法，软化点是沥青材料热稳定性的指标。

试验研究认为，许多沥青在软化点时的针入度值往往为 800 （0.1mm） 单位，所以可以认为软化点是沥青呈相同黏度时所要达到的温度，即"等黏温度"。这样一来，表示沥青热稳定性的软化点指标就与沥青的黏度指标产生了联系。因此，软化点既是反映沥青材料热稳定性的一个指标，也是沥青条件黏度的一种表示方式。

二、延性

沥青的延性是指当其受到外力的拉伸作用时，所能承受的塑性变形的总能力，是表示沥青内部凝聚力（内聚力）的一种量度。通常采用延度作为沥青的条件延性指标，并通过延度试验测定相应的延度值。延度试验是将沥青试样制成"8"字形标准试件，在规定的拉伸速度和温度条件下将其拉断的操作过程。将该过程拉伸距离定义为延度，试验结果以 cm 计。目前，试验温度常定为 15℃ 或 10℃，拉伸速度一般为 5 cm/min。

可见，延度在一定程度上反映了沥青在某一条件下的变形能力。有研究发现，低温（10℃、5℃等）时的延度大小与沥青在低温时的抗裂性有一定关系。如果低温延度值大，则在低温环境下沥青的开裂性就相对较小。

针入度、软化点和延度等被称为沥青的"三大指标"，是目前我国在路用领域中对沥青提出的最基础指标。

三、感温性

在不同温度条件下，沥青黏度会呈现出明显的状态变化，这种随温度的改变产生黏度变化的特点称为沥青的"感温性"。对于路用沥青，温度和黏度的关系是沥青的一项极其重要的性能。表示沥青这种感温性的常用指标是针入度指数（PI）。针入度指数表示软化点之下的沥青感温性，其近似结果可采用式（5-1）计算获得。

$$PI = \frac{30}{1 + 50A} - 10 \tag{5-1}$$

式中：PI——针入度指数；

A——针入度温度感应系数，由沥青的针入度和软化点确定：

$$A = \frac{\lg 800 - \lg P_{25℃, 100g, 5s}}{T - 25} \tag{5-2}$$

式中：$P_{25℃, 100g, 5s}$——在 25℃、100g、5 s 条件下测得的针入度，0.1mm；

T——环球法测定的软化点，℃。

针入度指数愈大，表明沥青对温度的敏感性愈小，也就是说在温度升高时，沥青状态改变的程度较小。具体表现为：夏季高温时沥青不易变软，有一定的抗车辙变形能力；但另一方面，冬季沥青较硬，开裂的可能性增加。PI<−2 时，沥青的温度敏感性大；PI>+2 时，温度敏感性小。为了兼顾高低温要求，一般宜选用针入度指数 PI 为−1～+1 的沥青作为路用沥青。

四、黏附性

沥青克服外界不利影响因素（如环境对沥青的老化、水对沥青膜的剥离等）在集料表面的附着能力称为沥青的"黏附性"。该黏附性能直接影响沥青路面的使用质量和耐久性，是评价沥青技术性能的一项重要指标。

沥青的黏附性大小首先与沥青自身特点密切相关，随着沥青稠度的增加或沥青中一些类似沥青酸的活性物质的增加，其黏附性加大。同时，集料的亲水性程度也直接决定着沥青和集料之间黏附性的优劣，使用憎水碱性石料时的黏附性优于使用亲水酸性石料的黏附性，所以采用碱性的石灰岩集料拌制的沥青混合料，其黏附性明显好于采用酸性的花岗岩拌制的沥青混合料。

目前，沥青与集料之间黏附性大小的常规评价方法是水煮法或水浸法，通过考察集料表面的沥青膜抵御水的剥离能力来界定。

五、耐久性

路用沥青在储运、加热、拌和、摊铺、碾压、交通荷载和自然因素的作用下，会产生一系列的物理化学变化，从而使沥青逐渐改变其原有性能而变硬变脆，使沥青的路用性能明显变差，这种变化称为沥青的"老化"。

引起沥青直接老化的因素有：①热的影响：热能加速沥青内部组分的挥发变化，促进沥青化学反应，最终导致沥青性能的劣化；②氧的影响：空气中的氧被沥青吸收后产生氧化反应，改变沥青的组成比例引起老化；③光的影响：日光特别是紫外光照射沥青后，使沥青产生光化学反应，促使沥青的氧化过程加速；④水的作用：水在与光、热和氧共同作用时，引起沥青加速老化；⑤渗流硬化：沥青中轻组分渗流到矿料的孔隙中导致沥青的硬化。

目前评价沥青抗老化能力的试验方法大多是模拟沥青在拌和过程中加热条件下产生的老化效果，规范规定的检测方法是薄膜烘箱加热试验法。

第三节　沥青的试验检测

一、沥青的针入度试验

沥青的针入度是指在规定温度和时间内，附加一定质量的标准针垂直贯入沥青试样的深度，以 0.1mm 表示。一般若非特别注明，规定的试验条件是指：试验温度为 25℃，标准针的质量（包括标准针、针的连杆及附加砝码的质量）为（100±0.05）g，时间为 5 s。

（一）试验目的

测定沥青的针入度，以评价黏稠石油沥青的黏滞性，并确定沥青标号。还可以进一步计算沥青的针入度指数 PI，用以描述沥青的温度敏感性。

（二）试验仪器

1. 针入度仪

凡能保证针和针连杆在无明显摩擦下垂直运动，且指示标准针贯入试样深度准确至 0.1mm 的仪器均可使用。针和针连杆组合件总质量为（50±0.05）g，另附（50±0.05）g 的砝码一只，即试验时总质量为（100±0.05）g。为提高测试精密度，宜采用自动针入度仪进行测试。针入度仪通常由以下部分组成：

（1）标准针

不锈钢制成，质量为（2.5±0.05）g。

（2）盛样皿

由金属制成，圆柱形平底。小盛样皿的内径为 55mm，深为 35mm（适用于针入度小于 200 的试样）；大盛样皿内径为 70mm，深为 45mm（适用于针入度为 200~350 的试样）。对于针入度大于 350 的试样需使用特殊盛样皿，其深度不小于 60mm，试样体积不小于 125mL。

2. 恒温水浴

容量不小于 10 L，控温准确度为 0.1℃。水槽中应设有一带孔的搁架，该搁架应位于水面下不小于 100mm，距水槽底不少于 50mm 处。

3. 平底玻璃皿

容量不小于 1 L，深度不小于 80mm。内设有一不锈钢三脚支架，使盛样皿稳定。

4. 温度计

0~50℃，分度为 0.1℃。

5. 秒表

分度为 0.1 s。

6. 盛样皿盖

平板玻璃，直径不小于盛样皿开口尺寸。

7. 溶剂

三氯乙烯。

8. 其他

电炉或砂浴、石棉网、金属锅或瓷把坩埚。

（三）试验方法

1. 沥青试样准备方法

（1）将装有试样的盛样器带盖放入恒温烘箱中，当石油沥青试样中含有水分时，烘箱温度宜为 80℃ 左右，加热至沥青全部熔化后供脱水用。当石油沥青中无水分时，烘箱温度宜为软化点温度 90℃ 以上，通常为 135℃ 左右。沥青试样不得直接采用电炉或煤气炉明火加热。

（2）当石油沥青试样中含有水分时，将盛样器皿放在可控温的砂浴、油浴、电热套上加热脱水，不得已采用电炉、煤气炉加热脱水时必须加放石棉垫。加热时间不超过 30min，并用玻璃棒轻轻搅拌，防止局部过热。在沥青温度不超过 100℃ 的条件下，仔细脱水至无泡沫为止，最后的加热温度不超过软化点 100℃（石油沥青）或 50℃（煤沥青）以上。

（3）将盛样器中的沥青通过 0.6mm 的滤筛过滤。

2. 制备试样方法

过滤后不等冷却立即一次性将试样灌入盛样皿中，试样深度应超过预计针入度值 10mm，并盖上盛样皿，以防落入灰尘。盛有试样的盛样皿在 15~30℃ 室温中冷却 1~1.5 h（小盛样皿）、1.5~2 h（大盛样皿）或 2~2.5 h（特殊盛样皿）后移入保持规定试验温度 ±0.1℃ 的恒温水槽中 1~1.5 h（小盛样皿）、1.5~2 h（大盛样皿）或 2~2.5 h（特殊盛样皿）。

3. 调整针入度仪使之水平，检查针连杆和导轨，以确认无水和其他外来物，无明显摩擦。用三氯乙烯或其他溶剂清洗标准针，并拭干。将标准针插入针连杆，用螺丝固紧。

4. 取出达到恒温的盛样皿，并移入水温控制在试验温度±0.1℃（可用恒温水槽中的水）的平底玻璃皿中的三脚架上，试样表面以上的水层深度不少于10mm。

5. 将盛有试样的平底玻璃皿置于针入度仪的平台上。慢慢放下针连杆，用适当位置的反光镜或灯光反射观察，使针尖恰好与试样表面接触。拉下刻度盘的拉杆，使与针连杆顶端轻轻接触，调节刻度盘或深度指示器的指针指示为零。

6. 开动秒表，在指针正指5 s的瞬时，用手紧压按钮，使标准针自动下落贯入试样，经规定时间，停压按钮使针停止移动。

7. 拉下刻度盘拉杆与针连杆顶端接触，读取刻度盘指针或位移指示器的读数，准确至0.5（0.1mm）。

8. 同一试样平行试验至少应做三次，各测试点之间及与盛样皿边缘的距离不应少于10mm。每次试验后应将盛有盛样皿的平底玻璃皿放入恒温水槽，使平底玻璃皿中水温保持试验温度。每次试验应换一根干净的标准针或将标准针取下用蘸有三氯乙烯溶剂的棉花或布揩净，再用干棉花或布擦干。

9. 测定针入度大于200（0.1mm）的沥青试样时，至少用三支标准针，每次试验后将针留在试样中，直至三次平行试验完成后，才能将标准针取出。

（四）试验报告

同一试样三次平行试验结果的最大值和最小值之差在所允许偏差范围内时，计算三次试验结果的平均值，取整数作为针入度试验结果，以0.1mm为单位。当试验值不符合要求时，应重新进行试验。

（五）精密度与允许差

当试验结果小于50（0.1mm）时，重复性试验的允许差为2（0.1mm），复现性试验的允许差为4（0.1mm）；当试验结果等于或大于50（0.1mm）时，重复性试验的允许差为平均值的4%，复现性试验的允许差为平均值的8%。

二、沥青的延度试验

沥青的延度是指规定形态的沥青试样，在规定温度下以一定速度受拉伸至断开时的长度，以cm表示。通常采用的试验温度为25℃、15℃、10℃或5℃，拉伸速度为（5±0.25）cm/min。当低温采用（1±0.05）cm/min拉伸速度时，应在报告中注明。

（一）试验目的

测定沥青的延度，可以评价黏稠沥青的塑性变形能力。

（二）试验仪器

1. 延度仪

将试件浸没于水中，能保持规定的试验温度及按照规定拉伸速度拉伸试件，且试验时无明显振动的延度仪均可使用。

2. 试模

由黄铜制成，由两个端模和两个侧模组成。

3. 试模底板

玻璃板或磨光的铜板、不锈钢板。

4. 恒温水槽

容量不小于 10 L，控制温度的准确度为 0.1℃，水槽中设有带孔搁架，搁架距水槽底不得少于 50mm。试件浸入水中深度不小于 100mm。

5. 温度计

0~50℃，分度为 0.1℃。

6. 砂浴或其他加热炉具

7. 甘油滑石粉隔离剂（质量比为 2∶1）

8. 其他

平刮刀、石棉网、酒精、食盐等。

（三）试验方法

1. 制备试样

（1）将隔离剂拌和均匀，涂于清洁干燥的试模底板和两个侧模的内侧表面，并将试模在试模底板上装妥。

（2）按规定方法准备试样（同沥青针入度试验），将试样仔细自试模的一端至另一端往返数次缓缓注入模中，最后略高出试模。注意：灌模时勿使气泡混入。

（3）试件在室温中冷却 30~40min，然后置于规定试验温度±0.1℃的恒温水槽中，保持 30min 后取出，用热刮刀刮除高出试模的沥青，使沥青面与试模面齐平。沥青的刮法是自模的中间刮向两端，且表面应刮得平滑。将试模连同底板再浸入规定试验温度的水槽中1~1.5 h。

2. 检查延度仪拉伸速度是否符合规定要求，然后移动滑板使其指针正对标尺的零点。将延度仪注水，并保温达试验温度±0.1℃。

3. 将保温后的试件连同底板移入延度仪的水槽中，从底板上取下试件，将试模两端的孔分别套在滑板及槽端固定板的金属柱上，取下侧模。水面距试件表面应不小于25mm。

4. 开动延度仪，并注意观察试样的延伸情况。在试验时，如发现沥青细丝浮于水面或沉入槽底，则应在水中加入酒精或食盐调整水的密度至与试样密度相近后，再重新试验。

5. 试件拉断时，读取指针所指标尺上的读数，以 cm 表示。在正常情况下，试件延伸时应成锥尖状，拉断时实际断面接近于零。如不能得到这种结果，则应在报告中注明。

（四）试验报告

同一试样，每次平行试验不少于三个，如三个测定结果均大于100 cm，试验结果记作">100 cm"；特殊需要也可分别记录实测值。如三个测定结果中，有一个以上的测定值小于100 cm，若最大值或最小值与平均值之差满足重复性试验精度要求，则取三个测定结果的平均值的整数作为延度试验结果，若平均值大于100 cm，记作"＞100 cm"；若最大值或最小值与平均值之差不符合重复性试验精度要求时，试验应重新进行。

（五）精密度与允许差

当试验结果小于100 cm 时，重复性试验的允许差为平均值的20%；复现性试验的允许差为平均值的30%。

三、沥青的软化点试验

沥青软化点是指沥青试样在规定尺寸的金属环内，上置规定尺寸和重量的钢球，放于水或甘油中，以规定的速度（5+0.5℃/min）加热，至钢球下沉至规定距离时的温度，以℃表示。

（一）试验目的

测定沥青的软化点，可以评定黏稠沥青的热稳定性。

（二）试验仪器

1. 环与球法软化点仪：环与球法软化点仪由下列几个部分组成：

（1）钢球

直径为 9.53mm，质量为（3.5±0.05）g。

（2）试样环

用黄铜或不锈钢等制成，其形状尺寸如图 5-1 所示。

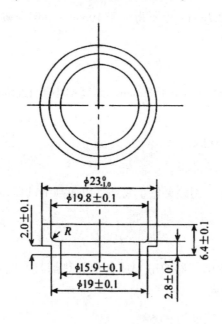

图 5-1 试样环

（3）钢球定位环

用黄铜或不锈钢制成，形状尺寸如图 5-2 所示。

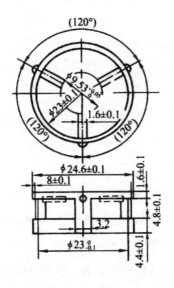

图 5-2 钢球定位环

（4）金属支架

由两个主杆和三层平行的金属板组成。上层为一圆盘，直径略大于烧杯直径，中间有一圆孔，用于插放温度计。中层板上有两个孔，以供放置试样环，中间有一小孔可支持温度计的测温端部。一侧立杆距环上面51mm处刻有水高标记。环下面距下层板为25.4mm，而下底板距烧杯底不小于12.7mm，也不得大于19mm。三层金属板和两个主杆由两个螺母固定在一起。

（5）耐热玻璃烧杯

容积为800~1000mL，直径不小于86mm，高度不小于120mm。

（6）温度计

刻度0~100℃，分度为0.5℃。

2．试样底板：金属板或玻璃板。

3．环夹：由薄钢条制成，用以夹持金属环，以便刮平试样表面。

4．平直刮刀。

5．甘油滑石粉隔离剂。

6．加热炉具：装有温度调节器的电炉或其他加热炉具。应采用带有振荡搅拌器的加热电炉，振荡子置于烧杯底部。

7．恒温水槽：控温的准确度为±0.5℃。

8．其他：新煮沸过的蒸馏水、石棉网。

（三）试验方法

1．制备试样

（1）将试样环置于涂有隔离剂的金属板上，按规定方法准备好沥青试样，然后缓缓注入试样环内至略高出环面为止。如估计软化点高于120℃，则试样环和金属底板均应预热至80~100℃。

（2）试样在室温冷却30min后，用环夹夹着试样环，并用热刮刀刮除环面上的试样，与环面齐平。

2．试验步骤

（1）试样软化点在80℃以下者，试验步骤如下：

①将装有试样的试样环连同金属板置于（5±0.5）℃水的恒温水槽中至少15min；同时将金属支架、钢球、钢球定位环等亦置于相同水槽中。

②烧杯内注入新煮沸并冷却至5℃的蒸馏水，水面略低于立杆上的深度标记。

③从恒温水槽中取出盛有试样的试样环放置在支架中层板的圆孔中，并套上定位环；

然后将整个环架放入烧杯中，调整水面至深度标记，并保持水温为（5±0.5）℃。环架上任何部分不得附有气泡。将温度计由上层板中心孔垂直插入，使端部测温头底部与试样环下面齐平。

④将烧杯移至放有石棉网的加热炉具上，然后将钢球放在定位环中间的试样中央，立即开动振荡搅拌器，使水微微振荡，并开始加热，使杯中水温在3min内调节至维持每分钟上升（5±0.5）℃。在加热过程中，应记录每分钟上升的温度值，如温度上升速度超出此范围时，则试验应重做。

⑤试样受热软化逐渐下坠，至与下层底板表面接触时，立即读取温度，准确至0.5℃。

（2）试样软化点在80℃以上者，试验步骤如下：

①将装有试样的试样环连同金属底板置于装有（32±1）℃甘油的恒温槽中至少15min；同时将金属支架、钢球、钢球定位环等亦置于甘油中。

②在烧杯内注入预先加热至32℃的甘油，其液面略低于立杆上的深度标记。

③从恒温槽中取出装有试样的试样环，按上述方法进行测定，准确至1℃。

（四）　试验报告

同一试样平行试验两次，当两次测定值的差值符合重复性试验精密度要求时，取其平均值作为软化点试验结果，准确至0.5℃。

（五）　精密度或允许差

当试样软化点小于80℃时，重复性试验的允许差为1℃，复现性试验的允许差为4℃。

当试样软化点等于或大于80℃时，重复性试验的允许差为2℃，复现性试验的允许差为8℃。

第四节　沥青混合料的分类

现行《公路沥青路面施工技术规范》（JTG F40-2004）将热拌沥青混合料种类分为表5-1所示的几种形式。

表 5-1　热拌沥青混合料种类

混合料类型	密集配			开级配		半开级	公称最大粒径(mm)	最大粒径(mm)
	连续级配		间断级配	间断级配		沥青稳定碎石		
	沥青混凝土	沥青稳定碎石	沥青玛蹄脂碎石	排水式沥青磨耗层	排水式沥青碎石基层			
特粗式	—	ATB-40	—	—	ATBP-40		37.5	53.0
粗粒式	—	ATB-30	—	—	ATBP-30		31.5	37.5
	AC-25	ATB-25	—	—	ATBP-25		26.5	31.5
中粒式	AC-20	—	SAM-20	—	—	AM-20	19.0	26.5
	AC-16	—	SAM-16	OGFC-16	—	AM-16	16.0	19.0
细粒式	AC-13	—	SAM-13	OGFC-13	—	AM-13	13.2	16.0
	AC-10	—	SAM-10	OGFC-10	—	AM-10	9.5	13.2
砂粒式	AC-5	—	—	—	—	AM-5	4.75	9.5
设计空隙率(%)	3~5	3~6	3~4	>18	>18	6~12	—	—

目前，我国在沥青路面中采用最多的类型是以石油沥青作为结合料，采用连续级配、空隙率在3%~6%的密实式热拌热铺型沥青混合料。其中沥青混合料的结构类型分为悬浮密实结构、骨架空隙结构和骨架密实结构。

第五节　沥青混合料的路用性能

沥青混合料作为沥青路面材料，在使用过程中要承受行驶车辆荷载的反复作用，以及环境因素的长期影响。所以沥青混合料在具备一定的承载能力的同时，还必须具有良好的抵抗自然因素作用的耐久性，也就是说要能表现出足够的高温环境下的稳定性、低温状况下的抗裂性、良好的水稳性、持久的抗老化性和利于安全的抗滑性等诸多技术特点，以保证沥青路面良好的服务功能。

一、高温稳定性

沥青混合料是一种典型的黏—弹—塑性材料，它的承载能力或模量随着温度的变化而改变，温度升高，承载力下降。沥青混合料的高温稳定性是指在高温条件下，沥青混合料能够抵抗车辆反复作用，不会产生显著永久变形，保证沥青路面平整的特性。

对于沥青混合料的高温稳定性，工程中通过马歇尔稳定度试验方法和车辙试验法进行测定和评价。

马歇尔稳定度试验用来测定沥青混合料试样在一定条件下承受破坏荷载能力的大小和承载时变形量的多少。

车辙试验是检验高速公路和一级公路沥青混合料配合比设计的主要项目。该试验是模拟车辆轮胎在路面上行驶时所形成的车辙深度的多少，对沥青混合料高温稳定性进行评价的一种试验方法。试验采用标准方法成型沥青混合料板型试件，在规定的试验温度和轮碾条件下，沿试件表面同一轨迹反复碾压行走，测定试件表面在试验过程中形成的车辙深度。以每产生1mm车辙变形所需要的碾压次数（称之为"动稳定度"）作为评价沥青混合料抗车辙能力大小的指标。显然，动稳定度值愈大，相应沥青混合料高温稳定性愈好，达不到动稳定度要求的沥青混合料必须更换材料或重新进行配合比设计。

二、低温抗裂性

与高温变形相对应，冬季低温时沥青混合料将产生体积收缩，但在周围材料的约束下，沥青混合料不能自由收缩，从而在结构层内部产生温度应力。当温度应力超过沥青混合料允许应力值时，沥青混合料被拉裂，导致沥青路面出现裂缝，从而造成路面的破坏。因此要求沥青混合料应具备一定的低温抗裂性能，即要求沥青混合料具有较高的低温强度或较大的低温变形能力。

现行规范要求采用沥青混合料低温弯曲试验，通过低温破坏强度、破坏应变和破坏劲度模量等指标评价混合料的低温性能。

三、耐久性

耐久性是指沥青混合料在使用过程中抵抗环境不利因素的能力及承受车荷载反复作用的能力，主要包括沥青混合料的抗老化性、水稳性、抗疲劳性等几个方面。

沥青混合料的老化主要是受到空气中氧、水、紫外线等因素的作用，引发沥青材料多种复杂的物理化学变化，逐渐使沥青变硬、发脆，最终导致沥青老化，产生裂纹或裂缝等与老化有关的病害。水稳定性问题是因为水的影响，促使沥青从集料表面剥离而降低沥青混合料的黏结强度，最终造成混合料松散被车轮带走，形成大小不等的坑槽等水损坏现象。

影响沥青混合料耐久性的因素很多，一个很重要的因素是沥青混合料的空隙率。空隙率的大小取决于矿料的级配、沥青材料的用量以及压实程度等多个方面。我国现行规范采用空隙率、饱和度和残留稳定度等指标来表征沥青混合料的耐久性。

四、抗滑性

抗滑性是保障公路交通安全的一个重要因素，特别是行驶速度很高的高速公路，确保沥青路面的抗滑性要求显得尤为重要。

影响沥青路面抗滑性的因素主要取决于矿料自身或级配形成的表面构造深度、颗粒形状与尺寸、抗磨光性等方面。因此，用于沥青路面表层的粗集料应选用表面粗糙、坚硬、耐磨、抗磨光值大的碎石或破碎的碎砾石集料。同时，沥青用量对抗滑性指标有明显的影响，所以对沥青路面表层的沥青用量要严格控制。

五、施工和易性

沥青混合料应具备良好的施工和易性，因此要求在整个施工的各个工序中，尽可能使沥青混合料的集料颗粒以设计级配要求的状态分布，使集料表面被沥青膜完整覆盖，并能被压实到规定的密实程度，这是保证沥青混合料实现上述路用性质的必要条件。

影响沥青混合料施工和易性的因素首先是材料组成，其次是施工条件的控制。

目前还没有成熟的能够直接用于评价沥青混合料施工和易性的方法和指标，通常的做法是严格控制材料的组成和配比，采用经验方法根据现场实际状况进行调控。

第六节　热拌沥青混合料的技术标准

现行交通部行业标准《公路沥青路面施工技术规范》（JTG F40-2004）针对各种沥青混合料分别提出了不同的技术标准。表5-2是常用密集配沥青混合料采用马歇尔方法时的技术标准，该标准根据道路等级、交通荷载和气候状况等因素提出不同的标准，其中包括稳定度、流值、空隙率、矿料间隙率和沥青饱和度等指标。

表5-2　密集配沥青混凝土混合料马歇尔试验技术标准

试验指标	高速公路、一级公路				其他等级公路	行人道路
	夏炎热区（1-1、1-2、1-3、1-4区）		夏热区及夏凉区（2-1、2-2、2-3、2-4、3-2区）			
	中轻交通	重载交通	中轻交通	重载交通		
击实次数（双面）	75				50	50

试验指标		高速公路、一级公路				其他等级公路	行人道路
		夏炎热区(1-1.1-2.1-3.1-4区)		夏热区及夏凉区(2-1、2-2、2-3、2-4、3-2区)			
		中轻交通	重载交通	中轻交通	重载交通		
试件尺寸(mm)		101.6mm×63.5mm					
空隙率 VV(%)	深90mm以内	3~5	4~6	2~4	3~5	3~6	2~4
	深90mm以下	3~6		2~4	3~6	3~6	—
稳定度 MS(kN)不小于		8				5	3
流值 FL(mm)		2~4	1.5~4	2~4.5	2~4	2~4.5	2~5
矿料间隙率 VMA(%)不小于	设计空隙率(%)	相应于以下公称最大粒径(mm)的最小 VMA 和 VFA 技术要求(%)					
		26.5	19	16	13.2	9.5	4.75
	2	10	11	11.5	12	13	15
	3	11	12	12.5	13	14	16
	4	12	13	13.5	14	15	17
	5	13	14	14.5	15	16	18
	6	14	15	15.5	16	17	19
沥青饱和度 VFA(%)		55~70		65~75			70~85

第七节　沥青混合料的试验检测

一、沥青混合料试件的制备（击实法）

（一）试验目的

采用标准击实法或大型击实法制作沥青混合料试件，可供试验室进行沥青混合料物理力学性质试验使用。

（二）试验仪器

1. 击实仪

（1）标准击实仪

由击实锤、直径（98.5±0.5）mm 的平圆形压实头及带手柄的导向棒组成。用人工或机械将压实锤举起并从（457.2±1.5）mm 高度沿导向棒自由落下击实，标准击实锤重量为（4536±9）g。

（2）大型击实仪

由击实锤、直径（149.4±0.1mm 平圆形压实头及带手柄的导向棒组成。用人工或机械将压实锤举起从（457.2±2.5）mm 高度沿导向棒自由落下击实，标准击实锤质量为（10210±10）g。

（3）自动击实仪

将标准击实锤及标准击实台安装一体，并用电力驱动使击实锤连续击实试件且可自动记数的设备，击实速度为（60+5）次/min。大型电动击实仪的功率不小于 250 W。

2. 标准击实台

用以固定试模，在 200mm×200mm×457mm 的硬木墩上面有一块 305mm×305mm×25mm 的钢板，木墩用四根型钢固定在下面的水泥混凝土板上。

3. 试验室用沥青混合料拌和机

如图 5-3 所示，能保证拌和温度并充分拌和均匀，可控制拌和时间，容量不少于 10 L，搅拌叶自转速度为 70~80 r/min. 公转速度为 40~50 r/min。

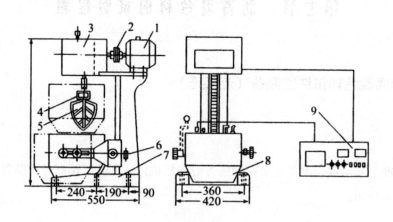

图 5-3　试验室用沥青混合料拌和机

1—电机；2—联轴器；3—变速箱；4—弹簧；5—拌和叶片；6—升降手柄；

7—底座；8—加热拌和锅；9—温度时间控制仪

4. 脱模器

电动或手动，备有标准圆柱体试件及大型圆柱体试件尺寸的推出环。

5. 试模

由高碳钢或工具钢制成，每组包括内径为（101.6±0.2）mm，高约87mm 的圆柱形金属筒、底座（直径约120.6mm）和套筒（内径为101.6mm，高约70mm）各1个。

6. 烘箱

大、中型各一台，装有温度调节器。

7. 天平或电子秤

用于称量矿料的，感量不大于0.5g；用于称量沥青的，感量不大于0.1g。

8. 插刀或大螺丝刀

9. 温度计

分度为1℃，量程为0~300℃。宜采用有金属插杆的热电偶沥青温度计，金属插杆的长度不小于300mm，数字显示或度盘指针的分度为0.1℃，且有留置读数功能。

10. 其他

电炉或煤气炉、沥青熔化锅、拌和铲、标准筛、滤纸（或普通纸）、胶布、卡尺、秒表、粉笔、棉纱等。

（三）试验方法

1. 混合料的拌制

（1）按表5-3选用确定制作沥青混合料试件的拌和与压实温度，并根据沥青品种和标号做适当调整。针入度小、稠度大的沥青取高限；针入度大、稠度小的沥青取低限；一般取中值。

表5-3　沥青混合料的拌和及压实温度参考表

沥青混合料种类	拌和温度（℃）	压实温度（℃）
石油沥青	130~160	120~150
煤沥青	90~120	80~110
改性沥青	160~175	140~170

（2）将各种规格的矿料置于（105±5）℃的烘箱中烘干至恒重（烘干时间一般为4~6 h）。根据需要，粗集料可先用水冲洗干净后烘干，也可将粗细集料过筛后，用水冲洗再烘干备用。

（3）按规定试验方法分别测定不同规格粗细集料及填料的各种密度，并测定沥青的密度。

（4）将烘干分级的粗细集料，按每个试件设计级配要求称其质量，在一金属盘中混合均匀，矿粉单独加热，置于烘箱中预热至沥青拌和温度以上约15℃（石油沥青通常为163℃；采用改性沥青时通常需180℃）备用。一般按一组试件（每组4~6个）备料，但进行配合比设计时宜对每个试件分别备料。

（5）将采集的沥青试样，用恒温烘箱或油浴、电热套熔化加热至规定的沥青混合料拌和温度备用，但不得超过175℃。当不得已采用燃气炉或电炉直接加热进行脱水时，必须使用石棉垫隔开。

（6）用沾有少许黄油的棉纱擦净试模、套筒及击实座等，并置100℃左右烘箱中加热1h备用。

（7）将沥青混合料拌和机预热至拌和温度以上10℃备用。

（8）将预热好的粗细集料置于拌和机中，用小铲适当混合，然后再加入需要数量的已加热至拌和温度的沥青，开动拌和机一边搅拌，一边将拌和叶片插入混合料中拌和1~1.5min，然后暂停拌和，加入单独加热的矿粉，继续拌和至均匀为止，并使沥青混合料保持在要求的拌和温度范围内，标准的总拌和时间为3min。

2. 试件成型

（1）将拌好的沥青混合料均匀称取一个试件所需的用量（标准试件约1200g）。如已知沥青混合料的密度，可根据试件的标准尺寸计算并乘以1.03得到要求沥青混合料数量。当一次拌和几个试件时，宜将其倒入经预热的金属盘中，用小铲拌和均匀，分成几份分别取用。试件制作过程中，为防止混合料温度下降，应连盘放入烘箱中保温。

（2）从烘箱中取出预热的试模及套筒，用沾有少许黄油的棉纱擦拭套筒、底座及击实锤底面，将试模装在底座上，垫一张圆形的吸油性小的纸，按四分法从四个方向用小铲将混合料铲入试模中，用插刀沿周边插捣15次，中间10次。插捣后将沥青混合料表面整平成凸圆弧面。

（3）插入温度计，至混合料中心附近，检查混合料温度。

（4）待混合料温度达到要求的压实温度后，将试模连同底座一起放在击实台上固定，也可在装好的混合料上垫一张吸油性小的圆纸，再将装有击实锤及导向棒的压实头插入试模中，然后开启电动机（或人工）将击实锤从457mm的高度自由落下击实规定的次数（75次或50次）。对大型试件，击实次数为75次（相应于标准击实的50次）或112次（相应于标准击实的75次）。

（5）试件击实一面后，取下套筒. 将试模掉头，装上套筒，然后以同样的方法和次数击实另一面。

（6）试件击实结束后，如上下面垫有圆纸，应立即用镊子取掉，用卡尺量取试件离试模上口的高度并由此计算试件高度，如高度不符合要求，试件应作废，并按式（5-3）调整试件的混合料数量，使高度符合（63.5±1.3）mm标准试件的要求或（95.3±2.5）mm（大型试件）的要求。

$$调整后沥青混合料数量 = \frac{要求试件高度 \times 原用混合料质量}{所得试件的高度} \tag{5-3}$$

（7）卸去套筒和底座，将装有试件的试模横向放置冷却至室温后（不少于12 h），置脱模机上脱出试件，并将试件仔细置于干燥洁净的平面上，供试验用。

二、沥青混合料的物理指标测定

（一）试验目的

测定压实沥青混合料密度及其他物理指标（空隙率、饱和度），以评价沥青混合料的技术性质，确定沥青混合料的配合比。

（二）试验仪器

1. 浸水天平或电子秤

当最大称量在3 kg以下时，感量不大于0.1g；最大称量3 kg以上时，感量不大于0.5g；最大称量10 kg以上时，感量不大于5g。并配有挂钩。

2. 网篮

3. 溢流水箱

使用洁净水，有水位溢流装置，保持试件和网篮浸入水中后的水位一定。试验时的水温应在15~25℃范围内，并与测定集料密度时的水温相同。

4. 试件悬吊装置

天平下方悬吊网篮及试件的装置，吊线应采用不吸水的细尼龙线绳，并有足够的长度，对轮碾成型机成型的板块状试件可用铁丝悬挂。

（三）试验方法

1. 选择适宜的浸水天平（或电子秤），最大称量应满足试件质量的要求。

2. 除去试件表面的浮粒，称取干燥试件在空气中的质量（m_a），根据选择的天平的感量读数，准确至0.1g或0.5g。

3. 挂上网篮浸入溢流水箱的水中，调节水位，将天平调平或复零，把试件置于网篮中（注意不要使水晃动），待天平稳定后立即读数，称取水中质量。若天平读数持续变化，不能很快达到稳定，则说明试件吸水较严重，不适用于此方法，应改用蜡封法测定。

三、沥青混合料的马歇尔稳定度试验

（一）试验目的

测定沥青混合料稳定度，利于进行沥青混合料配合比设计，以及沥青路面施工质量检验。

（二）试验仪器

1. 沥青混合料马歇尔试验仪：对用于高速公路和一级公路的沥青混合料，宜采用自动马歇尔试验仪，用计算机或 X-Y 记录仪记录荷载—位移曲线，并具有自动测定荷载与试件垂直变形的传感器、位移计，能自动显示和打印试验结果。对标准马歇尔试件，试验仪最大荷载不小于 25 kN，读数准确度为 0.1 kN，加载速率应保持（50±5）mm/min，钢球直径为 16mm，上下压头曲率半径为 50.8mm。

2. 恒温水槽：控温准确度为 1℃，深度不少于 150mm。

3. 真空饱水容器：由真空泵和真空干燥器组成。

4. 烘箱。

5. 天平：感量不大于 0.1g。

6. 温度计：分度为 1℃。

7. 卡尺。

8. 其他：棉纱、黄油。

（三）试验方法

1. 标准马歇尔试验

（1）按照前述方法成型马歇尔试件，标准的马歇尔试件尺寸应符合直径（101.6±0.2）mm，高（63.5±1.3）mm 的要求。一组试件不得少于 4 个。

（2）测量试件直径和高度：用卡尺测量试件中部的直径，用马歇尔试件高度测定器或卡尺在十字对称的 4 个方向测量离试件边缘 10mm 处的高度，准确至 0.1mm，并取 4 个值的平均值作为试件的高度。如试件高度不符合（63.5±1.3）mm 要求或两侧高度差大于 2mm 时，此试件应作废。

（3）将测定密度后的试件置于恒温水槽中，对于标准的马歇尔试件需保温 30~40min。

试件之间应有间隔，并架起，试件离水槽底部不小于 5 cm。

恒温水槽的温度分别为：黏稠石油沥青混合料或烘箱养生的乳化沥青混合料温度为 (60±1)℃，煤沥青混合料为 (33.8±1)℃，空气养生的乳化沥青或液体沥青混合料为 (25±1)℃。

（4）将马歇尔试验仪的上下压头放入水槽或烘箱中达到同样温度。将上下压头从水槽或烘箱中取出擦拭干净内表面。为使上下压头滑动自如，可在上下压头的导棒上涂少许黄油，再将试件取出置于下压头上，盖上上压头，然后装在加载设备上。

（5）在上压头的球座上放妥钢球，并对准荷载测定装置的压头。

（6）采用自动马歇尔试验仪时，将自动马歇尔试验仪的压力传感器、位移传感器与计算机或 X-Y 记录仪正确连接，调整好适宜的放大比例。调整好计算机程序或将 X-Y 记录仪的记录笔对准原点。

（7）采用压力环和流值计时，将流值计安装在导棒上，使导向套管轻轻地压住上压头，同时将流值计读数调零。调整压力环中百分表，对零。

（8）启动加载设备，使试件承受荷载，加载速度为 (50+5) mm/min。计算机或 X-Y 记录仪自动记录传感器压力和试件变形曲线，并将数据自动存入计算机。

（9）当试验荷载达到最大值的瞬间，取下流值计，同时读取应力环中百分表或荷载传感器读数及流值计的流值读数。

（10）从恒温水槽中取出试件至测出最大荷载值的时间，不应超过 30 s。

2. 浸水马歇尔试验方法

浸水马歇尔试验方法是将沥青混合料试件在规定温度（黏稠沥青混合料为 (60±1)℃）的恒温水槽中保温 48 h，然后测定其稳定度。其余方法与标准马歇尔试验方法相同。

（四）试验结果

稳定度和流值

1. 当采用自动马歇尔试验仪时，将计算机采集的数据绘制成压力和试件变形曲线，或由 X-Y 记录仪自动记录的荷载—变形曲线，按图 5-4 所示的方法在切线方向延长曲线与横坐标相交于 O_1，将 O_1 作为修正原点，从 O_1 起量取相应于最大荷载值时的变形作为流值，以 mm 计，准确至 0.1mm。最大荷载即为稳定度 MS，以 kN 计，准确至 0.01 kN。

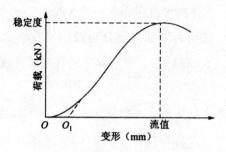

图 5-4 马歇尔试验结果的修正方法

2. 采用应力环百分表和流值计测定时，根据应力环标定曲线，将应力环中百分表的读数换算为荷载值，即试件的稳定度 MS，以 kN 计，准确至 0.01 kN。由流值计及位移传感器测定装置读取的试件垂直变形，即为试件的流值 FL，以 mm 计，准确至 0.1mm。

（五）试验报告

1. 当一组测定值中某个数值与平均值之差大于标准差 k 倍时，该测定值应予舍弃，并以其余测定值的平均值作为试验结果。当试验数 n 为 3、4、5、6 个时，k 值分别为 1.15、1.46、1.67、1.82。

2. 采用自动马歇尔试验仪时，试验结果应附上荷载—变形曲线原件或打印结果，并报告马歇尔稳定度、流值、马歇尔模数以及试件尺寸、试件的密度、空隙率、沥青用量、沥青体积百分率、沥青饱和度、矿料间隙率等各项物理指标。

四、沥青混合料的车辙试验

车辙试验是用标准的成型方法，制成标准的混合料试件，在 60℃ 的温度下，以一定荷载的轮子在同一轨迹做一定时间的反复行走，然后计算试件变形 1mm 所需车轮走的次数，即为动稳定度。动稳定度是评价沥青混凝土路面高温稳定性的一个指标，也是沥青混合料配合比设计时的一个辅助性检验指标。

（一）试验目的

测定沥青混合料的高温抗车辙能力，供混合料配合比设计的高温稳定性检验。

（二）试验仪器

1. 车辙试验机，主要由下列部分组成：

（1）试件台

可牢固地安装两种宽度（300mm 和 150mm）的规定尺寸试件的试模。

（2）试验轮

橡胶制的实心轮胎。外径为 220mm，轮宽为 50mm，橡胶层厚为 15mm。橡胶硬度（国际标准硬度）20℃时为 84±4；60℃时为 78±2。试验轮行走距离为（230±10）mm，往返碾压速度为（42±1）次/分钟（21 次往返/分钟），允许采用曲柄连杆驱动试验台运动（试验轮不移动）或链驱动试验轮运动（试验台不动）的任一种方式。

（3）加载装置

使试验轮与试件的接触压强在 60℃时为（0.7±0.05）MPa，施加的总荷载为 78 kg 左右，根据需要可以调整。

（4）试模

钢板制成，由底板及侧板组成，试模内侧尺寸长为 300mm，宽为 300mm，厚为 50mm。

（5）变形测量装置

自动检测车辙变形并记录曲线的装置，通常用 LVDT、电测百分表或非接触位移计。

（6）温度检测装置

自动检测并记录试件表面及恒温室内温度的温度传感器、温度计（精度为 0.5℃）。

2. 恒温室

车辙试验机必须整机安放在恒温室内，室内装有加热器、气流循环装置及装有自动温度控制设备，能保持恒温室温度（60±1）℃（试件内部温度（60±0.5）℃），根据需要亦可为其他需要的温度。用于保温试件并进行检验。温度应能自动连续记录。

3. 台秤

称量 15 kg，感量不大于 5g。

（三）试验方法

1. 测定试验轮压强（应符合（0.7±0.05）MPa）。

2. 试件成型后，连同试模一起在常温条件下放置时间不得少于 12 h。对聚合物改性沥青混合料，放置时间以 48 h 为宜。

3. 将试件连同试模，置于达到试验温度（60±1）℃的恒温室中，保温不少于 5 h，也不多于 24 h，在试件的试验轮不行走的部位上，粘贴一个热电偶温度计，控制试件温度稳定在（60±0.5）℃。

4. 将试件连同试模置于车辙试验机的试验台上，试验轮在试件的中央部位，其行走方向须与试件碾压方向一致。开动车辙变形自动记录仪，然后启动试验机，使试验轮往返行走，时间约 1 h，或最大变形达到 25mm 为止。试验时，记录仪自动记录变形曲线（见图 5-5）及试件温度。

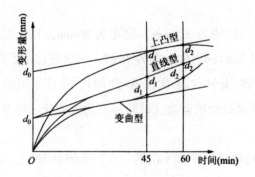

图 5-5　车辙试验变形曲线

（四）试验结果

1. 从图 5-5 中读取 45min（t_1）及 60min（t_2）时的车辙变形 d_1 及 d2，精确至 0.01mm，如变形过大，在未到 60min 变形已达到 25mm 时，则以达到 25mm（d_2）时的时间为 t_2，以其前 15min 为 t_1，此时的变形量为 d_1。

2. 沥青混合料试件的动稳定度按式（5-4）计算：

$$DS = \frac{(t_2 - t_1) \cdot 42}{d_2 - d_1} \cdot C_1 \cdot C_2 \qquad (5-4)$$

式中：DS——沥青混合料的动稳定度，次/mm；

d_1——对应于时间 t_1 的变形量，mm；

d_2——对应于时间 t_2 的变形量，mm；

42——试验轮每分钟行走次数，次/min；

C_1——试验机类型修正系数，曲柄连杆驱动试件的变速行走方式为 1.0，链驱动试验轮的等速方式为 1.5；

C_2——试件系数，对于试验室制备的宽 300mm 的试件，C_2 取 1.0；对于从路面切割的宽 150mm 的试件，C_2 取 0.8。

（五）试验报告

1. 同一沥青混合料或同一路段的路面，至少应做三个试件的平行试验，当三个试件动稳定度变异系数小于 20% 时，取其平均值作为试验结果。如果变异系数大于 20%，应分析原因，并追加试验。如计算动稳定值大于 6000 次/mm 时，记作 ">6000 次/mm"。

重复性试验动稳定度变异系数的允许值为 20%。

2. 试验报告应注明试验温度、试验轮接地压强、试件密度、空隙率及试件制作方法等。

第六章 预制件及排水管道检测

本章主要介绍混凝土路缘石、混凝土路面砖、井盖、井箅、钢筋混凝土排水管等预制产品构件的质量检测，以及排水管道的闭水试验。

第一节 混凝土路缘石检测

本方法适用于以水泥和密实集料为主要原料，经振动法、压缩法或以其他能达到同等效能的方法预制的铺设在路面边缘、路面界限及导水用缘石。其可视面可以是有面层（料）或无面层（料）的、本色或彩色及凿毛加工的。

直线形缘石抗折强度等级分为 $C_f6.0$、$C_f5.0$、$C_f4.0$、$C_f3.5$。

曲线形及直线形、截面 L 状缘石抗压强度等级分为 C_c45、C_c40、C_c35、C_c30。

一、外观质量试验方法

（一）量具

分度值为 1mm 的钢板尺、卡尺。

（二）测量方法

1. 面层（料）厚度

将缘石断开，在其截面测量面层（料）厚度尺寸（可用抗折试件的断口处测量），精确至 1mm。

2. 缺棱掉角

测量顶面和正侧面缺棱掉角处损坏、掉角的长度和宽度（或高度）投影尺寸，精确至

1mm。

3. 表面裂纹

测量裂纹所在面上的投影长度；若裂纹由一个面延伸至相邻面时，测量其延伸长度之和，精确至 1mm。

4. 粘皮（脱皮）

测量顶面和正侧面上粘皮（脱皮）及表面缺损或伤痕处互相垂直的两个最大尺寸，精确至 1mm；计算其面积，精确至 $1mm^2$。

5. 分层、色差和杂色

在自然光照或不低于 40 W 日光灯下，距缘石 1.5m 处，对缘石的端面、背面（或底面）肉眼检验分层；对表面风干的缘石肉眼检验色差及杂色。

二、尺寸偏差试验方法

（一）量具

分度值为 1mm，量程为 300mm 和 1 000mm 的钢板尺、卡尺、塞尺、直角尺或丁字尺。

（二）测量方法

1. 长度

分别在缘石顶面中部、正侧面及背面距底面 10mm 处测量长度，取其 3 个测量值的算术平均值为该试件的长度值，精确至 1mm。

2. 宽度

分别在缘石底面的两端，距端面 10mm 处及底面中部测量宽度，取其 3 个测量值的算术平均值为该试件的宽度值，精确至 1mm。

3. 高度

分别在缘石背面两端，距端面 10mm 处及背面中部测量高度，取其 3 个测量值的算术平均值为该试件的高度值，精确至 1mm。

4. 平整度

用 1 000mm 长的钢板尺分别侧立在缘石顶面和正侧面的中部，另用塞尺测量缘石表面与侧立钢板尺之间的最大间隙，取其最大值，精确至 1mm。

5. 垂直度

用直角尺或丁字尺的一边紧靠缘石的顶面，另用小量程钢板尺或卡尺测量直角尺（或丁字尺）另一边与其端面所垂直面之间的最大间隙，记录其最大值，精确至 1mm。

三、抗折强度试验方法

（一）适用范围

本方法适用直线形缘石。

（二）仪器设备、量具、材料

1. 试验机

试验机可采用压力试验机或经国家计量部门检定合格的满足缘石抗折试验的设备。试验机的示值相对误差应不大于1%。试件的预期破坏荷载值不小于试验机全量程的20%，也不大于全量程的80%。

2. 加载压块

采用厚度大于20mm，直径为50mm，硬度大于HB200，表面平整光滑的圆形钢块。

3. 抗折试验支承装置要求

抗折试验支承装置应可自由调节试件处于水平，同时可调节支座间距，精确至1mm。支承装置两端支座上的支杆直径为30mm：一为滚动支杆，一为绞支杆；支杆长度应大于试件的宽度 b_0，且应互相平行。

4. 量具

分度值为1mm，量程为1 000mm、300mm 的钢板尺。

5. 找平垫板

垫板厚度为3mm，直径大于50mm 的胶合板或硬纸板。

（三）试件的制备

在试件的正侧面标定出试验跨距，以跨中试件宽度（ b_0 ）1/2 处为施加荷载的部位，如试件正侧面为斜面、切削角面、圆弧面，则试验时加载压块不能与试件完全水平吻合接触，应用1：2 的水泥砂浆将加载压块所处部位抹平使之试验时可均匀受力，抹平处理后试件，养护3d 后方可试验。

将制备好的试件在水中浸没24 h，水温度为20℃±3℃。

（四）试验步骤

1. 使抗折试验支承装置处于可进行试验状态。调整试验跨距 $l_s = l - 2 \times 50 \text{mm}$ ，精确至1mm。

2. 将试件从水中取出擦去表面附着水，正侧面朝上置于试验支座上，试件的长度方向与支杆垂直，使试件加载中心与试验机压头同心。将加载压块置于试件加载位置，并在其与试件之间垫上找平垫板。

3. 检查支具、加荷点无误后，启动试验机，加荷速度调整在 0.04~0.06mPa/s，均匀连续地加荷，直至试件断裂，记录最大荷载 P_{max}。

（五）结果计算

$$C_f = \frac{MB}{1000 \times W_{ft}} \qquad (6-1)$$

$$MB = P_{max} l_s / 4 \qquad (6-2)$$

式中：C_f——抗折强度，MPa；

MB——弯矩，N·mm；

P_{max}——最大荷载，N；

W_{ft}——截面模量（查规范 JC/T899—2016 附录 F），cm³；

l_s——试件跨距，mm。

四、抗压强度试验方法

（一）适用范围

曲线形缘石，直线形、截面 L 状缘石及不适合作抗折强度的缘石应做抗压强度试验。

（二）试验设备

1. 混凝土切割机

满足本标准要求的，能制备抗压强度、吸水率试块的切割机。

2. 压力试验机

试验机可采用压力试验机或经国家计量部门检定合格的满足缘石抗折试验的设备。试验机的示值相对误差应不大于 1%。试件的预期破坏荷载值不小于试验机全量程的 20%，也不大于全量程的 80%。

（三）试件制备

从缘石的正侧面距端面和顶面各 20mm 以内的部位切割出 100mm×100mm×100mm 试块。以垂直于缘石成型加料方向的面作为承压面。试块的两个承压面应平行、平整。否则应对承压面磨平或用水泥净浆抹面找平处理，找平层厚度不大于 5mm，养护 3 d。与承压面相邻的面应垂直于承压面。

制备好的试块，清除其表面的粘渣、毛刺，放入 20℃±3℃ 的清水中浸泡 24 h。

（四）试验步骤

1. 用卡尺或钢板尺测量承压面互相垂直的两个边长，分别取其平均值. 精确至 1mm，计算承压面积 A，精确至 1mm²，将试块从水中取出用拧干的湿毛巾擦去表面附着水，承压面应面向上、下压板，并置于试验机下压板的中心位置上。

2. 启动试验机，加荷速度调整在 0.3~0.5mPa/s，均匀连续地加荷，直至试件破坏，记录最大荷载 P_{max}。

（五）结果计算

$$C_c = P_{max}/A \qquad\qquad (6-3)$$

式中：C_c——抗压强度，MPa；

P_{max}——最大荷载，N；

A——试块承压面积，mm²。

五、吸水率试验方法

（一）适用范围

本方法适用于各种路缘石的吸水率试验。

（二）试验仪器、设备

1. 天平

称量 5 kg，感量 5g。

2. 干燥箱

鼓风干燥箱自动控制温度 105℃±2℃，具有鼓风排湿功能。

3. 水槽

能浸试样的，深度约为 300mm 的水箱或水槽。

4. 混凝土切割机。

（三）试件制备

从缘石截取约为 100mm×100mm×100mm 带有可视面的立方体的块体为试块。

（四）试验步骤

将试块截取后，用硬毛刷将试块表面及周边松动的渣粒清除干净，放入温度为105℃±2℃的干燥箱内烘干。试块之间、试块与干燥箱内壁之间距离不得小于20mm。每间隔4 h将试块取出分别称量一次. 直至两次称量差小于0. 1%时，视为试块干燥质量，精确至5g。

将试块放入水槽中，注入温度为20℃±3℃的洁净水，使试块浸没水中24 h±0. 5h，水面应高出试块20~30mm。

取出试块，用拧干的湿毛巾擦去表面附着水，立即分别称量试块浸水后的质量，精确至5g。

（五）结果计算

吸水率按式（6-4）计算：

$$W = \frac{m_1 - m_0}{m_0} \times 100 \tag{6 - 4}$$

式中：W——吸水率（%）；

m_1——试块吸水24 h后的质量，g；

m_0——试块烘干后质量，g。

第二节 井盖及水箅检测

检查井盖和水箅根据所用的材料不同可分为铸铁、钢纤维混凝土、复合材料、再生树脂复合材料等类型。因检查井盖的质量和使用管理问题造成的人身伤亡事故时有发生，检查井盖的质量问题涉及城市基础设施建设和管理的方方面面，本节主要介绍钢检查井盖和钢纤维混凝土水箅的检测。

一、检查井盖

（一）适用范围

本方法适用于安装在绿化带、人行道、非机动车道、机动车道、停车场、码头、机场跑道等地面井座净开孔（C_o）不大于900mm的金属及非金属材料检查井盖。

（二）井盖等级

按井盖承载能力分为 A15、B125、C250、D400、E600 和 F900 六级。

检查井盖按使用场所分为如下六组：

第一组（最低选用 A15 类型）：绿化带、人行道等禁止机动车辆驶入的区域。

第二组（最低选用 B125 类型）：人行道、非机动车道、小车停车场及地下停车场。

第三组（最低选用 C250 类型）：住宅小区、背街小巷、仅有轻型机动车或小车行驶的区域，道路两边路缘石开始 0.5m 以内。

第四组（最低选用 D400 类型）：城市主路、公路、高等级公路、高速公路等区域。

第五组（最低选用 E600 类型）：货运站、码头、机场等区域。

第六组（最低选用 F900 类型）：机场跑道等区域。

（三）规格尺寸

检查井盖按规格尺寸划分为入孔和非入孔两种。非入孔规格尺寸不作规定，入孔规格尺寸按井座净开孔（c_0）分为如下四类：600mm，700mm，800mm，900mm。

（四）材料要求

检查井盖可以由以下一种或几种材料制成。

1. 灰口铸铁：制作检查井盖所用的灰口铸铁应符合 GB/T 9439 的规定。

2. 球墨铸铁：制作检查井盖所用的球墨铸铁应符合 GB/T 1348 的规定。

3. 铸钢：制作检查井盖所用的铸钢应符合 GB/T 700 和 GB/T 14408 的规定。

4. 轧制钢：制作检查井盖所用的轧制钢应符合 GB/T 700 和 GB 1499.2 的规定。

5. 聚合物：聚合物为各种高分子材料及其再生品。不饱和聚酯树脂符合 GB/T 8237 的规定。其他聚合物材料应符合相应的标准。

6. 填充增强材料：填充增强材料为各种颗粒状、纤维状材料及其再生品。其中，玻璃纤维无捻粗纱应符合 GB/T 18369 的规定，玻璃纤维无捻粗纱布应符合 GB/T 18370 的规定，玻璃纤维短切原丝毡和连续原丝毡应符合 GB/T 17470 的规定。

7. 钢纤维混凝土：水泥应符合 GB175 的有关规定，砂应符合 GB/T 14684 的有关规定，石子应符合 GB/T 14685 的有关规定，外加剂应符合 GB 8076 的有关规定。混凝土用其他材料也应符合现行有关标准规定。

8. 其他材料：采用上述以外的其他材料，都应符合本标准规定的要求，而且任何改良的独立部分都应当符合相关要求并经过检测。

（五）外观要求

1. 井盖的表面应完整，材质均匀，无影响产品使用的缺陷。

2. 盖座保持顶平，井盖上表面不应有拱度，井盖与井座的接触面应平整、光滑。铸铁井盖与井座应为同一种材质，井盖与井座装配尺寸应符合 GB/T 6414 的要求。

二、钢纤维混凝土水箅

（一）适用范围

本方法适用于公路、城市道路、工厂和生活小区等机动车辆及非机动车辆行驶或停放场地上排泄雨水口或明沟上的水箅盖，也适用于园林、绿化带、商场等禁止机动车辆行驶或停放的通道、场地上排泄雨水口和明沟上的水箅盖。

（二）产品分类

1. 钢纤维混凝土水箅盖按承载力分为 Ⅰ、Ⅱ、Ⅲ 三级。

①Ⅰ级钢纤维混凝土水箅盖用于机动车行驶、停放的城市道路、厂区道路、公路、停车场。

②Ⅱ级钢纤维混凝土水箅盖用于非机动车行驶、停放的城市道路慢车道、停车场、居民住宅小区内通道、人行道、商场、小巷。

③Ⅲ级钢纤维混凝土水箅盖用于无车辆通行的园林内通道和绿化带。

2. 钢纤维混凝土水箅盖几何形状为矩形。按其底部形状可分为板型（B）、带肋型（D）和圆弧底型（Y）。

（三）外观质量

产品表面应光洁、平整、无破损、无裂缝和标记清晰。

（四）尺寸及偏差

水箅盖的尺寸允许偏差应符合表6-1的规定。

表 6-1　钢纤维混凝土水算盖尺寸允许偏差（单位：mm）

等级	水算盖边长允许偏差	水算盖搁置高度允许偏差	水算盖搁置面宽度允许偏差
Ⅰ			
Ⅱ	±2	±2	±3
Ⅲ			

（五）物理力学性能

1. 水算盖及盖座用钢纤维混凝土应按 JG/T 3064 的规定配制和成型，混凝土强度等级不得低于 C50。

2. 水算盖的承载能力应符合表 6-2 的规定。

表 6-2　钢纤维混凝土水算盖的承载能力（单位：kN）

水算盖等级	裂缝荷载	破坏荷载
Ⅰ	78	156
Ⅱ	37	74
Ⅲ	8	16

注：裂缝荷载系指对钢纤维混凝土水算盖加载时表面裂缝宽度达到 0.2mm 时的试验荷载值. 破坏荷载系指在检验时达到的最大荷载值。

（六）试验方法

1. 试验用仪器设备和量具

试验用仪器设备和量具见表 6-3。

表 6-3　试验用仪器设备和量具

序号	名称	量程范围	精确度	最小分度值
1	钢卷尺	0~1m	Ⅱ级	1mm
	钢直尺	0~150mm	±0.10mm	0.5mm
	角度尺	0~90°	±2′	2′
	JC-10 读数显微镜	0~8mm	±0.01mm	0.01mm
2	承载能力试验装置测力仪	0—500 kN	2%	1kN
	塞尺	0.01~5mm	±0.03mm	

2. 外观检验

用目测检查钢纤维混凝土水算盖的表面有无破损和裂纹，是否光洁、平整，标志是否清晰。

3. 尺寸测量

（1）边长

用钢卷尺测量水箅盖的每个边长，精确至1mm。

（2）搁置高度H

在水箅盖每边中点处，测量四个搁置高度值，精确至1mm。

（3）搁置面宽度B

目测水箅盖搁置面宽度范围内是否均匀、平整，用直尺在宽度最大和最小处测量两个搁置面宽度值，精确至1mm。

上述测量值与设计值之差即为产品的尺寸偏差，取其最大值为测量结果。

第三节　排水管道检测

混凝土和钢筋混凝土排水管作为市政工程用排水管道的一种主要构件，在城市排水管网建设中广为采用。以前的排水工程所用的绝大多数为平口钢筋混凝土排水管，近年来柔性接口的承插管、热塑性塑料排水管材以及塑衬混凝土复合管得到了广泛的运用。

排水管道需要检测的是闭水试验，而作为预制产品的钢筋混凝土排水管主要检测项目是内水压试验和外压试验。

一、无压管道闭水试验

闭水试验应按设计要求和试验方案进行。试验管段应按井距分隔，抽样选取，带井试验。

（一）试验管段技术要求

无压管道闭水试验时，试验管段应符合下列规定：（1）管道及检查井外观质量已验收合格；（2）管道未回填土且沟槽内无积水；（3）全部预留孔应封堵，不得渗水；（4）管道两端堵板承载力经核算应大于水压力的合力，除预留进出水管外，应封堵紧固，不得渗水；（5）顶管施工，其注浆孔封堵且管口按设计要求处理完毕，地下水位于管底以下。

（二）管道闭水试验水头技术要求

1. 试验段上游设计水头不超过管顶内壁时，试验水头应以试验段上游管顶内壁加2m计。

2. 试验段上游设计水头超过管顶内壁时，试验水头应以试验段上游设计水头加 2m 计。

3. 计算出的试验水头小于 10m，但已超过上游检查井井口时，试验水头应以上游检查井井口高度为准。

（三）闭水法试验步骤

1. 试验管段灌满水后浸泡时间不应少于 24 h。

2. 试验水头达规定水头时开始计时。观测管道的渗水量，直至观测结束时，应不断地向试验管段内补水，保持试验水头恒定。渗水量的观测时间不得小于 30min。

3. 实测渗水量应按式（6-5）计算：

$$q = \frac{W}{TL} \tag{6-5}$$

式中：q——实测渗水量，L／（min·m）；

W——补水量；

T——实测渗水观测时间，min；

L——试验管段的长度，m。

（四）合格标准

管道闭水试验时，应进行外观检查，不得有漏水现象，且符合下列规定时，管道闭水试验为合格。

1. 实测渗水量小于或等于表 6-4 规定的允许渗水量。

2. 管道内径大于表 6-4 规定时，实测渗水量应小于或等于按式（6-6）计算的允许渗水量。

$$q = 1.25 \sqrt{D_i} \tag{6-6}$$

3. 异型截面管道的允许渗水量可按周长折算为圆形管道计。

4. 化学建材管道的实测渗水量应小于或等于按式（6-7）计算的允许渗水量。

$$q = 0.0046 D_i \tag{6-7}$$

式中：q——允许渗水量，m³／（24 h·km）；

D_i——管道内径，mm。

二、混凝土和钢筋混凝土排水管试验

本方法适用于采用离心、悬辊、芯模振动、立式挤压及其他方法成型的混凝土和钢筋混凝土排水管。

（一）分类和外观检测

排水管按是否配置钢筋骨架分为混凝土管（CP）和钢筋混凝土管（RCP），以下简称管子。按外压荷载分级，其中混凝土管分为Ⅰ、Ⅱ两级；钢筋混凝土管分为Ⅰ、Ⅱ、Ⅲ级。按施工方法分为开槽施工管和顶进施工管（DRCP）等，管子按连接方式分为柔性接头管和刚性接头管。

1. 蜂窝

（1）目测管体表面有无蜂窝；

（2）用钢直尺和20号铁丝测量蜂窝的深度、尺寸，计算其面积；

（3）记录蜂窝的面积、最大深度。

2. 露筋

（1）目测管体表面有无露筋和锈斑；

（2）用钢卷尺测量露筋的长度：

（3）记录外露钢筋的根数、最大长度。

3. 空鼓

（1）用250g羊角锤敲打管子表面，依据声音的差异确定管体有无空鼓；

（2）沿着敲打管子时发出的不同声音的界限，确定空鼓的范围；

（3）用钢直尺或钢卷尺测量尺寸并计算其面积；

（4）记录空鼓的部位、处数及面积。

4. 裂缝

（1）目测管体表面有无可见裂缝；

（2）用读数显微镜或混凝土裂缝检验规测量裂缝的最大宽度；

（3）用钢直尺或钢卷尺测量裂缝的最大长度；

（4）记录裂缝的最大宽度和最大长度。

5. 合缝漏浆

（1）目测管体外表面在管模合缝处有无漏浆；

（2）用钢直尺或钢卷尺测量每处合缝漏浆的长度；

（3）用钢直尺和20号铁丝测量合缝漏浆的最大深度；

（4）记录合缝漏浆的长度、最大深度。

6. 端面碰伤

（1）目测管子两端有无碰伤；

（2）用钢直尺或钢卷尺测量碰伤处的环向长度和纵向长度；

（3）记录碰伤的环向长度、纵向长度。

7. 凹坑

（1）目测管子外表面有无局部凹坑；

（2）对直径小于或等于50mm的凹坑，直接用深度游标卡尺测量凹坑的最大深度；

（3）对直径大于50mm的凹坑，用钢直尺和深度游标卡尺测量，钢直尺沿着管的轴线竖放在管体表面，用深度游标卡尺测量凹坑底部至管体表面的最大距离；

（4）记录凹坑的处数、最大深度。

8. 接头工作面圆滑

（1）目测柔性接口管的承口、插口工作面有无凹坑或凸起；

（2）对其存在的凹坑或凸起，用钢直尺和20号铁丝或深度游标卡尺测量其凹坑深度或凸起高度；

（3）记录凹坑最大深度、凸起的最大高度。

（二）几何尺寸

1. 直径的环向测点位置确定（以下简称方法一）

各项直径环向测点的位置为与合缝连线形成约为圆心角的两个方向，见图6-1。

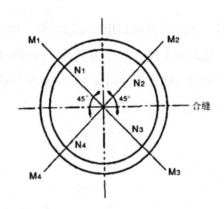

图6-1　直径环向测点位置示意

M——外径的测点位置；N——内径的测点位置

2. 直径的纵向测点位置确定（以下简称方法二）

（1）双插口管、承插口管、企口管、钢承口管的承口、插口工作面直径、纵向测点位置在工作面长度的中点。

（2）平口管、双插口管、企口管的内径可在任一端测量；承插口管、钢承口管的内径在插口端测量。

测点的纵向位置：

公称内径小于或等于 300mm 时，测点位置距管子端部约 100mm；

公称内径大于 300mm，小于或等于 800mm 时，测点位置距管子端部约 200mm；公称内径大于 800mm 时，测点位置距管子端部约 500mm。

3. 管公称内径、承口工作面内径测量

（1）按照方法一、方法二确定平口管、双插口管公称内径的测点，确定企口管、承插口管、钢承口管公称内径和承口工作面直径测点，用内径千分尺（或专用量具）测量。

（2）将内径千分尺的固定测头紧贴在管内径的一个测点，可调测头沿通过相对测点的弧线移动，测得的最大值即为该测点的管公称内径值或承口工作面内径值，在另一个测点处采用相同的方法，测得另一个值。

（3）数值修约：管内径取两个测量值的平均值，修约到 1mm；承口工作面内径两个测量值，分别修约到 1mm。

4. 插口工作面直径测量

（1）按照方法一、方法二确定柔性接口乙型和丙型承插口管、企口管、刚性接口双插口管等插口工作面直径的测点，用游标卡尺（或专用量具）测量。将游标卡尺的一个测量爪紧贴在一个测点，另一个测量爪沿通过相对测点的弧线移动，测得的最大值为插口工作面直径。

（2）按照方法一、方法二确定柔性接口甲型承插口管、钢承口管、柔性接口双插口管等插口工作面直径的测点，用游标卡尺（或专用量具）测量密封槽靠插口端的槽顶外径，再用钢直尺和深度游标卡尺测量与槽顶外径相对应的两处密封槽的深度，槽顶外径减去两处密封槽深度即为该类管插口工作面直径。

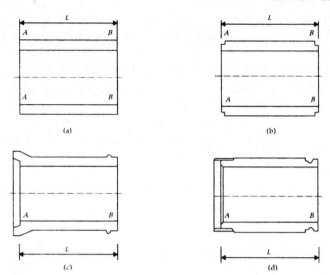

图 6-2　管子有效长度测量方法示意图

（3）数值修约：插口工作面直径的两个相邻测量值，分别修约到 1mm。

5. 承口深度、插口长度

（1）在与内径环向测点位置相对应的两个相邻位置，确定承口深度、插口长度的测点。

（2）用两把钢直尺测量，将一把钢直尺放在承口内壁或插口外壁与管子轴线平行，另一把紧贴管子的承口端面或插口端面，测量承口深度、插口长度各两个值，分别修约到 1mm。

6. 管子有效长度

（1）对平口管和双插口管，分别在管体外表面、内表面用钢卷尺测量，使钢卷尺紧贴管体外表面或内表面，并与轴线平行，管子两端 A、B 两点的最小距离即为管子的有效长度 L，见图 6-2（a）、（b）。

（2）对企口管、承插口管在管子内表面用钢卷尺测量，使钢卷尺紧贴管子内表面，并与轴线平行，管子承口立面 A 点、插口端面 B 点两点的最小距离为管子的有效长度，见图 6-2（c）。

（3）对钢承口管，在管子的内表面用钢卷尺和钢直尺测量，钢直尺紧贴管子承口立面，钢卷尺紧贴管子内表面，并与轴线平行，承口立面 A 点、插口端面 B 点两点的最小距离即为管子的有效长度，见图 6-2（d）。

（4）每个管子测量任意两个对边的有效长度，取平均值，修约到 1mm。

7. 管壁厚度

目测管壁厚度是否均匀，在管壁厚度最大和最小处测量两个厚度值（浮浆层不计入内）：

（1）平口管任选一端，用钢直尺测量。

（2）企口管、双插口管任选一端，用钢直尺和角尺测量。

（3）柔性接口甲型、乙型承插口管、钢承口管、刚性接口承插口管，在插口端用钢直尺和角尺测量。

（4）柔性接口丙型承插口管，在插口端用深度游标卡尺、钢直尺和角尺测量，管壁厚度按式（6-8）计算。

（5）每个管子测量最大和最小壁厚值，分别修约到1mm。

$$t = t_1 - t_2 \qquad\qquad (6-8)$$

式中：t——管壁厚度，mm；

t_1——止胶台处壁厚，mm；

t_2——止胶台高度，mm。

8. 弯曲度

（1）目测管体弯曲情况，有明显弯曲的管子，测量最大弯曲处的弯曲度；无明显弯曲的管子，在管子两端按照方法一确定两对测点的环向位置。

（2）将测量夹具固定在管体的两端或一端，在夹具上做好标记，使测点之间的距离等于管子的有效长度，紧贴标记拉弦线（或细钢丝），并使弦线（或细钢丝）与管子轴线平行，用钢直尺测量弦线与管外表面之间的最大距离和最小距离。

管子的弯曲度按式（6-9）计算：

$$\delta = \frac{H - h}{L} \times 100 \qquad\qquad (6-9)$$

式中：δ——管子的弯曲度（%），修约到0.1%；

H——弦线与管子表面平直段的最大距离，mm；

h——弦线与管子表面平直段的最小距离，mm；

L——管子的有效长度，mm。

9. 端面倾斜

（1）在承口端面、插口端面按方法一任意确定两条相对的相互垂直的直径的测点（"B"点），清理管子内壁。

（2）端面倾斜允许偏差。通过插口端面的4个测点，测量管子的有效长度，以两组对边长度差的最大值为端面倾斜值。

（3）端面倾斜度。用一靠尺紧贴管端测点，宽座角尺的短边紧贴管子清理过的内壁，靠尺紧贴角尺长边，用钢直尺测量靠尺距管端另一测点的距离S。每端测两个值，分别修约到 1mm。

端面倾斜度按式（6-10）计算：

$$\lambda = \frac{S}{D_{w/n}} \times 100 \qquad\qquad (6-10)$$

式中：λ——端面倾斜度（%），修约到 1%；

S——端面倾斜偏允许差，mm；

$D_{w/n}$——管子外径或内径，mm。

（三）内水压力试验

1. 试件

蒸汽养护的管子龄期不宜少于 14 d，自然养护的管子龄期不宜少于 28 d，允许试验前将管子湿润 24 h。

2. 试验装置

内水压试验装置目前国内产品主要有卧式和立式两种。

3. 试验步骤

（1）检查水压试验机两端的堵头是否平行、其中心线是否重合。

（2）水压试验机宜选用直径不小于 100mm，分度值不大于 0.005mPa，精度不低于1.5级的压力表，量程应满足管子检验压力的要求，加压泵能满足水压试验时的升压要求。

（3）对于柔性接口钢筋混凝土排水管，橡胶密封圈应符合有关标准的规定。

（4）擦掉管子表面的附着水，清理管子两端，使管子轴线与堵头中心对正，将堵头锁紧。

（5）管内充水直到排尽管内的空气，关闭排气阀。开始用加压泵加压，宜在 1min 内均匀升至规定检验压力值保持 10min。

（6）在升压过程中及规定的内水压力下，检查管子表面有无潮片及水珠流淌，检查管子接头是否滴水并作记录。若接头滴水允许重装。

（7）允许采用专用装置检查管体的内水压力和接头密封性。

（四）外压荷载

1. 试件

按 GB/T 11836-2009、JC/T 640-2010 或其他标准生产的混凝土和钢筋混凝土排水管的管子，或长度不小于 1m 的圆柱体单元。

蒸汽养护的管子，龄期不宜少于 14 d，自然养护的管子龄期不宜少于 28 d。

2. 试验装置

采用三点试验法，通过机械压力的传递，试验管子的裂缝荷载和破坏荷载。

3. 试验步骤

（1）检查设备状况，设备无故障时方可使用。

（2）将试件放在外压试验装置的两个平行的下支承梁上，然后将上支承梁放在试件上，使试件与上、下支承梁的轴线相互平行，并确保上支承梁能在通过上、下支承梁中心线的垂直平面内自由移动。上、下支承梁应覆盖试件的有效长度，加荷点在管子全长的中点。

对承插口管整根管子进行外压试验时，上、下梁应覆盖其平直段全长 L_p，加荷点在平直段中点。仲裁检验试件应采用切割长度不小于 1m 的圆柱体单元。

（3）通过上支承梁加载，可以在上支承梁上集中一点加荷，或者是采用两点同步加荷。

（4）开动油泵，使加压板与上支承梁接触，施加荷载于上支承梁。对混凝土排水管加荷速度约为每分钟 1.5 kN/m；对钢筋混凝土排水管加荷速度约为每分钟 30 kN/m。

（5）连续匀速加荷至标准规定的裂缝荷载的 80%，保持 1min，观察有无裂缝，用读数显微镜测量其宽度；若没有裂缝或裂缝较小，继续按裂缝荷载的 10% 加荷，保持 1min，加荷至裂缝荷载，保持 3min。

若裂缝宽度仍小于 0.20mm，需测定裂缝荷载时，继续按裂缝荷载的 5% 分级加荷，每级保持 3min，直到裂缝宽度达到或超过 0.20mm。

（6）当裂缝宽度达到 0.20mm 时的荷载为管子的裂缝荷载。加压结束时裂缝宽度达到 0.20mm，裂缝荷载为该级荷载值；加压结束时裂缝宽度超过 0.20mm，裂缝荷载为前一级的荷载值。

（7）按前述（4）条规定的加荷速度继续加荷至破坏荷载的 80%，保持 1min，观察有无破坏；若未破坏，按破坏荷载的 10% 继续分级加荷，保持 1min，加荷至破坏荷载时，保持 3min，检查破坏情况，如未破坏，继续按破坏荷载的 5% 分级加荷，每级保持 3min 直到破坏。

（8）管子失去承载能力时的荷载为破坏荷载，在加荷过程中管子出现破坏状态时，破坏荷载为前一级荷载；在规定的荷载持续时间内出现破坏状态时，破坏荷载为该级荷载与前一级荷载的平均值；当在规定的荷载持续时间结束后出现破坏状态时，破坏荷载为该级荷载值。

（9）结果计算。

外压荷载值按式（6-11）计算：

$$P = \frac{F}{L} \qquad\qquad (6-11)$$

式中：P——外压荷载值，kN/m；

F——总荷载值，kN；

L——管子有效长度（承插式管为平直段全长 L_p 或圆柱体单元的长度），m。

（五）外压荷载试验装置

1. 外压荷载试验装置由试验机架、加荷和显示量值的仪表组成，试验机应保证测量荷载的误差为±2%，加荷速度可控制。

2. 外压荷载试验装置示意见图6-3。

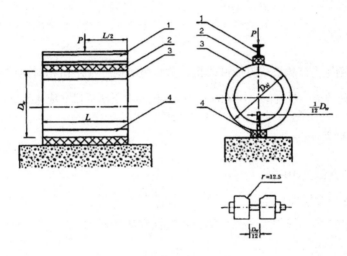

图6-3 外压荷载试验装置

1—上支撑梁（工字钢梁）；2—橡胶垫；3—管子；4—下支撑梁（方木条）

3. 外压试验装置机架必须有足够的强度和刚度，保证荷载的分布不受任何部位变形的影响。在试验机的组成中，除固定部件外，另外还有上、下两个支承梁。上、下支承梁均可延长到试件的整个试验长度上。试验时，荷载通过刚性的上支承梁均匀地分布在试件上。

4. 上支承梁为一钢梁，钢梁的刚度应保证它在最大荷载下，其弯曲度不超过管子试验长度的1/720，钢梁与管子之间放一条橡胶垫板，橡胶垫板的长度、宽度与钢梁相同，厚度不小于25mm，邵氏硬度为45~60。

5. 下支承梁由两条硬木组合而成，其截面尺寸为宽度不小于50mm，厚度不小于25mm，长度不小于管子的试验长度。硬木制成的下支承梁与管子接触处应做成半径为12.5mm的圆弧，两条下支承梁之间的净距离为管子外径的1/12，但不得小于25mm，见图6-3。

第四节 混凝土路面砖检测

本方法适用于路面和地面铺装的混凝土砖。

混凝土路面砖的公称厚度规格尺寸（mm）为 60、70、80、90、100、130、150。

混凝土路面砖的抗压强度（MPa）分为 C_c40、C_c50、C_c60 三个等级。抗折强度（MPa）分为 $C_f4.0$、$C_f5.0$、$C_f6.0$ 三个等级。

一、抗压强度试验方法

（一）试验仪器

试验机可采用压力试验机或万能试验机。试验机的精度（示值相对误差）应不大于±1%。试件的预期破坏荷载值为量程的 20%~80%。试验机的上下压板尺寸应大于试件的尺寸。

（二）试样制备

1. 每组试件数量为 10 块。

2. 试件的两个受压面应平行、平整；否则应找平处理，找平层厚度小于或等于 5mm。

3. 试验前用精度不低于 0.5mm 的测量工具，测量试件实际受压面积或上表面受压面积。

（三）试验步骤

1. 清除试件表面的松动颗粒或粘渣，放入温度为室温水中浸泡 24 h+0.25 h。

2. 将试件从水中取出，用海绵或拧干的湿毛巾擦去附着于试件表面的水，放置在试验机下压板的中心位置（如图 6-4 所示）。

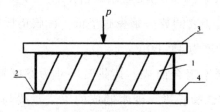

图 6-4　抗压强度试验方法示意图

1—试件；2—抹面找平面；3—试验机上压板，4—试验机下压板

3. 启动试验机，连续、均匀地加荷，加荷速度为 0.4～0.6mPa/s，直至试件破坏，记录破坏荷载（P）。

4. 试验结果的计算与评定抗压强度按式（6-12）计算：

$$C_c = \frac{P}{A} \tag{6-12}$$

式中：C_c ——试件抗压强度，MPa；

P——试件破坏荷载，N；

A——试件实际受压面积，或上表面受压面积，mm^2。

试验结果以 10 块试件抗压强度的算术平均值和单块最小值表示，计算结果精确至 0.1mPa。

二、抗折强度试验方法

试验机可采用抗折试验机、万能试验机或带有抗折试验架的压力试验机。试验机的精度和量程要求与抗压强度试验方法的规定相同。

（一）试验仪器

支座的两个支承棒和加压棒的直径为 25～40mm 的钢棒，其中一个支承棒应能滚动并可自由调整水平。

（二）试样制备

每组试件数量为 10 块。

（三）试验步骤

1. 清除试件表面的松动颗粒或粘渣，放入温度为室温水中浸泡 24 h±0.25 h。

2. 将试件从水中取出，用海绵或拧干的湿毛巾擦去附着于试件表面的水，沿着长度方向放在支座上，抗折支距（两支座的中心距离）为试件公称长度减去 50mm，两支座的两端面中心距试件端面为 25mm±5mm。在支座和加压棒与试件接触面之间应垫有 4mm±1mm 厚的胶合板垫层。

支座和加压棒的长度应满足试验的要求。

3. 启动试验机，连续、均匀地加荷，加荷速度为 0.04-0.06mPa/s，直至试件破坏。记录破坏荷载（F）。

（四）试验结果的计算与评定

抗折强度按式（6-13）计算：

$$C_f = \frac{3Pl}{2bh^2}$$ 　　　　　　（6 - 13）

式中：C_1——试件抗折强度，MPa；

P——试件破坏荷载，N；

l ——两支座间距离，mm；

b——试件宽度，mm；

h——试件厚度，mm。

试验结果以 10 块试件抗折强度的算术平均值和单块最小值表示，计算结果精确至 0.01mPa。

第七章 公路工程质量检验评定与交（竣）工验收检测

公路工程验收分为交工验收和竣工验收两个阶段。公路基本建设项目的交（竣）工验收是全面考核公路建设成果，检验设计和施工质量的重要环节。做好交（竣）工验收工作，对于确保工程质量，促进工程及时投产，发挥投资效果，总结经验，提高建设质量和管理水平都有着重要的作用。

第一节　公路工程质量检验评定

一、基本要求

（一）单位、分部、分项工程的划分

公路工程质量检验评定应按分项工程、分部工程、单位工程逐级进行。施工准备阶段由施工单位按表 7-1 和表 7-2 将合同段划分为单位工程、分部工程和分项工程，并报监理单位或建设单位审核。对于表未涵盖的分项工程、分部工程和单位工程，可由建设单位组织监理单位、施工单位协商确定。

表 7-1　单位、分部及分项工程的划分

单位工程	分部工程	分项工程
路基工程（每 10km 或每标段）	路基土石方工程（1~3 km 路段）①	土方路基，石方路基，软土地基，土工合成材料处治层等
	排水工程（1~3 km 路段）	管节预制，管道基础及管节安装，检查（雨水）井砌筑，土沟，浆砌排水沟，盲沟，跌水，急流槽，水簸箕，排水泵站等
路基工程（每 10km 或每标段）	小桥及符合小桥标准的通道，人行天桥，渡槽（每座）	基础及下部构造：钢筋加工及安装，预应力筋加工和张拉，基础砌体，混凝土扩大基础，钻孔灌注桩或挖孔桩承台，墩、台身砌体，台背填土等；上部构造预制、安装或浇筑：钢筋加工及安装，预应力筋加工和张拉，预制安装梁、板，就地浇筑梁板，拱圈节段预制，拱的安装，就地浇筑拱圈支座安装等；
		桥面系、附属工程及总体：钢筋加工及安装，混凝土桥面板桥面防水层，混凝土桥面板桥面铺装，伸缩装置安装，混凝土防撞护栏，桥头搭板，砌体坡面护坡等
	涵洞、通道（1~3 km 路段）	钢筋加工及安装，涵台，涵管，管座及涵管安装，盖板，盖板安装，箱涵浇筑，拱涵浇（砌）筑，倒虹吸竖井，集水井砌筑，一字墙和八字墙等
	砌筑防护工程（1~3km 路段）	砌体挡土墙，墙背填土，抗滑桩，边坡锚喷防护，土钉支护，砌体坡面防护，导流工程等
	大型挡土墙，组合挡土墙（每处）	钢筋加工及安装，砌体挡土墙，悬臂式挡土墙，扶壁式挡土墙，筋带，锚杆、拉杆，钻孔灌注桩或挖孔桩，面板预制，面板安装，墙背填土，锚杆、锚碇板和加筋土挡土墙总体等
路面工程（每 10km 或每标段）	路面工程（1~3 km 路段）	底基层，基层，面层，垫层，联结层，路缘石，人行道，路肩，路面边缘排水系统等

单位工程	分部工程	分项工程
桥梁工程②（特大、大中桥）	基础及下部构造	钢筋加工及安装，预应力筋加工和张拉，预应力管道压浆，基础砌体，混凝土扩大基础，钻孔灌注桩或挖孔、预制桩、沉桩，沉井，双壁钢围堰，承台等大体积混凝土，墩、台身砌体，混凝土墩、台墩台身安装，组合桥台，台背填土等
	上部构造预制和安装	混凝土梁桥：钢筋加工及安装，预应力筋加工和张拉，预制安装梁、板，悬臂拼装梁，顶推施工梁，转体施工梁，支座安装等； 拱桥：拱圈节段预制，拱的安装，转体施工拱，劲性骨架混凝土拱，吊杆制作和安装，柔性系杆，支座安装等； 钢梁桥：钢梁制作，钢梁安装，钢梁防护，支座安装等
	上部构造现场浇筑	混凝土梁桥：钢筋加工及安装，预应力筋加工和张拉，就地浇筑梁、板，悬臂浇筑梁，支座安装等； 拱桥：就地浇筑拱圈，劲性骨架混凝土拱，钢管混凝土拱等
	桥面系、附属工程及桥梁总体	钢筋加工及安装，混凝土桥面板桥面防水层或钢桥面板上防水黏结层，混凝土桥面板桥面铺装或钢桥面板上沥青混凝土铺装，伸缩装置安装，混凝土防撞护栏或钢桥上钢护栏安装，桥头搭板，砌体坡面护坡，桥梁总体等
	防护工程	砌体坡面护坡，护岸③，导流工程等
	引道工程	见路基工程、路面工程的分项工程
互通立交工程	桥梁工程（每座）	见桥梁工程的分项工程
	主线路基路面工程（1~3 km 路段）	见路基、路面等分项工程
	匝道工程（每条）	路基，路面，通道，护坡，挡土墙，护栏等

单位工程	分部工程	分项工程
隧道工程	总体及装饰装修	隧道总体、装饰装修工程等
	洞口工程	洞口开挖、洞口边仰坡防护、洞门和翼墙的浇（砌）筑、截水沟、洞口排水沟、明洞浇筑、明洞防水层、明洞回填等
	洞身开挖	洞身开挖（分段）等
	洞身衬砌	喷射混凝土、锚杆、钢筋网、钢架、管棚、超前小导管、超前锚杆、衬砌钢筋、混凝土衬砌、仰拱等
	防排水	防水层、止水带、排水沟、施工缝与变形缝处理等
	隧道路面	基层、面层等
	辅助坑道及附属洞室	开挖、喷射混凝土、锚杆、钢筋网、钢架、管棚、超前小导管、超前锚杆、衬砌钢筋、混凝土衬砌、仰拱等
环保工程	绿化工程（每3～5 km 路段或每合同段）	分隔带绿地、土路肩绿地、护坡道绿地、碎落台绿地、平台绿地、边坡绿地、互通立交区与环岛绿地、管理养护设施区绿地、服务设施区绿地、取弃土场绿地	绿地整理，树木栽植，草坪、花卉种植
	声屏障工程按标段划分)	声屏障工程（每处）	砌块体声屏障，金属结构声屏障，复合结构声屏障
交通安全设施（每20km 或每标段）	标志（5～10 km 路段）	标志
	标线、突起路标（5～10 km 路段）	标线，突起路标等
	护栏、轮廓标（5～10km 路段）	波形梁护栏，缆索护栏，混凝土护栏，轮廓标等
	防眩设施（5-10 km 路段）	防眩板、网等
	隔离栅、防落网（5～10 km 路段）	隔离栅、防落网等
	里程碑和百米桩（每20km 或每标段）	里程碑、百米桩
	避险车道（每处）	避险车道

单位工程	分部工程	分项工程
机电工程	监控设施	车辆检测器，气象检测器，闭路电视监视系统，可变标志，光电缆线路，监控（分）中心设备安装及软件调测，大屏幕投影系统，地图板，计算机监控软件与网络等
	通信设施	通信管道与光电缆线路，光纤数字传输系统，数字程控交换系统，紧急电话系统，无线移动通信系统，通信电源等
	收费设施	入口车道设备，出口车道设备，收费站设备及软件，收费中心设备及软件，IC 卡及发卡编码系统，闭路电视监视系统，内部有线对讲及紧急报警系统，收费站内光、电缆及塑料管道，收费系统计算机网络等
	低压配电设施	中心（站）内低压配电设备，外场设备电力电缆线路等
	照明设施	照明设施
	隧道机电设施	车辆检测器，气象检测器，闭路电视监视系统，紧急电话系统，环境检测设备，报警与诱导设施，可变标志，通风设施，照明设施，消防设施，本地控制器，隧道监控中心计算机控制系统，隧道监控中心计算机网络，低压供配电等
	结构安全监测设施	应变测试设备安装，振动测试设备安装，车辆荷载监测设备安装，光、电缆线路，外场站安装，监控中心设备安装，数据采集软件等
房屋建筑工程		按其专业工程质量检验评定标准评定

表7-2　以特大斜拉桥、悬索桥为主体建设项目的工程划分

单位工程	分部工程	分项工程
塔及辅助、过渡墩（每个）	塔基础	钢筋加工及安装，混凝土扩大基础，钻孔灌注桩，沉井等
	塔承台	钢筋加工及安装，双壁钢围堰，钢围堰的混凝土封底，承台等大体积混凝土等
	索塔	钢筋加工及安装，预应力筋加工和张拉，混凝土索塔，索塔钢锚箱节段制作，索塔钢锚箱节段安装等
	辅助墩	钢筋加工及安装，预应力筋加工和张拉，预应力管道压浆，钻孔灌注桩，承台等大体积混凝土，混凝土墩、台，墩台身安装，支座垫石和挡块等
	过渡墩	
锚碇	锚碇基础	钢筋加工及安装，混凝土扩大基础，钻孔灌注桩，灌注桩桩底压浆，地下连续墙，沉井等
	锚体	重力式锚碇：锚碇锚固体系制作，锚碇锚固体系安装，钢筋加工及安装，锚碇混凝土块体，预应力锚索的张拉与压浆等； 隧道锚：锚碇锚固体系制作，锚碇锚固体系安装，隧道锚的洞身开挖，隧道锚的混凝土锚塞体等
上部结构制作与防护（钢结构）	主缆（索股）	索股和锚头的制作与防护
	索鞍	索鞍制作与防护
	索夹	索夹制作与防护
	吊索	吊索和锚头制作与防护等
	加劲梁	加劲梁段制作与防护等
上部结构浇筑与安装	加劲梁浇筑	主墩上梁段浇筑，梁的悬臂浇筑
	安装	加劲梁安装，索鞍安装，主缆架设，索夹和吊索安装，自锚式悬索桥主缆索股的锚固系统安装，自锚式悬索桥吊索张拉和体系转换等
	工地防护	工地防护
桥面系、附属工程及总体	桥面系	钢桥面板上防水黏结层，钢桥面板上沥青混凝土铺装，栏杆安装等
	附属工程及桥梁总体	支座安装，伸缩装置安装，桥梁总体等

单位工程	分部工程	分项工程
结构安全监测设施	外场传感测试及采集、传输、控制硬件设备	应变测试设备安装，振动测试设备安装，倾斜监测设备安装，温度监测设备及安装，光、电缆线路等
	监控中心设备安装及软件	监控中心设备安装，数据采集软件等

（二）工程质量等级

工程质量评定等级分为合格与不合格。评定为不合格的分项、分部工程，应采取措施进行处理。经返工、加固或补强、调测等满足设计要求后，可重新进行质量检验评定。经返工或加固处理后仍不能满足安全或使用功能要求的分部工程、单位工程严禁评定。

工程质量检验评定均应在施工单位自检合格的基础上进行：第一，分项工程完工后，施工单位按《公路工程质量检验评定标准 第一册 土建工程》（JTG F80/1-2017）规定进行自检，对工程质量进行自我评定。第二，分部、单位工程完工后，施工单位应汇总所属分项、分部工程质量评定资料，进行外观质量检查，对工程质量进行自我评定。第三，隐蔽工程在隐蔽前应由施工单位通知监理单位进行检验评定合格后方可继续施工。

分项工程应由监理单位组织施工单位进行质量检验评定：第一，监理单位应按规定要求进行独立抽检，对分部、单位工程质量进行评定。第二，建设单位应根据对工程质量的检查及平时掌握的情况，对监理单位所作的工程质量评定进行审定。第三，检测单位、质量监督部门可依据《公路工程质量检验评定标准 第一册 土建工程》（JTG F80/1-2017）进行工程质量检测、鉴定。

二、工程质量检验与评定

（一）基本要求

检验项目应按基本要求、实测项目、外观质量和质量保证资料分别检查。分项工程质量应在所使用的原材料、半成品、成品及施工工艺等符合基本要求的规定，且无严重外观缺陷和质量保证资料真实并基本齐全时，方可进行检验评定。对分项工程所列基本要求应逐项进行检查。经检查不符合规定时，不得进行工程质量的检验评定。

施工单位外购的原材料、半成品和成品进场后应进行抽查复验，检验结果应由监理或建设单位进行审核。实测项目中检查项目检验与合格率计算：对规定的检查项目应按照随机抽样方法（有规定的除外）、检查方法和规定的频率进行检测，计算合格率。规范规定的检测方法为标准方法，采用其他仪器设备和试验规程时，应经比对试验确认其可靠性。

（二）检测频率

检查项目检测频率应符合下列规定：第一，以长度为评定单位的检测频率为双车道公路每一检查段内的最低检测（查）频率，多车道公路必须按车道数与双车道之比，相应增加检测（查）点数。第二，非以长度为评定单位的检测频率或按工作班设定的检查频率，按标准规定的检测频率进行检验。

（三）检查项目合格率

检查项目合格率按下式进行计算：

$$项目检查合格率 = \frac{合格的点（组）数}{该检查项目的全部检查点（组）数} \times 100\% \qquad (7-1)$$

（四）检查项目质量评定

检查项目质量评定应符合下列规定：第一，关键项目的合格率不得低于95%（属于工厂加工制造的桥梁金属构件、机电工程为100%），且检测值不得超过规定极值，否则该检查项目为不合格。第二，一般项目的合格率不得低于80%，且检测值的偏差不得超过允许偏差的2倍，否则该检查项目为不合格。第三，有规定极值的检查项目，任一单个检测值都不得突破规定极值，否则该检查项目为不合格。第四，采用《公路工程质量检验评定标准 第一册 土建工程》JTG F80/1-2017）附录 B 至附录 S 所列采用数理统计方法进行评定的检查项目，不符合要求时，该检查项目为不合格。第五，监理单位按《公路工程施工监理规范》（JTG G10-2016）中规定的频率进行抽检，当对检查项目评定结果与施工单位自检评定结果不一致时，监理单位应增加1倍的检测频率后进行质量评定；当抽检频率达到施工单位的检测频率时，应以监理单位的检测结果为准进行评定。

对工程外观质量状况应进行全面检查，对于明显的外观缺陷，施工单位应采取措施进行整修或返工处理后再进行评定。检验项目评为不合格的，应进行返工处理，直至合格。无法处理或经检测鉴定达不到设计要求，但经原设计单位核算认可，能够满足安全和使用功能的，可予以评定。

（五）质量保证资料

工程应有真实、准确、齐全、完整的施工原始记录、试验数据、质量检查结果等质量保证资料。质量保证资料应包括下列主要内容：第一，所用原材料、半成品和成品质量检验结果；第二，材料配比、拌和加工控制检验和试验数据；第三，地基处理、隐蔽工程施工记录和大桥、隧道施工监控资料；第四，各项质量控制指标的试验记录和质量检验汇总图表；第五，施工过程中遇到的非正常情况记录及其对工程质量影响分析；第六，施工过程中如发生质量事故，经处理补救后，达到设计要求的认可证明文件等；第七，当个别质量保证资料缺失时，应有检测机构出具的实体质量合格检测报告。

三、工程质量等级评定

分项工程、分部工程、单位工程质量检验评定应按《公路工程质量检验评定标准 第一册 土建工程》（JTG F80/1-2017）附录 K 及相关施工技术规范提交真实、完整的自检资料。

1. 分项工程质量评定合格应符合下列规定：第一，检验记录应完整；第二，质量保证资料应符合规定；第三，所含实测项目的质量均应合格；第四，外观质量应满足要求。

2. 分部工程质量评定合格应符合下列规定：第一，评定资料应完整；第二，所含分项工程或实测项目的质量均应合格；第三，外观质量应满足要求。

3. 单位工程质量评定合格应符合下列规定：第一，评定资料应完整；第二，所含分部工程的质量均应评定合格；第三，外观质量应满足要求。

评定为不合格的分项、分部工程，经加固、补强或返工、调测满足设计要求后，可以重新进行质量检验和评定。经返工或加固处理仍不能满足安全或重要使用功能的分部、单位工程，严禁评定。

第二节　公路工程交工验收检测

一、公路工程交工验收条件

公路工程交工验收工作一般按合同段进行，并应具备以下条件：第一，合同约定的各项内容已全部完成，各方就合同变更的内容达成书面一致意见。第二，施工单位按《公路工程质量检验评定标准》（JTG F80/1-2017）及相关规定对工程质量自检合格。第三，监理单位对工程质量评定合格。第四，质量监督机构按《公路工程质量鉴定办法》对工程质量进行检测，并出具检测意见。检测意见中需整改的问题已经处理完毕。第五，竣工文件按公路工程档案管理的有关要求，完成"公路工程项目文件归档范围"第三、四、五部分

（不含缺陷责任期资料）内容的收集、整理及归档工作。第六，施工单位、监理单位完成本合同段的工作总结报告。

二、交工验收程序

公路工程交工验收一般按照以下程序进行：第一，施工单位完成合同约定的全部工程内容，且经施工自检和监理检验评定均合格后，提出合同段交工验收申请报监理单位审查。交工验收申请应附自检评定资料和施工总结报告。第二，监理单位根据工程实际情况、抽检资料以及对合同段工程质量评定结果，对施工单位交工验收申请及其所附资料进行审查并签署意见。监理单位审查同意后，应同时向项目法人提交独立抽检资料、质量评定资料和监理工作报告。第三，项目法人对施工单位的交工验收申请、监理单位的质量评定资料进行核查，必要时可委托有相应资质的检测机构进行重点抽查检测，认为合同段满足交工验收条件时应及时组织交工验收。第四，对若干合同段完工时间相近的，项目法人可合并组织交工验收。对分段通车的项目，项目法人可按合同约定分段组织交工验收。第五，通过交工验收的合同段，项目法人应及时颁发"公路工程交工验收证书"。第六，各合同段全部验收合格后，项目法人应及时完成"公路工程交工验收报告"。

三、交工验收的主要工作内容

交工验收主要包括以下内容：第一，检查合同执行情况。第二，检查施工自检报告、施工总结报告及施工资料。第三，检查监理单位独立抽检资料、监理工作报告及质量评定资料。第四，检查工程实体，审查有关资料，包括主要产品的质量抽（检）测报告。第五，核查工程完工数量是否与批准的设计文件相符，是否与工程计量数量一致。第六，对合同是否全面执行、工程质量是否合格做出结论。第七，按合同段分别对设计、监理、施工等单位进行初步评价。

四、交工验收项目工程质量评定

各合同段的设计、施工、监理等单位参加交工验收工作，由项目法人负责组织。路基工程作为单独合同段进行交工验收时，应邀请路面施工单位参加。拟交付使用的工程，应邀请运营、养护管理等相关单位参加。交通运输主管部门、公路管理机构、质量监督机构视情况参加交工验收。

合同段工程质量评分采用所含各单位工程质量评分的加权平均值。即：

$$合同段工程质量评分值：\frac{\sum（单位工程质量评分值 \times 该单位工程投资额）}{\sum 单位工程投资额} \quad (7-2)$$

工程各合同段交工验收结束后，由项目法人对整个工程项目进行工程质量评定，工程质量评分采用各合同段工程质量评分的加权平均值。即：

$$工程项目质量评分值 = \frac{\sum（合同段工程质量评分值 \times 该合同段投资额）}{\sum（合同段投资额）} \quad (7-3)$$

投资额原则使用结算价，当结算价暂时未确定时，可使用招标合同价，但在评分计算时应统一。交工验收工程质量等级评定分为合格和不合格，工程质量评分值大于等于75分的为合格，小于75分的为不合格。交工验收不合格的工程应返工整改，直至合格。交工验收提出的工程质量缺陷等遗留问题，由项目法人责成施工单位限期完成整改。

五、高速公路交工验收检测质量不符合项

为进一步加强高速公路建设工程项目交工质量检测和竣工质量鉴定工作，交通运输部制定了高速公路项目交工检测和竣工鉴定质量不符合项清单，以落实重大质量问题"一票否决"的原则。根据交通运输部交安监发〔2015〕171号文件规定，高速公路进行交工验收时，发现存在《高速公路项目交工检测质量不符合项清单》（见表7-3）所列任一情况的，项目工程质量监督单位对相应合同段的交工质量检测意见不得为合格。

表7-3　高速公路项目交工检测质量不符合项清单

	代码	内容
路基工程	ALJ15101	非软土路基的沉降最大处超过50mm，或沉降30mm以上长度累计超过合同段路基长度的5%
	ALJ15102	边坡单处塌方长度超过10m，或多处塌方累计长度超过合同段边坡长度的5%
	ALJ15103	路基构造物单处损坏（挡土墙、坡面防护、排水设施等断裂或严重沉陷、坍塌）长度超过10m，或多处损坏累计长度超过合同段同类工程长度的5%
路面工程	ALM15101	沥青路面横向力系数（SFC）代表值小于设计值
	ALM15102	沥青路面出现松散、严重泛油、明显离析和裂缝（少量反射裂缝除外）等现象
	ALM15103	水泥混凝土路面存在断板情况

	代码	内容
桥梁工程	AQL15101	基础及下部构造、上部构造混凝土强度达不到设计要求
	AQL15102	墩、台存在的裂缝超出有关标准和规范规定
	AQL15103	预应力混凝土梁等受弯构件存在梁体竖向裂缝或宽度大于0.2mm的纵向裂缝
	AQL15104	钢筋混凝土梁的主筋附近存在宽度大于0.2mm的竖向裂缝，或梁腹板存在宽度大于0.3mm的斜向或水平向裂缝
	AQL15105	拱桥墩、台的位移或沉降超过设计允许值
隧道工程	ASD15101	二衬混凝土强度达不到设计要求
	ASD15102	隧道路面存在涌流、沙土流出等问题
	ASD15103	隧道路面存在隆起，路面板明显错台、断裂
交安设施	AJA15101	波形梁钢护栏梁板基底金属厚度、立柱壁厚不满足设计要求或相关标准规定
	AJA15102	波形梁钢护栏横梁中心高度或立柱埋深不满足设计
	AJA15103	波形梁钢护栏拼接螺栓抗拉强度不足
总体要求	AZT15101	工程未完工，交工检测发现问题未整改或整改不到位
	AZT15102	影响桥梁、隧道结构安全问题的整改未经设计单位认可，整改工程未经监理单位验收合格和建设单位确认

第三节　公路工程竣工验收检测

一、公路工程竣工验收条件

按照公路工程管理权限，各级交通运输主管部门应于年初制订年度竣工验收计划，并按计划组织竣工验收工作。列入竣工验收计划的项目，项目法人应提前完成竣工验收前的准备工作。

公路工程竣工验收应具备以下条件：第一，通车试运营2年以上。第二，交工验收提出的工程质量缺陷等遗留问题已全部处理完毕，并经项目法人验收合格。第三，工程决算编制完成，竣工决算已经审计，并经交通运输主管部门或其授权单位认定。第四，竣工文件已完成"公路工程项目文件归档范围"的全部内容。第五，档案、环保等单项验收合格，土地使用手续已办理。第六，各参建单位完成工作总结报告。第七，质量监督机构对工程质量检测鉴定合格，并形成工程质量鉴定报告。

二、竣工验收程序

公路工程项目竣工验收准备工作程序：第一，公路工程符合竣工验收条件后，项目法人应按照公路工程管理权限及时向相关交通运输主管部门提出验收申请，其主要内容包括：一是交工验收报告。二是项目执行报告、设计工作报告、施工总结报告和监理工作报告。三是项目基本建设程序的有关批复文件。四是档案、环保等单项验收意见。五是土地使用证或建设用地批复文件。六是竣工决算的核备意见、审计报告及认定意见。第二，相关交通运输主管部门对验收申请进行审查，必要时可组织现场核查。审查同意后报负责竣工验收的交通运输主管部门。第三，以上文件齐全且符合条件的项目，由负责竣工验收的交通运输主管部门通知所属的质量监督机构开展质量鉴定工作。第四，质量监督机构按要求完成质量鉴定工作，出具工程质量鉴定报告，并审核交工验收对设计、施工、监理初步评价结果，报送交通运输主管部门。第五，工程质量鉴定等级为合格及以上的项目，负责竣工验收的交通运输主管部门及时组织竣工验收。

三、竣工验收主要工作内容

公路工程项目竣工验收主要包括以下内容：第一，成立竣工验收委员会。第二，听取公路工程项目执行报告、设计工作报告、施工总结报告、监理工作报告及接管养护单位项目使用情况报告。第三，听取公路工程质量监督报告及工程质量鉴定报告。第四，竣工验收委员会成立专业检查组检查工程实体质量，审阅有关资料，形成书面检查意见。第五，对项目法人建设管理工作进行综合评价。审定交工验收对设计单位、施工单位、监理单位的初步评价。第六，对工程质量进行评分，确定工程质量等级，并综合评价建设项目。第七，形成并通过"公路工程竣工验收鉴定书"。第八，负责竣工验收的交通运输主管部门印发"公路工程竣工验收鉴定书"。第九，质量监督机构依据竣工验收结论，对各参建单位签发"公路工程参建单位工作综合评价等级证书"。

竣工验收委员会由交通运输主管部门、公路管理机构、质量监督机构、造价管理机构等单位代表组成。国防公路应邀请军队代表参加。大中型项目及技术复杂工程，应邀请有关专家参加。项目法人、设计、施工、监理、接管养护等单位代表参加竣工验收工作，但不作为竣工验收委员会成员。

参加竣工验收工作各方的主要职责是：第一，竣工验收委员会负责对工程实体质量及建设情况进行全面检查。对工程质量进行评分，对各参建单位及建设项目进行综合评价，确定工程质量和建设项目等级，形成工程竣工验收鉴定书。第二，项目法人负责提交项目执行报告及验收工作所需资料，协助竣工验收委员会开展工作。第三，设计单位负责提交设计工作报告，配合竣工验收检查工作。第四，施工单位负责提交施工总结报告，提供各种资料，配合竣工验收检查工作。第五，监理单位负责提交监理工作报告，提供工程监理资料，配合竣工验收检查工作。第六，接管养护单位负责提交项目使用情况报告，配合竣工验收检查工作。

公路建设项目设计、施工、监理、接管养护等有多家单位的，项目法人应组织汇总设计工作报告、施工总结报告、监理工作报告、项目使用情况报告，竣工验收时选派代表向竣工验收委员会汇报。

四、竣工验收质量评定

竣工验收工程质量评分采取加权平均法计算，其中交工验收工程质量得分权值为0.2，质量监督机构工程质量鉴定得分权值为0.6，竣工验收委员会对工程质量的评分权值为0.2。

对于交工验收和竣工验收合并进行的小型项目，质量监督机构工程质量鉴定得分权值为0.6，监理单位对工程质量评定得分权值为0.1，竣工验收委员会对工程质量的评分权值为0.3。工程质量评分大于等于90分为优良，小于90分且大于等于75分为合格，小于75分为不合格。

对建设项目出现以下五项特别严重问题的合同段，整改合格后，合同段工程质量不得评为优良，质量鉴定得分按照整改前的鉴定得分，超出75分的按75分，不足75分的按原得分；建设项目竣工验收工程质量等级和综合评定等级直接确定为合格：第一，路基工程的大段落路基沉陷、大面积高边坡失稳。第二，路面工程车辙深度大于10mm的路段累计长度超过该合同段车道总长度的5%。第三，特大桥梁主要受力结构需要或进行过加固、补强。第四，隧道工程渗漏水经处治效果不明显，衬砌出现影响结构安全的裂缝，衬砌厚度合格率小于90%或有小于设计厚度1/2的部位，空洞累计长度超过隧道长度的3%或单个空洞面积大于3m²。第五，重大质量事故或严重质量缺陷，造成历史性缺陷的工程。

对建设项目出现以下严重问题的合同段，整改合格后，合同段工程质量不得评为优良，质量鉴定得分按75分计算；并视对建设项目的影响，由竣工验收委员会决定建设项目工程质量是否评为优良：第一，路基工程的重要支挡工程严重变形。第二，路面工程出现修补、推移、网裂等病害路段累计长度超过路线的3%或累计面积大于总面积的1.5%；竣工验收复测路面弯沉合格率小于90%。第三，大桥、中桥主要受力结构需要或进行过加固、补强。

竣工验收委员会对项目法人及设计、施工、监理单位工作进行综合评价。评定得分大于等于90分且工程质量等级优良的为好，小于90分且大于等于75分为中，小于75分为差。

竣工验收建设项目综合评分采取加权平均法计算，其中竣工验收工程质量得分权值为0.7，参建单位工作评价得分权值为0.3（项目法人占0.15，设计、施工、监理各占0.05）。评定得分大于等于90分且工程质量等级优良的为优良，小于90分且大于等于75分为合格，小于75分为不合格。发生过重大及以上生产安全事故的建设项目综合评定等级不得评为优良。

根据《国务院关于促进节约集约用地的通知》（国发〔2008〕3号）要求，竣工验收时需要核验建设项目依法用地和履行土地出让合同、划拨等情况。

五、高速公路竣工验收检测质量不符合项

根据交通运输部交安监发〔2015〕171号文件规定，在高速公路建设项目竣工质量鉴定工作中，发现存在《高速公路项目竣工鉴定质量不符合项清单》（见表7-4）所列任一情况的，项目工程质量监督单位对相应合同段的竣工质量鉴定等级不得评为优良，其工程质量鉴定得分超出75分的按75分计。

表7-4　高速公路项目竣工鉴定质量不符合项清单

	代码	内容
路基工程	BLJ15101	非软土路基的沉降最大处超过150mm，或沉降30mm以上累计超过合同段路基长度的5%
	BLJ15102	边坡单处塌方长度超过10m，或多处塌方累计长度超过合同段边坡长度的5%
	BLJ15103	路基构造物单处损坏（挡土墙、坡面防护、排水设施等断裂或严重沉陷、坍塌）长度超过10m，或多处损坏累计长度超过合同段同类工程长度的5%
路面工程	BLM15101	沥青路面横向力系数（SFC）代表值小于40
	BLM15102	深度10mm以上的车辙累计长度超过该合同段被检车道长度的5%，或15mm以上车辙损坏连续长度超过300m
	BLM15103	沥青路面纵向裂缝（含已处理）累计长度超过合同段被检路段总长的10%，或连续长度超过100m
	BLM15104	沥青路面出现坑槽、松散、泛油、壅包等病害，累计破损面积超过合同段被检路段面积的0.4%
	BLM15105	水泥混凝土路面裂缝和板角断裂的破损面积超过合同段被检路段面积的0.8%，或单车道连续破损面积超过375m^2

	代码	内容
桥梁工程	BQL15101	下部构造、上部构造混凝土强度达不到设计要求
	BQL15102	侵蚀性水域有筋墩台存在宽度大于 0.2mm 的裂缝，或常年有水无侵蚀性水域有筋墩台存在宽度大于 0.25mm 的裂缝，或干沟或季节性有水河流墩台存在大于 0.4mm 的裂缝，或墩台有冻结作用的部分存在大于 0.2mm 的裂缝
	BQL15103	拱桥墩、台的位移或沉降超过设计允许值
	BQL15104	因施工质量差导致桥梁工程实施过加固
隧道工程	BSD15101	二衬混凝土强度达不到设计要求
	BSD151O2	隧道路面存在涌流、沙土流出等问题
	BSD15103	隧道路面存在隆起，路面板明显错台、断裂
	BSD15104	因施工质量差导致隧道二衬、仰拱等实施过加固
总体要求	BZT15101	举报或事故调查发现路基软基处理，桥梁桩柱或梁板，隧道锚杆、拱架、衬砌等存在偷工减料
	BZT15102	有关单位对交工质量检测发现的问题、交工遗留问题、试运行期间发现问题未整改，整改方案未经项目设计单位认可，整改工程未经监理单位验收合格和建设单位确认
	BZT15103	工艺工序未按设计和规范组织实施，造成软土路基沉降期不满足设计要求，沥青路面摊铺施工环境温度不适宜，桥梁构件、隧道二衬等的混凝土强度不满足设计和规范规定即转序等问题，经专家论证工程耐久性缺乏保障

第四节　公路工程质量鉴定办法

一、质量鉴定要求

（一）基本要求

公路工程质量鉴定由该建设项目的质量监督机构或竣工验收单位指定的质量监督机构负责组织。公路工程质量鉴定工作包括工程实体检测、外观检查和内业资料审查。公路工程质量鉴定依据质量监督机构在交工验收前和竣工验收前的工程质量检测资料，同时可结合监督过程中的检查资料进行评定（必要时工程质量检测工作可委托有相应资质的检测机构承担）。

（二）鉴定方法

1. 分部工程质量鉴定方法

工程实体检测以规范规定的抽查项目及频率为基础，按抽查项目的合格率加权平均乘100作为分部工程实测得分；外观检查发现的缺陷，在分部工程实测得分的基础上采用扣分制，扣分累计不得超过15分。

$$分部工程实测得分 = \frac{\sum（抽查项目合格率 × 权值）}{\sum 权值} × 100\% \tag{7-4}$$

$$分部工程得分 = 分部工程实测得分 - 外观扣分 \tag{7-5}$$

2. 单位工程、合同段、建设项目工程质量鉴定方法

根据分部工程得分采用加权平均值计算单位工程得分，再逐级加权计算合同段工程质量得分。内业资料审查发现的问题，在合同段工程质量得分的基础上采用扣分制，扣分累计不得超过5分；合同段工程质量得分减去内业资料扣分为该合同段工程质量鉴定得分。采用加权平均值计算建设项目工程质量鉴定得分。

$$单位工程得分 = \frac{\sum（分部工程得分 × 权值）}{\sum 权值} \tag{7-6}$$

$$合同工段工程质量得分 = \frac{\sum（单位工程得分 × 单位工程投资额）}{\sum 单位工程投资额} - 业内资料扣分$$

$$\tag{7-7}$$

$$合同段工程质量鉴定得分 = \frac{\sum（合同段工程质量鉴定得分 × 合同段工程投资额）}{\sum 合同段工程投资额}$$

$$\tag{7-8}$$

公式中的投资额原则使用结算价，当结算价暂时无法确定时，可使用招标合同价。但无论采用结算价还是招标合同价，计算时各单位工程或合同段均应统一。

（三）工程质量等级鉴定

1. 总体要求

路基整体稳定；路面无严重缺陷；桥梁、隧道等构造物结构安全稳定，混凝土强度、

桩基检测、预应力构件的张拉应力、桥梁承载力等均符合设计要求；工程质量经施工自检和监理评定均合格，并经项目法人确认。不满足上述要求的工程质量鉴定不予通过。

2. 工程质量等级划分

工程质量等级应按分部工程、单位工程、合同段、建设项目逐级进行评定，分部工程质量等级分为合格、不合格两个等级；单位工程、合同段、建设项目工程质量等级分为优良、合格、不合格三个等级。

分部工程得分大于或等于75分，则分部工程质量为合格，否则为不合格。单位工程所含各分部工程均合格，且单位工程得分大于或等于90分，质量等级为优良；所含各分部工程均合格且得分大于或等于75分、小于90分，质量等级为合格；否则为不合格。

合同段（建设项目）所含单位工程（合同段）均合格，且工程质量鉴定得分大于或等于90分，工程质量鉴定等级为优良；所含单位工程均合格，且得分大于或等于75分、小于90分，工程质量鉴定等级为合格；否则为不合格。不合格分部工程经整修、加固、补强或返工后可重新进行鉴定，直至合格。

二、工程实体检测

（一）抽查频率

路基工程压实度、边坡每千米抽查不少于1处，每个合同段路基压实度检查点数不少于10个。路基弯沉检测，高速、一级公路以每半幅每千米为评定单元，其他等级公路以每千米为评定单元。排水工程的断面尺寸每千米抽查2~3处，铺砌厚度按合同段抽查不少于3处。小桥抽查不少于总数的20%且每种类型抽查不少于1座。涵洞抽查不少于总数的10%且每种类型抽查不少于1道。支挡工程抽查不少于总数的10%且每种类型抽查不少于1处。路面工程的弯沉、平整度检测，高速、一级公路以每半幅每千米为评定单元，其他等级公路以每千米为评定单元。其他抽查项目每千米不少于1处。特大桥、大桥逐座检查；中桥抽查不少于总数的30%且每种桥型抽查不少于1座。桥梁下部工程抽查不少于墩台总数的20%且不少于5个，墩台数量少于5个时全部检测。每种结构形式抽查不少于1个。桥梁上部工程抽查不少于总孔数的20%且不少于5个，孔数少于5个时全部检测。每种结构形式抽查不少于1个。隧道逐座检查。交通安全设施中防护栏、标线每千米抽查不少于1处；标志抽查不少于总数的10%。机电工程各类设施抽查不少于10%，每类设施少于3个时全部检测。房屋建筑工程逐处检查。

（二）抽查项目

表 7-5　公路工程质量鉴定抽查项目

单位工程	分部工程类别	抽查项目	权值	备注	权值
路基工程	路基土石方	压实度	3	每处每车道不少于 1 点	3
		弯沉	3	每评定单元检测不少于 40 点，各车道交替检测	
		边坡	1	每处两侧各测不少于 2 个坡面	
	排水工程	断面尺寸	1	每处抽不少于 2 个断面	1
		铺砌厚度	3	每处开挖检查不少于 1 个断面	
	小桥	混凝土强度	3	每座用回弹仪或超声波测上、下部结构各不少于 10 个测区	2
		主要结构尺寸	1	每座抽 10~20 个	
	涵洞	混凝土强度	3	每处用回弹仪或超声波测不少于 10 个测区	1
		结构尺寸	2	每道 5~10 个	
	支挡工程	混凝土强度	3	每处用回弹仪或超声波测不少于 10 个测区	2
		断面尺寸	3	每处开挖检查不少于 1 个断面	
路面工程	路面面层	沥青路面压实度	3	每处不少于 1 点	1
		沥青路面弯沉*	3	每评定单元检测不少于 40 点，各车道交替检测	
		沥青路面车辙*	1	允许偏差：≤10mm；每处每车道至少测 1 个断面	
		沥青路面渗水系数	2	每处不少于 1 点	
		混凝土路面强度	3	每处不少于 1 点	
		混凝土路面相邻板高差*	1	每处测膨胀缝位置相邻板高差不少于 3 点	
		平整度*	2	高速、一级公路连续检测	
		抗滑*	2	高速、一级公路检测摩擦系数、构造深度	
		厚度	3	每处不少于 1 点	
		横坡	1	每处 1~2 个断面	

单位工程	分部工程类别	抽查项目	权值	备注	权值
桥梁（不含小桥）	下部	墩台混凝土强度	3	每墩台用回弹仪或超声波测不少于2个测区，测区总数不少于10个	2
		主要结构尺寸	1	每个墩台测不少于2点	
		钢筋保护层厚度	1	每墩台测2~4处	
		墩台垂直度	1	每个墩台测两个方向	
	上部	混凝土强度	3	抽查主要承重构件，每孔用回弹仪或超声波测不少于10个测区	3
		主要结构尺寸	2	每座桥测10~20点	
		钢筋保护层厚度	1	每孔测2~4处	
	桥面系	伸缩缝与桥面高差*	1	逐条缝检测	2
		桥面铺装平整度*	1	每联大于100m时用连续式平整度仪分车道检测；不足100m时每联用3m直尺测3处，每处3尺；最大间隙：高速、一级公路允许偏差3mm，其他公路允许偏差5mm	
		横坡	1	每100m测不少于3个断面	
		桥面抗滑*	2	每200m测不少于3处	
隧道工程	衬砌	衬砌强度	3	用回弹仪或超声波每座中、短隧道测不少于10个测区，特长、长隧道测不少于20个测区	3
		衬砌厚度	3	用高频地质雷达连续检测拱顶、拱腰3条线或钻孔检查	
		大面平整度	1	衬砌平整度实测每座中、短隧道测5~10处，长隧道测10~20处，特长隧道测20处以上	
	总体	宽度	1	每座中、短隧道测5~10点，长隧道测10~20点，特长隧道测不少于20点	1
		净空	2	每座中、短隧道测5~10点，长隧道测10~20点，特长隧道测不少于20点	
	隧道路面	面层		按照路面要求	2

续表

单位工程	分部工程类别	抽查项目	权值	备注	权值
交通安全设施	标志	立柱竖直度	1	每柱测2个方向	1
		标志板净空	2	取不利点	
		标志板厚度	1	每块测不少于2点	
		标志面反光膜等级	2	每块测不少于2点	
	标线	反光标线逆反射系数	2	每处测不少于5点	1
		标线厚度	2	每处测不少于5点	
交通安全设施	防护栏	波形梁板基底金属	2	每处不少于5点	2
		波形梁钢护栏立柱	2	每处不少于5点	
		波形梁钢护栏立柱埋入深度	2	每处不少于1根	
		波形梁钢护栏横梁	1	每处不少于5点	
		混凝土护栏强度	2	用回弹仪或超声波每处不少于2个测区，测区总数不少于10个	
		混凝土护栏断面尺寸	2	每处不少于5点	
机电工程	监控系统	闭路电视监视系统传输通道指标	1	测点数不少于3个，少于3个时全部检测	1
		可变标志显示屏平均亮度	1	测点数不少于3个，少于3个时全部检测	
		计算机网健康测试	1	测点数不少于3个，少于3个时全部检测	
		接地电阻、绝缘电阻	1	测点数不少于3个，少于3个时全部检测	
	通信系统	光纤接头损耗平均值	1	测点数不少于3个，少于3个时全部检测	1
		光纤数字传输误码指标	1	测点数不少于3个，少于3个时全部检测	
		数字程控交换接通率	1	测点数不少于3个，少于3个时全部检测	
	收费系统	车道设备各车种处理流程	1	测点数不少于3个，少于3个时全部检测	1
		接地电阻、绝缘电阻	1	测点数不少于3个，少于3个时全部检测	
房屋建筑工程	（按其专业工程质量检验评定标准评定）				

注：表中"支挡工程"指挡土墙、抗滑桩、铺砌式坡面防护、喷锚等防护工程

（三）抽查要求

规定的抽查项目均应在合同段交工验收前完成检测。竣工验收前，应对带 * 的抽查项目进行复测，复测结果和其他抽查项目在交工验收时的检测结果，作为竣工验收质量评定的依据。沥青路面弯沉、平整度、抗滑等复测指标的质量评定标准根据相关规范及当地实际情况确定。

未列出的检查项目、竣工验收复测项目以及技术复杂的悬索桥、斜拉桥等工程，质量监督机构均可根据工程实际情况增加检测、复测项目。未明确规定抽查项目的规定值或允许偏差的，按照 JTG F80/1-2017 执行。对弯沉、路面厚度、平整度、摩擦系数、隧道衬砌混凝土强度及厚度等抽查项目优先采用自动化检测（或无损检测）设备进行检测，也可采用常规方法进行检测。采用无测试规程的自动化检测（或无损检测）结果有争议时，由交通运输主管部门组织有关专家确定。

竣工验收前复测的沥青路面弯沉值评定方法：采用数理统计方法评定，以每评定单元计算实测弯沉代表值，可采用 3 倍标准差方法对特异数据进行一次性舍弃；若计算实测弯沉代表值满足设计要求该评定单元为合格，否则为不合格；以合同段内合格的评定单元数与总的评定单元数比值为该合同段内竣工验收复测路面弯沉合格率。对于大于 3 倍标准差的舍弃点及不合格单元要加强观察。

（四）外观检查

1. 基本要求

由该项目工程质量鉴定的质量监督机构或其委托的有资质的检测单位负责在交工验收前和竣工验收前对工程外观进行全面检查。工程外观存在严重缺陷、安全隐患或已降低服务水平的建设项目不予验收，经整修达到设计要求后方可组织验收。项目交工验收前应对桥梁、隧道、重点支挡工程、高边坡等涉及安全运营的重要工程部位进行详细检查。

2. 检查内容及扣分标准

表 7-6　公路工程项目竣工验收外观检查内容及扣分标准

单位工程	分部工程类别	检查内容及扣分标准	备注
路基工程	路基土石方	路基边坡坡面平顺、稳定，曲线圆滑，不得亏坡，不符合要求时，单向累计长度每 50m 扣 1~2 分。路基沉陷、开裂，每处扣 2~5 分。	按每千米累计扣分的平均值扣分
	排水工程	排水沟内侧及沟底应平顺，无阻水现象，外侧无脱空，不符合要求时，每处扣 1~2 分。砌体坚实、勾缝牢固，不符合要求时，每 5m 扣 1 分。	按每千米累计扣分的平均值扣分
路基工程	小桥	混凝土表面粗糙，模板接缝处不平顺，有漏浆现象，扣 1~3 分。 梁板及接缝渗、漏水，每处扣 1 分。 混凝土表面蜂窝、麻面面积不得超过该部位面积的 0.5%，不符合要求时，每超过 0.5% 扣 3 分。 桥梁的内外轮廓线条应顺滑清晰，栏杆、护栏应牢固、直顺、美观，不符合要求时扣 1~3 分。 桥头路面平顺，无跳车现象，不符合要求时扣 2~4 分。 桥下施工弃料应清理干净，不符合要求时扣 1~3 分。	按每座累计扣分的平均值扣分
	涵洞	涵洞进出口不顺适，洞身不直顺，帽石、八字墙、一字墙不平直，存在翘曲现象，洞内有杂物、淤泥、阻水现象时，每种病害扣 1~3 分。 台身、涵底铺砌、拱圈、盖板有裂缝时，每道裂缝扣 1~3 分。 涵洞处路面平顺，无跳车现象，不符合要求时扣 2~4 分。	按每道累计扣分的平均值扣分
	支挡工程	砌体表面平整，砌缝完好、无开裂现象，勾缝平顺、无脱落现象，不符合要求时扣 1~3 分。 沉降缝垂直、整齐，上下贯通，不符合要求时扣 1~3 分。 泄水孔坡度向外，无阻塞现象，不符合要求时扣 1~3 分。 混凝土表面的蜂窝、麻面不得超过该部位面积的 0.5%，不符合要求时，每超过 0.5% 扣 3 分。墙身裂缝，局部破损，每处扣 3 分。	按每处累计扣分值的平均值扣分

单位工程	分部工程类别	检查内容及扣分标准	备注
路面工程	面层	水泥混凝土路面： 混凝土板的断裂块数，高速公路和一级公路不得超过0.2%；其他公路不得超过0.4%，每超过0.1%扣2分。混凝土板表面的脱皮、印痕、裂纹、石子外露和缺边掉角等病害现象，高速公路和一级公路不得超过受检面积的0.2%；其他公路不得超过0.3%，不符合要求时，每超过0.1%扣2分。对于连续配筋的混凝土路面和钢筋混凝土路面，因干缩、温缩产生的裂缝，可不扣分。路面侧石应直顺、曲线圆滑，越位20mm以上者，每处扣1~2分。接缝填筑应饱满密实，不污染路面。不符合要求时，累计长度每100m扣2分。胀缝有明显缺陷时，每条扣1~2分。 沥青混凝土面层、沥青碎石面层：面层有修补现象，每处扣1~3分。表面应平整密实，不应有泛油、松散、裂缝和明显离析等现象，对于高速公路和一级公路，有上述缺陷的面积（凡属单条的裂缝，则按其实际长度乘以0.2m宽度，折算成面积）之和不得超过受检面积的0.03%，其他公路不得超过0.05%。不符合要求时每超过0.03%或0.05%扣2分。半刚性基层的反射裂缝可不计作施工缺陷，但应及时进行灌缝处理。搭接处应紧密、平顺，烫缝不应枯焦。不符合要求时，累计每10m长扣1分。面层与路缘石及其他构筑物应密贴接顺，不得有积水或漏水现象，不符合要求时，每处扣1~2分。 沥青表面处置： 表面应平整密实，不应有松散、油包、波浪、泛油、封面料明显散失等现象，有上述缺陷的面积之和不得超过受检面积的0.2%，不符合要求时每超过0.2%扣2分。无明显碾压轮迹。不符合要求时，每处扣1分。面层与路缘石及其他构筑物应密贴接顺，不得有积水现象。不符合要求时，每处扣1~2分。	

单位工程	分部工程类别	检查内容及扣分标准	备注
桥梁工程（不含小桥）	下部工程、上部工程及桥面系	基本要求： 混凝土表面平滑，模板接缝处平顺，无漏浆现象，不符合要求时扣 1~3 分。混凝土表面蜂窝、麻面面积不得超过该部位面积的 0.5%，不符合要求时，每超过 0.5% 扣 3分。混凝土表面出现非受力裂缝，减 1~3 分；结构出现受力裂缝宽度超过设计规定或设计未规定时，超过 0.15mm，每条扣 2~3 分，项目法人应对其是否影响结构承载力组织分析论证。混凝土结构有空洞或钢筋外露，每处扣 2~5 分，并应进行处理。施工临时预埋件、设施及建筑垃圾、杂物等未清除处理时扣 1~2 分。 下部结构要求： 支座位置应准确，不得有偏歪、不均匀受力、脱空及非正常变形现象，不符合要求时每个扣 1 分。锥、护坡按路基工程的支挡工程标准检查扣分，若沉陷，每处扣 1~3 分，并进行处理。 上部结构要求： 预制构件安装应平整，不符合要求时每处扣 1 分。悬臂浇筑的各梁段之间应接缝平顺，色泽一致，无明显错台，不符合要求时每处扣 2~5 分。主体钢结构外露部分的涂装和钢缆的防护防蚀层必须保护完好，不符合要求时扣 1~2 分，并应及时处理。拱桥主拱圈线形圆滑无局部凹凸，不符合要求时扣 2~5 分；拱圈无裂缝，不符合要求时扣 2~5 分，并对其是否影响结构承载力进行分析论证。梁板及接缝渗、漏水，每处扣 1 分。 桥面系要求： 桥梁的内外轮廓线应顺滑清晰，不符合要求时扣 1~3 分。栏杆、护栏应牢固、直顺、美观，不符合要求时扣 1~2分。桥面铺装沥青混凝土表面应平整密实，不应有泛油、松散、裂缝、明显离析等现象，有上述缺陷的面积（凡属单条的裂缝，则按其实际长度乘以 0.2m 宽度，折算成面积）之和不得超过受检面积的 0.03%，不符合要求时每超过 0.03% 扣 1 分。伸缩缝无阻塞、变形、开裂现象，不符合要求时减 1~3 分；桥头有跳车现象，每处扣 2~4分。泄水管安装不阻水，桥面无低凹，排水良好，不符合要求时扣 3~5 分。	基本要求同时适用于下部结构、上部结构和桥面系

单位工程	分部工程类别	检查内容及扣分标准	备注
隧道工程	衬砌	混凝土衬砌表面密实，任一延米的隧道面积中，蜂窝、麻面和气泡面积不超过 0.5%，不符合要求时，每超过 0.5% 扣 0.5~1 分；蜂窝、麻面深度超过 5mm 时不论面积大小，每处扣 1 分。施工缝平顺无错台，不符合要求时每处扣 1~2 分。隧道衬砌混凝土表面出现裂缝，每条裂缝扣 0.5~2 分；出现受力裂缝时，钢筋混凝土结构裂缝宽度大于 0.2mm 的或混凝土结构裂缝宽度大于 0.4mm 的，每条扣 2~5 分，项目法人应对其是否影响结构安全组织分析论证。	
	总体	洞内没有渗漏水现象，不符合要求时，高速公路、一级公路扣 5~10 分，其他公路隧道扣 1~5 分。冻融地区存在渗漏现象时扣分取高限。洞内排水系统应畅通、无阻塞，不符合要求时扣 2~5 分，并应查明原因进行处理。隧道洞门按支挡工程的要求检查扣分。	
	隧道路面	按路面工程的扣分标准检查扣分	
交通安全设施	标志	金属构件镀锌面不得有划痕、擦伤等损伤，不符合要求时每一构件扣 2 分。标志板面不得有划痕、较大气泡和颜色不均匀等表面缺陷，不符合要求时，每块板扣 2 分。	标志按每块累计扣分的平均值扣分
	标线	标线施工污染路面应及时清理，每处污染面积不超过 $10cm^2$，不符合要求时，每处减 1 分。标线线形应流畅，与道路线形相协调。曲线圆滑，不允许出现折线，不符合要求时，每处扣 2 分。反光标线玻璃珠应撒布均匀，附着牢固，反光均匀，不符合要求时，每处扣 2 分。标线表面不应出现网状裂缝、断裂裂缝、起泡现象，不符合要求时，每处扣 1 分。	按每千米累计扣分的平均值扣分
	防护栏	波形梁线形顺适，色泽一致，不符合要求时每处扣 1~2 分。立柱顶部应无明显塌边、变形、开裂等现象，不符合要求时每处扣 2 分。混凝土护栏预制块不得有断裂现象，不符合要求时每处扣 1 分；掉边、掉角长度每处不得超过 2cm，否则每块混凝土构件扣 1 分；混凝土表面蜂窝、麻面、裂缝、脱皮等缺陷面积不超过该构件面积的 0.5%，不符合要求时，每超过 0.5% 扣 2 分。	按每千米累计扣分的平均值扣分

单位工程	分部工程类别	检查内容及扣分标准	备注
机电工程	监控、通信、收费系统	各系统基本功能齐全、运行稳定，满足设计和管理要求，每一个系统不符合要求时扣 2~4 分。机电设施布置安装合理，方便操作、维护；各设备表面光泽一致，保护措施得当，无明显划伤、剥落、锈蚀、积水现象；部件排列整齐、有序，牢固可靠，标识正确、清楚；不符合要求时每处扣 0.5~1 分。	按每系统累计扣分
房屋建筑工程	（按其专业工程质量检验评定标准扣分）		

三、内业资料审查

（一）内业资料审查内容

内业资料主要审查以下质量保证资料：第一，所用原材料、半成品和成品质量检验结果。第二，材料配比、拌和加工控制检验和试验数据。第三，地基处理、隐蔽工程施工记录和大桥、隧道施工监控资料。第四，各项质量控制指标的试验记录和质量检验汇总图表。第五，施工过程中遇到的非正常情况记录及其对工程质量影响分析。第六，施工过程中如发生质量事故，经处理补救后，达到设计要求的认可证明文件。第七，中间交工验收资料。第八，施工过程各方指出较大质量问题、交工验收遗留问题及试运营期出现的质量问题处理情况资料。

（二）内业资料要求及扣分标准

第一，质量保证资料及最基本的数据、资料齐全后方可组织鉴定。第二，资料应真实、可靠，应有施工过程中的原始记录、原始资料（原件），不应有涂改现象，有欠缺时扣 2~4 分。第三，资料应齐全、完整，有欠缺时扣 1~3 分。第四，资料应系统、客观，反映出检查项目、频率、质量指标满足有关标准、规范要求，有欠缺时扣 1~3 分。第五，资料记录应字迹清晰、内容详细、计算准确，整理应分类编排、装订整齐，有欠缺时扣 1~2 分。第六，基本数据（原材料、标准试验、工艺试验等）、检验评定数据有严重不真实或伪造现象的，在合同段扣 5 分。

四、工程质量检测意见、项目检测报告、质量鉴定报告内容

质量监督机构的检测意见、项目检测报告、质量鉴定报告应在对检测结果分析的基础

上提出。

工程质量检测意见主要包括：检测工作是否完成，指出工程质量存在的缺陷，交工验收前需完善的问题，主要意见。

项目检测报告主要包括：检测结果及工程质量的基本评价，工程质量存在的主要问题和缺陷，工程质量是否具备试运营条件。

质量鉴定报告主要包括：鉴定工作依据，抽查项目检测数据、外观检查、内业资料审查及复测部分指标情况，交工验收提出的质量问题、质量监督机构指出的问题及试运营期间出现的质量缺陷等的处理情况，鉴定评分及质量等级。

第八章 桥梁工程地基与基础检测

地基是指支承基础的土体或岩体。基础是指建筑物、构筑物和各种设施在地面以下的组成部分，其作用是将上部结构所承受的各种作用荷载传递到地基上。基础有刚性基础、扩展基础、箱形基础、筏板基础、壳体基础和桩基础等，所有的土建（构）筑物基础无不以土体或岩体为地基。地基可分为天然地基和人工地基。天然地基为未经加固处理或扰动的地基；当天然地基承载力不够时，用换土、夯实、有机或无机结合料稳定等方法加固处理，以提高承载力，这种加固处理后的地基称为人工（或加固）地基。

建（构）筑物的安全取决于基础与基础下地基的变形量是否过大、承载能力是否足够。为此，需要对拟建场地进行地质调查、工程勘测和各种土工试验，以查明场地的地质情况和土层结构、地下水情况和岩土的物理力学性能指标，根据建（构）筑物的类型，做出地基评价，为设计施工提供依据。

获得岩土地基的各种物理性质指标、力学参数、应力应变规律等，要进行各种土工试验。土工试验从试验环境和方法出发，可分为室内试验、原位测试和原型试验三类。室内试验是指对从现场取回的土样或土料进行物理、力学试验，取得可塑性、密度、透水性和压缩性、抗剪强度、泊松比等指标，由此对岩、土地基进行分类，计算地基的稳定性和承载力。原位测试是在现场进行，土层基本保持天然结构、含水率及应力状态，如平板静载试验、动力触探、原位直剪试验、十字板剪切试验、旁压试验、波速测试等，可对地基进行分层，以及评价地基稳定性和承载力。原型试验是指通过现场基础足尺试验或工程原型试验，监测受力、变形及孔隙水压力等土工参数及反算土的各种静、动力特性参数等，如桩的荷载试验、动力基础的模态试验等，是评价地基基础承载力和稳定性的有效方法。

第一节　地基承载力检测

一、地基岩土分类

按《公路桥涵地基与基础设计规范》（JTG 3363—2019），公路桥涵地基的岩土可分为岩石、碎石土、砂土、粉土、黏性土和特殊性岩土。

（一）岩石

岩石为颗粒间连接牢固、呈整体性或具有节理裂隙的地质体。岩石可按地质和工程情况分类。地质分类主要根据其地质成因、矿物成分、结构构造及风化程度表达，如强风化花岗岩、微风化砂岩等，这对工程的勘测设计是十分必要的。工程分类主要根据岩体的工程性状，在地质分类之基础上，概括其工程性质，便于进行工程评价。因此，在评价公路桥涵地基时，除应确定岩石的地质名称外，尚应按其坚硬程度、完整程度、节理发育程度、软化程度和特殊性岩石进行细分。

（二）碎石土

1. 碎石土为粒径大于 2mm 的颗粒含量超过总质量的 50% 的土。碎石土按形状可分为漂石、块石、卵石、碎石、圆砾和角砾 6 类。

2. 碎石土的密实度，可根据重型动力触探锤击数 $N_{63.5}$ 进行分级，按其密实度分为松散、稍密、中密、密实 4 级。当缺乏有关试验数据时，碎石土平均粒径大于 50mm 或最大粒径大于 100mm 时，按照 JTG 3363—2019 附录表 A.0.2 鉴别其密实度。

（三）砂土

1. 砂土为粒径大于 2mm 的颗粒含量不超过总质量的 50% 且粒径大于 0.075mm 的颗粒超过总质量的 50% 的土。砂土可分为砾砂、粗砂、中砂、细砂和粉砂 5 类。

2. 砂土的密实度可根据标准贯入锤击数进行分级，可分为松散、稍密、中密、密实 4 级。

（四）粉土

粉土为塑性指数 $I_p \leqslant 10$ 且粒径大于 0.075mm 的颗粒含量不超过总质量的 50% 的土。

粉土的密实度应根据孔隙比 e 划分为密实、中密和稍密；其湿度应根据天然含水率 ω（%）划分为稍湿、湿、很湿。

（五）黏性土

黏性土为塑性指数 $I_p > 10$ 且粒径大于 0.075mm 的颗粒含量不超过总质量的 50% 的土。

黏性土的软硬状态可根据液性指数分为坚硬、硬塑、可塑、软塑、流塑 5 种状态。

黏性土可根据沉积年代进行分类，可分为老黏性土、一般黏性土和新近沉积黏性土。

（六）特殊性岩土

特殊性岩土是具有一些特殊成分、结构和性质的区域性地基土，包括软土、膨胀土、湿陷性土、红黏土、冻土、盐渍土和填土等。

1. 软土为滨海、湖沼、谷地、河滩等处天然含水率高、天然孔隙比大、抗剪强度低的细粒土，包括淤泥、淤泥质土、泥炭、泥炭质土等。

淤泥为在静水或缓慢的流水环境中沉积，并经生物化学作用形成，其天然含水率大于沼限、天然孔隙比大于或等于 1.5 的黏性土。

天然含水率大于液限而天然孔隙比小于 1.5 但大于或等于 1.0 的黏性土或粉土为淤泥质土。

2. 膨胀土为土中黏粒成分主要由亲水性矿物组成，同时具有显著的吸水膨胀和失水收缩特性，且自由膨胀率大于或等于 40% 的黏性土。

3. 湿陷性土为浸水后产生附加沉降，其湿陷系数大于或等于 0.015 的土。

4. 红黏土为碳酸盐岩系的岩石经红土化作用形成的高塑性黏土，其液限一般大于 50。红黏土经再搬运后仍保留其基本特征且其液限大于 45 的土为次生红黏土。

5. 盐渍土为土中易溶盐含量大于 0.3%，并具有溶陷、盐胀、腐蚀等工程特性的土。

6. 填土根据其组成及成因，可分为素填土、压实填土、杂填土、冲填土。

杂填土含有建筑垃圾、工业废料、生活垃圾等杂物的填土。冲填土为由水力冲填泥砂形成的填土。

软弱地基是指主要由淤泥、淤泥质土、冲填土、杂填土或其他高压缩性土层构成的地基。

二、平板载荷试验

平板载荷试验是用于确定地基承压板下应力主要影响范围内土层承载力和变形模量的原位测试方法。它要求岩土体在原有位置上，在保持土的天然结构、含水率及应力状态下来测定岩土的性质。地基平板载荷试验可分浅层平板载荷试验和深层平板载荷试验。

（一）浅层平板载荷试验

1. 试验方法和原理

浅层平板载荷试验适用于确定浅部地基土层（深度小于 3m）承压板下压力主要影响范围内承载力和变形模量。

平板载荷试验是在试验土层表面放置一定规格的方形或圆形刚性承压板，在其上逐级施加荷载，每级荷载增量持续时间按规范规定进行观测，测记每级荷载作用下荷载板沉降量的稳定值，加载至总沉降量为 25mm，或达到加载设备的最大容量为止；然后卸载，其持续时间应不小于一级荷载增量的持续时间，并记录土的回弹值。根据试验记录绘制荷载—沉降（F-S）关系曲线，如图 8-1 所示，然后分析地基土的强度与变形特性，求得地基土容许承载力与变形模量等力学参数。

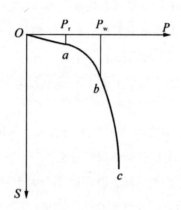

图 8-1　荷载—沉降关系曲线

地基在荷载作用下达到破坏状态的过程，可分为三个阶段。

（1）压密阶段

相当于 P-S 曲线上的直线段，这时土中各点的剪应力均小于土的抗剪强度，土体压力与变形呈线性关系，土体处于弹性平衡状态。该阶段荷载板沉降主要是由土中空隙的减少引起，土颗粒主要是竖向变位，且随时间增长将土体压密，所以称为压密阶段。与 a 点相对应的荷载 P 为比例界限。

（2）剪切阶段

相当于 P-S 曲线上的弧段，这时 P-S 曲线的土体荷载与变形不再呈线，性关系其沉降的增长率随荷载的增大而增大。除土体压密外，在承压板边缘局部的土体剪应力达到或超过土的抗剪强度，土体开始发生塑性变形。土的变形是由于土中空隙压缩和土颗粒的剪切移动引起的，土颗粒同时发生竖向和侧向变位，且随时间不易稳定，故称为局部剪切变形阶段。随着荷载的继续增大，土体中的塑性区范围也逐步扩大，直到土体中形成连续的滑动面，土在荷载板两侧挤出而破坏。因此，剪切阶段是地基中塑性区的发生和发展阶段，与在 P-S 曲线上 b 点相对应的荷载 P 为极限荷载。

（3）破坏阶段

相当于 P-S 曲线上的尾段。当荷载超过极限荷载后，即使荷载不再增加，沉降也不能稳定，荷载板急剧下沉，土中产生连续的滑动面，土从承压板下挤出，土体隆起呈环状或放射状裂隙，故称为破坏阶段。这时土体的变形主要由土的剪切变位引起，土体的侧向移动使地基土失稳而破坏。

2. 试验设备

载荷试验设备由稳压加荷装置、反力装置和沉降观测装置三部分组成。

现以半自动稳压油压荷载试验设备为例，该设备适用于承压板面积不小于 0.25m^2，对于软土地基不小于 0.50m^2。利用高压油泵，通过稳压器及反力锚定装置，将压力稳定地传递到承压板。它由下列三部分组成：

（1）加荷及稳压系统

由承压板、加荷千斤顶、立柱、稳压器和支撑稳压器的三角架组成。加荷千斤顶、稳压器、储油箱和高压油泵分别用高压油管连接，构成一个油路系统。

（2）反力锚定系统

包括桁架和反力锚定两部分，桁架由中心柱套管、深度调节丝杆、斜撑管、主钢丝绳、三向接头等组成。

（3）观测系统

用百分表或其他自动观测装置进行观测。

根据现场情况，也可采用地锚代替荷重的方式，也可二者兼用。总的要求是加荷、卸荷要既简便，又安全，并对试验的沉降量观测不产生影响。荷载板为刚性的方形或圆形钢板。

用油压千斤顶加荷、卸荷虽然方便，但要注意设备是否变形、千斤顶是否漏油及荷载板是否下沉等，要防止千斤顶压力不稳定。注意随时调节，保持压力恒定。

3. 现场测试

（1）基坑宽度不应小于承压板宽度或直径 d 的 3 倍。

（2）承压板面积是 50 cm×50 cm 或 70.7 cm×70.7 cm 的方板。

（3）试验土层：应保持土层在原有位置上，保持土的原状结构、天然湿度。试坑开挖时，在试验点位置周围预留一定厚度的土层，在安装承压板前再清理至试验高程。

（4）承压板与土层接触处，应铺设约 20mm 厚的中砂或粗砂找平，以保证承压板与土层水平、均匀接触。

（5）试验加荷分级不应少于 8 级，第一级荷载包括设备重力。每级荷载增量为地基土层预估极限承载力的 1/10～1/8。最大加载量不应小于设计要求的 2 倍或接近试验土层的极限荷载。

（6）试验精度不应低于最大荷载的 1%，承压板的沉降采用百分表或电测位移计测量，其精度不应低于 0.01mm。

（7）加荷稳定标准：每级加载后，按间隔 10min 测 1 次，共测 5 次，以后为每隔半小时测读一次沉降量。当在连续 2 h 内，每小时的沉降量小于 0.1mm 时，则认为已趋稳定，可加下一级荷载。

（8）当试验出现下列情况之一时，可终止加载

①承压板周围的土体有明显侧向挤出或发生裂纹。

②在某一级荷载下，24 h 内沉降速率不能达到稳定标准。

③沉降量急剧增大，P—S 曲线出现陡降段，本级荷载的沉降量大于前级荷载沉降量的 5 倍。

④沉降量与承压板宽度或直径之比等于或大于 0.06。

满足前三种情况之一，其相对应的前一级荷载定为极限荷载。

（9）回弹观测：分级卸荷，观测回弹值。分级卸荷量为分级加荷量的 2 倍，15min 观测一次，1 h 后再卸下一级荷载。荷载完全卸除后，应继续观测 3 h。

（10）试验完成后，试验点附近应有取土孔提供土工试验指标或其他原位测试资料，则应在沉压板中心向下开挖取土试样，并描述 2 倍承压板直径（或宽度）范围内土层的结构变化。

4. 试验数据处理

根据试验数据绘制 P-S 曲线，利用 P-S 曲线可以得到以下结论。

（1）地基土承载力基本容许值的确定应符合下列规定

①当 P—S 曲线有比例界限时，取该比例界限所对应的荷载值。

②当极限荷载值小于比例界限荷载值的 2 倍时，取极限荷载值的一半。

③若不能按上述两条要求确定时，当压板面积为 2 500m^2 或 5 000m^2 时，可取 S/d = 0.01～0.015 所对应的荷载值，但其值不应大于最大加载量的一半。

同一土层参加统计的试验点不应少于三点。当试验实测值的极差不超过其平均值的 30% 时，取其平均值作为该土层的地基承载力基本容许值。

（2）计算地基土的变形模量

一般取 P-S 曲线的直线段，用下式计算：

$$E_0 = (1 - \mu^2) \frac{\pi B}{4} \cdot \frac{\Delta P}{\Delta S} \qquad\qquad (8-1)$$

式中：B——承压板直径（m），当为方形板时，$B = \sqrt[2]{\dfrac{A}{\pi}}$，A 为方形板面积（$m^2$）；

ΔS ——P-S 关系曲线直线段斜率（kPa/m）；

μ ——地基土的泊松比，对于砂土和粉土，$\mu = 0.33$；对于可塑、硬塑黏性土，$\mu = 0.38$；对于软塑、流塑黏性土和淤泥质黏性土，$\mu = 0.41$。

当 P-S 曲线的直线段不明显时，可用上述确定地基土承载力的方法所确定地基承载力的基本值与相应的沉降量代入式（8-1）计算 E_0，但此时应与其他原位测试资料比较，综合考虑确定 E_0 值。

利用 P-S 曲线还可以估算地基土的不排水抗剪强度和地基土基床反力系数等。

（二）深层平板载荷试验

1. 深层平板载荷试验用于确定深部地基及大直径桩桩端在承压板压力主要影响范围内土层的承载力及变形模量。该法适用于埋深等于或大于 3.0m 和地下水位以上的地基土。承压板的直径为 800mm 的刚性板，如采用厚约 300mm 的现浇混凝土板，紧靠承压板周围外侧的土层高度不应小于 0.8m。

加载反力装置有压重平台反力装置、地锚反力装置、锚桩横梁反力装置、地锚压重联合反力装置等。

2. 加荷分级可按预估极限承载力的 1/15～1/10 分级施加。每级加载后，第一个小时内按间隔 10min 测 1 次，共测 3 次，再按间隔 15min 测 1 次，共测 2 次，以后为每隔半小时测读一次沉降量。当在连续 2 h 内，每小时的沉降量小于 0.1mm 时，则认为已趋稳定，可加下一级荷载。

3. 当试验出现下列情况之一时，即可终止加载；

（1）沉降量急剧增大，P-S 曲线上有可判定极限承载力的陡降段，且沉降量超过 0.04 d（d 为净压板直径）。

（2）在某一级荷载下，24 h 内沉降速率不能达到稳定。

（3）本级沉降量大于前一级沉降量的 5 倍。

（4）当持力层土层坚硬、沉降量很小时，最大加载量不小于设计要求的 2 倍。

4. 地基土承载力基本容许值的确定应符合下列规定：

①当 P-S 曲线有比例界限时，取该比例界限所对应的荷载值。

②当极限荷载值小于比例界限荷载值的 2 倍时，取极限荷载值的一半。

③若不能按上述两款要求确定时，当压板面积为 2 500m² 或 5 000m² 时，可取 $S/d = 0.01 \sim 0.015$ 所对应的荷载值，但其值应不大于最大加载量的一半。

5. 计算变形模量

深层平板荷载试验的变形模量按下式计算：

$$E_0 = \omega \frac{Pd}{S} \qquad (8-2)$$

式中：ω——试验深度和土类有关的系数；

P——P-S 曲线上线性段的压力（kPa）；

S——与 P 对应的沉降（mm）；

d——承压板的直径（m）。

（三）平板载荷试验的局限性

1. 平板载荷试验受荷面积小，加荷影响深度不超过 2 倍的承压板边长或直径，且加荷时间较短，因此不能通过载荷板试验提供建筑物的长期沉降资料。

2. 在沿海软黏土部分地区，地表往往有层"硬壳层"，当为小尺寸承压板时，对其下软弱土层还未受影响，而实际建筑物基础大，下部软弱土层对建筑物沉降起主要影响。因此，载荷试验有一定的局限性。

3. 当地基压缩层范围内土层单一、均匀时，可直接在基础埋置高程处进行载荷试验。如地基与压缩层范围内是成层变化的或不均匀时，则要进行不同尺寸承压板或不同深度的载荷试验。此时，可以采用其他原位测试和室内土工试验来确定荷载板试验影响不到的土层的工程力学性质。

4. 如果地基土层起伏变化很大，还应在不同地点做载荷试验。

第二节　钻孔灌注桩成孔质量检测与质量标准

目前，我国常用的灌注桩施工有钻孔、冲击成孔、冲抓成孔和人工挖孔等方法。人工挖孔为干作业施工，成孔后孔壁的形状、孔深、垂直度、孔底沉渣及钢筋笼的安放位置等可通过目测或人下到孔内进行检查，质量较容易控制。钻孔、冲击成孔和冲抓成孔等地下湿作业施工的灌注桩，通常需用泥浆护壁，孔内充满泥浆。由于地下施工，加上复杂的地质条件或施工人员操作不当，泥浆原料膨润土的性能差，泥浆外加剂纯碱、氢氧化钠或膨润土粉末等掺入量不合适，调制出的泥浆性能指标不符合要求，从而导致钻孔过程中塌孔、扩径、缩径、夹泥、孔底沉淀过厚等桩身缺陷，这些缺陷只能用仪器设备去检测。桩径是保证基桩承载力的关键因素，要保证桩径满足设计要求，其孔径不得小于设计要求。基桩垂直度的偏差程度是衡量基桩承载力能否发挥作用的关键因素。孔底沉淀厚度的大小，极大地影响桩端承载力的发挥。可见，成孔质量的优劣，直接影响钻孔混凝土灌注桩浇注后的成桩质量。因此，要在钻孔施工中进行泥浆各种性能指标测定，以确保钻孔的顺利进行。成孔后，灌注混凝土前应进行成孔质量检测，成孔检测在以往大型钻孔灌注桩工程中，往往被忽视了，这是不应该的。实际上，成孔检测有时比成桩检测还重要，因为成孔质量有问题，在成桩后是很难处理的，并且直接影响钻孔混凝土灌注桩浇注后的成柱质量，因此，我们应对成孔检测予以充分的重视。

一、检测标准

近几年来，我国颁布了国家标准《建筑地基基础工程施工质量验收规范》（GB50202-2018）、建设部标准《建筑桩基技术规范》（JGJ 94-2008）和交通运输部标准《公路桥涵施工技术规范》（JTG/T 3650-2020），都对混凝土灌注桩成孔质量的检验内容、检验标准、检查方法等提出了具体的规定和要求。成孔质量检验的内容包括泥浆各种性能指标测定和钻孔位置、孔深、孔径、垂直度、沉淀厚度等。

（一）泥浆性能

在基桩的岩土地层钻孔过程中，一般都要采取护壁措施。泥浆作为钻探的冲洗液，除起护壁作用外，还具有携带岩土、冷却钻头、堵漏等功能，泥浆性能的高低直接影响钻进效率和生产安全。钻孔泥浆一般由水、黏土（或膨润土）和添加剂按适当配合比配制而成。

对于大直径或超长钻孔灌注桩，泥浆的选择应根据钻孔的工程地质情况、孔位、钻机性能、泥浆材料等确定。在地质复杂、覆盖层较厚、护筒下沉不到岩层的情况下，宜使用丙烯酰胺即 PHP 泥浆。

（二）成孔质量标准

钻、挖孔在终孔和清孔后，应进行孔位、孔深检验。交通部运输部标准《公路桥涵施工技术规范》（JTG/T 3650-2020）的规定如下：

1. 孔径、孔形和倾斜度宜采用专用仪器测定。当缺乏专用仪器时，可采用外径为钻孔桩钢筋笼直径加 100mm（不得大于钻头直径），长度为 4~6 倍外径的钢筋检孔器吊入钻孔内检测。

2. 钻、挖孔成孔的质量标准如表 8-1 所示。

表 8-1 钻、挖孔成孔的质量标准

项目	允许偏差
孔的中心位置/mm	群桩：100；单排桩：50
孔径/mm	不小于设计桩径
倾斜度	钻孔：小于 1%；挖孔：小于 0.5%
孔深	摩擦桩：不小于设计规定； 支承桩：比设计深度超深不小于 50mm
沉淀厚度/mm	摩擦桩：符合设计要求，当设计无要求时，对于直径≤1.5m 桩，小于等于 200mm；对桩径>1.5m 或桩长>40m 或土质较差的桩，小于等于 300mm 支承桩：不大于设计规定，设计未规定时小于等于 50
清孔后泥浆指标	相对密度：1.0～1.10；黏度：17～20 Pa·s；含砂率：<2%；胶体率：>98%

注：清孔后的泥浆指标是从桩孔的顶、中、底部分别取样检验的平均值。本项指标的测定，限指大直径桩或有特定要求的钻孔桩。

二、泥浆性能指标检测

（一）相对密度

相对密度（r_x）用泥浆相对密度计测定。将要测量的泥浆装满泥浆杯，加盖，并洗净从小孔溢出的泥浆，然后置于支架上，移动游码，使杠杆呈水平状态（水平泡位于中央），读出游码左侧所示读数，即为泥浆的相对密度。

若工地无以上仪器，可用一口杯先称其质量为 m_1，再装满清水称其质量 m_2，再倒去清水，装满泥浆并擦去杯周溢出的泥浆，称其质量设为 m_3，则：

$$r_x = \frac{m_3 - m_1}{m_2 - m_1} \tag{8-3}$$

（二）黏度

工地用标准漏斗黏度计测定黏度（V），用黏度计滤去大砂粒后的泥浆注入漏斗，然后使泥浆从漏斗下口流出，流满 500mL 量杯所需时间（s），即为所测泥浆的黏度。

校正方法：漏斗中注入 700mL 清水，流出 500mL，所需时间应是 15 s，其偏差如超过 ±1 s，测量泥浆黏度时应校正。

（三）静切力

工地可用浮筒切力计测定静切力（θ）。测量泥浆切力时，可用下式表示：

$$\theta = \frac{G - \pi d\delta h\gamma}{2\pi dh - \pi d\delta} \tag{8-4}$$

式中：G——铝制浮筒质量（g）；

d——浮筒的平均直径（cm）；

h——浮筒的沉没深度（cm）；

γ——泥浆重度（g/cm³）；

δ——浮筒壁厚（cm）。

测量时，先将约 500mL 泥浆搅匀后，立即倒入切力计中，将切力筒沿刻度尺垂直向下移至与泥浆接触时，轻轻放下，当它自由下降到静止不动时，即静切力与浮筒重力平衡时，读出浮筒上泥浆面所对应的刻度，刻度是按式（8-4）计算值刻画的，即为泥浆的初切力。取出切力筒，擦净黏着的泥浆，用棒搅动筒内泥浆后，静置 10min，用上述方法测量，所得即为泥浆的静切力。它们的单位均为 Pa，切力计可自制。

（四）含砂率

工地用含砂率计测定含砂率。测量时，把调好的泥浆 50mL 倒进含砂率计，然后再倒 450mL 清水，将仪器口塞紧，摇动 1min，使泥浆与水混合均匀。再将仪器垂直静放 3min，仪器下端沉淀物的体积（由仪器刻度上读出）乘以 2 就是含砂率（%）。另有一种大型的含砂率计，容积为 1 000mL，从刻度读出的数不需乘 2，即为含砂率。

（五）胶体率

胶体率（%）也称稳定率，它是泥浆中土粒保持悬浮状态的性能。测定方法：可将 100mL 泥浆倒入干净量杯中，用玻璃片盖上，静置 24 h 后，量杯上部泥浆可能澄清为透明的水，量杯底部可能有沉淀物，以 100 减去澄清液体积即等于胶体率。

（六）失水率和泥皮厚

用一张 120mm×120mm 的滤纸，置于水平玻璃板上，中央画一直径 3 cm 的圆，将 2mL 的泥浆滴入圆圈中心，30min 后，量算湿润圆圈的平均半径减去泥浆摊平成为泥饼的平均半径（mm），即为失水量，单位为 mL/30min。在滤纸上量出泥浆皮的厚度（mm），即为泥皮厚。泥皮愈平坦、愈薄，则泥浆质量愈高，一般不宜厚于 2~3mm。

（七）酸碱度

酸碱度描述的是水溶液的酸碱性强弱程度，用 pH 值来表示。pH 值等于溶液中氢离子浓度的负对数值，即 $pH = -lg[H^+] = lg(l/[H^+])$。pH 值等于 7 时为中性，大于 7 时为碱性，小于 7 时为酸性。工地测量 pH 值时，可取一条 pH 试纸放在泥浆面上，0.5 s 后拿出来与标准颜色相比，即可读出 pH 值。

三、成孔质量检测

（一）桩位偏差测量

桩位偏差是指成桩后的位置与设计位置的差距。桩位应在基桩施工前按设计桩位平面图放样桩的中心位置，但由于施工中测量放线不准、护筒埋设有偏差、钻机对位不正，钻孔偏斜、钢筋笼下孔偏差等因素，成桩后导致桩位与设计位置偏离。如桩位偏离超过设计允许范围，桩的受力状况发生变化，将导致桩的承载力和可靠性降低、工程造价增加、工期延误等。因此，成桩后要对实际桩位进行复测，用精密经纬仪或红外测距仪测量桩的中心位置，看其是否满足设计规定和相应规范、标准对桩位中心位置的偏差要求。

（二）钻孔倾斜度检查

在灌注桩的施工过程中，能否确保基桩的倾斜度，是衡量基桩能否有效地发挥作用的一个关键因素。一般对于竖直桩，其倾斜度允许偏差范围在 50~200mm，或是桩长的 0.5%~1%。钻孔倾斜度的检查可采用图 8-2 所示的简易方法。在孔口沿钻孔直径方向设一标尺，标尺上 0 点与钻孔中心重合，并使滑轮、标尺 0 点和钻孔中心在同一铅垂线上，其高度为 H_0。穿过滑轮的测绳一端连接用钢筋弯制的圆环（圆环直径比钻孔直径略小些），另一端通过滑轮用手拉住。将圆球慢慢放入钻孔中，并测读测绳在标尺上的偏距 e，则倾斜角 $n = \arctan(e/H)$。该方法工具简单，操作方便，但测读范围以 e 值小于钻孔的半径为最大限度，且读数不太精准。

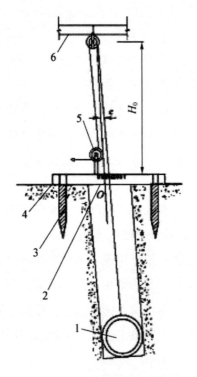

图 8-2　钻孔倾斜度检查

1——钢筋圆环；2——标尺；3——圆钉；4——木枋；5——滑轮；6——钻架横梁

当检查的桩孔深度较深且倾斜度较大时，可根据地质及施工情况选用 JDL-1 型陀螺斜测仪或 JJX-3 型井斜仪检查，也可采用声波孔壁测定仪绘出连续的孔壁形状和垂直度。

（三）桩的孔径和垂直度检测

桩的孔径和垂直度检测是成孔质量检测中的两项重要内容。

目前有钢筋笼检测、伞形孔径仪检测、声波法检测三种方法，它们大多可同时检测孔径和垂直度。

1. 钢筋笼检测

钢筋笼式检孔器是一种简便的检测工具，其制作简单、检测方便、应用广泛。检孔器的尺寸可根据设计桩径大小设计，检孔器的外径 d 不应小于设计桩孔直径，长度 L 为外径的 4~6 倍。检孔器用钢筋制作，应有一定的刚度，每次检测前十字交叉测量检孔器外径们二者之差宜不大于 20mm，并防止使用过程中变形。检测前，待钻孔的孔深、清孔泥浆指标等检查合格后，再用三脚架将孔径器放入孔内。检孔器对中后，上吊点的位置应固定，并保持在整个检测过程中位置不变。检孔器靠自重下沉，如能在自重作用下顺利下沉到孔底，则表明孔径能满足设计要求。如不能下沉到孔底，则说明孔径小于设计孔径，应进行扩孔处理。

2. 伞形孔径仪检测

伞形孔径仪由测头、设调放大器和记录仪三部分组成。测头为机械式的构件，测头放入测孔之前，将四条腿合拢并用弹簧锁定，待测头放入孔底后，四条腿即自动张开。当测头缓缓上提时，在弹簧力作用下，四条腿端始终紧贴孔壁，随着孔壁凹凸不平状况相应张开和收拢，带动测头密封筒内的活塞上下移动，使四组串联滑动电阻来回滑动，将电阻变化转化为电压变化，经信号设调放大器放大，并由记录仪记录，即可绘出孔径大小随孔深的变化情况。

用伞形孔径仪测量孔的斜度是在孔内不同深度连续多点测量其顶角和方位角，从而计算钻孔的倾斜度。顶角测量是利用铅垂原理，测量系统由顶角电阻（阻值已知）和一端装有重块并始终保持与水平面垂直的测量杆组成。当钻孔倾斜时，顶角电阻和测量杆间就有一角度，仪器内部机构便根据角度的大小短路一部分电阻，剩下的电阻值即为被测点的顶角。方位角由定位电阻、接触片等磁定向机构来测量，接触片始终保持指北状态，方位角变化时使接触片的电阻也随之变化，知道电阻值的大小，即可确定被测点的方位角。

（四）桩底沉淀厚度检测

桩底沉淀土的厚度极大地影响桩端承载力的发挥，因此在施工过程中必须严格控制桩底沉淀土的厚度，常用的有垂球法、电阻率法和电容法。

1. 垂球法

垂球法是一种惯用的简易测定沉淀土厚度的方法。将质量不小于 1 kg 的平底圆锥体垂球，端部连接专用测绳，把垂球慢慢沉入孔内，接触孔底时，轻轻拉起垂球并放下，判断孔底位置，其施工孔深和测量孔深之差值即为沉淀土厚度。

2. 电阻率法

电阻率法沉淀土测定仪由测头、放大器和指示器组成。根据不同介质（如水、泥浆和沉淀颗粒）具有不同的导电性能，由电阻阻值变化来判断沉淀土厚度。测试时将测头慢慢沉入孔中，观察表头指针的变化，当出现突变时，记录深度 h_1；继续下沉测头，指针再次突变，记录深度力 h_2；直到测头不能下沉为止，记录深度 h_3。设施工深度为 H，各沉淀土厚度为（$h_2 - h_1$）、（$h_2 - h_1$）和（$H - h_3$）……

3. 电容法

电容法沉淀土厚度测定原理是当金属两极间距和尺寸不变时，其电容量和介质的电解率成正比关系，水、泥浆和沉淀土等介质的电解率有较明显差异，从而由电解率的变化测量定沉淀土的厚度。

钻（探）孔在终孔和清孔后，应进行孔位、孔深检验。一般情况下，孔径、孔形和倾斜度宜采用上述专用仪器测定。当缺乏专用仪器时，可采用外径为钻孔桩钢筋笼直径加100mm（不得大于钻头直径），长度为外径的4~6倍的钢筋笼检孔器吊入钻孔内检测。

（五）超声波法检测孔径和垂直度

1. 测试原理及仪器设备

把泥浆作为均匀介质，则超声波在泥浆介质中的传播速度 c 是恒定的。若超声波的发射探测器至孔壁的距离为 L，测声波发射至接收的时间差为 Δt，则按下式计算：

$$L = c \cdot \frac{\Delta t}{2} \tag{8-5}$$

超声波孔壁测试仪，一般由主机（包括超声记录仪、声波发射和接收探头）、绕线器和绞车三大部分组成。在现场检测中，通过绞车将探测器自动放入孔内，并靠探测器自重保持测试探头处于铅垂位置。测试时，超声振荡器产生一定频率的电脉冲，经放大后由发射换能器转换为声波，并通过孔内泥浆向孔壁方向传播，由于泥浆与孔壁地层的声阻抗差异很大，声波到达孔壁后绝大部分被反射回来，经接收换能器接收。声波从发送至接收的时间，就是计时器打开至关闭的时间差，即为声波在孔内泥浆中的传播时间。

声波探头中的四组换能器（一发一收为一组）呈十字交叉布置，可以探测孔内某高程测点两个方向相反的换能器与孔壁之间的距离，进行连续测试，即可得到该钻孔两个方向孔壁的剖面变化图。如某测点声波探头的两方向相反探头测得的换能器至孔壁的距离分别为 L_1 和 L_2，则桩孔在该点的孔径为 $D = L_1 + L_2 + d$，其中，L_1、L_2 为两个方向相反换能器发射面间的距离。用同样的方法可以计算与此呈正交方向的钻孔孔径。用同样的方法，改变测点的高度，就可获得整个钻孔在该断面测点剖面孔径的变化图。记录的数据经同步放大并产生高压脉冲电流，利用记录笔的高压放电在专用记录纸上同时记录两孔壁信号。当声波探头提升的绞车在测试时始终保持吊点不变且电缆垂直，即可通过钻孔孔壁剖面图得到钻孔的垂直度。

2. 孔径分析

如图8-3（a）所示，假设某截面测试的两个方向 AB 与 CD，孔为圆形，O 为圆心，半径为 R_1。O' 为测试探头中心，L_A、L_B、L_C、L_D 分别为 O' 点到 A、B、C、D 点的距离，于是可导出 R 的计算公式为：

$$R = \left[\sqrt{(L_C + L_D)^2 + (L_B - L_A)^2} + \sqrt{(L_A + L_B)^2 + (L_C - L_D)^2} \right] / 4 \tag{8-6}$$

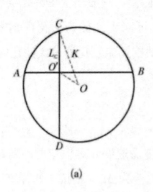 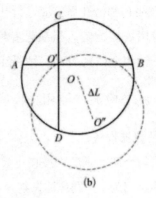

图 8-3 测试计算

第三节 桩身完整性检测

钻孔灌注桩桩身完整性检测方法有低应变反射波法、声波透射法和钻探取芯法三种。低应变反射波法具有仪器轻便、操作简单、检测速度快、成本低等特点，可检测桩身缺陷及位置，判定桩身完整性类别，但检测深度有限，在桩基工程质量普查中应用较广。声波透射法需在基桩混凝土浇注前预埋声测管，测试操作较复杂，可检测灌注桩桩身缺陷及其位置，较可靠地判定桩身完整性类别。经上述两种方法检测后，对桩身缺陷仍存在疑虑时，可用钻芯法进行验证。钻芯法使用设备笨重、操作复杂、成本高，但检验成果直观可靠。它可以检测桩长、桩身混凝土强度、桩底沉渣厚度，鉴别桩底岩土性状，准确地判定桩身完整性类别。如将上述三种方法有机结合，并考虑桩的设计条件、承载性能及施工因素等进行综合分析，不仅可对桩身完整性类别做出可靠的评价，还可对桩的承载力做出评估。

一、低应变反射波法

（一）基本原理

把桩视为一维弹性匀质杆件，设介质密度为 ρ、截面面积为 A、纵波波速为 C、弹性模量为 E，则桩身材料的广义波阻抗 $Z = \rho A C = E A / C$。当桩顶受到激励力后，则压缩波以波速 C 沿桩身向下传播，当遇到桩身波阻抗变化的界面时，压缩入射波（I）在波阻抗界面将产生反射波（R）和透射波（T）。

设桩身截面上、下的波阻抗比值为 n 则有：

$$n = Z_1/Z_2 = \rho_1 A_1 C_1/\rho_2 A_2 C_2 \tag{8-7}$$

根据桩身交界面的连续条件和牛顿第三定律，界面上两侧质点速度、内力均应相等，即：

$$\left.\begin{array}{ll} v_1 = v_2 & v_1 + v_R = v_T \\ N_1 = N_2 & A_1(\sigma_1 + \sigma_R) = A_2\sigma_T \end{array}\right\} \tag{8-8}$$

根据波阵面动量守恒条件可得：

$$\left.\begin{array}{ll} \dfrac{\sigma_1}{\rho_1 C_1} - \dfrac{\sigma_R}{\rho_1 C_1} = \dfrac{\sigma_T}{\rho_2 C_2} \\ Z_1(v_1 - v_R) = A_2\sigma_T \end{array}\right\} \tag{8-9}$$

将式（8-7）、式（8-8）联合求解可得：

$$\sigma_R = \sigma_1\left[\frac{(Z_2 - Z_1)}{(Z_2 + Z_1)}\right] = F_{\sigma 1} \tag{8-10}$$

其中，反射系数：

$$F = \frac{1-n}{1+n} \tag{8-11}$$

投射系数：

$$T = \frac{2}{1+n} \tag{8-12}$$

式（8-9）、式（8-10）为反射波法检测桩身完整性的理论依据。桩身各种性状以及桩底不同的支撑条件，均可归纳成以下三种波阻抗变化类型：

1. 当 $Z_1 \approx Z_2$ 时，即桩身连续、无明显阻抗差异。此时，n=1，F=0，T=1，由上述各式可知，$\sigma_R = 0$、$v_R = 0$，即桩身无反射波信号，应力波全透射，表示桩身完整。

2. 当 $Z_1 > Z_2$ 时，相当于桩身有缩径、离析、空洞及摩擦桩底的情况。此时 $Z_1 > Z_2$，$n > 1$，T>0，可知，σ_R 与 σ_1 异号，反射波为上行拉力波。由式（8-9）可知，v_R 与 v_1 符号一致，所以反射波与入射波同相。另外，由弹性杆波动传播的符号定义来理解，上行拉力波与下行压力波的方向一致，则反射波引起的质点速度与入射波的同相，这样在桩顶检测出的反射波速度和应力均与入射波信号极性一致。

3. 当 $Z_1 < Z_2$ 时，相当于桩身扩径、膨胀或端承桩的情况，则 $n < 1$，$F > 0$，$T > 0$，由上述各式可知，σ_R 与 σ_1 同号，反射波为上行压缩波，v_R 与 v_R 符号相反，这样在桩顶接收到的反射波速度及应力均与入射波信号的极性相反。同理可得，桩底处的速度为零，而应力加倍。

根据以上三种反射波与入射波相位的关系，可判别某一波阻抗界面的性质，这是低应变反射波法判别桩底情况及桩身缺陷的理论依据。

（二）检测仪器设备

反射波法检测系统由基桩动测仪、传感器和激振设备组成。

1. 基桩动测仪

目前，国内外动测仪都把采集、放大、存储各部件与计算分析软件融为一体，集成为基桩动测仪。我国已制定了《基桩动测仪》（JG/T 518-2017）标准，对基桩动测仪的主要技术性能指标做出规定，将动测仪器产品主要技术性能分为 1、2、3 三个等级。1 级较低；3 级较高；2 级基桩动测仪由性能指标要求如下：

（1）A/D 转换器分辨率大于或等于 12 bit，单道采样频率大于或等于 20 kHz。

（2）频响误差小于或等于±10%时，加速度测量系统频率为 2~5 000 Hz；幅值非线性振动小于或等于 5%；冲击测量时，零漂小于或等于 1%；传感器安装谐振频率大于或等于 10 kHz。

（3）频响误差小于或等于±10%时，速度测量子系统频率为 10~1 200 Hz；幅值非线性振动小于或等于 10%；传感器安装谐振频率大于或等于 2 kHz。

（4）单通道采样点数大于或等于 1 024；系统动态范围大于或等于 66 dB；输出噪声电平有效值小于或等于 2mV；衰减挡（或程控放大）误差小于或等于 1 010；任意两道间一致性误差小于或等于±0. 2%，相位一致性误差小于或等于 0. 05。

（5）环境条件：工作时相对湿度（温度 40℃时）为 20%~90%。

从上述性能指标看，国内外基桩动测仪生产厂家，其性能指标均已达到或超过 2 级基桩动测仪的技术性能指标，完全可以满足反射波法桩基检测的需要。

动测仪器是在野外恶劣的环境条件下使用的，容易损坏。为了实现我国计量法规定的量值传递要求，保证有效使用范围，根据计量认证规定，要每年定期对基桩动测仪进行计量检定。有关动测仪器各部件的技术性能指标及检定条件，可参考现行《基桩动测仪器测量系统》和《基桩动测仪》中的有关规定。

《公路工程基桩动测技术规程》（JTG/T 3512-2020）对采集处理仪器作如下规定：①数据采集装置的模-数转换器不得低于 16 bit；②采样间隔宜为 5-50 μm，可调；③单通道采样点不少于 1 024 点；④放大器增益宜大于 60 dB，可调，线性度良好，其频响范围应满足 10 Hz~5 kHz。

2. 传感器主要性能指标

（1）传感器宜选用压电式加速度传感器或磁电式速度传感器，频响曲线的有效范围应覆盖整个测试信号的频带范围。

（2）加速度传感器的电压灵敏度应大于 100mV/g，电荷灵敏度应大于 20 PC/g，上限频率不应小于 5 kHz，安装谐振频率不应小于 6 kHz，量程应大于 100g。

（3）速度传感器的固有谐振频率不应大于 30 Hz，灵敏度应大于 200mV/（cm·s^{-1}），上限频率不应小于 L5 kHz，安装谐振频率不应小于 1. 5 kHz。

3. 激振设备

（1）激振锤的材质与性能

为了满足不同的桩型和检测目的，应选择符合材质和质量要求供力锤或力棒，以获得所需的激振频率和能量。反射波法基桩质量检验用的手锤和力棒，其锤头供材质有铜、铝、硬塑、橡皮等。改变锤的质量和锤头材质，即可获得检测所需的能量和激振频谱要求。在相同材质情况下，质量大的，力值也大，主频相对减小；在锤的质量相同时，主频随钢、铝、硬塑、橡皮、杂木硬度的降低而减小。

锤击桩头的目的是要在桩顶输一个符合检测要求的初始应力波脉冲，其基本技术特性为：波形、峰值、脉冲宽度或频谱、输入能量。当波形一定时，我们关注的是峰值和脉宽两个主要问题。峰值决定激励桩身的应力大小，脉宽决定激励的有效频段范围，两者组合将决定输入能量大小及能量在整个有效频段内的分配。

（2）锤激振源对基桩检测信号的影响

①锤激能量

其大小取决于锤的质量和下落速度。对大直径长桩，应选择质量大的锤或力棒，以产生主频率低、能量大的激励信号，获得较清晰的桩底反射信号，但这时桩身的微小缺陷会被掩盖。

②锤头材料

锤头材料硬，产生的高频脉冲波有利于提高桩身缺陷的分辨率，但高频信号衰减快，不容易探测桩身深部缺陷；锤头材料软，产生的低频脉冲波，衰减慢，有利于获得桩底反射信号，但降低了桩身缺陷的分辨率。

③脉冲宽度

小钢锤的脉冲宽度约为 0.6ms，尼龙锤约为 2.0ms，橡皮锤约为 4.8ms。激振加脉冲宽度大，有利于探测桩身的深部缺陷，但波长大于缺陷尺寸时，由于波的绕射作用，桩身内的小缺陷不容易识别，从而降低了分辨率；激振加脉冲宽度小，应力波频率高，波长短，有利于对桩身内缺陷的分辨率，但在桩浅部不能满足一维弹性杆件的平截面假定条件，会出现接收信波形畸变。

（三）现场检测技术

1. 准备工作

（1）现场踏勘及资料收集

在接受检测任务后，检测人员应了解场地地质条件、建筑物的类型、桩型、桩设计参数、成桩工艺、施工记录及相关的资料，然后根据检测委托书，编制检测纲要。

（2）桩头处理

应根据相应的技术规范、标准的规定，并参考现场施工记录和基桩在工程中所起的作用来确定抽检数量及桩位。公路桥梁的钻孔灌注桩通常是每根桩都要进行检测，对受检桩，要求桩顶的混凝土质量、截面尺寸与桩身设计条件基本相同。桩头应凿去浮浆或松散、破损部分，并露出坚硬的混凝土，桩头外露主筋不宜长。桩头表面应平整干净、无积水，并将传感器安装点与敲击点部位磨平。

（3）传感器的安装

一般采用加速度传感器，因为它的频率响应范围比较宽、动态范围大、失真度小，能较好地反映桩身的反射信息。速度传感器灵敏度高，低频性能好，主要用于检测桩体深部缺陷信息。

2. 仪器参数设置

（1）采样频率

每通道的采样点数不少于 1024 点，采样频率应满足采样定理，即

$$f_s = 2f_m \tag{8-13}$$

式中：f_s——采样频率；

f_m——信号频率上限，在基桩检测中，通常取 $f_s = 3f_m$。

在基桩测试中，通常在 0~2 kHz 范围已能满足要求。对不同的测试要求，可改变频率范围，如要测 3~5m 内的浅部缺陷，可将频率调到 1~2 kHz；要测桩底反射信号则可降低范围至 0~0.6 kHz。

（2）采样点数 N

采样点数 N 应满足下式要求：$N \geq \dfrac{3L}{c\Delta t}$，一般每通道的采样点数不少于 1 024 点。

采样时间 T 又称采样长度，是一次采样 N 个点数据所需的时间，可表示为 $T = N \cdot \Delta t$。

采样间隔 Δt 是对信号离散采样时，每采一点所需的时间，可表示为 $\Delta t = 1/f$。这样频率间隔 Δf 频域里两相邻数据的频率间隔，可表示为

$$\Delta f = \frac{1}{T} = \frac{1}{N \cdot \Delta t} \tag{8-14}$$

由上可见，采样频率越高，采样间隔越小，时域分辨率越高，而频域分辨率越低；反之亦然。这是因为 Δt 与 Δf 是互为倒数关系。

（3）适调放大器

放大增益要足够大，在屏幕上有足够大波形，以不限幅为原则。

3. 信号采集

（1）根据桩径大小，在与桩心对称处布置 2~4 个测点。

（2）实测信号能反映桩身完整性特征，有明显的桩底反射信号，每个测点记录的有效信号数不宜少于 3 个。

（3）不同测点及同一测点的多次实测时域信号一致性好。否则，应分析原因，找出问题后进行重测。

（4）信号幅值适度，波形光滑，无毛刺、振荡出现，信号曲线最终归零。

在大直径桩的测试中，由仪器本身和外界产生的随机噪声所引起的干扰频段，大都在响应信号的有效频段范围内，干扰信号滤去了，有用信号也受到很大损害，桩的尺度效应径向干扰振型激发出来，即使这种干扰被滤去，还是背离应力波一维纵波传播理论，它所引起的误差仍无法消除。用控制激励脉冲宽度和传感器安装谐振频率及低频飘移，可减小干扰信号的产生。所以在现场检测时，通过改变锤头材料或锤垫厚度，用机械滤波手段，也是提高测试波形质量的有效办法。

（四）检测数据的分析与判定

1. 时域分析

（1）桩身波速平均值的确定

当桩长已知、桩底反射信号明确时，选用相同条件下（地质条件、设计桩型、成桩工艺相同）不少于 5 根 I 类桩的桩身波速值，按下式计算其平均值：

$$c_m = \frac{1}{n} \sum_{i=1}^{n} c_i \tag{8-15}$$

$$c_i = \frac{2000L}{\Delta T} \tag{8-16}$$

$$c_i = 2L \cdot \Delta f \tag{8-17}$$

式中：c_m ——桩身波速的平均值（m/s）；

C_i ——第 i 根受检桩的桩身波速值，且 $|(c_i - c_m)/c_m| \geqslant 5\%$；

L——测点下桩长（m）；

ΔT ——速度波第一峰与桩底反射波峰间的时间差（ms）；

Δf ——幅频曲线上相邻谐振峰间的频差（Hz）；

n——参加波速平均值计算的基桩数量，$n \geqslant 5$。

（2）桩身缺陷位置计算

当桩身有缺陷但测不到桩底信号时，可根据本地区、本工程同类桩型的波速测试值，按下式计算桩身缺陷X的位置：

$$X = \frac{1}{2000} \cdot \Delta t_x \cdot c \text{ 或 } X = \frac{1}{2} \cdot \frac{c}{\Delta f} \tag{8-18}$$

式中：X ——桩身缺陷至传感器安装点的距离（m）；

Δt_x ——速度波第一峰与缺陷反射波峰间的时间差（ms）；

c——受检桩的桩身波速（m/s），无法确定时，用c_m值代替；

Δf ——幅频曲线上缺陷相邻谐振峰间的频差（Hz）。

（3）桩身完整性判定

在实际检测中，一般以时域分析为主、频域分析为辅。根据时域信号特征进行桩深完整性分类原则。

①Ⅰ类桩

桩底反射波较明显，桩身无缺陷反射，频谱图中谐振峰排列基本等间距混凝土波速处于正常范围。桩身完整、均匀，混凝土密实。

②Ⅱ类桩

桩底反射波较明显，桩底前有轻微缺陷反射波，混凝土波速处于正常范围，频谱图中轻微缺陷叠加在桩底谐振峰上。桩身基本完整，桩身混凝土局部离析、空洞、缩径等缺陷。

③Ⅲ类桩

桩底反射信号不明显，可见缺陷二次反射波；或有桩底反射，但波速明显偏低。桩身完整性差，其缺陷对桩身结构承载力有影响。

④Ⅳ类桩

无桩底反射波，可见因缺陷引起的多次强烈反射波；或平均波速明显高于正常波速。桩身有严重缺陷，强度和承载力不满足设计要求。

2. 频域分析

尽管现场动测时的时域信号能较真实地反应桩身情况，但许多实测曲线不可避免地夹杂着许多干扰信号，这给时域分析带来困难，因此对测试信号进行频域分析是必要的。

根据动态信号测试原理，对于反射法动测桩时激励桩头所得的响应信号，在频域中可用下式表示系统响应的总和：

$$V_\omega = P_\omega \cdot B_\omega \cdot F_\omega \cdot A_\omega \cdot R_\omega \tag{8-19}$$

式中：V_ω——对应的傅里叶变换；

P_ω——桩身完整性相应函数；

B_ω——传感器安装后的频响特性；

F_ω——激振产生的响应函数；

A_ω——采集和分析时所用带宽与放大器综合函数；

R_ω——外来干扰因素；

ω——频率自变量，$\omega = 2\pi f$。

可以证明，对于自由桩而言 P_ω 共振频率与桩底和缺陷的位置有关，其系统固有的频率表达式为

$$f_b^t = \left(n + \frac{\arctan\lambda_L}{\pi}\right)\frac{c}{2L}, \quad n = 1, 2, \cdots \tag{8-20}$$

$$f_n^t = \left(n + \frac{\arctan\lambda_b}{\pi}\right)\frac{c}{2B}, \quad n = 1, 2, \cdots \tag{8-21}$$

式中：λ_L，λ_b——分别为柱底和缺陷有关的函数。

在自由端时，$\lambda_L \to 0$；在支撑端时 $\lambda_L \to \infty$，一般情况下 λ_L 介于二者之间，由此可导出完整桩的波速。

$$c = 2L \cdot \Delta f \tag{8-22}$$

式中：L——桩长（m）；

Δf——频谱分析中的频差峰–峰值（1/s）。

而在缺陷桩所形成的相临共振峰频差和缺陷位置关系为

$$L' = c/(2 \cdot \Delta f) \tag{8-23}$$

式中：L'——缺陷部位的深度（m）；

将式（8-23）变换后可写成各阶振型的固有频率时，有

$$\Delta f = f_n - f_{n-1} = \frac{c}{2L} \tag{8-24}$$

同样，如桩存在缺陷，其缺陷处距桩顶距离 L' 与两阶谐振峰频率之差的关系如下：

$$\Delta f' = f'_n - f'_{n-1} = \frac{c}{2L'} \tag{8-25}$$

3. 时域与频域分析的互相验证

通常，人们只对时域曲线进行积分、滤波、指数放大等信号处理后，即可将桩身存在的各种缺陷反映充分展示出来，从而判断桩身完整性问题。但有时桩身有多个缺陷，加之

各种干扰信号，时域曲线变得非常复杂，这时需要进行信号的频域分析，将干扰信号滤去后，找出桩身的缺陷反射信息，再判定桩身完整性。而时域、频域分析可作为反射波法分析时的互相验证与补充，两者各有优缺点。

（1）多数情况下的时域、频域分析结果能很好地统一和相互验证，但时域和频域分析的精度互相矛盾，采样频率越高，时域的分辨率越高，而频域分辨率越低；反之亦然。对缺陷位置和桩长来说，还是以时域计算为准。

（2）非桩土系统引起的干扰振荡较严重时，时域局限性较大，应以频域分析为主体。

（3）桩身存在多个等间距缺陷时，时域难以区分深部缺陷反射与浅部缺陷的多次反射，分析频域的基频和频差可对其加以甄别。

（4）有些桩底反射信号不明显，频谱中有较明显的整桩基频和频差。

（5）涉及离析、缩颈、裂隙等缺陷性状的区分时，时域、频域的相互印证有时特别重要，离析处的谐振峰多见低缓形式而裂隙的谐振峰较尖锐。

（五）反射波法的特点

1. 反射波法的优点

反射波法使用的仪器设备轻便，操作简单，成本低廉；可对桩基工程进行普查，检测覆盖面大；可检测桩身完整性和桩身存在的缺陷及位置，估计桩身混凝土强度、核对桩长等。

2. 反射波法的局限性

（1）检测桩长的限制，对于软土地区的超长桩，长径比很大，桩身阻抗与持力层阻抗匹配好，常测不到桩底反射信号时，容易造成误判。

（2）当桩身有两个以上缺陷时，较难判别。

（3）在桩身阻抗变小的情况下，较难判断缺陷的性质。

（4）桩身截面阻抗渐变的情况下，较难判断缺陷的性质。

（5）嵌岩桩的桩底反射信号多变，容易造成误判。

嵌岩桩的时域曲线中桩底反射信号变化复杂，一般情况下，桩底反射信号与激励信号极性相反；但桩底混凝土与岩体阻抗相近，则桩底反射信号不明显，甚至没有；如桩底有沉渣，则有明显的同相反射信号。因此，要对照受检桩的桩型、地层条件、成桩工艺、施工情况等进行综合分析，不宜单凭测试信号定论。

3. 混凝土强度与波速的关系

在工程检测中，人们常用波速估计混凝土的强度等级，这是一种平均强度的概念。实际上，桩身混凝土强度远非平均强度指标所能评价。而混凝土强度与波速之间的关系比较复杂，影响混凝土的强度因素很多。

二、声波透射法

美国在 20 世纪 50 年代就开始用电子管声波仪检测混凝土的质量。随着微机技术的发展，我国的声波仪也步入智能化时代。由微机软件进行数据信息处理和自动判读的智能型数字声波仪已日趋成熟，可在现场实时、动态显示波形，从而大大提高了现场工作效率，缩短了室内数据处理时间。

声波透射法是在预埋声测管的混凝土灌注桩中检测桩身完整性，判定桩身缺陷的程度及其位置。它的特点是检测的范围可覆盖全桩长的各个检测剖面，检测全面细致，信息量大，成果准确可靠；现场操作不受场地、桩长、长径比的限制，操作简便，工作进度快。声波透射法以其鲜明的特点，成为混凝土灌注桩（尤其是大直径桩）桩身完整性检测的一个重要手段，在工民建、水利、交通桥梁和港口等工程建设领域中得到了广泛应用。

（一）基本原理

声波透射法是在灌注桩中预埋两根或两根以上的声测管作为检测通道，管中注满水作为耦合剂，将超声发射换能器和接收换能器置于声测管中，由超声仪激励发射换能器产生超声脉冲，向桩身混凝土辐射传播。声波在混凝土传播过程中，当桩身混凝土介质存在阻抗差异时，将发生反射、绕射、折射和声波能量的吸收、衰减，并经另一声测管中的接收换能器接收，经超声仪放大、显示、处理、存储，可在显示器上观察接收超声波波形，判读出超声波穿越混凝土声时、接收首波的波幅及接收波主频等声学参数，通过桩身缺陷引起声学参数或波形变化来检验桩身混凝土是否存在缺陷。

目前，我国的超声仪都采用专用处理软件进行波速、声幅、PSD 计算，并绘制这些参数随深度变化的曲线图，供检测人员分析、判断桩身存在的缺陷位置和范围，估算缺陷的尺寸等，并按规范规定对基桩进行完整性分析。

（二）检测仪器设备

声波检测仪器有两大类，模拟式声波仪和数字式声波仪。模拟式声波仪所显示和分析的是模拟信号，其声波幅值随时间的变化是连续的，这种信号称为时域信号。这类模拟式声波仪，测试时由人工操作，现场工作量大，工作效率低，容易出错，因此使用越来越少。数字式声波仪通过信号采集器采集信号，将采集的模拟信号变为数字信号，由计算软件自动进行声时和波幅判读，既提高了检测精度，又提高了效率，因而得到了广泛的应用。

1. 数字式超声波检测仪

数字超声仪的作用是重复产生 100 Hz（或 50 Hz）频率的高压电脉冲去激励发射换能器，为了测量从发射到接收声波所经过的时间，声波仪从刚开始桩身混凝土发射声波脉冲的同时就将计时器打开，计时器开始不断计时。当发射换能器发射的超声波经水耦合进入混凝土，在混凝土中传播后被接收换能器接收，经超声仪放大、A/D 转换为数字信号后加以存储，再经 D/A 转换为模拟量。在某一时刻出现接收波形时，声波仪就会将波形采集下来，转变为数字信号存储。然后转化为模拟波形，显示在屏幕上。同时，启动计算机分析软件，比较前后各信号，找到波形刚刚变大且以后一直较大的那个采样点，即为接收波的起点，并立即关闭计时器，从而获得声时结果。这种数字信号便于存储、传输和各种处理分析，由计算软件自动进行声时和波幅判读后显示打印，可得到声速、波幅、PSD 随深度变化的曲线，供基桩桩身质量分析，判定桩身完整性类别。

（1）超声波检测仪的技术性能应符合下列规定：

①检测仪系统应包括信号放大器、数据采集及处理存储器、径向振动换能器等。

②检测仪应具有一发双收功能。

③波发射应采用高压阶跃脉冲或矩形脉冲，其电压最大值不应小于 1 000 V，且分挡可调。

（2）接收放大与数据采集器应符合下列规定：

①接收放大器的频带宽度为 5 Hz～200 kHz，增益不应小于 100 dB，放大器的噪声有效值不大于 2 μV；波幅测量范围不小于 80 dB，测量误差小于 1 dB。

②计时显示范围应大于 2 000μ_s，精度优于 0.5μ_s，计时误差不应大于 2%。

③采集器模-数转换精度不应低于 8 bit，采样频率不应小于 10mHz，最大采样长度不应小于 32 kB。

（3）径向振动换能器应符合下列规定：

①径向水平面无指向性。

②谐振频率宜大于 25 kHz。

③在 1mPa 水压下能正常工作。

④收、发换能器的导线均应有长度标注，其标注允许偏差不应大于 10mm。

⑤接收换能器宜带有前置放大器，频带宽度宜为 5 Hz～60 kHz。

⑥单孔检测采用一发双收一体型换能器，其发射换能器至接收换能器的最近距离不应小于 30 cm，两接收换能器的间距宜为 20 cm。

（4）《建筑基桩检测技术规范》（JGJ 106-2014）对超声波检测仪的技术指标要求如下。

①声波发射与接收换能器应符合下列规定：圆柱状径向振动，沿径向无指向性；外径小于声测管内径，有效工作段长度不大于 150mm；谐振频率为 30 k~60 kHz；水密性满足 1mPa 水压不渗水。

②声波检测仪应符合下列规定：实时显示和记录接收信号时程曲线以及频率测量或频谱分析；最小采样时间间隔小于等于 0.5ms，系统频带宽度为 1k~200 kHz，声波幅值测量相对误差小于 5%，系统最大动态范围不小于 100 dB；声波发射脉冲为阶跃或矩形脉冲，电压幅值为 200~1 000 V；首波实时显示；自动记录声波发射与接收换能器位置。

2. 声测管埋设要求

声测管应选择透声性好、便于安装和费用较低的材料。考虑到混凝土的水化热作用及施工过程中受外力作用较大，容易使声测管变形、断裂，影响换能器上、下管道的畅通，以选用强度较高的金属管为宜。

（1）声测管内径应大于换能器外径（>15mm）。

（2）声测管应下端封闭、上端加盖、管内无异物。声测管连接处应光滑过渡，管口应高出桩顶 100~300mm，且各声测管管口高度应一致。

（3）应采取适宜方法固定声测管，使之成桩后相互平行。

（4）声测管埋设数量与桩径大小有关，根据《公路工程基桩动测技术规程》（JTG/T 3512-2020）规定，当桩径不大于 1.5m 时，埋设三根管；当桩径大于 1.5m 时，应埋设四根管。《建筑基桩检测技术规范》（JGJ 106-2014）规定，桩径小于或等于 0.8m 时，不少于两根声测管；桩径大于 0.8m 且小于或等于 1.6m 时，不少于三根声测管；桩径大于 1.6m 时，不少于四根声测管；桩径大于 2.5m 时，宜增加预埋声测管数量。

（三）现场检测技术

1. 检测准备工作

检测对混凝土龄期的要求，《公路工程基桩动测技术规程》（JTG/T 3512-2020）规定不应小于 14 天。《建筑基桩检测技术规范》（JGJ 106-2014）规定受检桩混凝土强度不应低于设计强度的 70%，且不应低于 15mPa。检测前的准备工作有以下几方面：

（1）用大于换能器直径的圆钢疏通，以保证换能器在声测管全程范围内升降顺畅，然后用清水清洗声测管。

（2）准确测量声测管的内外径和声测管外壁间的净距离。

（3）采用标定法确定仪器系统延迟时间。

（4）计算声测管及耦合水层声时修正值。

2. 检测方法

声波透射法检测混凝土灌注桩有桩内单孔透射法和跨孔透射法两种。

（1）单孔透射法是在桩身只有一个通道的情况下，如钻孔取芯后需要了解孔芯周围的混凝土质量情况，作为钻芯检测的补充手段使用，这时采用一发两收换能器放于一个钻芯孔中，声波从发送换能器经水耦合进入孔壁混凝土表层滑行，再经水耦合到达接收换能器，从而测出声波沿孔壁混凝土传播的各项声学参数。单孔透射法的声传播途径比跨孔法复杂得多，信号分析难度大，且有效检测范围约一个波长，故此法不常采用。

（2）跨孔透射法是在桩内预埋两根或两根以上的声测管把发射和接收换能器分别置于两根管中。

测试系统由超声仪、发收换能器、位移测量系统（深度记录、三脚架、井口滑轮）、传输电缆等组成。其中，超声仪和径向换能器组成超声脉冲测量部分。

3. 测试过程

将发收换能器放入桩内声测管中同一深度的测点处，超声仪通过发射换能器发射超声波经桩身混凝土传播，在另一声测管中的接收换能器接收到超声波，经电缆传输给超声仪，实时高速记录显示接收波形，并判读声学参量。换能器在桩内移动过程的位置，位移测量系统也实时传输给超声仪。当换能器到达预定位置时，超声仪自动存储该测点的波形及声学参量，实现换能器在桩身测管内移动过程中自动记录存储各测点声学参量及波形的目的。全桩各个检测剖面检测出的声学参量，如声时、幅值和主频等，按照规范编制软件进行数据处理后，可绘制成基桩质量分析的成果图。

现场测试过程中应保持发射电压与仪器设置参数不变，使同一次测得的声参数具有可比性。

4. 测试方式

测试有三种方法：

（1）对测（普查）

发射和接收换能器分别置于两声测管的同一高度，自下而上，将收发换能器以相同步长（不大于 250mm）向上提升，进行水平检测。若平测后，存在桩身质量的可疑点，则进行加密平测，以确定异常部位的纵向范围。

（2）斜测

让收发换能器保持一定的高程差，在声测管中以相同步长，同步升降进行测试。斜测分单向斜测和交叉斜测。斜测时，收发换能器中心连线与水平夹角一般取 30°~40°。斜测可测出局部缺陷、缩径或专测管附着泥团、层状缺陷等。

（3）扇形测

扇形测在桩顶、桩底斜测范围受限或为减小换能器升降次数时采用。一只换能器固定在某一高程不动，另一只逐步移动，测线呈扇形分布。此时换算的波速可以相互比较，但幅值无可比性，只能根据相邻测点幅值的突变来判断是否有异常。

通过上述三种方法检测结合波形进行综合分析，可查明桩身存在缺陷性质和范围大小。

当现场进行平测以后，发现其 PDS、声速、波幅明显超过临界值，接收频率、波形（或频谱）等牧理量异常时，为了找出缺陷所造成阴影的范围，确定缺陷位置、范围大小和性质，需要进行更详细的检测。

双管对测时，其基本方法是将一个探头固定，另一探头上下移动，找出阴影所在边界位置。在混凝土中，由于各种不均匀界面的漫射和低频波的绕射等原因，使阴影边界十分模糊，但通过上述物理量的综合运用仍可定出其范围。

在运用上述分析判断方法时，应注意排除声测管和耦合水声时值、管内混响、箍筋等因素的影响，且检测龄期应在 7 天以上。

如用 PSD 判据，也可用于其他结构物大面积扫测时缺陷判别，即将扫测网络中每条测线上的数据用 PSD 判据处理，然后把各测线处理结果综合在一起，同样可定出缺陷的性质、大小及位置。

颈缩现象的细测判断：现场检测一般首先采用水平同步平测法，将收发换能器置于两个声测管中，从管顶（或管底）开始，以一定间距向下进行水平逐点对测，直到桩底时止。为保证测点间声场可以覆盖而不至于漏测，其测量点距可取 20～40 cm，超声仪对每一个测点自动步进式编号，从测点编号，即可知道换能器的测试深度。一对测声管测完后，再转入下一对声测管进行测试，可对全桩各个检测剖面进行检测，即可测出桩身声学参数，如声时、幅值和主频等，供计算分析，判定桩身混凝土质量情况。

第四节　桥梁桩基检测中无损检测技术的应用

随着我国经济建设的快速壮大，人们的生活水平得到了相当大的提升，而桥梁作为人们日常出行必然用到的交通道路，自然也会对其提出更多的要求。我国的桥梁建设已经进入良好、平缓的发展阶段，所以当下桥梁建设的主要方向是延长路桥的使用寿命和提升质量，保证桥梁桩基中不会出现损坏，所以，对于桥梁的质量检测就尤为重要。如今桥梁许多都是采用的桩基础技术，为了避免桥梁桩基础遭到损坏，需要广泛地将桩基无损检测技术应用于桥梁的检测当中。

一、桩基无损检测技术概述

和传统的桥梁桩基检测技术的对比之后就能发现，无损检测技术存在一定的优点，其优势主要体现在以下几点：首先是在桥梁桩基质量的检测过程中，无损检测技术不会对桥梁的桩基造成损坏，不会让其结构发生变化，尤其是在相应构建的受力能力和使用上。其次是无损检测能够在不破坏桩基础结构的前提下，对桩基的实际质量以及承担的应力进行检测，使用起来高效快捷。再次使用桩基无损检测技术还能对混凝土的内部结构进行相应的测定，进而实现对桥梁内部混凝土的状态进行判定。最后，桩基无损检测技术是当下检测技术当中最为先进的技术之一，它能够在较短的时间内实现对桥梁的全面检测，对相关数据的分析十分迅速。总体而言，桩基无损检测技术不仅能够对桥梁进行高效检测，还能降低桥梁检测成本，在减少施工时间的同时，极大地提升检测效率，保证桥梁的安全使用，供人民群众正常出行。

二、桩基无损检测技术在桥梁桩基检测中的实际应用

（一）超声波无损检测法

超声波无损检测技术是无损检测技术当中最为常见的，其应用的原理是利用传统的超声波检测技术，该技术早期适用于检测桥梁桩基存在的缺陷问题。在超声波检测技术的应用当中，主要是对声波在撞击当中所产生的应力波进行精确的检测，如果桩基的应力波波速或者波峰值没有出现变化，并且应力波在撞击中均匀地传播，这就意味着桥梁桩基没有出现损坏，其完整性较好。

（二）高低应变无损检测法

第一，高应变检测法：高应变检测法实际上就是利用动检测法判断桩基能够承受的最高压力，以此来实现对桥梁桩基的全面检测，判断其桩基是否完整。在使用高应变检测法时，需要满足桩底土出现塑性变形的需求，在桩基受到打击或者锤击之后，桩顶的荷载就会发生相应的偏移。第二，低应变检测法：桩基动测技术的理论基础为应力波理论。该理论从 20 世纪就开始应用于对桥梁桩基础结构的情况进行检测和相应的判断，在随后的发展当中，我国以此理论为前提，学习国外先进的桩基检测技术，并根据不同桥梁所采用的不同桩基类型对桥梁桩基的检测进行了深入的研究和探讨，这在很大程度上推动了我国低应变检测技术的发展。低应变检测技术主要是当桩基受到震力之后，就会从桩底向下产生

应力波，当反射波到达桩基顶部时，安装在桩底顶端的传感器就能受到应力信号，形成动态波形。根据所反射出的应力波进行分析，就能够有效地进行对桥梁桩基的判断。低应变检测法一般是由反射波法和水电效应法组成的。其优势主要表现在便捷性以及经济性，所以也能够在现场进行检测。但由于某些原因，导致该技术还存在一定的限制，体现在弹性波的传播和能量存在一定的限制，使其不能对 50 米以上的长桩基进行判断和分析。

（三）钻芯检测方法的应用

钻芯检测法也属于非破坏性检测技术，主要是通过人造钻头和金刚石钻头实现对桩基内部的结构情况进行分析判断，分析结果较为精确和直观。主要是对混凝土桩的长度、沉积厚度和相关材料的强度进行全面分析，最终确定出桩端持力层的岩土性质。桩基一般是使用的单动双管的钻具，再辅以金刚石钻头对混凝土内部进行抽取。芯样品的抽取工作完成之后，按照从上往下的顺序放进芯样箱中，并记录下芯样的回次数和块号等信息。

三、桩基无损技术的完善和发展

随着我国科技水平的快速提升，桥梁桩基无损检测的检测方法和检测技术也在不断地完善。比如在对桩基的非破坏性检测当中，对于桩基外观和质量的检测要求也在不断提升，还需要不同的检测技术能够在不同的检测现场中得到高效的应用。就当下的情况而言，桥梁桩基无损检测技术还不够完整，所以需要有一个较好的管理标准，就目前存在的一些问题，采用相关措施进行完善。比如在新检测技术的应用当中，要充分了解一些智能技术的实际应用效果，在使用无损检测技术之前，要让具备丰富经验的人员严格按照检测仪器的使用标准进行检测，全面提升检测的精准度和有效性。此外，还要不断地将新型技术投入使用，保证检测结果的准确性。在桥梁桩基的检测过程中，要用最快的科学方法找出其中存在的质量问题，以此来采取相应的措施对其进行有效的处理，全面提升桥梁检测的效率，保证桥梁桩基的完整度。

桥梁桩基无损检测技术在桥梁等建设领域的应用都相当广泛，而且随着各个领域的不断应用，不断地得到完善。随着无损技术的有效应用，不但在对桥梁没有损害的情况下实现了对桩基的完整性进行测定，还在一定程度上减少了检测成本，这对延长桥梁的使用寿命有着极大的意义。本文从桥梁桩基无损检测技术的概念和优势出发，详细地阐述了该技术在桥梁桩基检测中的实际应用，相信随着当今社会经济和科技的快速发展，桥梁桩基无损检测技术会得到进一步完善，保证桥梁桩基的完整度。

第五节　多种检测方法在桩基评定中的综合应用

在基础施工过程中，桩基应用较为广泛，该工程为隐蔽工程，具有质量控制难度大、施工难度大等特征。为了使成桩质量进一步提高，施工单位需要采取多种检测方法对基桩质量进行判断，我们以工程实例为基础，对不同检测方式的应用进行实验，旨在为今后桩基检测提供参考。

由于施工人员经验、现场气候、地质条件以及施工工艺等多方面因素存在不确定性，因此桩基成桩质量具有不确定性，为了对桩基进行检测，及时发现缺陷桩，使桩基成桩质量得到保障，施工单位应对其进行检测。

一、桩基的几种检测方法

（一）钻芯法

在使用钻芯法对桩基进行检测的过程中，应先用钻孔机抽取芯样，再对其沉渣厚度、桩基质量以及桩长等因素进行判断，为了对桩身混凝土强度进行进一步的判断，需要通过进一步的抗压试验。虽然钻芯法比较直观，但是其具有成本高、费时费力等缺点，通常不在大面积桩基检测中使用。

（二）低应变反射波法

该种检测方法以一维波动理论为基础，将一个瞬时激振施加在桩基顶部，并对桩顶的速度和加速度曲线进行测量，对桩的完整性进行判断。该检测法具有成本低、设备便携、模型清晰等特点，在当前桩基检测中应用较为广泛。

（三）超声波透射法

超声波透射法主要是将声测管埋设于桩基中，并在不同声测管中放置接收换能器和发射换能器，通过声波仪对参数变化情况进行记录和分析，达到判断桩基质量的目的。该方法具有成本低廉、操作便捷、使用简便、检测方位大、定位准确且数据可靠性高等优点，因此，除低应变检测法外，该种无损检测法应用也比较广泛。

除上述几种检测法外，还有开挖验证、高应变反射波法以及荷载试验法等。

二、相关工程实例的分析

某高速公路大桥采用冲击钻孔灌注桩对桥台 0# − 2 桩进行施工，该桩总长为 24.724 米，桩直径为 1.6 米，混凝土设计强度为 C30，三根声测管以三角形布置法为基础进行布置，浇筑龄期为 28d 时，使用非金属超声检测仪（武汉岩海公司生产）同步对三个测面进行水平检测，从桩底到桩顶每隔 200mm 设置一个测点进行检测。

根据实测结果可知，在该桩顶 20.1 米标高以下的范围内，三个测面的波幅和波速都比临界值大，而在桩顶 20.1 米标高以下的位置处，波形的畸变更加严重。由此可推断，该桩基在 20.1 米标高以下的位置缺陷较为严重。使用低应变法对其进行进一步的检测，低应变法检测波速为 3900m/s，由检测结果可知，对桩头施加激振后，在 20.1 米标高位置处出现入射波和反射波同相的现象，随后波速下降较为明显，该处存在阻力或抗阻较小的现象，该桩的局部范围缺陷得到验证。为了对无损检测的准确性进行进一步的证实，再使用钻芯取样法对其进行检测，由于该桩直径为 1.6 米，因此应钻取 2 个孔。对 2 个芯样进行观察可知，0# − 2 − 1 号芯样上的混凝土较为完整连续，断口拼接无明显缺陷；0# − 2 − 2 芯样从桩头到 21 米标高范围内存在空洞，与无损检测的结果一致，因此可将该桩判断为断桩。

在道桥的建设过程中，桩基是重要的受力构件，为了提高对桩基判断的准确性，施工单位应做到如下几点：

第一，当桩基存在问题时，技术人员应结合多种检测方法对其进行检测，达到取长补短的效果，避免出现误判和漏判现象。

第二，在使用反射波法对桩基进行检测过程中，应以基桩施工情况和地质情况为依据，必要时候还应结合开挖验证和钻芯法等方式对其进行进一步的检测，为了提高声测比例，可以适当增加声测管的数量。

第三，使用声波投射法不会受到桩长的限制，能够实时反映桩内的波幅、声速和声时等数据，在对复杂地质地区的端承桩进行测试后，还应使用低应变检测法对其进行验证，防止因地质问题造成安全事故。

第九章 桥梁上部结构与桥梁支座和伸缩装置检测

第一节 混凝土结构构件检测

桥涵混凝土结构、钢筋混凝土结构或预应力混凝土结构或构件的检测，主要包括以下内容：一是原材料与配合比的检测；二是施工阶段质量控制；三是外观质量检测；四是构件混凝土强度评定。本章只讲述施工阶段质量控制。

一、检测项目与频率

（一）拌制和浇筑混凝土时检验

1. 混凝土及组成材料的外观，拌制每一工作班至少2次，必要时随时抽样试验；

2. 混凝土的和易性（坍落度）每工作班至少2次；

3. 砂石材料的含水量，每日开工前1次，气候或含水量变化较大时随时检测调整；

4. 钢筋、模板、支架等的稳固性和安装位置；

5. 混凝土的运输、浇筑方法和质量；

6. 外加剂的使用效果；

7. 制取混凝土试件。

（二）浇筑混凝土后的检验

1. 养护情况；

2. 混凝土强度、拆模时间；

3. 混凝土外露面及装饰品质；

4. 变形和沉降。

（三）混凝土强度检测频率

1. 不同强度及不同配合比的混凝土应分别制取试件，试件应在浇筑地点或拌和地点随机制取。

2. 浇筑一般体积的结构物（如基础、墩台）时，每一单元结构物应制取 2 组。

3. 连续浇筑大体积结构物混凝土时，每 80~200 m³ 或每一工作班应制取 2 组。

4. 每片梁长 16m 以下应制取 1 组，16~30m 制取 2 组，31~50m 制取 3 组，50m 以上者不少于 5 组。

5. 就地浇筑混凝土小桥涵，每一组或每一工作班制取不少于 2 组；原材料和配合比相同，并由同一个拌和站拌制时，可几座合并制取 2 组。

如施工需要，可制取与结构物同条件养护的试件作为考核结构混凝土在拆模、出池、吊装、施预应力、承受荷载等阶段强度的依据。

二、结构外形尺寸与位置的检测项目及评定

混凝土、钢筋混凝土部分结构构件的外形尺寸、位置的检测与评定包括：混凝土基础实测项目，承台实测项目，墩、台身实测项目，柱或双壁墩身实测项目，梁（板）预制实测专案及钢筋安装实测专案的检测与评定。

三、焊接钢筋的质量检测

钢筋的连接方式有焊接与绑扎接头。轴心受压和小偏心受拉构件中钢筋接头不宜绑扎，普通混凝土中直径大于 25mm 的钢筋宜采用焊接。

钢筋的焊接方式有闪光对焊和搭接电弧焊。钢筋接头采用闪光对焊前，必须根据施工条件进行试焊，合格后方可正式施焊。钢筋接头采用搭接电弧焊时，两钢筋搭接端部应预先折向一侧，使两接合钢筋轴线一致。接头双面焊缝的长度不应小于 5 d，单面焊缝的长度不应小于 10 d（d 为钢筋直径）。焊接质量应符合下列要求。

（一）钢筋闪光对焊接头

1. 批量规定

在同一台班内，由同一焊工按统一焊接参数完成的 300 个同类型（指钢筋级别和直径均相同）接头作为一批。一周内连续焊接时可以连续计算，一周内不足 300 个接头时按一批计算。

2. 外观检查、抽样频率与判定

每批抽检 10% 的接头，并不得少于 10 个。焊接等长的预应力钢筋（包括螺纹端杆与钢筋）时，可按生产同条件制作模拟试件。螺纹端杆接头只可做拉伸试验。外观检查要求如下：

（1）接头处不得有横向裂缝。

（2）与电极接触处的钢筋表面，对 HPB300、HRB335、HRB400 钢筋，不得有明显烧伤；HRB500 钢筋不得有烧伤；低温对焊时，对 HRB335、HRB400、HRB500 钢筋，不得有烧伤。

（3）接头处的弯折不得大于 4°。

（4）接头处的钢筋轴线偏移不得大于 0.1 倍的钢筋直径，同时不得大于 2mm。

当有一个接头不符合要求时，应对全部接头进行检查，剔出不合格品。不合格接头切除重焊后，可再次提交验收。

3. 力学性能试验与判定

包括拉伸与弯曲试验。应从每批成品中切取 6 个试件，3 个进行拉伸试验，3 个进行弯曲试验。

拉伸试验结果应符合下列要求：

（1）2 个热轧钢筋接头试件的抗拉强度均不得低于该级别钢筋规定的抗拉强度，余热处理 HRB400 级钢筋接头试件的抗拉强度均不得低于 HRB400 级钢筋的抗拉强度。

（2）应至少有 2 个试件断于焊缝之外，并呈延性断裂。当试验结果有 1 个试件的抗拉强度小于上述规定，或有 2 个试件在焊缝或热影响区发生脆性断裂时，应再取 6 个试件进行复验，复验结果如仍有 1 个试件的抗拉强度小于规定值，或有 3 个试件断于焊缝或热影响区，呈脆性断裂，应确认该批接头为不合格品。

（3）预应力钢筋与螺钉端杆闪光对焊接头拉伸试验结果，3 个试件应全部断于焊缝之外，呈脆性断裂。

当试验结果有 1 个试件在焊缝或热影响区发生脆性断裂，应从成品中再切取 3 个试件进行复验，复验结果如仍有 1 个试件在焊缝或热影响区发生脆性断裂，应确认该批接头为不合格品。

（4）模拟试件的试验结果不符合要求时，应从成品中再切取试件进行复验，其数量和要求应与初始试验时相同。

弯曲试验结果应符合下列要求：

焊缝要处于弯曲中心点，弯曲角度为 90°，弯心直径为 2d（HPB300）；4d（HRB355）；5d（HRB400）；7d（HRB500）。

试验结果至少有 2 个试件不得发生破断，应确认该批接头为不合格品。

（二）钢筋电弧焊接头

1. 批量规定

以 300 个同类型接头为 1 批。不足 300 个时仍作为 1 批。

2. 外观检查

应在接头清渣后逐个进行目测或测量，检查结果应符合下列要求：

（1）焊缝表面平整，不得有较大的凹陷、焊瘤。

（2）接头处不得有裂纹。

（3）坡口焊及熔槽帮条焊接头，其焊缝加强高度不大于 3mm。

3. 强度检验与判定

从成品中每批切取 3 个接头做拉伸试验，试验结果应符合下列要求：

（1）3 个热轧钢筋接头试件的抗拉强度均不得低于该级别钢筋的规定抗拉强度值，余热处理 HRB400 级钢筋接头试件抗拉强度均不得小于 HRB400 级钢筋规定的抗拉强度。

（2）至少有 2 个试件呈塑性断裂，3 个试件均断于焊缝之外。当检验结果有 1 个试件的抗拉强度低于规定指标或有 2 个试件发生脆性断裂时，应取双倍数量的试件进行复验，复验结果如仍有 1 个试件的抗拉强度低于规定指标，或有 1 个试件断于焊缝或有 3 个试件呈脆性断裂时，则该批接头即为不合格品。

第二节　预应力混凝土结构检测

一、预应力筋用锚具、夹具和连接器检测

在给预应力混凝土结构施加预应力的过程中，无论是先张法对预应力钢筋的临时固定，还是后张法对预应力钢筋的永久锚固，都需要有锚具或夹具。因此，锚夹具是保证预应力混凝土结构安全可靠的关键之一，它们必须满足受力安全可靠、预应力损失小、张拉锚固方便迅速等要求。

（一）基本常识

1. 常用术语定义

（1）锚具

在后张法结构或构件中，为保持预应力筋的拉力并将其传递到混凝土上所用的永久性

锚固装置。锚具可分为两类：

①张拉端锚具

安装在预应力筋端部且可用以张拉的锚具。

②固定端锚具

安装在预应力筋端部，通常埋入混凝土中且不用以张拉的锚具。

（2）夹具

在先张法构件施工时，为保持预应力筋的拉力并将其固定在生产台座（或设备）上的临时性锚固装置；在后张法结构或构件施工中，在张拉千斤顶或设备上夹持预应力筋的临时性锚固装置（又称工具锚）。

（3）连接器

用于连接预应力筋的装置。

（4）预应力筋

在预应力结构中用于建立预加应力的单根或成束的预应力钢丝、钢绞线或钢筋。有粘结预应力筋是和混凝土直接粘结的或是在张拉后通过灌浆使之与混凝土粘结的预应力筋；无粘结预应力筋是用塑料、油脂等涂包的预应力筋，可以布置在混凝土结构体内或体外，且不能与混凝土粘结，这种预应力筋的拉力永远只能通过锚具和变向装置传递给混凝土。

（5）预应力筋—锚具组装件

单根或成束预应力筋和安装在端部的锚具组合装配而成的受力单元。

2. 分类、代号与标记

（1）产品分类

锚具、夹具、连接器按锚固方式不同，可分为夹片式（单孔或多孔夹片锚具）、支承式（墩头锚具、螺母锚具等）、锥塞式（钢质锥形锚具等）和握裹式（挤压锚具、压花锚具等）四种。

（2）代号与标记

锚具、夹具或连接器的总代号可以分别用汉语拼音字母 M、J、L 表示。锚具、夹具或连接器的标记由产品代号、预应力钢材直径、预应力钢材根数三部分组成（生产企业的体系代号只在需要时加注）。例如，锚固 12 根直径 15.2mm 预应力混凝土用钢绞线的圆形夹片式群锚锚具，标记为"YJM15—12"。

3. 检验项目和抽样方法

（1）检验项目。锚具、夹具和连接器的检验分出厂检验和型式检验两类。出厂检验和型式检验的检验项目应符合表 9-1 的规定。

表9-1 产品检验项目

锚具、夹具、连接器类别	出厂检验项目	型式检验项目
锚具及永久留在混凝土结构或构件中的连接器	外观 硬度 静载性能检验	外观 硬度 静载性能检验 疲劳性能检验 周期荷载性能检验 辅助性试验（选项）
夹具及张拉后将要放张和拆卸的连接器	外观 硬度 静载性能检验	外观 硬度 静载性能检验

（2）出厂检验时，每批零件产品的数量是指同一种产品，同一批原材料，用同一种工艺一次投料生产的数量。每个抽检组批不得超过2 000件（套）。外观检验抽取5%~10%。对有硬度要求的零件应做硬度检验，按热处理每炉装炉量的3%~5%抽样。静载试验用的锚具、夹具或连接器按成套产品抽样，应在外观及硬度检验合格后的产品中抽取，每生产组批抽取3个组装件用的样品。

（3）锚具及永久留在混凝土结构或构件中的连接器的型式检验，除按上述规定抽样外，尚应为疲劳试验、周期荷载试验及辅助性试验（选项）抽取各3个组装件用的样品。

（二）技术要求

锚具、夹具和连接器应具有可靠的锚固性能、足够的承载能力和良好的适用性，以保证充分发挥预应力筋的强度，并安全地实现预应力张拉作业。

1. 锚具的基本性能要求

（1）锚具的静载锚固性能：用预应力筋—锚具组装件静载试验测定的锚具效率系数 η_a 和达到实测极限拉力时组装件受力长度的总应变 ε_{apu} 确定。

锚具效率系数 η_a 按式（9-1）计算：

$$\eta_a = \frac{F_{apu}}{\eta_p F_{pm}} \qquad (9-1)$$

式中：F_{apu} ——预应力筋—锚具组装件的实测极限拉力；

η_p ——预应力筋—锚具组装件中预应力钢材为1~5根时，$\eta_p = 1$；13-19根时，$\eta_p = 0.98$；20根及以上时，$\eta_p = 0.97$；

F_{pm} ——预应力筋的实际平均极限抗拉力。由预应力钢材试件实测破断荷载平均值计算得出。

锚具的静载锚固性能应同时满足下列两项要求：

$$\eta_a \geqslant 0.95 \qquad\qquad (9-2)$$

$$\varepsilon_{apu} \geqslant 2.0\% \qquad\qquad (9-3)$$

预应力筋—锚具组装件的破坏形式应是预应力钢材的断裂（逐根或多根同时断裂），锚具零件的变形不应过大或碎裂，且应确认锚固的可靠性。

（2）锚具的疲劳荷载性能。预应力筋—锚具组装件，除应满足静载锚固性能外，还应满足循环次数为 200 万次的疲劳性能试验。

当锚固的预应力筋为钢丝、钢绞线或热处理钢筋时，试验应力上限应为预应力钢材抗拉强度标准值 f_{pik} 的 65%，疲劳应力幅度不应小于 80mPa。工程有特殊要求时，试验应力上限及疲劳应力幅度取值可另定。

当锚固的预应力筋为有明显屈服台阶的预应力钢材时，试验应力上限应为预应力钢材抗拉强度标准值的 80%，疲劳应力幅度宜取 80mPa。

试件经受 200 万次循环荷载后，锚具零件不应疲劳破坏。预应力筋因锚具夹持作用发生疲劳破坏的截面面积不应大于试件总截面面积的 5%。

（3）锚具的周期荷载性能。在有抗震要求的结构中使用的锚具，预应力筋—锚具组装件还应满足循环次数为 50 次的周期荷载试验。

①当锚固的预应力筋为钢丝、钢绞线或热处理钢筋时，试验应力上限应为预应力筋抗拉强度标准值 $f_{\mu k}$ 的 80%，下限应为预应力钢材抗拉强度标准值 $f_{\mu k}$ 的 40%。

②当锚固的预应力筋为有明显屈服台阶的预应力钢材时，试验应力上限应为预应力钢材抗拉强度标准值的 90%，下限应为预应力钢材抗拉强度标准值的 40%。

试件经 50 次循环荷载后预应力筋在锚具夹持区域不应发生破断。

（4）锚具的其他性能要求。

①锚具应具有满足分级张拉及补张拉预应力筋的要求。

②需要孔道灌浆的锚具或其附件上宜设置灌浆孔或排气孔，灌浆孔的孔位及孔径应符合灌浆工艺要求，且应有与灌浆管连接的构造。

③张拉端钢绞线内缩量应不大于 5mm。

④锚口（含锚下垫板）摩阻损失率合计不大于 6%。

2. 夹具的基本性能要求

（1）夹具的静载锚固性能，应由预应力筋—夹具组装件静载锚固试验测定的夹具效率系数 η_s 按式（9-4）确定：

$$\eta_k = \frac{F_{spu}}{F_{\mu vn}} \qquad\qquad (9-4)$$

式中 $F_{\mu vn}$ ——预应力筋—夹具组装件的实测极限拉力。

夹具的静载锚固性能应符合 $\eta_k \geqslant 0.92$。

（2）在预应力—夹具组装件达到实测极限拉力时，应当是由预应力筋的断裂，而不应由夹具的破坏所导致；夹具的全部零件均应有重复使用的质量，夹具应有可靠的自锚性能、良好的松锚性能和重复使用性能。在使用过程中，应能保证操作人员的安全。

3. 连接器的基本性能要求

在先张法或后张法施工中，在张拉预应力后永久留在混凝土结构或构件中的连接器，都应符合锚具的性能要求；如在张拉后还须放张和拆卸的连接器，则应符合夹具的性能要求。

（三）试验方法

1. 一般规定

（1）试验用的预应力筋—锚具、夹具或连接器组装件由产品零件和预应力筋组装而成。试验用的零件应是经过外观检查和硬度检验合格的产品。组装时应将锚固零件上的油污擦拭干净（允许残留微量油膜），不得在锚固零件上添加影响锚固性能的介质。组装件中组成预应力筋的各根钢材应等长平行、初应力均匀，其受力长度不应小于3m。

（2）单根钢绞线的组装件试件及钢绞线母材力学性能试验用的试件，不包括夹持部位的受力长度不应小于0.8m；其他单根预应力钢材的组装件及母材试件最小长度可按照试验设备及相关标准确定。

（3）对于预应力钢材在锚具夹持部位不弯折的组装件（全部锚筋孔与锚板底面垂直），各根预应力钢材平行受拉，侧面不应设置有碍受拉或产生摩擦的接触点；如预应力钢材的夹持部位与试件轴线有转向角度（锚筋孔与锚板底面倾斜或倾斜安装挤压头的连接器等）时，应在设计转角处加装转向约束钢环，试件受拉力时，该约束环不应与预应力钢材产生滑动摩擦。

（4）试验用预应力钢材应有良好的匀质性，可由锚具生产厂或检验单位提供，同时还应提供该批钢材的质量合格证明书。所选用的预应力钢材，其直径公差应在受检锚具、夹具或连接器设计的匹配范围之内。试验用预应力钢材应根据抽样标准，先在有代表性的部位取至少6根试件进行母材力学性能试验，试验结果应符合国家现行标准的规定（供需双方也可协议采用其他国家的标准）。并且，其实测抗拉强度平均值（f_{pm}）在相关钢材标准中的等级应与受检锚具、夹具或连接器的设计等级相同，超过该等级时不应采用。用某一中间强度等级的预应力钢材试验合格的锚具，在实际工程中，可用于不高于该强度等级的预应力筋。已受损伤的预应力筋不应用于组装件试验。

（5）试验用的测力系统，其不确定度不应大于 2%；测量总应变的量具，其标距的不确定度不应大于标距的 0.2%，指示应变的不确定度不应大于 0.1%。

2. 疲劳试验

（1）预应力筋—锚具或连接器组装件的疲劳试验应在疲劳试验机上进行。当疲劳试验机能力不够时，可以按试验结果有代表性的原则，在实际锚板上少安装预应力钢筋，或用本系列中较小规格的锚具组装成试验组装件，但预应力钢材根数不应少于实际根数的 1/10。为了保证试验结果具有代表性，直线形及有转折（如果锚孔有斜孔时）的预应力钢材都应包括在试验用组装件中。

（2）以约 100mPa/min 的速度加荷至试验应力上限值，在调节应力幅度达到规定值后，开始记录循环次数。

（3）选择疲劳试验机的脉冲频率，不应超过 500 次/min。

3. 周期荷载试验

预应力筋—锚具或连接器组装件的周期荷载试验，可以在试验机或承力台座上进行，以 100～200mPa/mm 的速度加荷至试验应力上限值，再卸载至试验应力下限值为第 1 周期，然后荷载自下限值经上限值再回复到下限值为第 2 个周期，重复 50 个周期。

经疲劳荷载试验合格后且完整无损的预应力筋—锚具组装件，可用于本项试验。

4. 外观、尺寸及硬度检验

第一，产品外观用目测法检验；裂缝可用有刻度或无刻度放大镜检验。

第二，产品尺寸按机械制造常规方法用直尺、游标卡尺和塞环规等量具检验。

第三，硬度检验按产品零件设计图样规定的硬度值种类，选用相应的硬度测量仪器进行检验。

5. 辅助性试验

（1）锚具的内缩量试验

本项试验可用单根或小规格锚具配合预应力筋，在 5～10m 长的台座或构件的预应力孔道上多次张拉和放张，直接测得锚具内缩量（以 mm 计）；张拉应力为预应力筋的 $0.8f_{ptk}$。用传感器测量锚固前后预应力筋拉力差值，也可计算求得内缩量。试验用的试件每个规格不得少于 3 个，取平均值。

（2）锚固端摩阻损失试验

本项试验是测定张拉千斤顶工具锚下至喇叭形垫板收口处的预应力损失。它包括预应力筋在锚具中的摩阻损失和在喇叭形垫板中两次弯折所引起的拉力损失。

试验可在模拟锚固区的混凝土块体或张拉台座上进行，锚具、垫板及附件应安装齐备，两端安装千斤顶及传感器，张拉力按预应力筋的 $0.8f_{ptk} \cdot A_p$ 取用。用传感器测出锚具前后两侧拉力差值即可算出锚固端摩阻损失，通常以张拉力的百分率计。试验用的试件可在锚具规格系列中选取三种规格，试件数量不应少于 3 个，取平均值。

（3）张拉锚固工艺试验

根据预应力张拉锚固体系的构造安排，设计制作专门的钢筋混凝土模拟块体，作为试验平台，混凝土块体中，应包含多种弯曲和直线孔道、喇叭形垫板或垫板连体式锚板，各种塑料预埋件均应埋入混凝土中。用该体系的张拉设备进行分级张拉、多次张拉和放松操作。最大张拉力为预应力筋的 $0.88f_{ptk} \cdot A_t$。

通过张拉锚固工艺试验应能证明：

①本预应力体系具有分级张拉或因张拉设备倒换行程需要临时锚固的可能性；②经过多次张拉锚固后，预应力筋内各根预应力钢材受力仍是均匀的；③在张拉发生故障时，有将预应力筋全部放松的措施；④单根垫板连体式锚具，有能使预应力筋在锥形夹片孔中自由对中的构造及不顶压锚固的可靠性。

（四）检验结果的判定

第一，外观检验。受检零件的外形尺寸和外观质量应符合图样规定。全部样品均不得有裂纹出现，如发现一件有裂纹，即应对本批全部产品进行逐件检验，合格者方可使用。

第二，硬度检验。按设计图样规定的表面位置和硬度范围检验和判定，如有 1 个零件不合格，则应另取双倍数量的零件重做检验；如仍有 1 个零件不合格，则应对本批零件逐个检验，合格者方可使用。

第三，静载试验、疲劳荷载试验即周期荷载试验。如符合技术要求，应判为合格；如有 1 个试件不符合要求，即判定为不合格；但允许另取双倍数量的试件重做试验，若全部试件合格，即可判定本批产品合格；如仍有 1 个试件不合格，则该批产品为不合格产品。

第四，辅助性试验为测定参数及检验工艺设备的项目，不做合格与否的判定。

二、张拉设备校验

在桥梁工程中施加预应力所用的机具设备通常称为张拉设备。常用的张拉设备为液压拉伸机，由油压千斤顶和配套的高压油泵、压力表及外接油管等组成。液压拉伸机的千斤顶按其构造可分为台座式（普通油压千斤顶）、穿心式、锥锚式和拉杆式。预应力张拉机具应与锚具配套使用，并在进场前进行检查和校验。

油压千斤顶的作用力一般用油压表测定和控制。油压表上的指示读数为油缸内的单位油压，在理论上将其乘以活塞面积即应为千斤顶的作用力。但由于油缸与活塞之间有一定的摩阻力，因此实际作用力要比理论值小。为正确控制张拉力，一般均用校验标定的方法测定油压千斤顶的实际作用力与油压读数的关系。校验仪器可采用压力试验机、标准测力计或传感器等，一般采用长柱压力试验机。

（一）长柱压力试验机校验

压力试验机的精度不得低于±2%。校验时，应采取被动校验法，即在校验时用千斤顶顶试验机，这样活塞运行方向、摩阻力的方向与实际工作时相同，校验比较准确。

在进行被动校验时，压力试验机本身也有摩阻力，且与正常使用时相反，故试验机表盘读数反映的也不是千斤顶的实际作用力。因此，用被动法校验千斤顶时，必须事先用具有足够吨位的标准测力计对试验机进行标定，以确定试验机的读盘读数值。标定后再校验千斤顶时就可以从试验机读盘上直接读出千斤顶的实际作用力以及相应的油压表的准确读数。

用压力试验机校验的步骤如下：

1. 千斤顶就位

当校验穿心式千斤顶时，如图9-1（a）所示，将千斤顶放在试验机台面上，千斤顶活塞面或撑套与试验机压板紧密接触，并使千斤顶与试验机的受力中心线重合；当校验拉杆式千斤顶时，如图9-1（b）所示，先把千斤顶的活塞杆推出，取下封尾板，在缸体内放入一根厚壁无缝钢管，然后将千斤顶两脚向下立于试验机的中心线部位。放好后，调整试验机，使钢管的上端与试验机上压板接紧，下端与缸体内活塞面接紧，并对准缸体中心线。

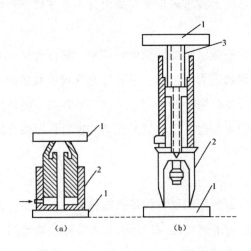

图9-1　用压力试验机校验拉伸机

（a）校验穿心式千斤顶；（b）校验拉杆式千斤顶

1—试验机上下压板；2—拉伸机；3—无缝钢管

2. 校验千斤顶

开动油泵，千斤顶进油，使活塞杆上升，顶试验机上压板。在千斤顶顶试验机的平缓增加荷载的过程中（此时不得用试验机压千斤顶），自零位到最大吨位，将试验机被动标定的结果逐点标定到千斤顶的油压表上。标定点应均匀地分布在整个测量范围内，且不少于 5 点。当采用最小二乘法回归分析千斤顶的标定经验公式时需 10~20 点。各标定点应重复标定 3 次，取平均值，并且只测读进程，不得读回程。

（二）用标准测力计校验

用水银压力计、测力环、弹簧拉力计标准测力计校验千斤顶，是一种简单可靠的方法，校验穿心式千斤顶时的装置如图 9-2 所示（校验拉杆式千斤顶的附加装置与压力试验机校验相同）。校验时，开动油泵，千斤顶进油，活塞杆推出，顶测力计。当测力计达到一定吨位 T_1 时，立即读出千斤顶油压表相应读数 P_1，同样方法可得 T_2、P_2；T_3、P_3；此时，T_1、T_2、T_3……即为相应于油压表读数 P_1、P_2、P_3……的实际作用力。将测得的各值绘成曲线，实际使用时，即可由此曲线找出要求的 T 值和相应的 P 值。

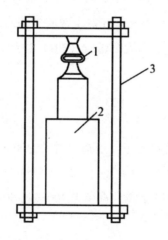

图 9-2　标准测力计校验千斤顶装置

1——标准测力计；2——千斤顶；3——框架

第三节　桥梁支座检测

桥梁支座设置在梁板式体系中主梁与墩台之间，其主要功能是将上部结构的各种荷载传递给墩台，并能适应上部结构的荷载、温度变化、混凝土收缩等各种因素所产生的自由变形（水平位移及转角），使上、下部结构的实际受力情况符合设计计算图式。

目前使用广泛的桥梁支座有板式橡胶支座、盆式橡胶支座和球形橡胶支座。桥梁板式橡胶支座构造简单、成本低、安装方便，已实现了产品的标准化、系列化，也是我国桥梁支座的发展方向。本节主要介绍桥梁板式橡胶支座的检验方法。

一、板式橡胶支座的构造

（一）分类

1. 按结构形式划分

（1）普通板式橡胶支座可分为矩形板式橡胶支座（代号 $GJZF_4$）、圆形板式橡胶支座（代号 $GYZF_4$）；

（2）四氟滑板式橡胶支座可分为矩形四氟滑板支座（代号 GJZF，）、圆形四氟滑板橡胶支座（代号 GYZF4）。

2. 按支座材料和适用温度划分

（1）常温型橡胶支座，应采用氯丁橡胶（CR）生产，适用温度为-25℃～60℃。不得使用天然橡胶代替氯丁橡胶，也不允许在氯丁橡胶中掺入天然橡胶；

（2）耐寒型橡胶支座，应采用天然橡胶（NR）生产，适用温度为-40℃～60℃。

（二）产品代号

产品代号表示方法示例：

公路桥梁矩形普通氯丁橡胶支座，短边尺寸为 300mm，长边尺寸为 400mm，厚度为 47mm。表示为：GJZ300×400×47（CR）。

公路桥梁圆形四氟滑板橡胶支座，直径为 300mm，厚度为 54mm。表示为：$GYZF_4$ 300 ×54（NR）。

（3）支座结构

板式橡胶支座通常由若干层橡胶片与以薄钢板为刚性的加劲物组合而成，各层橡胶与上下钢板经过亚硫化牢固地粘结成为一体。支座在竖向荷载作用下，具有足够的刚度，主要是由于嵌入橡胶片之间的钢板限制橡胶的侧向膨胀。在水平力作用下，支座的水平位移量取决于橡胶片的净厚度。在运营期间为防止嵌入钢板的锈蚀，支座的上下面及四边都有橡胶保护层。

二、板式橡胶支座的检验方法

（一）检验分类

桥梁橡胶支座检验可分为进厂原材料检验、出厂检验和型式检验。进厂原材料检验是指板式橡胶支座加工用原材料及外加工件进厂时，应进行的验收检验；支座出厂检验为每批产品交货前应进行的检验。出厂检验应由工厂质检部门进行确认合格后方可出厂，出厂时应附有产品质量合格证明文件，并附有支座的规格、胶种、单层橡胶和钢板厚度、钢板的平面尺寸、钢板层数、橡胶总厚度，以便使用单位验收和抽检。有下列情况之一时，应进行型式检验：①新产品或老产品转厂生产的试制定型鉴定；②正常生产后，胶料配方、工艺、材料有较大改变，可能影响产品性能时；③产品停产一年以上，恢复生产时；④重要桥梁工程或用量较大的桥梁工程用户提出要求时；⑤国家质量监督机构要求或颁发产品生产许可证时。

（二）检验项目及要求

支座出厂检验应满足表9-2的要求。

表9-2 支座出厂检验项目

项目	检验内容	检验周期
外形尺寸	平面尺寸、厚度偏差	抽检25%
外观质量	外观缺陷	每块支座
内在品质	内部缺陷	每200块取一块
力学性能	抗压、抗剪弹性模量、极限抗压强度、抗剪粘结性与抗剪老化交叉检验	每批产品一种

（三）支座力学性能检测方法

1. 抗压弹性模量试验

（1）抗压弹性模量应按下列步骤进行试验（图9-3）：

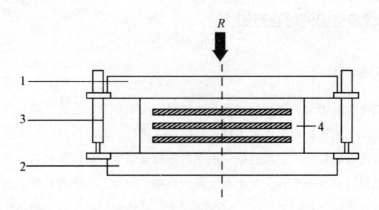

图9-3　压缩试验设备图

1——上承载板；2——下承载板；3——位移传感器；4——支座试样

①将试样置于试验机的承载板上，上下承载板与支座接触面不得有油渍；对准中心，精度应小于1%的试件短边尺寸或直径。缓缓载入至压应力为1.0mPa且稳定后，核对承载板四角对称安置的四只位移传感器，确认无误后，开始预压。

②预压。将压应力以0.03~0.04mPa/s速率连续地增至平均压应力 $\sigma = 10$mPa，持荷2min，然后以连续均匀的速度将压应力卸至1.0mPa，持荷5min，记录初始值，绘制应力—应变图，预压3次。

③正式载入。每一加载循环自1.0mPa开始，将压应力以0.03~0.04mPa/s速率均匀加载至4mPa，持荷2min，采集支座变形值，然后以同样速率每2mPa为一级载入，每级持荷2min后至 $\sigma = 10$mPa为止。采集支座变形数据直至平均压应力a为止，绘制的应力—应变图应呈线性关系。然后以连续均匀的速度卸载至压应力为1.0mPa。10min后进行下一级加载循环。加载过程应连续进行三次。

④以承载板四角所测得的变化值的平均值，作为各级荷载下试样的累积竖向压缩变形按试样橡胶层的总厚度 t_e 求出在各级试验荷载作用下，试样的累积压缩应变 $\varepsilon_i = \Delta_\alpha / t_e$。

（2）试样实测抗压弹性模量应按下列公式计算：

$$E_1 = \frac{\sigma_{10} - \sigma_4}{\varepsilon_{10} - \varepsilon_4} \qquad (9-5)$$

式中：E_1——试样实测的抗压弹性模量计算值，精确至1mPa；

σ_4，ε_4——第4mPa级试验荷载下的压应力和累积压缩应变值；

σ_{10}，ε_{10}——第10mPa级试验荷载下的压应力和累积压缩应变值。

（3）结果。每一块试样的抗压弹性模量E为三次加载过程中所得的三个实测结果的算术平均值。但单项结果和算术平均值之间的偏差不应大于算术平均值的3%，否则应对该试样重新复核试验一次，如果仍超过 3%，应由试验机生产厂专业人员对试验机进行检修和检定，合格后再重新进行试验。

2. 抗剪弹性模量试验

（1）抗剪弹性模量应按下列步骤进行试验

①在试验机的承载板上，应使支座顺其短边方向受剪，将试样及中间钢拉板按双剪组合配置好，使试样和中间钢拉板的对称轴和试验机承载板中心轴处在同一垂直面上，精度应小于1%的试件短边尺寸。为防止出现打滑现象，应在上下承载板和中间钢拉板上粘贴高摩擦板，以确保试验的准确性。

②将压应力以（0.03~0.04）MPa/s 的速率连续地增至平均压应力 $\sigma = 10$mPa，绘制应力—时间图，并在整个抗剪试验过程中保持不变。

③调整试验机的剪机试验机构，使水平油缸、负荷传感器的轴线和中间钢拉板的对称轴重合。

④预加水平力。以（0.02~0.03）MPa/s 的速率连续施加水平剪应力至剪应力 $\tau = 1.0$mPa，持荷 5min，然后以连续均匀的速度卸载至剪应力为 0.1mPa，持荷 5min，记录初始值，绘制应力—应变图。预载 3 次。

⑤正式载入。每一载入循环自 $\tau = 0.1$mPa 开始，每级剪应力增加 0.1mPa，持荷1min，采集支座变形资料，至 $\tau = 1.0$mPa 为止，绘制的应力—应变图应呈线性关系。然后以连续均匀的速度卸载至剪应力为 0.1mPa。10min 后进行下一循环试验。加载过程应连续进行 3 次。

⑥将各级水平荷载作用下位移传感器所测得的试样累积水平剪切变形 Δ_s，按试样橡胶层的总厚度 t_e 求出在各级试验荷载作用下，试样的累积剪切应变 $\gamma_i = \Delta_s / t$。

（2）试样的实测抗剪弹性模量应按下列公式计算：

$$G_1 = \frac{\tau_{1.0} - \tau_{0.3}}{\gamma_{1.0} - \gamma_{0.3}} \tag{9-6}$$

式中：G_1——试样实测的抗剪弹性模量计算值，精确至 1%（MPa）；

$\tau_{1.0}$，$\gamma_{1.0}$——第 1.0mPa 级试验荷载下的剪应力和累积剪切应变值（MPa）；

$\tau_{0.3}$，$\gamma_{0.3}$——第 0.3mPa 级试验荷载下的剪应力和累积剪切应变值（MPa）。

（3）结果。每对检验支座所组成试样的综合抗剪弹性模量 G，为该对试件三次载入所得到的三个结果的算术平均值。但各单项结果与算术平均值之间的偏差应不大于算术平均值的 3%，否则应对该试样重新复核试验一次，如果仍超过 3%，应由试验机生产厂专业人员对试验机进行检修和检定，合格后再重新进行试验。

3. 抗剪粘结性能试验

整体支座抗剪粘结性能试验方法与抗剪弹性模量试验方法相同，将压应力以（0.03~0.04）MPa/s 速率连续地增至平均压应力 $\sigma = 10\text{mPa}$，绘制应力—时间图，并在整个试验过程中保持不变。然后以 0.002~0.003mPa/s 的速率连续施加水平力，当剪应力达到 2mPa，持荷 5min 后，水平力以连续均匀的速度连续卸载，在加、卸载过程中绘制应力—应变图。试验中随时观察试件受力状态及变化情况，水平力卸载后试样是否完好无损。

4. 抗剪老化试验

将试样置于老化箱内，在 70℃ +2℃ 温度下经 72 h 后取出，将试样在标准温度 23℃ ± 5℃ 下，停放 48h，再在标准试验室温度下进行剪切试验，试验与标准抗剪弹性模量试验方法步骤相同。老化后抗剪弹性模量 G 的计算方法与标准抗剪弹性模量计算方法相同。

（四）判定规则

第一，进厂原材料检验应全部项目合格后方可使用，不合格材料不允许用于支座生产。

第二，支座出厂检验时，若有一项不合格，则应从该批产品中随机再取双倍支座，对不合格项目进行复检，若仍有一项不合格，则判定该批产品不合格。

第三，支座力学性能试验时，随机抽取三块（或三对支座），若有两块（或两对）不能满足要求，则认为该批产品不合格。若有一块（或一对）支座不能满足要求时，则应从该批产品中随机再抽取两倍支座对不合格项目进行复检，若仍有一项不合格，则判定该批产品不合格。

第四，型式检验时，应全部项目满足要求为合格。若使用单位元抽检支座成品力学性能有两项各有一块（一对）支座不合格；颁发产品许可证时，抽检支座有三项各有一块（一对）支座不合格，则可按照上述第三条规定进行复检，若仍有一项不合格，则判定该批产品为不合格。

第四节　桥梁伸缩装置检测

为使车辆平稳通过桥面并满足桥梁上部结构变形的需要，在桥梁伸缩缝处设置的由橡胶和钢材等组成的各种装置总称为桥梁伸缩装置。

一、伸缩装置的分类

伸缩装置按照伸缩体结构的不同分为模数式伸缩装置（M）、梳齿板式伸缩装置（S）和无缝式伸缩装置（W）三类。

（一）模数式伸缩装置

其伸缩体是由钢梁和橡胶密封带组合而成的伸缩装置称为模数式伸缩装置。按橡胶密封带的数量，模数式伸缩装置又进一步分为单缝式（MA）和多缝式（MB）两种。单缝（MA）模数式伸缩装置适用于伸缩量为 20~80mm 的公路桥梁工程，多缝（MB）模数式伸缩装置适用于伸缩量为 160mm 以上的公路桥梁工程。

（二）梳齿板式伸缩装置

其伸缩体由钢制梳齿板组合而成的伸缩装置称为梳齿板式伸缩装置。梳齿板式伸缩装置按梳齿板受力状况分为悬臂式（SC）和简支式（SS）两种。简支梳齿板式伸缩装置按活动梳齿板的齿板和伸缩缝的相对位置分为活动梳齿板的齿板位于伸缩缝一侧（SSA）和活动梳齿板的齿板跨越伸缩缝（SSB）两种。SC 梳齿板式伸缩装置适用于伸缩量为 60~240mm 的公路桥梁工程，SSA 梳齿板式伸缩装置适用于伸缩量为 80~1 000mm 的公路桥梁工程，SSB 梳齿板式伸缩装置适用于伸缩量为 1 000mm 以上的公路桥梁工程。

（三）无缝式伸缩装置

由弹性伸缩体和隔离膜组成的伸缩装置称为无缝式伸缩装置。适用于伸缩量为 20~100mm 的公路桥梁工程。

二、伸缩装置的总体要求

伸缩装置所使用的材料、加工工艺和成品的整体性能、外观质量及解剖检验等应符合交通运输部颁布的现行标准《公路桥梁伸缩装置通用技术条件》（JT/T 327—2016）。

（一）性能要求

伸缩装置应适应、满足桥梁纵、横、竖三向变形要求。当桥梁变形使伸缩装置产生显著的横向错位和竖向错位时，宜通过专题确定伸缩装置的平面转角要求和竖向转角要求，并进行变形性能检测。

伸缩装置应具有可靠的防水、排水系统，防水性能应符合注满水 24 h 无渗漏的要求。

（二）使用要求

在车辆荷载作用下，伸缩装置各部件及连接应安全可靠。在正常设计、生产、安装、运营养护条件下，伸缩装置设计使用年限不应低于 15 年。

三、试验方法

伸缩装置的检测项目包括整体性能试验、钢材试验、橡胶试验、其他材料试验、尺寸偏差、外观质量等内容。这里简要介绍下面几种试验方法：

（一）整体性能试验

1. 试样

整体试件宜采用整体装配后的伸缩装置进行试验。若受试验设备限制，不能对整体试件进行试验时，按照下列要求取样：

（1）单缝模数式伸缩装置的试件长度不小于 4m；

（2）多缝模数式伸缩装置的试件长度不小于 4m，并且有不少于 4 个位移箱；

（3）梳齿板式伸缩装置的试件长度不小于 4m 或一个单元；

（4）无缝式伸缩装置的试件长度不小于 4m。

2. 具体要求

（1）整体试验应在制造厂或专门试验机构中进行。

（2）对整体试件的伸缩装置进行力学性能试验时，伸缩装置试件的锚固系统应采用定位螺栓或其他有效方法，试验装置应能模拟伸缩装置在桥梁结构的实际受力状态，并进行规定试验项目试验。伸缩装置的试验标准温度为 23℃±5℃，且不应有腐蚀性气体及影响检测的震动源。

（3）模数式伸缩装置应进行拉伸、压缩、纵向、竖向、横向错位试验、测定水平摩阻力、变位均匀性。应按实际受力荷载测定中梁、支承横梁及其连接部件应力、应变值，并应对试样进行振动冲击试验，对橡胶密封带进行防水试验。

（4）梳齿板式伸缩装置应进行拉伸、压缩试验，测定水平摩阻力及橡胶密封带进行防水试验。

（5）无缝式伸缩装置应进行拉伸、压缩试验及橡胶密封带防水试验。

（二）原材料

伸缩装置中使用的钢材、橡胶、不锈钢板、聚四氟乙烯板、硅脂等应按《公路桥梁伸缩装置通用技术条件》（JT/T 327—2016）中规定的相关方法进行试验。

（三）尺寸偏差

伸缩装置的尺寸偏差，应采用标定的钢直尺、游标卡尺、平整度仪、水平仪等测量，每 2m 取其断面测量后，取其平均值。

（四）外观质量

产品外观质量，应采用目测方法和相应精度的量具逐件进行检测。

（五）表面涂装质量

表面涂装质量检验按照《公路桥梁钢结构防腐涂装技术条件》（JT/T 722—2018）规定的方法进行检测。

四、检验规则

（一）检验分类

伸缩装置检验应包括型式检验和出厂检验。

（二）型式检验

有下列情况之一时，应进行型式试验。

1. 新产品投产或老产品转厂生产的试制定型鉴定。

2. 正常生产后，生产设备、生产流程、材料有改变，影响产品性能时。

3. 停产一年以上，恢复生产时。

4. 用户提出要求或桥梁变形变位情况特殊时。

5. 国家质量监督机构要求时。

（三）出厂检验

每批产品交货前应进行出厂检验。

（四）结果判定

1. 型式检验应由第三方进行。型式检验项目全部合格，则该批产品合格。当检验项目中有不合格项，应取双倍试样对不合格项进行复检，复检后仍有不合格，则该批产品为不合格。

2. 出厂检验时，当检验项目中有不合格项，应取双倍试样对不合格项目进行复检，复检后仍有不合格，则该批产品为不合格。

所有可能出现的问题都要认真考虑并做出处理预案，制订切实可行的试验方案。

第十章 构件材质状况与耐久性检测评定

第一节 结构混凝土强度的检测与评定

一、结构混凝土强度检测方法分类与要求

结构混凝土强度的检测方法可分为无损检测、半破损检测和破损检测。本节对目前桥梁工程常用的回弹法、超声回弹综合法、取芯法、回弹结合取芯法等测定混凝土强度的通用方法进行介绍。

使用这些方法要注意桥梁工程结构的特点，混凝土桥梁结构有其特殊性，混凝土强度检测评定分为结构或构件的强度检测评定与承重构件的主要受力部位的强度检测评定。如主梁，根据具体检测目的和检测要求，选择合适的方法进行检测时，可对主梁整个（批）构件进行检测评定，也可对主梁跨中部位进行混凝土强度的检测评定，但测区布置必须满足相关的规范规定，隧道工程中使用时同样要给予关注。

原则上对结构不采取破损检测，但在其他方法不能准确评定结构（构件）或承重构件主要受力部位的混凝土强度时，应采用取芯法或取芯法结合其他方法综合评定。在结构上钻、截取试件时，应尽量选择承重构件的次要部位或次要承重构件，并应采取有效措施，确保结构安全。钻、截取试件后，应及时进行修复或加固处理。

二、回弹法检测结构混凝土强度

回弹法在我国使用已有几十余年，使用范围越来越广泛，这不仅是因为回弹法简便、灵活，同时也得益于我国已解决了回弹法使用精度不高和不能普遍推广的一些关键问题。

（一）回弹法的基本原理

回弹法是用弹簧驱动重锤，通过弹击杆弹击混凝土表面，并测出重锤被反弹回来的距

· 243 ·

离，以回弹值（反弹距离与弹簧初始长度之比）作为与强度相关的指标，来推定混凝土强度的一种方法。由于测量在混凝土表面进行，所以应属于表面硬度法的一种。

回弹法的原理如图 10-1 所示，当重锤被拉到冲击前的状态时，若重锤的质量等于 1，则这时重锤所具有的势能 e 为

$$e = \frac{1}{2}kl^2 \qquad\qquad (10-1)$$

式中：k——拉力弹簧的刚度系数；

l ——拉力弹簧起始拉伸长度。

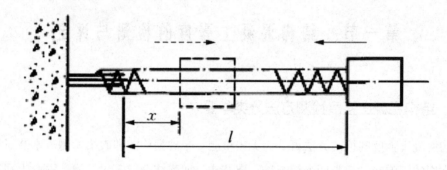

图 10-1　回弹法原理

混凝土受冲击后产生瞬间的弹性变形，其恢复力使重锤被弹回到 x 位置时所具有的势能 e_x 为

$$e_x = \frac{1}{2}kx^2 \qquad\qquad (10-2)$$

式中：x ——重锤反弹位置或重锤弹回时弹簧的拉伸长度。

所以，重锤在弹击过程中，所消耗的能量 Δe 为

$$\Delta e = e - e_x = \frac{1}{2}k(l^2 - x^2) = e\left[1 - \left(\frac{x}{l}\right)^2\right] \qquad\qquad (10-3)$$

令：

$$R = \frac{x}{l} \qquad\qquad (10-4)$$

在回弹仪中，l 为定值，所以 R 与 x 成正比，R 称为回弹值。将 R 代入式（10-3）得：

$$R = \sqrt{1 - \frac{\Delta e}{e}} = \sqrt{\frac{e_x}{e}} \qquad\qquad (10-5)$$

由式（10-5）可知，回弹值只等于重锤冲击混凝土表面后剩余势能与原有势能之比的平方根。简而言之，回弹值的大小取决于与冲击能量有关的回弹能量，而回弹能量主要取决于被测混凝土的弹塑性性能。其能量的传递和变化概述如下：

$$e = \sum A_i = A_1 + A_2 + A_3 + A_4 + A_5 + A_6 \qquad (10-6)$$

式中：A_1——使混凝土产生塑性变形的功；

A_2——使混凝土、弹击杆及弹击锤产生弹性变形的功；

A_3——弹击锤在冲击过程中和指针在移动过程中因摩擦所损耗的功；

A_4——弹击锤在冲击过程中和指针在移动过程中克服空气阻力的功；

A_5——混凝土产生塑性变形时增加自由表面所损耗的功；

A_6——仪器在冲击时由于混凝土构件颤动和弹击杆与混凝土表面移动而损耗的功。

A_3、A_4、A_5、A_6一般很小，当混凝土构件具有足够的刚度且在冲击过程中仪器始终紧贴混凝土表面时，均可忽略不计。在一定冲击能量的作用下，A_2的弹性变形接近于常数。因此弹回距离主要取决于混凝土的塑性变形。混凝土的强度越低，则塑性变形越大，消耗于产生塑性变形的功也越大，弹击锤所获得的回弹能量就越小，回弹距离相应也越小，从而回弹值就越小，反之亦然。据此，可由能量建立混凝土抗压强度-回弹值的相关曲线，通过回弹仪对混凝土表面弹击后的回弹值来推算混凝土的强度值。

（二）回弹仪

1. 回弹仪的构造及工作原理

回弹仪的类型比较多，有重型、中型、轻型和特轻型，工程使用最多的是中型回弹仪。

我国自20世纪50年代中期开始生产回弹仪，回弹仪可分为指针直读式和数字式。其中指针直读的直射锤击式仪器应用最广，随着数字技术的发展，数字回弹仪应用得也越来越多。回弹仪的外观及构造如图10-2所示。

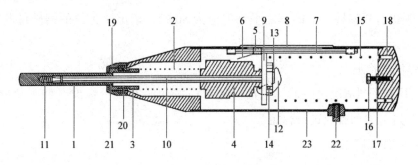

图 10-2　回弹仪的构造

1——弹击杆；2——弹击拉簧；3——拉簧座；4——弹击锤；5——指针块；6——指针片；7——指针轴；8——刻度尺；9——导向法兰；10——中心导杆；11——缓冲压簧；12——挂钩；13——挂钩压簧；14——挂钩销子；15——压簧；16——调零螺钉；17——紧固螺母；18——尾盖；19——盖帽；20——卡环；21——密封毡帽；22——按钮；23——外壳

仪器工作时，随着对回弹仪施压，弹击杆 1 徐徐向机壳内推进，弹击拉簧 2 被拉伸，使连接弹击拉簧的弹击锤 4 获得恒定的冲击能量 e，当仪器在水平状态工作时，其冲击能量 e 可由式（10-2）计算，其能量大小为 2.207 J（标准规定弹击拉簧的刚度为 785.0N/m），单击拉簧工作时的拉伸长度为 0.075m。

当挂钩 12 与调零螺钉 16 互相挤压时，弹击锤脱钩，于是弹击锤的冲击面与弹击杆的后端平直相碰撞，此时弹击锤释放出来的能量借助弹击杆传递给混凝土构件，混凝土弹性反应的能量又通过弹击杆传递给弹击锤，使弹击锤获得回弹的能量向后弹回，计算弹击锤回弹的距离 X 和弹击制脱钩前距弹击杆后端平面的距离 l 之比，即得回弹值 R，它由仪器外壳上的刻度尺 8 示出。

2. 中型回弹仪的技术要求

（1）水平弹击时，弹击锤脱钩的瞬间，中型回弹仪的标称能量应为 2.207 J。

（2）弹击锤与弹击杆碰撞的瞬间，弹击拉簧应处于自由状态，此时弹击锤起跳点应相应于指针指示刻度尺上的"0"处。

（3）在洛式硬度 HRC 为 60±2 的钢砧上，回弹仪的率定值应为 80±2。

（4）数字式回弹仪应带有指针直读示值系统，数字显示的回弹值与指针直读示值相差应不超过 1。

（5）回弹仪使用时的环境温度应为 -4~40℃。

3. 回弹仪的率定方法

回弹仪在工程检测前后，应在钢砧上做率定试验，并应符合下述要求：率定试验宜在干燥、室温为 5~35℃ 的条件下进行。率定时，钢砧应稳固地平放在刚度大的物体上。测定回弹值时，取连续向下弹击 3 次稳定回弹值的平均值。弹击杆应分 4 次旋转，每次旋转宜为 90°。弹击杆每旋转一次的率定平均值应为 80±2，率定回弹仪的钢砧每两年应校准一次。

4. 回弹仪的检定

回弹仪具有下列情况之一时，应由法定部门按照国家现行标准《回弹仪检定规程》（JJG 817-2011）对回弹仪进行检定。

（1）新回弹仪启用前。

（2）超过检定有效期限。

（3）数字式回弹仪显示的回弹值与指针直读示值相差大于 1。

（4）经保养后，在钢砧上率定值不合格。

（5）遭受严重撞击或其他损害。

5. 回弹仪的保养方法

当回弹仪的弹击次数超过 2 000 次，或者对检测值有怀疑以及在钢砧上的率定值不合格时，应对回弹仪进行保养。常规保养应符合下列规定：

（1）先将弹击锤脱钩后取出机芯，然后卸下弹击杆，取出里面的缓冲压簧，并取出弹击锤、弹击拉簧和拉簧座。

（2）清洗机芯各零部件，重点清洗中心导杆、弹击锤和弹击杆的内孔和冲击面，清洗后应在中心导杆上薄薄涂抹钟表油，其他零部件不得抹油。

（3）应清理机壳内壁，卸下刻度尺，并应检查指针，其摩擦力应为 0.5~0.8 N。

（4）对数字式回弹仪，还应按产品要求进行维护。

（5）保养时，不得旋转尾盖上已定位紧固的调零螺丝，不得自制或更换零部件。

（6）保养后应对回弹仪进行率定试验。

回弹仪使用完毕后，应使弹击杆伸出机壳，清除弹击杆、杆前端球面以及刻度尺表面和外壳上的污垢、尘土。回弹仪不用时，应将弹击杆压入仪器内，经弹击后方可按下按钮锁住机芯，将回弹仪装入仪器箱，平放在干燥阴凉处。数字回弹仪长期不用时，应取出电池。

（三）回弹法测强曲线

我国地域辽阔，各地区材料、生产工艺及气候等均有差异，影响混凝土的抗压强度与回弹值 R 的因素非常广泛，如水泥品种、粗骨料和细骨料的外加剂、混凝土的成型方法、养护方法、环境湿度、混凝土碳化及龄期等。回弹法测定混凝土的抗压强度，是建立在混凝土的抗压强度与回弹值之间具有一定的相关性的基础上的，这种相关性可用 $f_{cu}-R$ 曲线（或公式）来表示，通常称之为测强曲线。在我国，回弹法测强曲线分为全国统一测强曲线、地区曲线和专用曲线 3 种，以方便测试，提高测试精度，充分考虑各地区的材料差异。

对于未碳化混凝土或在一定条件下成型养护的混凝土，可用回归方程表示：

$$f_{cu}^c = f(R) \tag{10-7}$$

式中：f_{cu}^c——回弹法测区混凝土强度值。

对于已经碳化的混凝土或龄期较长的混凝土，可由下列函数关系表示：

$$f_{cu}^c = f(R, d) \tag{10-8}$$

$$f_{cu}^c = f(R, d, t) \tag{10-9}$$

式中：d——混凝土的碳化深度；

t——混凝土的龄期。

如果定量测出已硬化的混凝土构件的含水率，可以采用下列函数式：

$$f_{cu}^c = f(R,\ d,\ t,\ W) \tag{10-10}$$

式中：W——混凝土的含水率。

目前我国应用最广泛的是式（10-8），即采用回弹值和碳化深度两个指标来推定混凝土强度。

（四）检测方法

正常情况下，混凝土强度的检验与评定应按现行国家标准《混凝土结构工程施工质量验收规范》（GB 50204-2015）及《混凝土强度检验评定标准》（GB/T 50107-2010）执行。当出现标准养护试件或同条件试件数量不足或未按规定制作试件时，或所制作的标准试件或同条件试件与所成型的构件在材料用量、配合比、水灰比等方面有较大差异，已不能代表构件的混凝土质量时，抑或标准试件或同条件试件的试压结果不符合现行标准、规范规定的对结构或构件的强度合格要求，并且对该结果持有怀疑时，即当结构中混凝土实际强度有检测要求时，可以考虑依据《回弹法检测混凝土抗压强度技术规程》（JGJ/T 23-2011），采用回弹法来检测，检测结果可作为评价混凝土质量的一个依据，其一般检测步骤如下。

1. 收集基本技术资料

收集的基本技术资料包括：

（1）工程名称及设计、施工、监理（或监督）和建设单位名称。

（2）结构或构件名称、外形尺寸、数量及混凝土强度等级。

（3）水泥品种、强度等级、安定性、厂名；砂石种类、粒径；外加剂或掺和料品种、掺量；混凝土配合比等。

（4）施工时材料计量情况，模板、浇筑、养护情况及成型日期等。

（5）必要的设计图纸和施工记录。

（6）检测原因。

2. 确定抽样数量及适用范围

结构或构件混凝土强度检测可采用下列两种方式，其适用范围及结构或构件数量应符合下列规定。

（1）单个检测

适用于单个结构或构件的检测。

（2）批量检测

适用于在相同的生产工艺条件下，混凝土强度等级相同，原材料、配合比、成型工艺、养护条件基本一致且龄期相近的同类结构或构件的检测。按批进行检测的构件，抽检数量不得少于同批构件总数的 30%，且构件数量不得少于 10 件。抽检构件时，应随机抽取并使所选构件具有代表性。当检验批构件数量大于 30 个时，抽样构件数量可适当调整，并不得少于国家现行有关标准规定的最少抽样数量。

3. 选择符合下列规定的测区

（1）对一般构件，测区数不宜少于 10 个，当受检构件数量大于 30 个且不需提供单个构件推定强度，或构件某一方向尺寸不大于 4.5m 且另一方向尺寸不大于 0.3m 时，其测区数量可适当减少，但不应少于 5 个。

（2）相邻两测区的间距不应大于 2m，测区离构件端部或施工缝边缘的距离不宜大于 0.5m，且不宜小于 0.2m。

（3）测区宜选在使回弹仪处于水平方向检测的混凝土浇筑侧面。

（4）测区宜选在构件的两个对称可测面上，当不能布置在对称可测面上时，也可布置在一个可测面上，且应均匀分布。在构件的重要部位及薄弱部位应布置测区，并应避开预埋件。

（5）测区的面积不宜大于 0.04m²。

（6）检测面应为原状混凝土表面，并应清洁、平整，不应有疏松层、浮浆、油垢、涂层以及蜂窝、麻面。

（7）对弹击时产生颤动的薄壁、小型构件应进行固定，使之有足够的约束力，否则会使检测结果偏小。

（8）结构或构件的测区应标有清晰的编号，必要时应在记录纸上描述测区布置示意图和外观质量。

4. 回弹值测量

（1）回弹仪的操作：将弹击杆顶住混凝土的表面，轻压仪器，松开按钮，弹击杆徐徐伸出。使仪器对混凝土表面缓慢均匀施压，待弹击锤脱钩冲击弹击杆后即回弹，带动指针向后移动并停留在某一位置上，即为回弹值。继续顶住混凝土表面并在读取和记录回弹值后，逐渐对仪器减压，使弹击杆从仪器内伸出，重复进行上述操作，即可测得被测构件或结构的回弹值。操作中注意仪器的轴线应始终垂直于混凝土构件的检测面，缓慢施压，准确读数，快速复位。

（2）测点宜在测区范围内均匀分布，相邻两测点的净距不宜小于 20mm；测点距外露钢筋、预埋件的距离不宜小于 30mm。测点不应在气孔或外露石子上，同一测点只应弹击一次。每一测区应记取 16 个回弹值，每一测点的回弹值读数应精确至 1。

5. 碳化深度值测量

（1）回弹值测量完毕后，应在有代表性的位置上测量碳化深度值，测点数不应少于构件测区数的 30%，取其平均值为该构件每测区的碳化深度值。当碳化深度值大于 2.0mm 时，应在每一测区测量碳化深度值。

（2）碳化深度值测量方法：采用适当的工具在测区表面形成直径约 15mm 的孔洞，其深度应大于混凝土的预估碳化深度。孔洞中的粉末和碎屑应除净，并不得用水擦洗。同时，采用浓度为 1%~2% 的酚酞酒精溶液滴在孔洞内壁的边缘处，当已碳化与未碳化界线清楚时，再用深度测量工具测量已碳化与未碳化混凝土交界面到混凝土表面的垂直距离，测量 3 次，读数精确至 0.25mm，其平均值作为检测结果，精确至 0.5mm。

6. 泵送混凝土检测

检测泵送混凝土强度时，测区应选在混凝土浇筑侧面。

三、超声回弹综合法检测结构混凝土强度

（一）概述

波动是自然界中普遍存在的一种物质运动形式，机械振动在物体中的传播即为机械波。当机械波的频率在人耳可闻的范围内（20~20 000 Hz）时，称为可闻声波，低于此范围的称为次声波，而超过 20 000 Hz 的称为超声波。超声波用于非破损检测，就是以其为媒介，获得物体内部信息的一种方法。目前超声波检测方法已应用于医疗诊断、钢材探伤、混凝土检测的许多领域。混凝土超声波检测是混凝土非破损检测技术中的一个重要方面，其应用主要有两个方面，一是推定混凝土强度，二是测定混凝土内部缺陷。20 世纪 50 年代，我国开始研究这项技术，在 60 年代初即应用于工程检测，发展极为迅速，目前已应用于建筑、水电、铁道等各类工程的检测；从单一测强发展到测裂缝、测缺陷的全面检测等。随着计算机广泛应用于超声波检测技术、仪器设备的发展，混凝土超声波检测逐步实现了数据处理、分析自动化，提高了检测技术的准确性和可靠性，将在土木工程中发挥更大作用。

目前混凝土超声波检测主要是采用穿透法，其基本原理是用一发射换能器重复发射一定频率的超声脉冲波，让超声波在所检测的混凝土中传播，然后由接收换能器将信号传递给超声仪，由超声仪测量接收到的超声波的波速、振幅、频率和波形等波动参数与所测混凝土的力学参数，如弹性模量、泊松比、剪切模量以及内部应力分布状态有直接的关系，也与混凝土内部缺陷，如断裂面、孔洞大小及形状的分布有关。可见，超声波在混凝土中传播时，携带了有关混凝土的材料性能、内部结构及其组成的信息，准确测定这些声学参

数的大小及其变化，可以推断混凝土的强度和内部缺陷等情况。

超声仪是超声检测的基本装置。它的作用是产生重复的电脉冲去激励发射换能器，发射换能器发射的超声波在混凝土中传播后被接收换能器接收，并转换成电信号放大后显示在示波屏上。超声仪除了产生、接收、显示超声波外，还具有测量超声波有关参数的作用，如声传播时间、接受波振幅、频率等。超声仪可分为非金属超声波检测仪和金属超声波检测仪两大类。

应用超声波检测混凝土性能时，需要将电信号转换成发射探头的机械振动，再向被测介质发送超声波。常用换能器按波形不同分为纵波换能器与横波换能器，分别用于纵波与横波的测量。目前，一般检测中所用的多是纵波换能器，其中又分为平面换能器、径向换能器以及一发多收换能器。在混凝土超声波检测中，应根据结构的尺寸及检测目的来选择换能器。平面换能器用于一般结构的表面对测和平测。由于超声波在混凝土中衰减较大，为了使其传播距离较远，混凝土超声波检测时多使用频率在 200 kHz 以下的低频超声波。要使从换能器发出的超声波进入被测体，还必须解决换能器与被测体之间声耦合的问题。采用平面换能器时，由于被测混凝土表面粗糙不平，不论压得多紧，在换能器与被测对象之间仍会有空气夹层存在。由于固体与空气的特性阻抗相差悬殊，当超声波由换能器传播到空气夹层时，超声能量绝大部分被反射而难以进入混凝土。对于接受换能器来说，情况也一样。为此，需要在换能器与混凝土之间加上耦合剂，耦合剂一般是液体或膏体，它们充填二者之间时，排掉了空气，形成耦合剂层，这样就会使大部分超声波进入混凝土。平面换能器的耦合剂一般采用膏体，如黄油、凡士林等。采用径向换能器在测试孔测量时，通常用水做耦合剂。一般钻好孔后，应进行孔的冲洗，然后注满水，将径向换能器置于孔中即可观测。注意孔中水应尽量不含悬浮物（如泥浆、砂等），因为悬浮物对超声波有较强的散射衰竭，影响振幅的测量。

（二）混凝土主要声学参数

目前在混凝土超声波检测中常用的声学参数为声速、波形及振幅和频率。

1. 声速

声速即超声波在混凝土中传播的速度。它是混凝土超声检测中一个主要参数。混凝土的声速与混凝土弹性性质有关，也与混凝土内部结构有关。一般来说，弹性模量越高，密实性越好，声速也越高。同时混凝土的强度与它的弹性模量和孔隙率有密切关系，因此，对于同种材料与配合比的混凝土，强度越高，声速也越高。当混凝土内部有缺陷时，则该处混凝土的声速将比正常部位低，如当超声波穿过裂缝传播时，所测得的声速将比无裂缝处的声速有所降低。

2. 波形

波形是指在示波屏上显示的接收波波形，当超声波在传播过程中碰到混凝土内部缺陷、裂缝或异物时，由于超声波的绕射、反射和传播路径的复杂化，直达波、反射波和绕射波相继到达接收换能器，它们的频率和相位各不相同。这些波的叠加有时会使波形畸变。因此，对接收波波形的分析研究，有助于对混凝土内部质量及缺陷的判断。

3. 频率和振幅

在超声检测中，由电脉冲激发出的声脉冲信号是复频超声脉冲波，它包含了一系列不同成分的余弦波分量。这种含有各种频率成分的超声波在传播过程中，高频成分首先衰减。因此，可以把混凝土看作是一种类似高频滤波器的介质，超声波越往前传播，其所包含的高频分量越少，则主频率也逐渐下降。主频率下降的量值除与传播距离有关外，主要取决于混凝土本身的性质和内部是否存在缺陷等。因此，测量超声波通过混凝土后频率的变化可以判断混凝土质量和内部缺陷裂缝等情况。

接收波振幅通常指首波，即第一个波前半周的幅值，接收波振幅值反映了接收到的声波的强弱。对于内部有缺陷或裂缝的混凝土，由于缺陷使超声波反射或绕射，振幅也将明显减小。因此，振幅值也是判断混凝土缺陷的重要指标。

由于接收波主频率和振幅值的大小不仅取决于被测混凝土的性质和内部情况，还取决于仪器设备性能、设备状态、耦合状态以及测距的大小，所以很难有统一的度量标准，目前只是作为同条件下对比用。

（三）超声回弹综合法测强的影响因素

超声波检测混凝土的强度的基本依据是超声波传播速度与混凝土弹性性质有密切关系，而混凝土弹性性质与其力学强度存在内在联系，因此，在实际检测中，可以建立超声声速与混凝土抗压强度相关关系并借以推定混凝土的强度。超声测强以混凝土立方体试块28天龄期抗压强度为基准，通过大量试验研究原材料品种规格、配合比、施工工艺等因素对超声检测参数的影响，建立超声测强的经验公式，这样，通过测量超声波声速便可得出混凝土的抗压强度。目前，国内外按统计方法建立的相关曲线基本上采用以下非线性的数学表达式：

$$f_{cu} = Ae^{Be} \tag{10-11}$$

式中：f_{cu}——混凝土抗压强度；

A、B——经验系数。

混凝土强度的综合法检测，就是采用两种或两种以上的单一方法或参数（力学的、物理的或声学的）联合检测混凝土强度的方法。由于综合法比单一法测试误差小，适用范围广，因此在混凝土的质量控制与检测中的应用越来越多。目前已被采用的综合法有超声回弹综合法、超声钻芯综合法、超声衰减综合法等，最常用的测试方法是超声回弹综合法。

超声回弹综合法是指采用超声仪和回弹仪，在结构混凝土同一测区分别测量声时值和回弹值，然后利用已建立起来的测强公式推算该测区混凝土强度的一种方法。与单一的回弹法或超声法相比，综合法具有以下特点：

1. 减少混凝土龄期和含水率的影响

混凝土的龄期和含水率对超声波声速和回弹值的影响有着本质的不同：混凝土含水率越大，超声声速偏高而回弹值偏低，混凝土龄期长，超声声速的增长率下降，而回弹值则因混凝土碳化程度增大而提高。因此，二者综合起来测定混凝土强度就可以部分减少龄期和含水率的影响。

2. 可以弥补相互间的不足

一个物理参数只能从某一方面、在一定范围内反映混凝土的力学性能，超过一定范围，它可能不很敏感或不起作用。例如，回弹值 R 主要以表层的弹性性能来反映混凝土强度，当构件截面尺寸较大或内外质量有较大差异时，就很难反映混凝土的实际强度。超声声速主要反映材料的弹性性质，同时，由于超声波穿过材料，因而也反映材料内部的信息，但对于强度较高的混凝土（一般认为大于 35mPa），其 $f_{cu}-v$ 相关性较差。因此，采用回弹法和超声法综合测定混凝土强度，既可内外结合，又能在较低或较高的强度区间弥补各自的不足，能够较准确地反映混凝土强度。

3. 提高测试精度

由于综合法能减少一些因素的影响程度，较全面地反映整体混凝土质量，所以对提高无损检测混凝土强度的精度，具有明显的效果。

（1）影响因素

超声回弹综合法测定混凝土强度的影响因素，比单一的超声法或回弹法要小。有如下影响因素：水泥品种及用量、细骨料品种及砂率、粗骨料品种及用量、粗骨料粒径、外加剂、碳化深度、含水率、测试面。

（2）测强曲线

用混凝土试块的抗压强度与非破损参数之间建立起来的关系曲线即为测强曲线。对超声回弹综合法来说，即先对试块进行超声测试，然后进行回弹测试。当取得超声声速值 v、回弹值 R 和混凝土强度值 f_{cu} 之后，选择相应的数学模型来拟合它们之间的关系。综合法测强曲线按其适用范围分为以下 3 类。

①统一测强曲线（全国曲线）

统一测强曲线的建立是以全国许多地区曲线为基础，经过大量的分析研究和计算汇总而成。该曲线以全国经常使用的有代表性的混凝土原材料、成型养护工艺和龄期为基本条件，适用于无地区测强曲线和专用测强曲线的单位，对全国大多数地区来说，具有一定的现场适应性，因此使用范围广，但精度稍差。

②地区（部门）测强曲线

地区（部门）测强曲线是以本地区或本部门通常使用的有代表性的混凝土原材料、成型养护工艺和龄期作为基本条件，制作相当数量的试块进行试验建立的测强曲线。这类曲线适用于无专用测强曲线的工程测试，充分反映了我国地域辽阔、各地材料差别较大的特点，因此，对本地区或本部门来说，其现场适应性和测试精度均优于统一测强曲线。

③专用测强曲线

专用测强曲线是以某个具体工程为对象，采用与被测工程相同的原材料、配合比、成型养护工艺和龄期，制作一定数量的试块，通过非破损和破损试验建立的测强曲线。这类曲线针对性较强，测试精度较地区（部门）测强曲线高。

（四）检测方法

1. 超声法的仪器设备

超声脉冲检测技术用于结构混凝土的检测起源于 20 世纪 40 年代末。目前工程中应用的主要是智能型超声仪，主要由计算机（主机）、高压发射系统、程控放大系统、数据采集及传输系统、电源系统五大部分组成。其工作原理为：高压发射电路在主机控制下，产生高压脉冲，通过发射换能器转换为声波信号并传入被测介质，接收换能器接收通过被测介质的声波信号并转换为电信号，受主机控制的程控放大系统对接收的电信号作自动增益调整达到设定状态，经数据采集系统转换为数字信号，并将其高速送入主机系统，然后在主机系统控制下进行波形显示、声参量的判读和存储，或者对所存储的声参量进行分析处理等。

2. 设备要求

超声回弹综合法检测混凝土强度技术，实质上就是超声法和回弹法两种单一测强的综合测试，有关回弹仪技术要求、检测方法及规定与前述基本相同，超声波仪器技术要求、检测方法及规定如下。

（1）一般规定

①所采用的混凝土超声检测仪应通过技术鉴定，必须具有产品合格证和检定证。

②用于混凝土的超声波检测仪可分为两类，一类是模拟式，接收的信号为连续模拟量，可由时域波形信号测读声学参数；一类是数字式，接收的信号转化为离散数字量，具有采集、储存数字信号、测读声学参数和对数字信号处理的智能化功能。

③所采用的超声波检测仪应符合现行行业标准《混凝土超声波检测仪》（JG/T 5004-1992）的要求，并在计量检定有效期内使用。

④超声波检测仪应满足下列要求：具有波形清晰、显示稳定的示波装置；声时最小分度值为 0.1；具有最小分度值为 1 dB 的信号幅度调整系数；接收放大器频响范围 10～500 kHz，总增益不小于 80 dB，接收灵敏度（信噪比 3∶1 时）不大于 50mV；电源电压波动范围在标称值±10%情况下能正常工作；连续正常工作时间不少于 4 h。

⑤模拟式超声波检测仪还应满足下列要求：具有手动游标和自动整形两种声时测读功能；数字显示稳定，声时调节在 20～30ms 范围内，连续静置 1 h 数字变化不超过±0.2μs。

⑥数字式超声波检测仪还应满足下列要求：具有采集、储存数字信号并进行数据处理的功能；具有手动游标测读和自动测读两种方式，当自动测读时，在同一测试条件下，1h 内每 5min 测读一次声时值的差异不超过±0.2 μs，自动测读时，在显示器的接收波形上，应有光标指示声时的测读位置。

⑦超声波检测仪器使用时，环境温度应为 0～40℃。

（2）换能器技术要求

①换能器的工作频率宜在 50～100 kHz 范围内。

②换能器的实测主频与标称频率相差不应超过±10%。

（五）测区回弹值和声速值的测量及计算

1. 一般规定

（1）测试前宜具备下列资料

①工程名称和设计、施工、建设、委托单位名称。

②结构或构件名称、施工图纸和混凝土设计强度等级。

③水泥的品种、强度等级和用量，砂石的品种、粒径，外加剂或掺和料的品种、掺量和混凝土配合比等。

④模板类型，混凝土浇筑、养护情况和成型日期。

⑤结构或构件检测原因的说明。

（2）检测数量应符合下列规定

①按单个构件检测时，应在构件上均匀布置测区，每个构件上测区数量不应少于 10 个。

②同批构件检测时，构件抽样数不应少于同批构件的 30%，且不应少于 10 件；对一般施工质量和结构功能的检测，可按照现行国家标准《建筑结构检测技术标准》（GB/T50344-2019）的规定抽样。

③对某一方向尺寸不大于4.5m且另一方向尺寸不大于0.3m的构件，其测区数量可适当减少，但不应少于5个。

（3）按批抽样检测时，符合下列条件的构件可作为同批构件

①混凝土设计强度等级相同。

②混凝土原材料、配合比、成型工艺、养护条件和龄期基本相同。

③构件种类相同。

④施工阶段所处状态基本相同。

（4）构件的测区布置宜满足下列规定

①在条件允许时，测区宜优先布置在构件混凝土浇筑方向的侧面。

②测区可在构件的两个对应面、相邻面或同一面上布置。

③测区宜均匀布置，相邻两测区的间距不宜大于2m。

④测区应避开钢筋密集区和预埋件。

⑤测区尺寸宜为200mm×200mm；采用平测时宜为400mm×400mm。

⑥测试面应清洁、平整、干燥，不应有接缝、施工缝、饰面层、浮浆和油垢，并应避开蜂窝、麻面部位。必要时，可用砂轮片清除杂物和打磨平整，并擦净残留粉尘。

（5）对结构或构件上的测区编号，并记录测区位置和外观质量情况。

（6）对结构或构件的每一测区，应先进行回弹测试，后进行超声测试。

（7）计算混凝土抗压强度换算值时，非同一测区的回弹值和声速值不得混用。

2. 结构混凝土强度推定

（1）超声回弹法强度换算方法适用范围

①混凝土用水泥应符合现行国家标准《通用硅酸盐水泥》（GB 175-2020）的要求。

②混凝土用砂、石集料应符合现行行业标准《普通混凝土用砂、石质量及检验方法标准》（JGJ 52-2006）的要求。

③可掺或不掺矿物掺和料、外加剂、粉煤灰、泵送剂。

④人工或一般机械搅拌的混凝土或泵送混凝土。

⑤自然养护。

⑥龄期7~2 000天。

⑦混凝土强度10~70mPa。

（2）当无专用和地区测强曲线时，按综合法测定混凝土强度曲线的验证方法即《超声回弹它合法检测混凝土抗压强度技术规程》（T/CECS 02-2020）相关内容，通过验证后，可按规程规定的全国统一测区混凝土抗压强度换算表换算，也可按下列全国统一测区混凝土抗压强度换算公式计算。

①当粗集料为卵石时：

$$f_{cu,i}^c = 0.0056 v_{ai}^{1.439} R_{ai}^{1.769} \qquad (10-12)$$

②当粗集料为碎石时：

$$f_{cu,i}^c = 0.016 v_{ai}^{1.656} R_{ai}^{1.410} \qquad (10-13)$$

式中：$f_{cu,i}^c$——结构或构件第 i 个测区混凝土抗压强度换算值（MPa），精确至 0.1mPa。

（3）当结构或构件中的测区数不少于 10 个时，各测区混凝土抗压强度换算值的平均值和标准差应按下式计算：

$$m_{f_{cu}^c} = \frac{1}{n} \sum_{i=1}^{n} f_{cu,i}^c \qquad (10-14a)$$

$$s_{f_{cu}^c} = \sqrt{\frac{\sum_{i=1}^{n} (f_{cu,i}^c)^2 - n (m_{f_{cu,i}^c})^2}{n-1}} \qquad (10-14b)$$

式中：$f_{cu,i}^c$——结构或构件第 i 个测区的混凝土抗压强度换算值（MPa）；

$m_{f_{wi}}$——结构或构件测区混凝土抗压强度换算值的平均值（MPa），精确到 0.01mPa；

Sf_{cu}^c——结构或构件测区混凝土抗压强度换算值的标准差（MPa），精确到 0.01mPa；

n——测区数，对单个检测的构件，取一个构件的测区数，对批量检测的构件，取被抽检构件测区数的总和。

（4）当结构或构件所采用的材料及其龄期与制定测强曲线所采用的材料及其龄期有较大差异时，应采用同条件立方体试件，试件数量不应少于 4 个，或对结构或构件测区中钻取的混凝土芯样试件的抗压强度进行修正，钻芯取样数量不应少于 6 个。此时，采用式（10-14a）及式（10-14b）计算测区混凝土抗压强度换算值应乘以下列修正系数 η。

①采用同条件立方体试件修正时：

$$\eta = \frac{1}{n} \cdot \sum_{i=1}^{n} \frac{f_{cu,i}^0}{f_{cu,i}^c} \qquad (10-15a)$$

②采用混凝土芯样试件修正时：

$$\eta = \frac{1}{n} \cdot \sum_{i=1}^{n} \frac{f_{cor,i}^0}{f_{cu,i}^c} \qquad (10-15b)$$

式中：η——修正系数，精确至小数点后两位；

$f_{cu,i}^c$——对应于第 i 个立方体试件或芯样试件的混凝土抗压强度换算值（MPa），精确至 0.1mPa；

$f_{cu,i}^0$——第 i 个混凝土立方体试件（边长 150mm）的抗压强度实测值（MPa），精确至 0.1mPa；

$f_{cor,i}^0$——第 i 个混凝土芯样试件（100mm×100mm）的抗压强度实测值（MPa），精确至 0.1mPa；

n——试件数。

四、钻芯法检测结构混凝土强度

钻芯法检测混凝土强度是从混凝土结构物中钻取芯样来测定混凝土的抗压强度，是一种直观准确的方法。用钻芯法还可以检测混凝土的裂缝、接缝、分层、孔洞或离析等缺陷，具有直观、精度高等特点，因而广泛应用于土木工程中混凝土结构或构筑物的质量检测。

（一）适用情况

1. 对试块抗压强度的测试结果有怀疑时。

2. 因材料、施工或养护不良而发生混凝土质量问题时。

3. 混凝土遭受冻害、火灾、化学侵蚀或其他损害时。

4. 需检测经多年使用的建筑结构或构筑物中混凝土强度时。

（二）钻取芯样

1. 钻前准备资料

（1）工程名称（或代号）及设计、施工、建设单位名称。

（2）结构或构件种类，外形尺寸及数量。

（3）设计采用的混凝土强度等级。

（4）成型日期，原材料（水泥品种、粗集料粒径等）和混凝土试块抗压强度试验报告。

（5）结构或构件质量状况和施工中存在问题的记录。

（6）有关的结构设计图和施工图等。

2. 钻取芯样部位

（1）结构或构件受力较小的部位。

（2）混凝土强度质量具有代表性的部位。

（3）便于钻芯机安放与操作的部位。

（4）避开主筋、预埋件和管线的位置，并尽量避开其他钢筋。

（三）芯样要求

1. 芯样数量

芯样试件的数量应根据检测批的容量确定。标准芯样试件的最小样本量不宜少于 15 个，小直径芯样试件的最小样本量应适当增加。芯样应从检测批的结构构件中随机抽取，每个芯样应取自一个构件或结构的局部部位，且取芯位置应符合上文提到的要求。

2. 芯样直径

抗压试验的芯样试件宜使用标准芯样试件，其公称直径不宜小于集料最大粒径的 3 倍；也可采用小直径芯样试件，但其公称直径不应小于 70mm，且不得小于集料最大粒径的 2 倍。

3. 芯样高度

芯样抗压试件的高度和直径之比（H/d）宜为 1.00。

4. 芯样外观检查

每个芯样应详细描述有关裂缝、分层、麻面或离析等情况，并估计集料的最大粒径、形状种类及粗细集料的比例与级配，检查并记录存在气孔的位置、尺寸与分布情况，必要时应进行拍照。

5. 芯样测量

在试验前应按下列规定测量芯样试件的尺寸：

（1）平均直径用游标卡尺在芯样试件中部相互垂直的两个位置上测量，取测量的算术平均值作为芯样试件的直径，精确至 0.5mm。

（2）芯样试件高度用钢卷尺或钢板尺进行测量，精确至 1mm。

（3）垂直度用游标量角器测量芯样试件两个端面与母线的夹角，精确到 0.10°。

（4）平整度用钢板尺或角尺紧靠在芯样试件端面上，一面转动钢板尺，一面用塞尺测量钢板尺与芯样试件端面之间的缝隙，也可采用其他专用设备测量。

6. 芯样端面处理方法

锯切后的芯样应进行端面处理，宜采取在磨平机上磨平端面的处理方法。承受轴向压力芯样试件的端面，也可采取下列处理方法：

（1）用环氧胶泥或聚合物水泥砂浆补平。

（2）抗压强度低于 40mPa 的芯样试件，可采用水泥砂浆、水泥净浆或聚合物水泥砂浆补平，补平层厚度不宜大于 5mm；也可采用硫黄胶泥补平，补平层厚度不宜大于 1.5mm。

7. 芯样试件内不宜含有钢筋。当不能满足此项要求时，抗压试件应符合下列要求：

（1）标准芯样试件，每个试件内最多只允许有 2 根直径小于 10mm 的钢筋。

（2）公称直径小于 100mm 的芯样试件，每个试件内最多只允许有一根直径小于10mm 的钢筋。

（3）芯样内的钢筋应与芯样试件的轴线基本垂直并离开端面 10mm 以上。

8. 芯样试件尺寸偏差及外观质量超过下列数值时，相应的测试数据无效

（1）芯样试件的实际高径比（H/d）小于要求高径比的 95% 或大于 105%。

（2）沿芯样试件高度的任一直径与平均直径相差大于 2mm。

（3）抗压芯样试件端面的不平整度在 100mm 长度内大于 0.1mm。

（4）芯样试件端面与轴线的不垂直度大于 1°。

（5）芯样有裂缝或有其他较大缺陷。

（四）抗压强度试验

1. 芯样试件宜在与被检测结构或构件混凝土湿度基本一致的条件下进行抗压试验。如结构工作条件比较干燥，芯样试件应以自然干燥状态进行试验；如结构工作条件比较潮湿，芯样试件应以潮湿状态进行试验。

2. 按自然干燥状态进行试验时，芯样试件在受压前应在室内自然干燥 3 天，按潮湿状态进行试验时，芯样试件应在 20℃±5℃ 的清水中浸泡 40~48 h，从水中取出后应立即进行抗压试验。

第二节　钢筋锈蚀电位的检测与判定

一、概述

钢筋混凝土结构的耐久性问题越来越引起人们的重视，而钢筋锈蚀则是影响结构耐久性的主要因素之一，随着工业污染及建筑结构的老化，钢筋锈蚀问题越来越突出，直接影响到结构的安全使用。

我们知道，钢筋锈蚀是一个电化学过程，然而电化学过程的起始与发展还取决于许多复杂的因素，一些工程技术人员往往不重视或不甚了解这些因素的作用原理与钢筋锈蚀的密切关系，甚至在设计、施工及使用过程中增加一些不利的人为因素，使结构物过早出现腐蚀问题。此外，一切防护措施，均应在全面分析和了解影响钢筋锈蚀的各种因素的基础上制订和实施，才能得到预期的效果。

本节以硅酸盐水泥为例，介绍一下混凝土中钢筋表面钝化膜的破坏与腐蚀半电池的形成机理。

硅酸盐水泥在水化过程中产生一定的碱，方程式如下：

$$2(3CaO \cdot SiO_2) + 6H_2O \rightarrow 3CaO \cdot 2SiO_2 \cdot 3H_2O + 3Ca(OH)_2 \qquad (10-16)$$

$Ca(OH)_2$ 一部分溶解于混凝土的液相中，使混凝土 pH 值在 13~14 之间，另一部分则沉淀于混凝土的微孔中，处于强碱环境中的钢筋，其表面生成致密氧化膜，使钢筋处于钝化状态，同时混凝土对钢筋也起着物理保护作用。

但是从热力学的观点来看，钢筋的钝化是不稳定的，钝化状态的保持具有一定的条件，一旦条件改变，钢筋便由钝化状态向活化状态转变。

混凝土通常具有连续贯通的毛细孔隙，起初这些毛细孔隙被水泥水化过程中所产生的自由水和固体 $Ca(OH)_2$ 所填塞，但是，暴露在空气中的混凝土随着时间的推移，会逐渐释放一部分自由水，在干燥过程中，混凝土中的水分挥发，其原来占有的孔隙空间就会被空气所填补，通常空气中包含着大量的 CO_2 和酸性气体，它们能与混凝土中的碱性成分起反应，大气中的 CO_2，SO_2，SO_3 会和混凝土中的 $Ca(OH)_2$ 反应：

$$CO_2 + Ca(OH)_2 \rightarrow CaCO_3 + H_2O$$

$$SO_2 + Ca(OH)_2 \rightarrow CaSO_3 + H_2O$$

$$SO_3 + Ca(OH)_2 \rightarrow CaSO_4 + H_2O$$

这就是通常所说的混凝土碳化。混凝土碳化会使得混凝土的 pH 值降低，当 pH 值小于 11 时，混凝土中钢筋表面的致密钝化膜就被破坏，不仅如此，$CaSO_3$、$CaSO_4$，还会与水泥水化产物中的铝酸三钙反应，生成物体积增大，从而使混凝土胀裂，这就是硫酸盐侵蚀破坏。常说的碱性集料反应又叫作碱性反应破坏机理，也与此相似。当混凝土中的碱浓度超过一定临界值后，集料中如微晶和隐晶硅等活性矿料就会起化学反应而生成一种凝胶，这种凝胶吸水会膨胀，一旦混凝土遭受水的侵蚀，就使凝胶膨胀，从而产生过高的内应力，导致混凝土胀裂，这样一来就加快了混凝土的表面剥落。

一旦钢筋表面钝化膜局部破坏或变得致密度差，即不完整，则钝化膜处就会形成阳极，而周围钝化膜完好的部位构成阴极，从而形成了若干个微电池。虽然有些微电池处于抑制状态，但在一定条件下可以激化，从而使其处于活化状态发生氧化还原反应，这样就造成钢筋的锈蚀，宏观上混凝土和握裹其中的钢筋形成半电池，而我们也正是通过检测以上所述的处于活化状态的钢筋锈蚀半电池电位来判断混凝土内的钢筋锈蚀活化程度。

二、半电池电位法

半电池电位法是指利用混凝土中钢筋锈蚀的电化学反应引起的电位变化来测定钢筋锈

蚀状态。通过测定钢筋（混凝土）半电池电极与在混凝土表面的铜（硫酸铜）参考电极之间电位差的大小，来评定混凝土中钢筋的锈蚀活化程度。此方法主要针对半电池电位法检测混凝土中钢筋锈蚀状况的原理，规定仪器的使用方法、检测方法和判定标准的应用方法。

钢筋锈蚀状况检测范围应为主要承重构件或承重构件的主要受力部位，或根据一般检查结果有迹象表明钢筋可能存在锈蚀的部位。用于估测在用的现场和试验室硬化混凝土中无镀层钢筋的半电池电位，测试与这些钢筋的尺寸和埋在混凝土中的深度无关，可以在混凝土构件使用寿命中的任何时期使用。此方法用于检测混凝土中钢筋的锈蚀活化程度。已经干燥到绝缘状态的混凝土或已发生脱空层离的混凝土表面，测试时不能提供稳定的电回路，不适用本方法，对特殊环境，如海水浪溅区、处于盐雾中的混凝土结构等，不具有普遍适用性。

电位的测量需由有经验的、从事结构检测的工程师或相关技术专家完成并解释，除了半电池电位测试之外，还有必要使用其他数据，如氯离子含量、碳化深度、层离状况、混凝土电阻率和所处环境调查等，以掌握钢筋腐蚀情况及其对结构使用寿命可能产生的影响。

三、测量装置

（一）参考电极（半电池）

1. 本方法参考电极为铜（硫酸铜）半电池。它由一根不与铜或硫酸铜发生化学反应的刚性有机玻璃管、一只通过毛细作用保持湿润的多孔塞、一个处在刚性管里饱和硫酸铜溶液中的紫铜棒构成。

2. 铜（硫酸铜）参考电极温度系数为 $0.9 \text{mV} / \text{℃}$。

（二）二次仪表的技术性能要求

1. 测量范围大于 1V。

2. 准确度优于 $0.50\% \pm 1\text{mV}$。

3. 输入电阻大于 $1010 \, \Omega$。

4. 仪器使用环境条件：环境温度 $0 \sim 40 \text{℃}$；相对湿度 $\leq 95\%$。

（三）导线

导线总长不应超过 150m，一般选择截面积大于 0.75mm^2 的导线，以使在测试回路中产生的电压降不超过 0.1mV。

（四）接触液

为使铜（硫酸铜）电极与混凝土表面有较好的电接触，可在水中加适量的家用液态洗涤剂对被测表面进行润湿，减小接触电阻与电路电阻。

（五）使用情况

在使用接触液后仍然无法得到稳定的电位差时，应分析是否电回路的电阻过大或附近存在与桥梁连通的大地波动电流，在以上情况下，不应使用半电池电位法。

四、测试方法

（一）测区的选择与测点布置

1. 钢筋锈蚀状况检测范围应为主要承重构件或承重构件的主要受力部位，或根据一般检查结果有迹象表明钢筋可能存在锈蚀的部位。但测区不应有明显的锈蚀胀裂、脱空或层离现象。

2. 在测区上布置测试网格，网格节点为测点，网格间距可选 20 cm×20 cm、30 cm×30 cm、20 cm×10 cm 等，根据构件尺寸而定，测点位置距构件边缘应大于 5 cm，一般不宜少于 20 个测点。

3. 当一个测区内相邻测点的读数超过 150mV 时，通常应减小测点的间距。

4. 测区应统一编号，注明位置，并描述外观情况，

（二）混凝土表面处理

用钢丝刷、砂纸打磨测区混凝土表面，去除涂料、浮浆、污迹、尘土等，并用接触液将表面润湿。

（三）二次仪表与钢筋的电连接

1. 现场检测时，铜（硫酸铜）电极一般接二次仪表的正输入端，钢筋接二次仪表的负输入端。

2. 局部打开混凝土或选择裸露的钢筋，在钢筋上钻一小孔并拧上自攻螺钉，用加压型鳄鱼夹夹住并润湿，采用测试系统连接，确保有良好的电连接。若在远离钢筋连接点的测区进行测量，必须用万用表检查内部钢筋的连续性，若不连续，应重新进行钢筋的

连接。

3. 铜（硫酸铜）参考电极与测点的接触。测量前应预先将电极前端多孔塞充分浸湿，以保证良好的导电性，正式测读前应再次用喷雾器将混凝土表面润湿，但应注意被测表面不应存在游离水。

（四）铜（硫酸铜）电极的准备

饱和硫酸铜溶液由硫酸铜晶体溶解在蒸馏水中制成。当有多余的未溶解硫酸铜结晶体沉淀在溶液底部时，可以认为该溶液是饱和的。电极铜棒应清洁，无明显缺陷；否则，需用稀释盐酸溶液清洁铜棒，并用蒸馏水彻底冲净。硫酸铜溶液应注意更换，保持清洁，溶液应充满电极，以保证电极连接。

（五）测量值的采集

测点读数变动不超过 2mV，可视为稳定。在同一测点，同一支参考电极重复测读的差异不应超过 10mV；不同参考电极重复测读的差异不应超过 20mV。若不符合读数稳定要求，应检查测试系统的各个环节。

五、影响测量准确度的因素及修正

混凝土含水率对测值的影响较大，测量时构件应处在自然干燥状态，为提高现场评定钢筋状态的可靠度，一般要进行现场比较性试验。现场比较性试验通常按已暴露钢筋的锈蚀程度不同，在它们的周围分别测出相应的锈蚀电位。比较这些钢筋的锈蚀程度和相应测值的对应关系，提高评判的可靠度，但不能与有明显锈蚀胀裂、脱空、层离现象的区域比较。若环境温度在 22℃±5℃ 范围之外，应对铜（硫酸铜）电极做温度修正。此外，各种外界因素产生的波动电流对测量值影响较大，特别是靠近地面的测区，应避免各种电、磁场的干扰。混凝土保护层电阻对测量值有一定影响，除测区表面处理要符合规定外，仪器的输入阻抗要符合技术要求。

第三节　结构混凝土中氯离子含量的测定与评定

一、概述

有害物质侵入混凝土将会影响结构的耐久性。混凝土中氯离子可引起并加速钢筋的锈蚀；硫酸盐的侵入可使混凝土成为易碎松散状态，强度下降；碱（K^+、Na^+）的侵入在集料具有碱活性时，可能引起碱集料反应破坏。因此，在进行结构耐久性评定时，根据需要应对混凝土中 Cl^-、SO_4^{2-}、Na^+、K^+ 含量进行测定。目前，对混凝土中氯离子含量的测定方法比较成熟，已被普遍应用于现代结构检测中。

二、结构混凝土中氯离子含量的测定方法

第一，比较简便的氯离子含量的测定方法有两种：试验室化学分析法和滴定条法（Quantab-stnps），其中滴定条法可在现场完成氯离子含量的测定。

第二，混凝土中的氯离子含量，在现场可按混凝土不同深度取样，测定结果需能反映氯离子在混凝土中随深度的分布，根据钢筋处混凝土氯离子含量判断引起钢筋锈蚀的危险性。

第三，氯离子含量测定应根据构件的工作环境条件及构件本身的质量状况确定测区，测区应能代表不同工作条件及不同混凝土质量的部位，测区宜参考钢筋锈蚀电位测量结果确定。

三、取样

（一）混凝土粉末分析样品的取样部位和数量

（1）分析样品的取样部位可参照钢筋锈蚀电位测试测区布置原则确定。

（2）测区的数量应根据钢筋锈蚀电位检测结果以及结构的工作环境条件确定。在电位水平不同部位，工作环境条件、质量状况有明显差异的部位布置测区。

（3）每一测区取粉的钻孔数量不宜少于 3 个，取粉孔可与碳化深度测量孔合并使用。

（4）测区、测孔应统一编号。

（二）取样方法

（1）使用直径 20mm 以上的冲击钻在混凝土表面钻孔，钻孔前应先确定钢筋位置。

（2）钻孔取粉应分层收集，一般深度间隔可取 3mm、5mm、10mm、15mm、20mm、25mm、50mm 等。若需测定指定深度处的钢筋周围氯离子含量，取粉间隔可进行调整。

（3）钻孔深度使用附在钻头侧面的标尺杆控制。

（4）用一硬塑料管和塑料袋收集粉末，对每一深度应使用一个新的塑料袋收集粉末，每次采集后，钻头、硬塑料管及钻孔内都应用毛刷将残留粉末清理干净，以免不同深度的粉末混杂。

（5）同一测区不同孔相同深度的粉末可收集在一个塑料袋内，质量应不少于 25g，若不够可增加同一测区测孔数量。不同测区测孔相同深度的粉末不应混合在一起。

（6）采集粉末后，塑料袋应立即封口保存，注明测区、测孔编号及深度。

四、滴定条法

滴定条法试验步骤如下：

（1）将采回的样品过筛，去掉其中较大的颗粒。

（2）将样品置于 105℃±5℃ 烘箱内烘 2 h 后，冷却至室温。

（3）称取 5g 样品粉末（准确度高于±0.1g），放入烧杯中。

（4）缓慢加入 50mL（1.0mol）HNO_3 并彻底搅拌直至嘶嘶声停止。

（5）用石蕊试纸检查溶液是否呈酸性（石蕊试纸变红），如果不呈酸性，再加入适量硝酸。

（6）加入约 5g 无水碳酸钠（Na_2CO_3）.

（7）用石蕊试纸检查溶液是否呈中性（石蕊试纸不变色）；否则，再加入少量无水碳酸钠直至溶液呈中性。

（8）用过滤纸做一锥斗加入液体。

（9）当纯净的溶液渗入锥斗后，把滴定条插入液体中。

（10）待滴定条顶端水平黄色细条转变成蓝色，取出滴定条并顺着由上至下的方向将其擦干。

（11）读取滴定条颜色变化处的最高值，然后，在该批滴定条表中查出对应的氯离子含量，此值是以百万分之几表示的。若分析过程取样 5g，加硝酸 50mL，则将查表所得的值除以 10 000 即为百分比含量。

（12）如果使用样品质量不是 5g 或使用过量的硝酸，则应按下式修正百分比含量：

$$氯离子百分比含量 = \frac{a \times b}{10000c} \qquad (10-17)$$

式中：a——查表所得的值；

b——硝酸体积（mL）；

c——样品质量（g）。

第四节　混凝土中钢筋分布及保护层厚度的检测

一、应用范围

混凝土中钢筋分布及保护层厚度的检测主要针对承重构件或承重构件的主要受力部位，或钢筋锈蚀电位测试结果表明钢筋可能锈蚀活化的部位，以及根据结构检算及其他检测需要确定的部位。在下列情况下需进行检测：

第一，用于估测混凝土中钢筋的位置、深度和尺寸。

第二，在无资料或其他原因需要对结构进行调查的情况下。

第三，进行其他测试之前需要避开钢筋进行的测试。

二、检测方法及原理

（一）检测方法

采用电磁无损检测方法确定钢筋位置，辅以现场修正确定保护层厚度，估测钢筋直径，测量值精确至毫米。

（二）检测原理

仪器探头产生一个电磁场，当某条钢筋或其他金属物体位于这个电磁场内时，会引起这个电磁场磁力线的改变，造成局部电磁场强度的变化。电磁场强度的变化和金属物大小与探头距离存在一定的对应关系。如果把特定尺寸的钢筋和所要调查的材料进行适当标定，通过探头测量并由仪表显示出来这种对应关系，即可估测混凝土中钢筋的位置、深度和尺寸。

三、仪器技术要求

（一）检测仪器的技术要求

检测仪器一般包含探头、仪表和连接导线，仪表可进行模拟或数字的指示输出，较先进的仪表还具有图形显示功能，仪器可用电池或外接电源供电。

（二）钢筋保护层测试仪的技术要求

1. 钢筋保护层测试仪应通过技术鉴定，必须具有产品合格证。

2. 仪器的保护层测量范围应大于 120mm。

3. 仪器的准确度应满足：0～60mm，±1mm；60～120mm，±3mm；>120mm，±10%。

4. 适用的钢筋直径范围应为 6～50mm，并不少于有关钢筋直径系列规定的 12 个档次。

5. 仪器应具有在未知保护层厚度的情况下，测量钢筋直径的功能。

6. 仪器应能适用于温度 0～40℃、相对湿度≤85%、无强磁场干扰的环境条件。

7. 仪器工作时应为直流供电，连续正常工作时间不小于 6 h。

四、仪器的标定

第一，钢筋保护层测试仪使用期间的标定校准应使用专用的标定块。当测量标定块所给定保护层厚度时，测读值应在仪器说明书所给定的准确度范围之内。

第二，标定块为一根 $\varphi 16$ 的普通碳素钢筋垂直浇铸在长方体无磁性的塑料块内，钢筋距四个侧面分别为 15mm、30mm、60mm、90mm。

第三，标定应在无外界磁场干扰的环境中进行。

第四，每次试验检测前均应对仪器进行标定，若达不到应有的准确度，应送专业机构维修检验。

五、操作程序

（一）测区布置原则

1. 按单个构件检测时，应根据尺寸大小，在构件上均匀布置测区，每个构件上的测区数不应少于 3 个。

2. 对于最大尺寸大于 5m 的构件，应适当增加测区数量。

3. 测区应均匀分布，相邻两测区的间距不宜小于 2m。

4. 测区表面应清洁、平整，避开接缝、蜂窝、麻面、预埋件等部位。

5. 测区应注明编号，并记录测区位置和外观情况。

6. 测点数量及要求：构件上每一测区应不少于 10 个测点；测点间距应小于保护层测试仪传感器长度。

7. 对某一类构件的检测，可采取抽样的方法，抽样数不少于同类构件数的 30%，且不少于 3 件，每个构件测区布置按单个构件要求进行。

8. 对结构整体的检测，可先按构件类型分类，再按类型进行检测。

（二）测量步骤

1. 测试前应了解有关图纸资料，以确定钢筋的种类和直径。

2. 进行保护层厚度测读前，应先在测区内确定钢筋的位置与走向，做法如下：

（1）将保护层测试仪传感器在构件表面平行移动，当仪器显示值为最小时，传感器正下方即是所测钢筋的位置。

（2）找到钢筋位置后，将传感器在原处左右转动一定角度，仪器显示最小值时传感器长轴线方向即为钢筋的走向。

（3）在构件测区表面画出钢筋位置与走向。

3. 保护层厚度的测读

（1）将传感器置于钢筋所在位置正上方，并左右稍稍移动，读取仪器显示的最小值，即为该处保护层厚度。

（2）每一测点宜读取 2~3 次稳定读数，取其平均值，精确至 1mm。

（3）应避免在钢筋交叉位置进行测量。

4. 对于缺少资料、无法确定钢筋直径的构件，应首先测量钢筋直径。对钢筋直径的测量宜采用测读 5~10 次、剔除异常数据、求其平均值的方法。

第五节　混凝土碳化深度的检测与评定

一、检测方法

钢筋锈蚀电位测试结果表明，应对可能存在钢筋锈蚀活动的区域（钢筋锈蚀电位评定标度值为 3、4、5）进行混凝土碳化深度测量。另外，碳化深度的检测也是混凝土强度检测中需要进行的一项工作。

混凝土碳化状况的检测通常采用在混凝土新鲜断面喷洒酸碱指示剂，通过观察酸碱指示剂颜色变化来确定混凝土碳化深度的方法。

二、检测步骤

碳化深度检测时，测区位置的选择原则可参照钢筋锈蚀自然电位测试的要求，若在同一测区，应先进行保护层和锈蚀电位、电阻率的测量，再进行碳化深度及氯离子含量的测量，具体检测步骤如下。

（一）测区及测孔布置

1. 测区应包括锈蚀电位测量结果有代表性的区域，同时能反映不同条件及不同混凝土质量的部位，结构外侧面应布置测区。

2. 测区数不应小于 3 个，测区应均匀布置。

3. 每一测区应布置 3 个测孔，3 个测孔应呈"品"字排列，孔距根据构件大小确定，但应大于 2 倍孔径。

4. 测孔距构件边角的距离应大于 2.5 倍保护层厚度。

（二）形成测孔

1. 用装有 20mm 直径钻头的冲击钻在测点位置钻孔。

2. 成孔后用圆形毛刷将孔中碎屑、粉末清除，露出混凝土新茬。

3. 将测区测孔统一编号，并绘出示意图。

（三）碳化深度的测量

1. 检测前配制好指示剂（酚酞试剂）：75%的酒精溶液与白色酚酞粉末配置成酚酞浓度为 1%~3%的酚酞溶剂，装入喷雾器备用，溶剂应为无色透明的液体。

2. 将酚酞指示剂喷到测孔壁上。

3. 待酚酞指示剂变色后，用测深卡尺测量混凝土表面至酚酞变色交界处的深度，准确至 1mm。酚酞指示剂从无色变为紫色表示混凝土未碳化，酚酞指示剂未改变颜色处的混凝土已经碳化。

（四）数据整理

1. 将测量结果标注在测区、测孔布置图上。

2. 将测量值整理列表，应列出最大值、最小值和平均值。

三、碳化深度检测结果的评定

混凝土碳化深度对钢筋锈蚀影响的评定，可取构件的碳化深度平均值与该类构件保护层厚度平均值之比 K_c，并考虑其离散情况，参考表 10-1 对单个构件进行评定。

表 10-1　混凝土碳化评定标准

K_c	评定标度	K_c	评定标度
<0.5	1	(1.5，2.0)	4
(0.5，1.0)	2	22.0	5
(1.0，1.5)	3		

第七节　混凝土电阻率的检测与评定

一、混凝土电阻率的检测方法

混凝土的电阻率反映其导电性。混凝土电阻率大，若钢筋发生锈蚀，则发展速度慢，扩散能力弱；混凝土电阻率小，锈蚀发展速度快，扩散能力强。因此，测量混凝土的电阻率是对钢筋状况进行检测评定的一项重要内容。

混凝土电阻率检测测区，应根据钢筋锈蚀电位测量结果确定，对经钢筋锈蚀电位测试结果表明钢筋可能锈蚀活化的区域，应进行混凝土电阻率测量。

混凝土电阻率可采用四电极阻抗测量法测定，即使混凝土表面等间距接触四支电极，两外侧电极为电流电极，两内侧电极为电压电极，通过检测两电压电极间的混凝土阻抗获得混凝土电阻率 ρ。即

$$\rho = \frac{2\pi dV}{I} \tag{10-18}$$

式中：V——电压电极间所测电压；

　　　I——电流电极通过的电流；

　　　d——电极间距。

二、电阻率测试仪及技术要求

混凝土电阻率测试仪应通过技术鉴定，具有产品合格证，并定期进行计量标准检定。电阻率测试仪由四电极探头与电阻率仪表组成，采用交流测量系统。

第一，探头四电极间距可调，调节范围 10 cm，每一电极内均装有压力弹簧，从而保证可测不同株度的电阻率且电极与混凝土表面接触良好。

第二，电压电极间的输入阻抗大于 1 MΩ。

第三，电极端部直径尺寸不得大于 5mm。

第四，显示方式：数字显示电阻率值。

第五，电源：直流供电，连续正常工作时间不小于 6 h。

第六，仪器使用环境条件：环境温度 0~40℃，相对湿度≤85%。

三、仪器的检查

在四个电极上分别接三支电阻，则仪器的显示值为相应的电阻率值。例如，电阻值为 $1 \text{k}\Omega$，机应电阻率值为：$2\pi d \times 1\text{k}\Omega \cdot \text{cm}$。

四、混凝土电阻率的测量

测区与测位布置可参照钢筋锈蚀自然电位测量的要求，在电位测量网格间进行，并做好编号工作。

混凝土表面应清洁、无尘、无油脂。为了提高测量的准确性，必要时可去掉表面碳化层。

调节好仪器电极的间距，一般采用的间距为 50mm。为了保证电极与混凝土表面有良好、连续的电接触，应在电极前端涂上耦合剂，特别是当读数不稳定时。测量时探头应垂直置于混凝土表面，并施加适当的压力。

五、混凝土电阻率的评定标准

混凝土电阻率的评定标准如表 10-2 所示。

表 10-2　混凝土电阻率评定标准

电阻率/Ω·cm	可能的锈蚀速率	评定标度
220 000	很慢	1
(15 000, 20 000)	慢	2
(10 000, 15 000)	一般	3
(5000, 10 000)	快	4
<5 000	很快	5

注：测量时混凝土桥梁结构或构件应为自然状态。

第七节　超声法检测混凝土结构内部缺陷与表层损伤

超声法适用于常见公路桥梁混凝土结构内部缺陷与表层损伤的检测。涉及的检测内容主要包括：混凝土内部空洞和不密实区的位置与范围、裂缝深度、表层损伤厚度，以及不同时间浇筑的混凝土结合面的质量和钢管混凝土中的缺陷等。

一、超声法检测混凝土缺陷的基本依据与方法

（一）超声法检测混凝土缺陷的基本依据

1. 根据超声波在混凝土中传播时遇到缺陷的绕射现象，按声时和声程的变化来判别和计算缺陷的大小。

2. 依据超声波在缺陷界面上的反射及抵达接收探头时能量显著衰减的现象，来判别缺陷的存在和大小。

3. 依据超声波脉冲各频率成分在遇到缺陷时不同程度的衰减，从而造成接收频率明显降低，或接收波频谱与反射波频谱产生差异，来判别内部缺陷。

4. 根据超声波在缺陷处波形转换和叠加，造成波形畸变的现象来判别缺陷。

（二）超声法检测混凝土结构内部缺陷与表层损伤方法

用超声法检测混凝土缺陷时，发射和接收换能器与测试面之间应具备良好的耦合状态，发射和接收换能器的连线必须离开钢筋一定距离或与钢筋轴线形成一定夹角，并力求混凝土处于自然干燥状态。

超声法检测混凝土内部缺陷与表层损伤的方法总体上可分为两类：第一类为用厚度振动式换能器进行平面测试，第二类为采用径向振动式换能器进行钻孔测试。

1. 平面测试方法

（1）对测法

一对发射和接收换能器分别置于被测结构相互平行的两个表面，且两个换能器的轴线位于同一直线上。

（2）斜测法

一对发射和接收换能器分别置于被测结构的两个表面，但两个换能器的轴线不在同一直线上。

（3）单面平测法

一对发射和接收换能器置于被测结构物的同一表面上进行测试。

2. 钻孔测试方法

（1）孔中对测

一对换能器分别置于两个对应的钻孔中，位于同一高度进行测试。

（2）孔中斜测

一对换能器分别置于两个对应的钻孔中，但不在同一高度，而是在保持一定高程差的条件下进行测试。

（3）孔中平测

一对换能器置于同一钻孔中，以一定高程差同步移动进行测试。

二、声学参数测量

（一）一般规定

1. 检测前应取得有关资料：工程名称、检测目的与要求、混凝土原材料品种和规格、混凝土浇筑和养护情况、构件尺寸和配筋施工图或钢筋隐蔽图，以及构件外观质量及存在的问题。

2. 依据检测要求和测试操作条件，确定缺陷测试的部位（简称"测位"）。测位混凝土表面应清洁、平整，必要时可用砂轮磨平或用高强度的快凝砂浆抹平，抹平砂浆必须与混凝土黏结良好。

3. 在满足首波幅度测读精度的条件下，应选用较高频率的换能器。换能器应通过耦合剂与混凝土测试表面保持紧密结合，耦合层不得夹杂泥沙或空气。

4. 检测时应避免超声传播路径与附近钢筋轴线平行，如无法避免，应使两个换能器连线与该钢筋的最短距离不小于超声测距的1/6。

5. 检测中出现可疑数据时，应及时查找原因，必要时进行复测校核或加密测点补测。

（二）声学参数测量

1. 模拟式超声检测仪测量

（1）检测之前准备

应根据测距大小将仪器的发射电压调在某一挡，并以扫描基线不产生明显噪声干扰为前提，将仪器"增益"调至较大位置保持不动。

（2）声时测量

应将发射换能器（简称"T换能器"）和接收换能器（简称"R换能器"）分别耦合在测位中的对应测点上。当首波幅度过低时，可用"衰减器"调节至便于测读，再调节游标脉冲或扫描延时，使首波前沿基线弯曲的起始点对准游标脉冲前沿，读取声时值 t_1，精确至 $0.1\mu s$。

（3）波幅测量

在保持换能器良好耦合状态时采用下列两种方法之一进行读取。

①刻度法

将衰减器固定在某一衰减位置，在仪器荧光屏上读取首波幅度的格数。

②衰减值法

采用衰减器将首波调至一定高度，读取衰减器上的值。

2. 数字式超声检测仪测量

（1）检测之前根据测距大小和混凝土外观质量情况，将仪器的发射电压、采样频率等参数设置在某一挡并保持不变。换能器与混凝土测试表面应始终保持良好的耦合状态。

（2）声学参数自动测读：停止采样后即可自动读取声时、波幅、主频值。当声时自动测读光标所对应的位置与首波前沿基线弯曲的起始点有差异或者波幅自动测读光标所对应的位置与首波峰顶（或谷底）有差异时，应重新采样或改为手动游标读数。

（3）声学参数手动测量：先将仪器设置为手动判读状态，停止采样后调节手动声时游标至首波前沿基线弯曲的起始位置，同时调节幅度游标使其与首波峰顶（或谷底）相切，读取声时和波幅值；再将声时光标分别调至首波及其相邻的波谷（或波峰），读取声时差值 $0.1\mu s$，$1000/\Delta t$ 即为首波的主频（kHz）。

（4）波形记录：对于有分析价值的波形，应予以储存。

3. 超声传播距离（简称测距）的测量

当采用厚度振动式换能器对测时，宜用钢卷尺测量 T、R 换能器辐射面之间的距离；当采用厚度振动式换能器平测时，宜用钢卷尺测量 T、R 换能器内边缘之间的距离；当采用径向振动式换能器在钻孔或预埋管中检测时，宜用钢卷尺测量放置 T、R 换能器的钻孔或预埋管内边缘之间的距离；测距的测量误差应不大于±1%。

三、混凝土不密实区和空洞的检测

混凝土结构在施工过程中，因漏振、漏浆或石子架空在钢筋骨架上，会导致混凝土内部形成蜂窝状不密实或空洞等隐蔽缺陷。检测时，宜先根据现场施工记录和外观质量情况，或者在结构使用过程中出现了质量问题后，初步判定混凝土内部缺陷的大致位置，或采用大范围的粗测定位方法（大面积扫测）确定隐蔽缺陷的大致位置，然后再根据粗测情况对可疑区域进行细测。检测不密实区和空洞时，构件的被测部位应具有一对或两对相互平行的测试面，测试范围原则上应大于有怀疑的区域，同时应在同条件的正常混凝土区域进行对比测试。一般地，对比测点数不宜少于 20 个。

采用平面测试法和钻孔或预埋管测法时，需注意以下内容：

第一，当结构被测部位具有两对平行表面时，可采用一对换能器，分别在两对互相平行的表面上进行对测。如图10-3所示，先在测区的两对平行表面上分别画出间距为200～300mm的网格，并逐点编号，定出对应测点的位置，然后将 T、R 换能器经耦合剂分别置于对应测点上，逐点读取相应的声时 t_i、波幅 A 和频率 f_i，并量取测试距离 l_i。

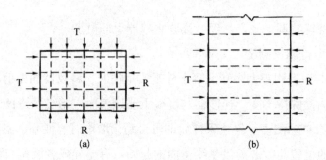

图10-3　对测法换能器布置图

（a）平面图；（b）立面图

第二，当结构物的被测部位只有一对平行表面可供测试，或被测部位处于结构的特殊位置时，可采用对测和斜测相结合的方法，换能器在对测的基础上进行交叉斜测，测点布置如图10-4所示。

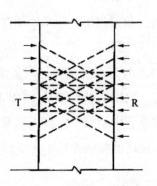

图10-4　斜测法测点布置

第三，对于大体积混凝土结构，由于其断面尺寸较大，如直接进行平面对测，接收到的脉冲信号微弱，甚至无法识别首波的起始位置，不利于声学参数的读取和分析。为了缩短测试距离，提高检测灵敏度，可采用钻孔或预埋管测法。如图10-5所示，在测位预埋声测管或钻出竖向测试孔，预埋管内径或钻孔直径宜比换能器直径大5～10mm，预埋管或钻孔间距宜为2～3m，其深度可根据测试需要确定。检测时可用两个径向振动式换能器分别置于两测孔中进行测试，或用一个径向拆式与一个厚度振动式换能器，分别置于测孔中和平行于测孔的侧面进行测试。根据需要，可以将两个换能器置于同一高度，也可以将二者保持一定的高度差，同步上下移动，逐点读取声时、波幅和频率值，并记下孔中换能器的位置。

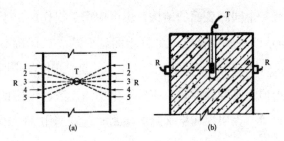

图 10-5　钻孔或预埋管测法换能器布置

（a）平面图；（b）立面图

第四，每一测点的声时、波幅、主频和测距，应按任务所述方法进行测量。

第五，由于混凝土本身的不均匀性，以及混凝土的原材料品种、用量及混凝土的湿度和测距等因素对声学参数值的影响，一般宜采用统计方法进行不密实区和空洞的测定。

第六，测位混凝土声时（或声速）、波幅及频率等声学参数的平均值 m_x 和标准差 S_x 可按下列公式计算：

$$m_x = \frac{1}{n} \sum_{i=1}^{n} x_i \tag{10-19}$$

$$s_x = \sqrt{\frac{\sum_{i=1}^{n} x_i^2 - n \times m_x^2}{n-1}} \tag{10-20}$$

式中：x_i ——第 i 点某一声学参数的测量值；

n——参与统计的测点数。

第七，声学参数观测值中异常值的判别。当测位混凝土中某些测点的声学参数被判为异常值时，可结合异常测点的分布及波形状况，确定混凝土内部不密实区和空洞的位置和范围。

四、混凝土表面损伤层的检测

冻害、高温或化学腐蚀会引起混凝土表面层损伤。检测表面损伤层厚度时，被测部位和测点的确定应满足下列要求：第一，根据构件的损伤情况和外观质量选取有代表性的部位布置测位。第二，构件被测部位表面应平整并处于自然干燥状态，且无接缝和饰面层。第三，检测时，为保证检测结果的可靠性，宜做局部破损验证。

（一）测试方法

用超声法检测混凝土表面损伤层厚度的方法大致有两种：一是单面平测法，二是逐层穿透法。

1. 单面平测法

此法可应用于仅有一个同测表面的结构，也可应用于损伤层位于两个对应面上的结构或构件。如图10-6所示，将发射换能器 T 置于测试面某一点保持不动，再将接收换能器 R 以测距 $l_i = 30mm$、$60mm$、$90mm$ 等依次置于各点，读取相应的声时值 t_i。每一测位的测点数不得少于6个，当损伤厚度较厚时，应适当增加测点数，当构件的损伤层厚度不均匀时，应适当增加测位数量。表层损伤层平测法检测时，宜选用 $30 \sim 50$ kHz 的低频厚度振动式换能器。

2. 逐层穿透法

在损伤结构的一对平行表面上，分别钻出一对不同深度的测试孔，孔径为 $50mm$ 左右，然后用直径小于 $50mm$ 的平面式换能器，分别在不同深度的一对测孔中进行测试，读取声时值和测试距离，并计算其声速值，或者在结构同一位置先测一次声速，然后凿开一定深度的测孔，在孔中测一次声速，再将测孔增加一定深度，再测声速，直至两次测得的声速之差小于 2% 或接近最大值时为止，如图10-7所示。

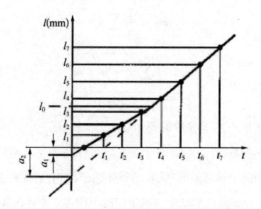

图 10-6　采用平测法检测损伤层厚度

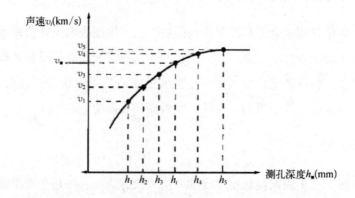

图 10-7　采用逐层穿透法检测损伤厚度的 v-h 曲线

（二）数据处理及判断

1. 当采用单面平测时，将各测点的声时测值 t_i 和相应的测距值 l_i 绘制时距坐标图。如图 10-6 所示，由图可求得声速改变所形成的转折点，该点前、后分别表示损伤和未损伤混凝土的 l 与 t 相关直线。用回归分析方法分别求出损伤、未损伤混凝土 l 与 t 的回归直线方程。

损伤混凝土

$$l_f = a_1 + b_1 t_f \qquad\qquad (10-21)$$

未损伤混凝土

$$l_a = a_2 + b_2 t_a \qquad\qquad (10-22)$$

式中：l_f ——损伤前各测点的测距，对应于图 10-6 中的 l_1、l_2 和 l_3；

t_f ——对应于图 10-6 中的 l_1、l_2 和 l_3 的声时 t_1、t_2 和 $t_3(\mu s)$；

l_a ——损伤后各测点的测距（mm），对应于图 10-6 中的 l_4、l_5、l_6 和 l_7；

t_a ——对应于测距 l_4、l_5、l_6 和 l_7 的声时 t_4、t_5、t_6 和 $t_7(\mu s)$；

a_1，a_2，b_1，b_2 ——直线的回归系数，分别为图 10-6 中损伤和未损伤混凝土直线的截距和斜率。

2. 采用单面平测法检测的损伤层厚度 h_f（mm）可按下式计算：

$$l_0 = \frac{a_1 b_2 - a_2 b_1}{b_2 - b_1} \qquad\qquad (10-23)$$

$$h_f = \frac{l_0(b_2 - b_1)}{2(b_2 + b_1)} \qquad\qquad (10-24)$$

3. 当采用逐层穿透法检测时，可以每次测量的声速值（v_i）和测孔深度值（h_i）绘制 $v-h$ 线，如图 10-7 所示，当声速趋于基本稳定的测孔深度，便是混凝土损伤层的厚度 h_f。

第十一章 桥梁承载能力检测

第一节 桥梁缺损状况检查评定

一、桥梁缺损状况检查

第一，对需要检测评定的桥跨，应按照现行规范有关定期检查的规定，对结构构件缺损状况逐一进行详细检查。

第二，对检查中发现的缺损应进行现场标注，并做影像记录和病害状况说明。对桥梁结构构件的内部缺陷，宜采用仪器设备进行现场检测。

第三，检查时，应采用图表和文字描述等方式详细记录缺损的位置、范围和严重程度，对其成因和发展趋势做出评判。

二、桥梁缺损状况评定

第一，对需要检测评定的桥跨，应按照现行行业标准的有关规定，评定桥面系、上部和下部结构的技术状况等级。

第二，桥面系、上部和下部结构技术状况等级1、2、3、4和5，对应的缺损状况评定标度值为1、2、3、4和5。

桥梁缺损状况检查评定，主要依据《公路桥涵养护规范》（JTG H11—2004）和《公路桥梁技术状况评定标准》（JTG/T H21—2011），针对所选择的承载能力检测评定桥跨设施。重点检查记录结构或构件缺损的类别、范围、分布特征和严重程度，并推断其发展变化趋势及可能造成的不利影响，进而评定其技术状况等级并最终确定缺损状况评定标度值。

第二节 桥梁材质状况与状态参数检测评定

一、桥梁几何形态参数检测评定

第一，梁桥应测定桥跨结构纵向线形和墩（台）顶的竖向和水平变位；拱桥应测定拱轴线、桥面结构纵向线形和墩（台）顶的竖向和水平变位；索塔应测定塔顶水平变位、桥面结构纵向线形和主缆线形。

第二，桥跨结构纵向线形，宜沿桥纵向分断面布设测点，分桥轴线和车行道上、下游边缘线3条线，按二等工程水准测量要求进行闭合水准测量。测点应布置在桥跨或桥面结构的跨径等分点截面上。对中小跨径桥梁，单跨测量截面不宜少于5个；对大跨径桥梁，单跨测量截面不宜少于9个。

第三，墩（台）顶的水平变位或塔顶水平变位，可采用悬挂垂球方法、极坐标法或其他可靠方法进行测量。

第四，拱轴线和主缆线形，宜按桥跨的8等分点分别在拱背和拱腹、主缆顶面布设测点，采用极坐标法进行平面坐标和三角高程测量。

第五，桥梁结构几何形态参数的实测数据，可用于确定桥梁结构持久荷载状态的变化，也可推求判定结构基础变位情况。对超静定结构，可依据实测的结构几何参数，采用模拟计算分析方法，对桥梁结构在持久荷载下的内力和变位状况做出评价。

桥梁几何形态的变化在一定程度上能反映结构内力的变化情况，如桥跨结构的下挠、墩台沉降等。对于超静定结构而言，结构几何形态的变化造成结构的次内力对结构的影响往往不可忽略，通过结构几何形态的观测，可反推出结构的内力变化情况，并为分析结构形态变化的原因提供可靠依据。

二、桥梁恒载变异状况调查评估

（一）桥梁恒载变异状况调查宜包括以下几个方面内容：

1. 梁总体尺寸的测量，主要包括桥梁长度、桥宽、净空、跨径等；

2. 桥梁构件尺寸的测量，主要包括构件的长度与截面尺寸等；

3. 桥面铺装厚度及拱上填料重度测定；

4. 其他附加荷载调查。

引起桥梁结构恒载变异的主要原因包括：施工造成的结构或构件尺寸差异，如结构或构件长度变异、构件断面尺寸变异、铺装层厚度变异和材料重度差异等；运营期布设附加构造物导致的附加重量，如过桥管线等。这些恒载变异对结构承载能力的影响需在结构检算分析过程中加以考虑。另外，尚需考虑桥梁计算跨径变异对内力计算结果的影响。

（二）桥梁长度、跨径

桥梁长度、跨径可在桥面上按桥跨结构中心线和车行道上、下游边缘线 3 条线进行测量。桥梁宽度可沿桥纵向分断面采用钢尺进行测量，测量断面每跨不宜少于 3 个。

（三）构件长度与截面尺寸

构件长度与截面尺寸可采用钢尺进行测量，对桥跨结构，跨径小于 40m 的桥梁测量断面单跨不得少于 5 个，跨径大于或等于 40m 的桥梁测量断面单跨不得少于 9 个。对桥梁墩台、主塔等主要承重构件，测量断面不得少于 3 个。截面突变处应布设测量断面。

（四）桥面铺装层厚度

桥面铺装层厚度可采用分断面布点钻芯测量，也可采用雷达结合钻芯修正的方法测定。采用分断面布点钻芯测量时，测量断面宜布置在跨径四等分点位置，每断面宜布设 3 个钻孔测点，分设在车行道桥跨结构中心线和上、下游边缘处。

三、桥梁材质强度检测评定

（一）对桥梁主要构件

对桥梁主要构件，应采用无损、半破损或钻、截取试样等方法检测其材质强度。

桥梁主要构件和次要构件的划分按照《公路桥梁技术状况评定标准）（JTG/T H21—2011）的有关规定确定。

在用桥梁材质强度检测主要包括混凝土和钢材两类材料的材质强度检测，为减少对结构构件的损坏，应尽量采用无损检测方法进行。确有必要时方可考虑对混凝土采用半破损检测方法，对钢材采用截取试样方法。

（二）对桥梁混凝土强度

对桥梁混凝土强度，应在主要构件或主要受力部位布置测区，采用回弹法、超声回弹综合法、取芯法等进行检测。

（三）钢材强度可依据设计、施工有关资料确定

钢材强度可依据设计、施工有关资料确定。无资料时，宜通过调查桥梁修建年代和材料来源、查看结构外观等进行分析判定。确有必要时，可在结构有代表性的构件上截取试件通过试验确定。

（四）在桥梁上钻、截取试件时的方法

在桥梁上钻、截取试件时，应选择在主要承重构件的次要部位或次要承重构件上，并应采取措施保证结构安全；钻、截取试件后，应及时进行修复或加固处理。

取芯法检测混凝土强度时，应选择在主要构件的非主要受力部位（如 T 梁的横隔板）或主要受力部位的非应力控制区（如预应力连续箱梁的横隔板、翼板等）布置取芯测区，并应尽量避开受力钢筋且必须避开预应力钢筋（束）。为进行强度试验截取钢筋（或钢材）时，应选择在次要构件上，且应避开受力主筋（或主要受力部位）。

（五）强度匀质系数和平均强度匀质系数

应依据混凝土桥梁结构或构件实测强度推定值或测区平均换算强度值，按式（11-1）、式（11-2）计算其推定强度匀质系数 K_{bt} 或平均强度匀质系数 K_{bm}，按表 11-1 的规定确定混凝土强度评定标度。

1. 推定强度匀质系数：

$$K_{bt} = \frac{R_{it}}{R} \qquad\qquad (11-1)$$

式中：R_{it} ——混凝土实测强度推定值；

R——混凝土设计强度等级。

2. 平均强度匀质系数：

$$K_{bm} = \frac{R_{im}}{R} \qquad\qquad (11-2)$$

式中：R_{im} ——混凝土测区平均换算强度值。

表 11-1　桥梁混凝土强度评定标准

K_{bt}	K_{bm}	强度状况	评定标度
≥0.95	≥1.00	良好	1
(0.95,0.90)	(1.00,0.95)	较好	2
(0.90,0.80)	(0.95,0.90)	较差	3
(0.80,0.70)	(0.90,0.85)	差	4
<0.70	<0.85	危险	5

四、混凝土桥梁钢筋锈蚀电位检测评定

第一，对混凝土桥梁主要构件或主要受力部位，应布设测区检测钢筋锈蚀电位，每一测区的测点数不宜少于 20 个。

第二，混凝土中钢筋锈蚀电位检测宜采用半电池电位法，参考电极可采用铜/硫酸铜半电池电极。

第三，应根据表 11-2 评定混凝土桥梁钢筋发生锈蚀的概率或锈蚀活动性。并应按照测区锈蚀电位水平最低值，确定钢筋锈蚀电位评定标度。

表 11-2 混凝土桥梁钢筋锈蚀电位评定标准

电位水平（mV）	钢筋状况	评定标度
≥-200	无锈蚀活动性或锈蚀活动性不确定	1
(-200，-300)	有锈蚀活动性，但锈蚀状态不确定，可能坑蚀	2
(-300，-400)	有锈蚀活动性，发生锈蚀概率大于90%	3
(-400，-500)	有锈蚀活动性，严重锈蚀可能性极大	4
<-500	构件存在锈蚀开裂区域	5

注：测量时，混凝土桥梁结构或构件应为自然状态。

混凝土中钢筋锈蚀不仅影响结构耐久性，而且影响结构的安全性。钢筋锈蚀电位直观反映了混凝土中钢筋锈蚀的活动性。通过测试钢筋/混凝土与参考电极之间的电位差，可判断钢筋发生锈蚀的概率。通常，电位差越大混凝土中钢筋发生锈蚀的可能性越大。

五、混凝土桥梁氯离子含量检测评定

第一，对钢筋锈蚀电位评定标度值为 3、4、5 的主要构件或主要受力部位，应布置测区测定混凝土中氯离子含量及其分布，每一被测构件测区数量不宜少于 3 个。

第二，混凝土中的氯离子含量，可采用在结构构件上钻取不同深度的混凝土粉末样品的方法通过化学分析进行测定。

第三，应根据混凝土中钢筋处氯离子含量，按表11-3评判其诱发钢筋锈蚀的可能性。并应按照测区最高氯离子含量值，确定混凝土氯离子含量评定标度。

表11-3 混凝土氯离子含量评定标准

氯离子含量 （占水泥含量的百分比）	诱发钢筋锈蚀的可能性	评定标度
<0.15	很小	1
（0.15，0.40）	不确定	2
（0.40，0.70）	有可能诱发钢筋锈蚀	3
（0.70，1.00）	会诱发钢筋锈蚀	4
≥1.00	钢筋锈蚀活化	5

混凝土中的氯离子可诱发并加速钢筋锈蚀，测量混凝土中氯离子含量可间接评判钢筋锈蚀活化的可能性。混凝土中氯离子含量越高，钢筋发生锈蚀的可能性越大。

六、混凝土桥梁电阻率检测评定

第一，对钢筋锈蚀电位评定标度值为3、4、5的主要构件或主要受力部位，应进行混凝土电阻率测量。被测构件或部位的测区数量不宜少于30个。

第二，混凝土电阻率宜采用四电极法检测。

第三，应根据表11-4评定钢筋锈蚀速率，按照测区电阻率最小值确定混凝土电阻率评定标度。

表11-4 混凝土电阻率评定标准

电阻率（Ω·cm）	可能的锈蚀速率	评定标度
≥20 000	很慢	1
（15000，20 000）	慢	2
（10 000，15 000）	一般	3
（5000，10 000）	快	4
<5 000	很快	5

注：测量时混凝土桥梁结构或构件应为自然状态。

混凝土电阻率反映了混凝土的导电性能，可间接评判钢筋的可能锈蚀速率。通常混凝土电阻率越小，混凝土导电的能力越强，钢筋锈蚀发展速度越快。

七、混凝土桥梁碳化状况检测评定

第一，对钢筋锈蚀电位评定标度值为3、4、5的主要构件或主要受力部位，应进行混凝土碳化状况检测。被测构件或部位的测区数量不应少于 3 个或混凝土强度测区数量的 30%。

第二，混凝土碳化状况可采用在混凝土新鲜断面观察酸碱指示剂反应厚度的方法测定。

第三，应根据测区混凝土碳化深度平均值与实测保护层厚度平均值的比值 K_c，按表 11-5 的规定确定混凝土碳化评定标度。

表 11-5　混凝土碳化评定标准

K_c	评定标度	K_c	评定标度
<0.5	1	(1.5,2.0)	4
(0.5,1.0)	2	>2.0	5
(1.0,1.5)	3		

配筋混凝土构件中的钢筋通常由于碱性混凝土环境的保护而处于钝化状态，混凝土碳化将造成钢筋失去碱性混凝土环境的保护，钢筋就易发生锈蚀。通过测试混凝土的碳化深度，并结合钢筋保护层厚度状况，可评判混凝土碳化对钢筋锈蚀的影响。

八、混凝土桥梁钢筋保护层厚度检测评定

（一）混凝土桥梁钢筋保护层厚度检测范围

混凝土桥梁钢筋保护层厚度检测应包括钢筋位置和混凝土保护层厚度测量，对缺失资料的桥梁还应包括钢筋直径估测。

（二）混凝土桥梁钢筋保护层厚度检测部位应包括

①主要构件或主要受力部位；②钢筋锈蚀电位测试结果表明钢筋可能锈蚀活化的部位；③发生钢筋锈蚀胀裂的部位；④布置混凝土碳化测区的部位。

（三）混凝土桥梁钢筋保护层厚度可采用电磁检测方法进行无损检测

对于缺失资料的桥梁，可在结构非主要受力部位采用局部破损的方法进行校验。

（四）检测构件或部位的钢筋保护层厚度平均值 $\bar{D}_n$ 应按式（11-3）计算：

$$\bar{D}_n = \frac{\sum_{i=1}^{n} D_{ni}}{n} \tag{11-3}$$

式中：D_{ni} ——钢筋保护层厚度实测值，精确至 0.1mm；

n——检测构件或部位的测点数。

（五）检测构件或部位的钢筋保护层厚度特征值 D_{ne} 应按式（11-4）计算。

$$D_{ne} = \bar{D}_n - K_p S_D \tag{11 - 4}$$

式中：S_D ——钢筋保护层厚度实测值标准差，精确至 0.1mm；

$$S_D = \sqrt{\frac{\sum\limits_{i=1}^{n} (D_{ni})^2 - n (\bar{D}_n)^2}{n - 1}} \tag{11 - 5}$$

K_p ——判定系数，按表 11-6 取用

表 11-6　钢筋保护层厚度判定系数

n	10~15	16~24	≥25
5	1.695	1.645	1.595

混凝土对钢筋的保护作用包括两个方面：一是混凝土的高碱性使钢筋表面形成钝化膜；二是保护层对外界腐蚀介质、氧气及水分等渗入的阻止作用。后一种作用主要取决于混凝土的密实度及保护层厚度。因此，混凝土保护层厚度及其分布均匀性是影响结构钢筋耐久性的一个重要因素。

九、桥梁结构自振频率检测评定

第一，桥梁自振频率检测，测点应布置在桥梁上、下部结构振型的峰、谷点，进行多点多方向的测量。

第二，宜根据实测自振频率 f_{mi} 与理论计算频率 f_{di} 的比值，按表 11-7 的规定确定自振频率评定标度。

表 11-7　桥梁自振频率评定标准

上部结构	下部结构	评定标度
f_{mi}/f_{di}	f_{mi}/f_{di}	
≥1.1	≥1.2	1
(1.00, 1.10)	(1.00, 1.20)	2
(0.90, 1.00)	(0.95, 1.00)	3
(0.75, 0.90)	(0.80, 0.95)	4
<0.75	<0.80	5

桥梁自振频率变化不仅能够反映结构损伤情况，而且还能反映结构整体性能和受力体系的改变。通过测试桥梁自振频率的变化，可以分析桥梁结构性能，评价桥梁工作状况。

十、拉吊索索力检测评定

第一，拉吊索索力测量可采用振动法，也可利用锚下预先安装的测力传感器直接测量。

第二，索力偏差率 K_t 可按式（11-6）计算。

$$K_t = \frac{T - T_d}{T_d} \times 100\% \tag{11-6}$$

式中：T——实测索力值；

T_d——设计索力值。

第三，索力偏差率超过±10%时应分析原因，检定其安全系数是否满足相关规范要求，并应在结构检算中加以考虑。

拉吊索索力直接反映索结构桥梁持久状况下的内力状态，是评价桥梁承载能力的重要指标。在用桥梁拉吊索索力测量通常采用振动法，现场检测时应事先解除索的阻尼装置并通过现场试验确定换算索长，并应依据不少于前五阶特征频率计算索力的平均值。

十一、桥梁基础与地基检测评定

（一）桥梁基础变位检测评定

应包括以下三个方面：

1. 基础的竖向沉降、水平变位和转角

2. 相邻基础的沉降差

3. 基础的不均匀沉陷、滑移、倾斜和冻拔等

（二）对设有永久性观测点的桥梁基础的评定方法

可通过测量永久性观测点平面坐标与高程的变化分析其变位。对无永久性观测点的桥梁基础，可采用几何测量、垂线测量、光学测距等间接测量的方法，也可通过测量桥跨结构几何形态参数的变化推定其变位。

（三）对桥梁基础变位的评定方法

应从下列两个方面进行评定：

1. 基础变位是否趋于稳定。若基础变位尚未稳定，应设立永久性观测点，定期进行控制检测。

2. 基础变位是否超出设计期望值。若超出设计期望值，除应检算评定基础变位对上部结构的不利影响外，还应对地基进行探查，检算评定其承载能力。

（四）对桥梁地基的检验的规定

1. 根据桥梁结构的重要性、墩台与基础变位情况以及原位岩土工程勘测资料情况，补充勘探孔或原位测试孔，查明土层分布及土的物理力学性质。孔位应靠近基础。

2. 对因加固维修需要增加结构自重的桥梁，宜在基础下取原状土进行室内土的物理力学性质试验。

第三节 桥梁结构检算要点

一、一般规定

第一，在用桥梁结构检算宜遵循桥梁设计规范。在规范无明确规定的情况下，在用桥梁结构检算也可采用为科研所证实的其他可靠方法。

桥梁结构检算原则上按照桥梁设计规范进行。对设计规范未涵盖的特殊结构桥梁和由于结构损伤造成设计规范规定的计算方法难以适用的桥梁，可采用通过技术鉴定和经工程实际应用验证的可靠分析方法。

第二，桥梁结构检算宜依据竣工资料或设计资料，并应与桥梁实际情况进行核对修正。对缺失资料的桥梁，可根据桥梁检测结果，参考同年代类似桥梁的设计资料或标准定型图进行检算。

结构检算时，应根据桥梁调查和检测情况确定检算所取用的技术参数与桥梁实际的符合性。必要时，应根据结构的预应力状况、恒载分布状况、几何线形、结构尺寸和开裂状况等方面的检测评定结果，对模型的边界条件、结构初始状态等进行调整。

第三，桥梁结构检算应针对结构主要控制截面、薄弱部位和出现严重缺损部位。

第四，对受力复杂的构件或部位，应进行空间结构检算。

二、检算荷载修正

第一，结构重力、附加重力宜根据实际调查情况进行修正。

第二，当桥梁需要临时通过特殊重型车辆荷载时，应按实际车辆荷载进行检算。

第三，对预加应力作用，应根据预应力锚固、压浆、漏张、断丝或滑丝等的检测情况，以及桥梁结构表面开裂和几何参数变化情况，结合结构拟合计算分析综合推定实际有效预应力。

预应力损失会导致桥跨结构下挠和混凝土开裂，对桥梁承载能力有很大影响。桥梁检算分析时，应根据预应力体系检测结果以及结构开裂和变形情况，考虑混凝土收缩徐变等的影响，通过反演计算分析评估结构有效预应力状况。

第四，对基础变位作用，应根据桥梁墩台与基础变位以及几何形态参数的检测结果，综合确定基础变位最终值，计算基础变位产生的结构附加内力。

第五，温度作用宜按《公路桥涵设计通用规范》（JTG D60—2015）规定取用。对大跨预应力混凝土箱形结构或复杂受力结构，也可采用结构温度现场实测结果进行检算。

对大跨预应力混凝土箱形结构或复杂受力结构，温度作用将产生较大的结构附加内力。我国地域辽阔，结构温度作用地区差异较大，对设有结构温度现场长期观测点且观测数据足以建立温度作用模型的桥梁，可按实际情况进行检算。

三、钢结构检算要点

（一）钢板梁结构应检算以下主要内容：

1. 弯矩

跨中点、腹板接头处、盖板叠接处（叠接盖板第一行铆钉或螺栓截面处）、翼板接头处以及连续梁支点；

2. 剪力

支点中性轴及支点上下翼板铆距、栓距或焊缝强度；

3. 稳定性

受压翼板、支点加劲立柱及腹板；

4. 桥面系梁

除按上述各项检算外，尚应进行纵梁与横梁、横梁与主梁的连接检算，以及纵梁与主梁间的横梁区段在最弱截面处的剪应力检算。

（二）钢桁梁结构应检算以下主要内容：

1. 杆件截面的强度与稳定性。

2. 连接及接头的强度。

3. 承受反复应力杆件的疲劳强度。

4. 联结系的强度与稳定性。

（三）在进行钢桁梁结构检算时，应考虑如下偏心连接及杆件损伤的影响

1. 在节点处如杆件重心线不交于一点而产生偏心，当偏心量不大于杆件高度的 5% 时，应检算因偏心而产生的附加应力，此时容许应力可提高 15%。

2. 受压杆件的初始弯曲矢度超过 1/500 时，应计算弯曲影响。

3. 在计算杆件的有效面积时，应考虑杆件的穿孔、缺口、裂缝及锈蚀对截面的削弱，并应计入偏心影响。

4. 由两个或两个以上分肢组成的杆件，其中一肢弯曲矢度大于 1/2 毛截面的回转半径时，杆件的有效面积只计不弯曲的分肢面积。

5. 杆件的边缘或翼板角钢伸出肢弯曲或压凹，其弯曲矢度超过杆件受伤部分的回转半径时，在计算中应予考虑，此时有效面积只计不弯曲部分。

（四）钢箱梁应检算以下主要内容：

1. 正交异性桥面板分别检算整体结构体系和桥面结构体系的强度、稳定性和疲劳强度。

2. 翼缘板横向、纵向刚度。

3. 腹板强度和稳定性。

4. 横隔板强度和稳定性。

5. 横向联系横向抗弯、纵向扭转刚度。

（五）钢管结构应检算以下主要内容

1. 钢管杆件强度与稳定性。

2. 结构焊缝强度。

3. 节点强度及变形。

四、混凝土梁桥检算要点

第一，混凝土梁桥应检算板（梁）跨中正弯矩、支点附近最不利剪力、跨径 1/4 截面附近最不利弯剪组合效应、连续梁墩顶负弯矩和桥面板局部强度。

第二，变截面连续梁桥和 T 形刚构桥，除应符合上一条的规定外，还应检算梁高较小的腹板厚度变化区截面弯剪组合效应和牛腿处的剪力效应。

第三，对少设或不设横隔板的宽箱薄壁梁，应检算畸变应力和横向弯曲应力。

第四，对多梁结构，应根据桥梁横向联系实际情况计算荷载横向分布。

第五，混凝土桥面铺装与梁体结合较好，且缺损状况评定标度小于 3 时，在检算中可考虑混凝土桥面铺装扣除表面 2cm 磨耗层后参与梁体共同受力。

五、拱桥检算要点

第一，拱桥应检算主拱圈最大轴力和弯矩、主拱的稳定性、立柱抗剪和桥面板局部强度。

第二，检算时应依据检测结果考虑拱轴线变化、基础变位、拱圈和立柱系梁开裂等结构状态变化的不利影响。

第三，当缺乏技术资料时，混凝土收缩产生的内力计算可等效为温度额外降低引起拱圈内力，并按下列规定取值：整体浇筑的混凝土拱，收缩影响相当于降温 20~30℃；整体浇筑的钢筋混凝土拱，收缩影响相当于降温 15~20℃；分段浇筑的混凝土拱和钢筋混凝土拱，收缩影响相当于降温 10~15℃。

六、墩台与基础检算要点

第一，墩台应检算截面强度和总体稳定性，对有环形裂缝的截面，还应检算抗倾覆和抗滑动稳定性。

第二，若墩台发生倾斜，检算墩（台）身截面和基底应力、偏心与抗倾覆稳定性时，还应考虑斜度影响。

第三，冻土地基中墩台和基础，应检算抗冻拔稳定性和薄弱断面的抗拉强度。

第四，对冲刷严重的河段，检算时应考虑冲刷对墩台和基础的影响。

第五，摩擦桩群桩基础应按整体基础检算桩端平面处土层的承载力。当桩端平面以下有软弱土层时，还应检算该土层的承载力。

第四节　桥梁承载能力评定

一、一般规定

第一，对在用桥梁，应从结构或构件的强度、刚度、抗裂性和稳定性四个方面进行承载能力检测评定。

用桥梁承载能力评定包括持久状况下承载能力极限状态和正常使用极限状态。承载能力极限状态针对的是结构或构件的截面强度和稳定性，正常使用极限状态主要针对结构或构件的刚度和抗裂性。

第二，圬工结构桥梁在计算桥梁结构承载能力极限状态的抗力效应时，应根据桥梁试验检测结果，采用引入检算系数 Z_1 或 Z_2、截面折减系数 ξ_c 的方法进行修正计算。

第三，配筋混凝土桥梁在计算桥梁结构承载能力极限状态的抗力效应时，应根据桥梁试验检测结果，采用引入检算系数 Z_1 或 Z_2、承载能力恶化系数 ξ_c、截面折减系数 ξ_s 和 ξ_c 的方法进行修正计算。

第四，钢结构桥梁在计算桥梁结构承载能力极限状态的抗力效应时，应根据桥梁试验检测结果，采用引入检算系数 Z_1 或 Z_2 的方法进行修正计算。

第五，对交通繁忙和重载车辆较多的桥梁，汽车荷载效应可根据实际运营荷载状况，通过活载影响修正系数 ξ_q 进行修正计算。

第六，当桥梁结构或构件的承载能力检算系数评定标度 $D \geqslant 3$ 时，应进行正常使用极限状态评定计算。

二、圬工桥梁承载能力评定

（一）圬工桥梁承载能力极限状态

应根据桥梁检测结果按式（11-7）进行计算评定。

$$\gamma_0 S \leqslant R(f_d, \xi_c a_d) Z_1 \tag{11-7}$$

式中：γ_0——结构的重要性系数；

S——荷载效应函数；

R（·）——抗力效应函数；

f_d——材料强度设计值；

a_d——结构的几何尺寸；

Z_1——承载能力检算系数；

ξ_c——截面折减系数。

（二）抗力效应值应按现行设计规范进行计算

Z_1、ξ_c 应按本规程有关规定取值。

圬工桥梁正常使用极限状态，宜按现行公路桥涵设计和养护规范进行计算评定。圬工桥梁承载能力极限状态评定，主要考虑采取引入桥梁检算系数、截面折减系数和活载修正系数分别对极限状态方程中结构抗力效应和荷载效应进行修正，并通过比较判定结构或构件的承载能力状况。

三、配筋混凝土桥梁承载能力评定

（一）配筋混凝土桥梁承载能力极限状态

应根据桥梁检测结果按式（11-8）进行计算评定。

$$\gamma_0 S \leqslant R(f_d,\ \xi_c a_{dc},\ \xi_s a_{ds}) Z_1 (1 - \xi_e) \tag{11 - 8}$$

式中：γ_0——结构的重要性系数；

S——荷载效应函数；

$R(\cdot)$——抗力效应函数；

f_d——材料强度设计值；

a_{dc}——构件混凝土几何参数值；

a_{ds}——构件钢筋几何参数值；

Z_1——承载能力检算系数；

ξ_e——承载能力恶化系数；

ξ_c——配筋混凝土结构的截面折减系数；

ξ_s——钢筋的截面折减系数。

配筋混凝土桥梁承载能力极限状态评定，采取引入桥梁检算系数、承载能力恶化系数、截面折减系数和活载修正系数分别对极限状态方程中结构抗力效应和荷载效应进行修正，并通过比较判定结构或构件的承载能力状况。

（二）抗力效应值应按现行设计规范进行计算

Z_1，ξ_e，ξ_c，ξ_s 应按本规程有关规定取值。

（三）配筋混凝土桥梁正常使用极限状态

宜按现行公路桥涵设计和养护规范及检测结果分以下三方面进行计算评定：

1. 限制应力

$$\sigma_d < Z_1 \sigma_L \tag{11 - 9}$$

式中：σ_d——计入活载影响修正系数的截面应力计算值；

σ_L——应力限值；

Z_1——承载能力检算系数。

2. 荷载作用下的变形

$$f_{d1} < Z_1 f_L \qquad (11-10)$$

式中：f_{d1}——计入活载影响修正系数的荷载变形计算值；

f_1——变形限值；

Z_1——承载能力检算系数。

3. 各类荷载组合作用下裂缝宽度满足

$$\delta_d < Z_1 \delta_L \qquad (11-11)$$

式中：δ_d——计入活载影响修正系数的短期荷载变形计算值；

δ_L——变位限值；

Z_1——承载能力检算系数。

对在用桥梁，采取引入检算系数修正限制应力、变形和裂缝限值的方法，进行桥梁正常使用极限状态计算评定。

四、钢结构承载能力评定

（一）应力限值取值

钢结构桥梁结构构件强度、总体稳定性和疲劳强度验算应按现行公路桥涵设计规范执行，其应力限值取值为 $Z_1[\sigma]$。

（二）钢结构荷载作用下的变形应按式（**11-12**）计算评定。

$$f_{d1} < Z_1[f] \qquad (11-12)$$

式中：f_{d1}——计入活载影响修正系数的荷载变形计算值；

$[f]$——容许变形值；

Z_1——承载能力检算系数。

对钢结构，采取引入检算系数修正容许应力和容许变形的方式给出相应的限值取值，按设计规范给出的计算公式进行承载能力计算评定。

五、拉吊索承载能力评定

（一）拉吊索强度应按式（**11-13**）计算评定。

$$\frac{T_j}{A} \leqslant Z_1[\sigma] \qquad (11-13)$$

式中：T_j——计入荷载影响修正系数的计算索力；

A——索的计算面积；

$[\sigma]$——容许应力限值；

Z_1——承载能力检算系数。

六、桥梁地基评定

第一，经久压实的桥梁地基土，在墩台与基础无异常变位的情况下可适当提高其承载能力，最大提高系数不得超过 1.25。

参照《公路桥涵地基与基础设计规范》（JTG 3363—2019）第 3.0.7 条的相关规定，对经久压实的桥梁地基土，在墩台与基础无异常变位的情况下可考虑适当提高承载能力。最大提高系数为 1.25。

第二，当桥头填土经久压实时，填土内摩擦角 φ 可根据土质情况适当放大 5°~10°，但提高后的最大取值不得超过 50°。

对经久压实的桥台填土，在桥台无结构性病害的情况下，其内摩擦角随填土压实度的提高将有一定程度的增大，参照铁道行业的有关规范，填土内摩擦角 φ 可根据土质情况适当放大 5°~10°，但提高后的最大取值不得超过 50°。

第十二章 桥梁荷载试验

第一节 概述

　　桥梁荷载试验是对桥梁的运营状况、承载能力和耐久性能进行的技术评定。公路桥梁检验包括桥梁结构的检查和验算，以及桥梁荷载试验和测量等。结构检查的设备在 19 世纪以前是相当简陋的，还没有直接测量结构应变的仪器。直至 20 世纪 20-40 年代才出现各种类型的应变计。桥梁荷载试验已有 100 多年历史，例如 1850 年英国建造的最大跨径为 140 米的箱形连续梁铁路桥（不列颠桥），原设计是一座有加劲梁的吊桥，在建造过程中，曾进行荷载试验，并改变了原设计方案。

　　检验程序：首先检查桥梁各部构造的技术状况，然后根据桥梁的现状进行结构检算。初建的新型桥梁和缺乏技术资料的旧桥，必要时需进行荷载试验。通过桥梁结构的变位（线位移和角位移）、应变（或转换为应力）、动力特性参量（频率、振幅、阻尼比和动力系数等）、裂缝和损害等项目的检测，来证实桥梁在强度、刚度、稳定性、耐久性和动力性能等方面能否满足安全运营的要求。检验内容包括桥梁结构检查和荷载试验。

　　结构检查，主要内容有：一是桥梁上部结构和下部结构总体尺寸和变位的状况的检查；二是桥梁承重构件截面尺寸及其细部组合的偏差检查；三是桥面的平整度检查；四是材料的物理力学性能和可能存在的裂缝、缺陷、渗漏、锈蚀和侵蚀等损害的检查；五是必要时还进行地基和河床冲刷等状况的复查。

　　结构检查的技术和设备大致可分为无破损检查和局部破损检查。无破损检查主要用于结构材料强度、质量和缺陷等检查。无破损检查应用的技术有：回弹仪检查的技术；超声波探测技术（脉冲传递、脉冲衰减和全息摄影等方法）；射线照相或衰减测定技术（电磁放射线有 x 射线、y 射线、红外线和紫外线；核子放射线有中子、质子和正电子束等）；磁力或磁通量探测技术；染色渗入法，探测锈蚀状况的半电池电位测量；激光全息摄影技术；光学孔径仪与光纤维和小型闭路电视录像机组合的观测技术；振动法检验技术等。无破损检查技术往往需要几种方法综合运用才能得到可靠的结果，并且需要有经验的检验人员。因此，用一般的量具和放大镜等辅助工具进行外观的检查诊断仍是最广泛的检查手段，必要时才应用无破损检查技术，辅助判断。为了检查与试验作业的方便，还有专用的桥梁检查车和轻型拼装式悬吊检查架。

局部破损检查是在构件上采取试样进行物理化学分析和力学性能试验的检查方法。如测定材料的强度、弹性模量、混凝土的水泥含量、碳化物含量、炭化深度和渗水等测定，都需在构件上取样。又如混凝土或防水层电阻率的测量等，往往需要在构件上钻孔插入探测仪器进行测量。

荷载实验：桥梁静力荷载试验的加载设备常用大型货车、拖挂车、翻斗车、水车和施工机械等各种普通装载车；也有专用的单轴或多轴加载挂车和测定结构影响线的自行式单点荷载设备；有的场合也用压重物等。桥梁自振特性的试验测定方法大致有三类：第一类是常用的突然加载或卸载的方法激振桥梁，如跳车、释放、撞击和小火箭等冲击荷载；第二类用运转频率可调的起振机或专用的单轴电-液惯性加振挂车进行谐振试验；第三类用脉动信号测试与分析的方法，用磁带机记录桥梁无载时的脉动随机信息，并用信号处理机进行频谱分析，可取得多阶振型的特征值。

桥梁受迫振动响应的试验测定常用接近运营条件的车辆，以不同车速通过桥梁进行行车试验，测定桥梁的动力系数与车速的关系；或在桥梁动力响应最大的部位进行起动或刹车试验；也可利用平时交通荷载或风荷载等随机荷载，测定桥梁随机振动的响应。

检测桥梁受载及响应的仪器大体可分为静态测量仪器和动态测量仪器两种，也有相互组合和兼用的类型。

荷载和力的测量，静态测量时常用杠杆式地磅、液压型轮重秤和各种机械式或液压式测力计等；电子秤和各种电学的测力传感器及指示计可用于静态或动态测量。直接测定由于车辆荷载本身的振动同桥面不平整状况组合作用于桥梁动力轴重规律的激光测量装置，以及测定风载规律的三向风速测量装置等正在逐渐被采用。

变位测量，静态测量时常用游标卡尺、百分表、钢丝挠度计、精密水准仪、经纬仪、水准式倾角仪、摄影测量与分析设备等。激光位移测量装置，以及各种电学的位移、倾角的传感器和指示器可用于静态测量和动态测量。还有在长期观测中采用连通管水平面法测量竖向位移的自动记录装置。

应变应力测量采用千分表、手持式应变计、杠杆引伸计、刻痕应变计（也可用于动态测量）、电阻应变计与静态应变仪、振弦式应变计与频率（或周期）测定仪、差动电阻式应变计和比例电桥等各种电学的应变传感器与指示器。此外，还有光弹和激光的应变测量装置，但应用不多。用电学应变计组装的各种应力计可直接测量应力。

裂缝观测，静力试验过程中裂缝常用读数显微镜观测，也可用应变计（如手持式应变计、一般电阻应变计或裂缝电阻应变计等）监测混凝土裂缝的扩展，还可应用声发射技术探测裂缝的发生；或用纤维断裂法监测裂缝的扩展。此外，还用测缝计测量构造缝的伸缩。

结构环境温度测量，常用日记（或周记）的双金属气象温度计。结构表面温度测量可用普通温度计和半导体测温计。混凝土结构内部温度测量一般采用热电偶、热敏电阻和其他类型的温度传感器和指示器。

测量动位移、速度和加速度的仪器有机械式的万能测振仪和各种电学的拾震器及其放大器和记录器。测量动应变常用动态电阻应变仪和振弦式应变仪器等。

检测、验算和分析：试验数据的记录、储存、处理与显示的方法，依照测量技术设备的先进性可分为三类：第一类是手工记录与处理的方法，使用非自动检测的静态测量仪器获得的数据多用这种方法。第二类是自动记录和手工处理的方法，对于自动检测的仪器，记录模拟数据采用笔式或光线式记录器，记录数字化数据采用电传打印机时，数据的处理往往仍用手工方法进行。第三类是利用微型计算机处理数据，动态数据处理有专用的信号处理机。脱机处理时，试验数据（模拟的或数字的）必须记录存储在磁带、磁盘或穿孔纸带上，以便输入计算机处理。计算机输出处理结果的显示设备有 X–Y 函数标绘器、热写示波器和电传打印机等。

为了现场试验与测量方便，将各种测试仪器与数据处理设备组装成测试车，能改善野外测试条件和提高试验效率。对于需长期监测的桥梁可建立遥测中心试验站。

检验的成果包括结构检查报告、结构检算书和荷载试验报告。检验成果的分析应遵循有关桥梁检定规范和设计标准。静力试验的一般要求是：桥梁在试验荷载作用下，结构显示良好的弹性工作状态，结构的弹性变形、残余变形和总变形量应满足规定的指标；结构的刚度要满足运行的要求；结构的应力和变形不超过设计标准的容许值；出现的裂缝宽度应小于相应使用环境下的许可值，应满足耐久性的要求等。动力试验的一般要求是：桥梁实测动力系数应不大于设计取用值；在平时交通下，桥梁的振动（频率与振幅的组合）不使行人有不愉快和不安全的感觉；结构的最低阶自振频率应大于有关标准的限值，以避免发生可能的共振现象；结构的动应力应小于相应的疲劳极限值等等。但是，桥梁的最终评定必须是根据桥梁检验成果的分析，同时结合桥梁的运营环境和使用要求等条件进行综合判断的结论。

如果桥梁检验评定结果不能满足运营安全性和耐久性的要求，那么，就需根据检验评定结果采取必要的措施，如降低通行载重量，限制车速和进行必要的修理或加固等。

第二节　桥梁荷载实验方案拟订

随着时间的增长，桥梁耐久性、安全性降低，中国公路路网较多旧桥急需加固改造，桥梁维修加固与养护管理面临诸多的世界性难题，是国内外桥梁界研究的热点。对桥梁进行检测成为保证桥梁正常运营的重要措施，通过检算与外观检查可以基本上确定桥梁结构物的使用状况，然而理论推断与实际结构的特性往往存在着一定的差别，尤其是承载力的鉴定目前还离不开荷载试验。

目前，荷载试验中静载试验得到了广泛的应用。桥梁静载试验时按照预定的试验目的与试验方案，将静止的荷载作用在桥梁的指定位置，观测桥梁结构的静力位移、静力应变，裂缝、沉降等参数的变化情况，然后根据有关规范和规程的指标，判断桥梁结构的承载能力以及在荷载作用下的工作性能。一般确定加载方案主要通过理论计算，计算出结构控制截面的设计内力、位移等，然后依据理论计算找出试验所需的车辆布置，最后将理论值与实测值进行比较。目前，对于桥梁静载试验，试验规范推荐的分级加载方法不能确保在分级加载过程中，桥梁结构的多个控制截面同时是安全的，而在这一过程中加载位置与车辆的选择有可能有多重方案可供选择，因此需要进行检测方案设计。

一、桥梁概况

首先要考察桥梁的基本情况，例如：桥梁中心桩号 KO+073，全长为 84.00m，桥面宽度为 24.00m，共 3 跨，各跨的跨度为 25m，上部结构为预应力钢筋混凝土小箱梁，下部墩、台形式为柱式墩台、钻孔灌注桩基础。桥面横向布置为 0.25m（防撞护栏）+2.75m（人行道）+18.00m（行车道）+2.75m（人行道）+0.25m（防撞护栏），桥面最大纵坡 1.4%，桥面横坡为 1.5%，桥梁设计荷载为城-A 级。

二、检测内容

根据桥梁竣工验收相关规定，主要监测内容包括桥梁的外观检查、桥梁重要部位的混凝土强度回弹推定及碳化深度测定、静载作用下控制截面的应变反应、桥梁结构的动力特性（固有频率、振型等）。

具体内容如下：

（一）桥梁外观检查

主要通过对桥梁结构外观进行现场检查，通过现场目测和利用简易测量仪器对桥梁进行全面细致的外观检查，内容包括上部结构的外观检查、支座检查和下部结构外观检查。

（二）桥梁重要部位的混凝土强度检查

主要通过混凝土回弹设备对桥梁结构的重要部位，例如桥台、桥墩、盖梁、箱梁等部位的混凝土强度进行回弹推定，并对碳化深度进行测定。

（三）桥梁结构控制截面的应力应变

通过在桥梁表面粘贴应变片，测试结构在设计荷载作用下的应力应变，进而对桥梁结构的状态进行评定。桥梁结构关键控制截面的挠度测试。采用全站仪对结构在设计荷载作用下的挠度进行测量。

（四）结构动力特性的测试

通过利用环境振动例如大地脉动、车辆荷载、人行荷载以及风荷载等环境振动对桥梁结构产生激励，利用高灵敏度加速度传感器与动态数据采集系统对结构的响应进行监测，并通过先进的数据处理手段识别结构的动力特性。

三、检测目的

通过桥梁外观状况检查，以及桥梁在荷载作用下静动参数的实时观测、记录和理论计算分析，达到如下检测目的：

第一，桥梁结构构件状况、实际工作状态。

第二，桥梁的整体受力性能。

第三，桥梁结构的健康评定。

第四，为桥梁的运营、养护、维护提供技术资料。

四、静载试验方案设计

（一）测点位置的布设方案研究与制订

测点位置的布设应根据试验的目的和桥梁的结构形式来确定。总体上应遵循下面三个原则：

第一，布设在便于分析计算和具有代表性的关键部位（如最大挠度处）的原则。

第二，便于观测的原则。

第三，多余观测的原则，即布设校核性测点，目的在于验证观测结果的可靠性和充分地体现出某些系统误差的影响，有利于测试结果的分析。

（二）观测方案的制订

在桥梁静载试验中测定的量一般均为相对变化值，即某种荷载状态下观测点的测定值与初始值的差值。因此，测试平面控制网的建立，宜采用独立的桥轴线坐标系统，这样观测量的变化值即可直接反映出测点位置纵桥向和顺桥向的位移量。网形布设时结合桥梁结构形式和桥址地形情况综合分析，优化设计测试时高程基准点布设应考虑便于使用，且河岸两侧的高程基准点联测要有足够的精度。

（三）加载试验阶段的观测工作

桥梁静载试验中测量人员的主要任务是精确地采集和提供在各级加载状况下，桥梁各主要部位的位移量，概括起来是测定不同荷载作用下的主塔顶或桥墩顶位移量、主梁挠度、主梁中线偏位等。

五、动载试验方案

在桥面无任何交通荷载以及桥址附近无规则振源的情况下，通过高灵敏度动力测试系统测定桥址处风荷载、地脉动、水流等随机荷载激振而引起桥跨结构的微幅振动响应，测得结构的自振频率、振型和阻尼比等动力特性参数。加速度传感器横向布置在桥面两侧。

桥梁检测，既要保证检测数据的真实可靠，也要保证检测过程中主体结构的安全。在试验方案设计时要考虑到荷载及数据记录等方面的问题。

在全面评价桥梁工程的要求下，确定了检测内容及检测目的等。相应制订了桥梁的静力和动力载荷试验方案，对目前桥梁检测中的加载方案选择提出了一些思路和方法，能为今后实际工程应用提供参考。

第三节　桥梁荷载试验现场实施

本书论述的公路桥梁荷载试验系指生产鉴定性、非破坏性、短期原型的静、动荷载试验。一般情况下，进行公路桥梁荷载试验的一般程序可分为三个阶段，即试验准备阶段、加载与观测阶段和分析总结阶段。

一、荷载试验准备阶段

试验准备阶段是桥梁荷载试验顺利进行的前提和保障，其工作包括：第一，收集桥梁设计文件、施工记录、监理记录、原试验资料、桥梁养护与维修记录等桥梁技术资料；第二，检查桥梁现状，如桥面系、承重结构构件、支座、基础等部位的表观状况；第三，检算设计荷载和试验拟加荷载作用下理论内力；第四，制订加载和测量方案，选用仪器仪表；第五，搭设工作脚手架、设置测量仪表支架、测点放样及表面处理、布置测试元件、安装调试测量仪器仪表等。可以说，试验检测工作的顺利与否，很大程度上取决于检测前的准备工作。

（一）试验总体领导管理组织

为了使试验能顺利进行，并能达到预期的目的，应成立试验总体领导管理组织，统一部署、组织和领导整个试验工作。试验总体组织者必须熟悉桥梁荷载试验工作，并具有与试验相关的知识，特别是大型复杂的公路桥梁试验，试验工作环节繁多，情况多变，因此必须精心安排，一丝不苟，做好应对措施。在进行试验组织时，必须做好以下几方面的工作：

1. 明确试验目的

在进行其他各项工作以前，必须首先了解清楚本次桥梁荷载试验要达到的目的以及各项具体要求。如果提出试验要求的不是试验组织者本人，则试验组织者有必要与提出试验要求的人进行讨论，询问提出各项试验要求的前提与背景，通过荷载试验要解决的问题，然后再将试验目标确定下来，最好要能分清各项目的主次，试验时万一不能兼顾各项目标时可以放弃次要目标而保证完成主要任务。

2. 阅读有关文献

在明确试验目的以后，应该阅读与试验有关的文献资料。如果有人做过类似的试验则通过阅读他人试验报告或情况介绍，弄清试验目的有何不同，哪些地方可以改进等等。

3. 收集设计、计算资料

如果公路桥梁荷载试验对象具有实际工程背景，在组织试验时要向有关部门收集与试验有关的设计资料，以便对试验对象有透彻的了解。

4. 拟订试验方法

在以上几步工作的基础上，可以拟订试验方法，主要是根据试验目的和客观条件确定静载试验的加载方法和动力试验的激振方法，选择合适的测试仪器和观察方法，确定试验程序。

5. 桥梁荷载试验的理论分析和检算

在试验前应模拟试验状态对结构进行必要的分析计算，以便对试验结果有初步的估计。

6. 测试仪器设备的准备和试验人员的组织

在确定了试验方法以后，就可着手测试仪器设备的准备和试验人员的组织。为了保证试验的顺利进行，调试仪器的规格、数量、测试精度等都要能满足试验的要求，对于使用数量大、容易损坏的仪器还应有一定数量的备件。

对于规模较大的试验，通常需要较多的测试人员，单靠某一个单位的专业测试人员往往是不够的，还需要几个单位的测试人员通力合作；此外，还可能需要非专业测试人员的协助，试验前应该做好所有参加试验人员的组织与协调工作。

（二）试验方案的制订

在完成试验组织的基础上，还应订出详细的试验方案以便对照执行。桥梁荷载试验是一项复杂而细致的工作，应在桥梁检查和检算的基础上确定试验项目。仔细考虑试验的全过程，预计可能出现的问题及其处理方法，才能保证试验方案切实可行和试验工作的顺利进行。试验方案一般应包括如下内容：第一，试验目的以及测量要求；第二，加载方法；第三，测试内容；第四，测量方法；第五，试验程序；第六，试验进度；第七，试验人员的组织和分工；第八，安全措施。

（三）静载试验的准备工作

桥梁结构的静荷载试验是：将静止的荷载作用在桥梁上的指定位置，以测试结构的静应变和位移或其他项目，从而推断桥梁结构在荷载作用下的工作状态和使用能力。对于一些缺乏设计资料、结构受力不详、不便检算，或对根据检查及检算结果综合判断的桥梁承载能力有怀疑的旧桥，采用静荷载来评定它们的承载能力和安全度是十分必要的。

1. 试验孔（墩、台）的选择

桥梁试验孔（墩、台）确定，应选定结构受力最不利、结构技术状况较差，或病害多而严重、便于搭设脚手架和设置测点以及加荷方便的桥孔。一般可结合桥梁检查和检算工作进行。对于多孔结构，还需考虑病害或问题的种类和结构上的不同。

2. 检查架与仪表架的搭设

检查架必须方便观测仪表和裂缝，应以经济、方便、安全为原则，检查架与仪表架应完全脱离，不影响仪表和测点的正常工作，不干扰测点附属设施。当桥下净空高不便设置固定检查架时，可采用轻便活动吊架。仪表架要稳固并能承受试验时可能产生的触碰干扰。用于观测墩台沉降和位移的仪表架，应离开墩台基础边缘至少 1.5m，以不受墩台变位的影响。搭设仪表架时，还需留心观测点不要受阳光直接照射和采取防雨措施等。

3. 加载方案与实施

（1）加载试验项目的确定

静荷载试验项目按其目的来分，大体上有两类：一类为测定荷载横向分布特性的单点加载试验；另一类为鉴定桥梁承载能力的加载试验。因此加载试验项目安排应抓住重点，不宜过多。几种常见主要桥型的加载试验项目如表 12-1 所列。

表 12-1　几种主要桥型试验项目表

桥梁型式	加载试验项目	
	主要	附加
简支梁	跨中最大正弯矩及挠度 L/4 截面正弯矩及挠度	支点最大剪力和墩台垂直位移
连续梁	支点最大负弯矩 跨中最大正弯矩	支点最大剪力 墩台最大垂直力及位移
悬臂梁	支点最大负弯矩 悬臂端最大挠度 锚跨跨中最大正弯矩	支点最大剪力 墩台最大垂直力及位移 挂梁跨中最大正弯矩
无铰拱	拱顶最大正弯矩 拱脚最大负弯矩	拱脚最大水平推力及变位 L/4 截面最大正弯矩和最大负弯矩
刚架桥	跨中截面最大正弯矩和挠度结点 截面的最大负弯矩	柱脚截面最大负弯矩、 最大水平推力
斜拉桥与悬索桥	主梁最大挠度 主梁控制截面最大内力 索塔塔顶水平变位 主缆最大拉力，斜拉索最大拉力	主梁最大纵向漂移 主塔控制截面最大内力 吊索最大索力

（2）静载试验荷载的确定与布置

承载能力评定荷载一般有以下几种：即标准汽车、挂车或履带车、人群荷载和需通行的特种重载。产生控制截面最不利内力的评定荷载常作为静力试验荷载。但由于客观条件的限制，实际采用的试验荷载往往会与评定荷载有所不同。为保证试验效果常采用等效荷载试验的方法，在选择等效试验荷载时，要使等效试验荷载作用下的控制截面内力计算值与评定荷载作用下同截面的内力之比（即试验荷载效率）在 0.95～1.05 之间。等效试验荷载通常有可行式车辆和重物直接加载两种。当采用重物直接加载时，需注意避免加载设备与桥梁共同承载而形成"卸载"观象。试验荷载布置应使结构处于某种实际可能的最不利工作状态。

（3）试验荷载分级与加载方式

为了了解结构应变或变位随加载内力增加的变化关系和防止结构意外损坏，试验荷载需逐级增加。用车辆加载一般分成 2~3 级，用重物加载为 3~4 级即基本荷载的 60%、80%、90% 和 100%。车辆荷载的分级可采用逐渐增加加载车数量和加载车位于控制截面内力纵横向影响线不同位置的方法。静力试验荷载的加载方式，根据加载设备情况可分成两种：一是单逐级递加到最大荷载，然后逐渐卸载至零载，这种方法适合于重物直接加载。二是逐级递增的循环加载方法，此法宜用于车辆加载。

（4）加载时间选择与静力荷载的持续时间

加载试验应安排在气温变化不大，外界气候条件较好的时间（如晚上 10 时至凌晨 5 时）内进行。静力荷载的持续时间取决于结构最大变位达到相对稳定所需的时间。对钢筋混凝土和木结构一般取 15~30min，钢结构通常不少于 10min。

（5）加载程序的确定

正式加载试验前，一般需对试验结构进行必要次数的预加载。通过预加载，一方面可以使结构进入正常工作状态，另一方面也可检查试验装置的可靠性以及检查全部观测仪表工作是否正常，并能起到演习作用。预加载的荷载一般取 1~2 级分级荷载。

（6）加载试验的控制

加载应严格按设计的加载程序进行，荷载的大小和截面内力都应从小到大逐渐增加，并随时做好停止加载或卸载的准备。加载试验过程中，要及时分析控制测点的变位或应变，随时观察结构薄弱部位开裂等状况，一旦发现下列情况，应立即终止加载试验：第一，控制测点应力或挠度（变位）超过检算控制值和规范规定值；第二，加载过程中超过规范允许缝宽的裂缝大量增多，对结构使用寿命造成明显影响时；第三，墩台变位超过允许值且不能稳定时；第四，发生其他损坏，影响桥梁承载能力和正常使用时。

4. 制订观测方案

观测方案应按照试验目的和要求，确定观测项目、测量区段、测点位置，并选择合适的仪表和确定试验观测方法。

（1）观测项目的确定

在荷载作用下的桥梁变形可以分成两类：一类变形能反映结构的整体工作状况，如挠度、转角和支座位移等，为整体变形；另一类反映结构的局部工作状况，如纤维变形、裂缝和局部挤压变形等，称局部变形。在确定观测项目时，首先要考虑结构的整体变形，因为它能概括结构工作的全貌，也能反映结构任何部分的异常变形或局部损坏。同时局部变形的观测也很重要，它能反映结构的抗裂性能，又是推断结构实际状况和极限强度的主要指标，所以观测项目和测点位置应满足分析和推断结构工作状态的需要。

常见桥梁主要观测项目有：结构的最大挠度、支座沉降、结构最大拉、压应力和中心轴位置、支座附近截面的主拉应力、活动支座的变化以及裂缝的出现和扩展状况。几种主要桥梁的检测部位和观测项目如表 12-2 所示。

表 12-2　几种主要桥型检测部位及项目

桥型　　部位　　检验项目	截面应力（应变）	挠度	转角	下沉	水平位移
简支梁	跨中、四分点、支点	跨中、四分点	支点		
连续梁	跨中、四分点、支点	跨中、四分点	支点	支座	
悬臂梁	支点、牛腿	牛腿、跨中	梁端、支点		
拱桥	跨中、四分点、拱脚	跨中、四分点、八分点	墩台	墩台	墩台
刚架桥	跨中、结点、柱脚	跨中、结点	柱脚		
斜拉桥和悬索桥	跨中、主缆、斜拉索	跨中、四分点	塔顶	索塔	塔顶

（2）测量部位选择与测点布设

测量部位的选择与测点布置的原则有：一是在满足试验目的的前提下，测点数量与布置必须充分、足够，测点宜少不宜多，以便试验工作重点突出。二是测点位置必须有代表性，以利计算分析。三是应布设一定数量的校核测点，以保证测量数据可靠。此外，测点的布置对试验工作应是安全和方便的。

（3）仪器仪表的选择与测读原则

根据观测项目需要选择仪器仪表时，应从实际需要出发选择满足测试精度要求的仪器仪表，但要注意环境条件，避免盲目追求精度。仪器仪表要有足够的量程、型号规格要一致，种类尽可能少一些。在测点较多时，宜用电测仪表。

所有测点读数时间必须基本相等，在加载前均需进行零载读数，以后每次加卸载后立即读数一次，并在结构变位稳定后，进入下一级荷载前再读数一次。对于结构变位最大的测点，需每隔 5min 读数一次，以观测结构变位相对稳定与否。每次测读时，应同时记录周围的气象资料如温度、湿度等。

（4）观测方法的确定

选择观测方法时，要根据试验方案所提供的客观条件，密切结合加载程序来确定。

①位移测量

位移测量的方法大致有两类：一类是接触式测量，常见的方法是机械测量法和电测法，这类测量的仪器、仪表有：各种类型的挠度计、百分表和位移传感器等；另一类是非接触式测量，多为光学测量，如精密水准测量、经纬仪测量和近景摄像测量等，常用的设备有：精密水准仪，高精度经纬仪、摄影经纬仪、立体坐标仪和计算机等。

②应变测量

应变测量可分两种情况，即桥梁结构主应力方向已知或未知情况两种。后者是经常遇到的，例如在弯剪共同作用区，截面形状不规则或有突变的位置。当测定这些部位的平面应力状态时，一般按一定直角坐标系均匀布点，每点按三个方向布设成一个应变花形式。应变测试中常用的仪器、仪表有：千分表、应变片、应变花、杠杆引伸仪、手持应变仪、钢筋应力计和电阻应变仪等。

③裂缝观测

裂缝观测通常是依靠目力辅以刻度放大镜，有时也用沿受力主钢筋方向连续布置电阻应变片或应变计来测定裂缝的出现或开裂荷载。此时，应变计（片）连续布置的长度不小于2~3个计算裂缝间距或30倍主筋直径。

5. 荷载试验准备工作

一是加载位置放样及加载设备的准备；二是试验人员组织与分工；三是仪表的选择、安装、检查与调试等。

（四）动载试验的准备工作

1. 动载试验的项目确定

桥梁结构动载试验的主要项目：测桥梁的动力性能，如自振频率固有振型和阻尼特性等；测定动荷载本身动力特性，如动力荷载的大小、方向、频率及作用规律等；测定桥梁结构在动力荷载下的强迫振动响应，如振幅，动应力（挠度）、冲击系数等。

2. 试验前现场准备工作

出发前应对所携带的仪器仪表、传感器等进行全面的检查与标定，确保仪器仪表状态良好。此外，要在距离测试部位适当的地方搭设帐篷，以供操作仪器使用；还要接通电源，安装照明设备，检查通信设备的状态。

按照试验方案所定的传感器布置位置，进行放样定位，布置测试导线，采用合适的方法将传感器固定在被测对象上。此外，根据被测结构的动力特性，确定"跳车试验"进行的位置，并做出标记。对于运营中的桥梁，试验准备工作要注意传感器、测试导线的防护，试验开始前应封闭交通，禁止闲杂人员和非试验用车辆进入。

建立试验领导组织，进行人员分工安排。一般地，根据试验实际情况，设指挥一人，试验车辆导引员一人，测试人员数人。配备相应的通信联络工具或明确联络方式，以便统一指挥，统一行动。正式试验前，要进行预测试，以检查仪器、仪表、测量线路的工作状态，确定测量放大器的放大系数。

二、荷载试验现场实施阶段

加载与观测阶段是整个检测工作的中心环节。这一阶段的工作是在各项准备工作就绪的基础上，按照预定的试验方案与试验程序，利用适宜的加载设备进行加载，运用各种测试仪器，观测试验结构受力后的各项性能指标如挠度、应变、裂缝宽度、加速度等，并采用人工记录或仪器自动记录手段记录各种观测数据和资料。有时，为了使某一加载、观测方案更为完善，可先进行试探性试验，以便更圆满地达到原定的试验目的。需要强调的是，对于静载试验，应适时根据当前所测得的各种技术数据与理论计算结果进行现场分析比较，以判断受力后结构行为是否正常，是否可以进行下一级加载，以确保试验结构、仪器设备及试验人员的安全，这一点对于已存在病害的既有桥梁结构进行试验时尤为重要。

三、试验结果分析和评定阶段

分析总结阶段是对原始测试资料进行综合分析的过程。原始测试资料包括大量的观测数据、文字记载和图片等材料，受各种因素的影响，一般显得缺乏条理性与规律性，未必能深刻揭示试验结构的内在行为规律。因此，应对它们进行科学的分析处理，去伪存真，去粗取精，综合分析比较，从中提取有价值的资料。对于一些数据或信号，有时还需按照数理统计的方法进行分析，或依靠专门的分析仪器和分析软件进行分析处理，或按照有关规程的方法进行计算。这一阶段的工作，直接反映整个检测工作的质量。测试数据经分析处理后，按照相关规范、规程以及检测的目的要求，对检测对象做出科学的判断与评价。全部检测工作体现在最后提交的试验研究报告中。

测试过程完毕并不意味试验的结束，试验过程中的原始记录，是试验结果的真实记录。但是原始记录的数据必须经过分析、整理或绘制图表以后才能清晰明了地反映试验结果的情况。

试验报告则是整个试验的总结。试验报告要概括试验的各主要环节，内容至少应包括：一是介绍试验目的、要求及依据等；二是试验实施情况（包括：试验荷载、加载方式、测试内容、测点布置和测试仪器等等）；三是试验测量数据结果，各种关系曲线及相关分析；四是对试验结果的综合分析；五是结论；六是试验和报告的日期，主持和参加单位，试验单位资质名称及人员，主持人签名。

一项试验，从进行试验设计开始，直到写出试验报告为止，是一个前后紧密联系的过程，必须从一开始就非常慎重非常细致地对待试验的每一个环节。试验前应考虑到试验的方方面面，分析各个环节，制订出周密的试验工作计划，以保证试验井然有序；在试验过程中，本着对工作认真负责、一丝不苟的精神，正确测读每一个试验数据。在整理分析数据、撰写试验报告阶段，如果草率从事，就会使整个试验前功尽弃，使花了大量精力测得的试验数据说明不了什么问题或者引出错误的结论。因此，在进行数据整理时必须十分仔细，使经过整理后的数据能真实反映试验实际。对试验结果中反映出来的反常现象要仔细推敲并反复核对，不宜轻易判断为测试中的失误，往往这些反常现象揭示了在理论分析时被忽视而客观存在的事实，这正是试验优于理论的地方。参照理论分析的结果，对试验结果进行分析说明，是试验报告的重要组成部分，也是试验人员深化对试验认识的过程。在试验报告的结论部分，应该明确回答试验目的所希望解决的问题，同时应特别指出通过试验发现的新规律、新事实。

（一）静载试验结果的分析与评价

静载试验数据整理分析，实际上是对试验数据进一步深化的过程，从理论上探求其内在规律，目的是为了便于对桥梁结构做出相应的技术评价。静载试验数据整理分析，包括对现场实测数据进行修正、整理，也包括实测数据的评价方法与评价指标的取用。

1. 实测资料整理

试验的原始资料与原始记录是研究试验结果、评价桥梁使用性能与承载能力最基本的依据。原始记录是说明试验情况的第一手资料，从整体上看是最可靠的，但也难免烦琐和庞杂，缺乏必要的条理性，不能够集中而明确地说明试验所得到的主要技术结论。因此，在实测资料的整理过程中，要进行去粗存精、去伪存真的加工，这样所得到的综合材料要比原始记录更为清楚地表达试验主要成果。同时，在测试数据整理过程中，要重视和尊重原始资料与原始记录，珍惜有用的点滴资料，保持原始记录的完整性与严肃性。此外，对于一些测量方法和测量内容，要按照科学合理的方法进行计算和修正，以获取有价值的数据或进行测量误差分配。

（1）试验原始资料的内容

一是试验桥梁的调查结果和验算结果；二是试验方案及编制说明；三是各测试项目的读数记录及结构裂缝分布图；四是桥梁结构材料的力学性能试验结果；五是荷载试验过程中出现的各种异常情况的记录、照片等。

（2）试验资料整理

一般地，对于处在弹性工作阶段的结构而言，测值等于加载读数减去初读数。在试验完成后，根据试验观测项目及相应的记录表格，就可直接计算出在各级荷载作用下相应的测值，找出各观测项目具有代表性的数据来。在测值计算时，要注意以下几个问题。

①测值修正

测值修正是根据各类仪表的标定结果而进行测试数据修正的工作，如机械式仪表的校正系数，电测仪器的率定系数、灵敏系数，电阻应变仪观测导线电阻的影响等。一般说来，仪器仪表的偏差具有系统性，应在试验前设法予以排除，当这类因素对测试值的影响小于1%可不予修正。

②测点应力计算

各测点的实测应力可按胡克定律，由实测应变求得，即：

$$\sigma = E \times \varepsilon \tag{12-1}$$

③挠度计算及误差处理方法

当采用精密光学仪器进行变形测量时，应根据测量误差理论、平差处理方法及试验所采用的测量路线进行测量误差的调整计算。首先，假定起始点的假设高程，计算各测点在各级试验荷载作用下的假定高程；其次，根据测量线路计算高差闭合差及高差闭合差的容许值，若测量成果的精度符合要求，即可进行高差闭合差的调整，调整方法是将高差闭合差反号，按与各测段的路线长度成正比例地分配到各段高差中，计算出各测点在各级试验荷载作用下的改正高程；最后，将改正高程减去零载时的初始假定高程，即可得出各测点在各级试验荷载作用下的挠度。

④支点沉降影响的修正

对于梁式桥，支点沉降会产生刚体位移和转角，测试结果不仅包括弹性挠度，也包括刚体位移，因此，当支点产生沉降时，应修正其对挠度的影响。

⑤荷载横向分布系数的计算

对于由多片主梁组成的桥梁结构，荷载横向分布的测量与计算往往是桥梁检测的内容之一。通过对桥梁结构跨中截面各主梁挠度的测定，可以绘制出跨中截面的横向挠度曲线，然后按照荷载横向分布的概念，运用变位互等原理，即可计算出任一主梁的荷载横向分布系数。

2. 试验曲线整理

（1）荷载—变形曲线的整理

按照试验要求，可以针对各种变形如挠度、转角、应变等绘制荷载—变形曲线，以表达荷载与变形之间的关系。荷载与变形关系能够宏观地说明结构的基本状态和工作性质，说明结构是处于弹性，还是处于弹塑性工作阶段，同时也能反映某些局部现象如结构开裂与否以及节点的工作状态等。对于荷载—变形曲线，一般主要有四种类型，如图 12-1 所示。

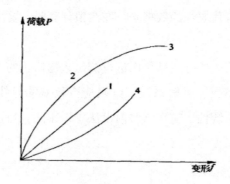

图 12-1 常见荷载—变形曲线的类型

在图 12-1 中，曲线 1 是直线，它说明结构处于弹性工作状态，钢结构试验得到这样的结果是正常的，而钢筋混凝土、木结构等具有显著非弹性性质的结构，只有在承受多次正常荷载作用后再测试，才可能达到这样的结果。

曲线 2 表示在初期加载时非弹性工作状态各种材料的荷载—变形规律，曲线的斜率反映了结构的非弹性程度。

曲线 3 是曲线 2 的延伸与极限情况，说明结构出现了屈服现象，如钢筋混凝土结构中钢筋的屈服、试桩的桩周土达到极限强度，在这种情况下，即使荷载不再增加，变形也可能进一步增大。

曲线 4 主要表示卸载情况，表示一种非弹性变形的恢复过程。如果这种现象在加载过程中出现，则说明测试系统或试验结构本身有问题。

荷载—变形曲线的陡缓，表明了试验结构刚度的大小，曲线愈陡，结构刚度也愈大。根据荷载—变形曲线的形状与特征点，可以研究试验结构的工作状态，在试验曲线形状发生特别变化的地方，一定与结构中某些特殊的现象相联系，再利用其他实测资料进行综合分析，即可全面把握试验结构的受力行为。

（2）结构位置—实测变形曲线

结构位置—实测变形曲线主要有两种，其一是实测变形与试验结构位置曲线，如挠度沿桥轴线的分布曲线、挠度沿桥横向的分布曲线；其二是应变沿截面高度的分布曲线。利用沿桥梁跨径方向将各测点在各级试验荷载作用下实测挠度值连接起来的挠度曲线，可以宏观判断挠度测试结果是否正确，结构反应是否正常，卸载后残余变形如何分布等问题，有些时候还可利用结构的对称性原理进行检查。利用沿桥梁横截面方向将各测点在各级试验荷载作用下实测挠度值连接起来的挠度曲线，可以进行横向分布系数的计算，进而验证所采用的横向分布计算理论的合理性。

一般说来，各种计算理论都作了一些简化和假设，和实际情况有一定出入，同时也存在其适用范围、适用程度的问题，通过实测值与理论值的比较，不仅可以判断试验结构的使用性能与工作状态，而且可以验证计算理论，为规范的修订与完善积累设计资料，这对于新结构、新材料的推广应用有非常重要的意义。

（3）其他曲线

对于钢筋混凝土结构和预应力混凝土结构，在试验过程中，当裂缝出现之后，应按照裂缝的开展情况绘制裂缝分布图，以及特征裂缝形态随试验荷载增加发展变化图，注明裂缝宽度、长度在每级荷载作用下的发展变化情况，并采用照相方式或采用米格纸将裂缝详细情况记录下来。进行破坏试验时，对于结构的破坏部位、破坏形态采用照相方式进行记录。

除了上述常用的试验曲线和图形外，根据试验类别、荷载性质、变形特点的不同，还可以绘制一些其他的结构试验特征曲线，如试验荷载—支点反力曲线，试桩的荷载—变形—时间曲线，某些结构局部变形（相对滑移、挤压）曲线，节点主应力轨迹曲线等。

3. 允许限值及评价方法

桥梁结构静载试验结束以后，要从试验结果的分析中对结构性能做出评价。如果试验的目的是为了探索结构内在的某种规律，或者是某一计算理论的准确度或适用程度，就需要对试验结果进行综合分析，找出互有联系的诸变量之间的相互关系，总结出相应的数学表达式或关系表。如果试验属于生产鉴定试验，则应从试验资料的整理分析中，提取充分而必要的数据，对结构的承载能力、使用性能做出判断，进而说明结构安全可靠和满足使用要求的程度。

桥梁结构静载试验的评价指标有两个方面。其一是根据控制测点的实测值与相应的理论计算值进行比较，来说明结构的工作性能和安全储备；其二是将控制测点的实测值与规范规定的允许值进行比较，从而说明结构所处的工作状况。下面对此做一详细说明。

（1）校验系数

所谓校验系数，是指某一测点的实测值与相应的理论计算值的比值，实测值可以是挠度、位移、应变或力的大小，校验系数表达式为：

$$\lambda = \frac{测点的实测值}{测点的理论计算值} \qquad (12-2)$$

当 $\lambda = 1$ 时，说明理论值与实测值完全相符；$\lambda < 1$ 时，说明结构工作性能较好，承载能力有一定富余，有安全储备；$\lambda > 1$ 时，说明结构的工作性能较差、设计强度不足，不够安全。通常，桥梁结构的校验系数如表 12-3 所示，可供参考。

表 12-3　桥梁结构的校验系数 λ

类别	项目	校验系数
钢桥	应力	0.75~0.95
	挠度	0.75~0.95
预应力混凝土桥	混凝土应力	0.70~0.90
	钢筋应力	0.70~0.85
	挠度	0.60~0.85
钢筋混凝土桥	混凝土应力	0.60~0.85
	钢筋应力	0.70~0.85
	挠度	0.60~0.85

在大多数情况下，往往忽略一些次要因素，设计计算理论总是偏于安全的，故桥梁结构的校验系数往往小于1。然而，安全和经济是相对重置的，过度的安全储备是不必要的，设计时两者应尽可能兼顾。因此，《大跨径混凝土桥梁的试验方法》规定，在最大试验荷载作用下，实测挠度、实测应变应满足下式要求

$$\beta < \frac{w_t}{w_d} \leqslant \alpha \tag{12-3}$$

公式中：$\alpha = 1.05$，$\beta = 0.70$；

w_t——实测值；

w_d——相应的理论计算值。

同时，对于残余变形，《大跨径混凝土桥梁的试验方法》规定，卸载后最大残余变形与该点的最大实测值的比值应满足下式的要求

$$\frac{w_p}{w_{max}} \leqslant \gamma \tag{12-4}$$

公式中：$\gamma = 0.2$；

w_p——卸载后最大残余变形的实测值；

w_{max}——该点在试验过程中的最大实测值。

（2）规范允许限值

在设计规范中，从保证正常使用条件出发，对不同结构形式的桥梁分别规定了允许挠度、允许裂缝宽度的限值。在桥梁静载试验中，可以测出桥梁结构在设计荷载作用下控制截面的最大挠度及最大裂缝宽度，二者比较，即可做出试验桥梁工作性能与承载能力的评价。挠度评价指标为：

$$\frac{f'}{l} \leqslant \left[\frac{f}{l}\right] \tag{12-5}$$

公式中：$\left[\dfrac{f}{l}\right]$——规范规定的允许挠度限值；对于梁式桥主梁跨中，允许限值为 1/600，对于拱桥、桁架桥，允许限值为 1/800；对于梁式桥主梁悬臂端，允许限值为 1/300；

f——消除支座沉陷等影响后的跨中截面最大实测挠度；

l——桥梁计算跨度或悬臂长度。

对于钢筋混凝土桥，裂缝宽度应满足一定限值，即：第一，正常大气条件下 $\delta_{\text{fmax}} < 0.2\text{mm}$；第二，有侵蚀气体或海洋大气条件下 $\delta_{\text{fmax}} < 0.1\text{mm}$；对于部分预应力 B 类构件，裂缝宽度采用名义拉应力进行限制，即：

$$\sigma_{hl} \leq [\sigma]l \qquad (12-6)$$

公式中：σ_{hl}——假设截面不开裂的弹性应力计算值，可按照材料力学方法计算；

$[\sigma]$——混凝土名义拉应力限值。

（二）动载试验结果的分析与评价

桥梁结构的动力特性，如固有频率、阻尼系数和振型等，它们只与结构本身的固有性质有关，如结构的组成形式、刚度、质量分布、支承情况和材料性质等，而与荷载等其他条件无关，结构的动力特性是结构振动系统的基本特征，是进行结构动力分析所必需的参数。另一方面，桥梁结构在实际的动荷载作用下，结构各部位的动力响应，如振幅、应力、位移、加速度以及反映结构整体动力作用的冲击系数等，不仅反映了桥梁结构在动荷载作用下的受力状态，也反映了动力作用对驾驶员、乘客舒适性的影响。桥梁结构的动载试验，就是要从大量的实测数据信号中，揭示桥梁结构振动的内在规律，综合评价桥梁结构的动力性能。

在动载试验中，可获取大量桥梁结构振动系统的各种振动量如位移、应力、加速度等的时间历程曲线。由于实际桥梁结构的振动往往很复杂，一般都是随机的，直接根据这样的信号或数据来分析判断结构振动的性质和规律是困难的，一般需对实测振动波形进行分析与处理，以便对结构的动态性能做进一步分析。常用的分析处理方法可以分为时域分析和频域分析两种。时域分析是直接对时程曲线进行分析，可以得出诸如振幅、阻尼比、振型、冲击系数等参数；频域分析是把时域信号通过傅立叶变换的数学处理变换为频域信号，揭示信号的频率成分和振动系统的传递特性，以得到振动能量按频率的分布情况，从而确定结构的频率和频率分布特性。得出这些振动参量后，就可以根据有关指标综合评价桥梁结构的动力性能。

1. 时域分析

在时域分析中，桥梁结构的一些动力参数可以直接在相应的时程曲线上得出。例如，可以在加速度时程曲线上得到各测点加速度振幅，在位移时程曲线上将最大动挠度减去最大静挠度即可得出位移振幅（图 12-2），通过比较各测点的振幅、相位就可得出振形。而另外一些参数如结构阻尼特性、冲击系数则需要对时程曲线进行一些分析处理。

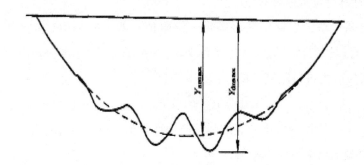

图 12-2　移动荷载作用下简支梁的挠度曲线

（1）桥梁结构阻尼特性的测定

桥梁结构的阻尼特性，一般用对数衰减率 δ 或阻尼比 D 来表示。实测的自由振动衰减曲线如图 12-3 所示，由振动理论可知，对数衰减率为

$$\delta = \ln \frac{A_i}{A_{i+1}} \tag{12-7}$$

公式中：A_i 和 A_{i+1} ——分别为相邻两个波的振幅值，可以直接从衰减曲线上量取。

实践中，常在衰减曲线上量取 n 个波形，求得平均衰减率

$$\delta_a = \frac{l}{n} \ln \frac{A_i}{A_{i+1}} \tag{12-8}$$

根据振动理论可知，对数衰减率与阻尼比 D 的关系为：

$$\delta = \frac{2\pi D}{\sqrt{1-D^2}} \tag{12-9}$$

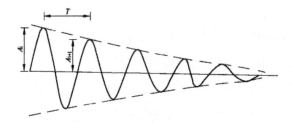

图 12-3　由自由振动衰减曲线求阻尼特性

由于一般材料的阻尼比都很小，因此，上述公式可近似为：

$$D = \frac{\delta}{2\pi} \qquad (12-10)$$

通常，桥梁结构的阻尼比在 0.01~0.08 之间，阻尼比越大，说明桥梁结构耗散外部能量输入的能力越强，振动衰减得越快，反之亦然。

（2）冲击系数的确定

动力荷载作用与桥梁结构上产生的动挠度，一般较同样的静荷载所产生的相应的静挠度要大。动挠度与相应的静挠度的比值称为活荷载的冲击系数。由于挠度反映了桥梁结构的整体变形，是衡量结构刚度的主要指标，因此活载冲击系数综合地反映了动力荷载对桥梁结构的动力作用。活载冲击系数与桥梁结构的结构形式、车辆行驶速度、桥面的平整度等因素有关。为了测定桥梁结构的冲击系数，应使车辆以不同的速度驶过桥梁，逐次记录跨中截面的挠度时程曲线，如图 12-2 所示，按照冲击系数的定义有

$$1 + \mu = \frac{Y_{\text{dmax}}}{Y_{\text{smax}}} \qquad (12-11)$$

公式中：Y_{dmax}——最大动挠度值；Y_{smax}——最大静挠度值。

2. 频域分析方法

桥梁结构在风荷载、地震荷载、车辆荷载作用下所产生的振动，都是包含有多个频率成分的随机振动，它的规律不能用一个确定的函数来描述，因而就无法预知将要发生的振动规律。这种不确定性、不规则性是一切随机数据所共有的特点。随机变量的单个试验称为样本，每次单个试验的时间历程曲线称为样本记录，同一试验的多个试验的集合称为样本集合或总体，它代表一个随机过程。随机数据的不确定性、不规则性是对单个观测样本而言的，而大量的同一随机振动试验的集合都存在一定的统计规律。对于桥梁结构的振动，一般都属于平稳的、各态历经的随机过程，即随机过程的统计特征与时间无关，且可以用单个样本来替代整个过程的研究。

3. 桥梁结构动力性能的分析评价

桥梁结构动力性能的一些参量，如固有频率、阻尼比、振型、动力冲击系数，以及动力响应的大小，是宏观评价桥梁结构的整体刚度、运营性能的重要指标；也是一些规范评价桥梁安全运营性能的主要尺度。目前，虽然国内外规范对桥梁结构的动力响应、动力特性尚无统一的评价尺度，但一般认为：桥梁结构的动力特性反映了结构的整体刚度、桥面的平整程度及耗散外部振动能量输入的能力。同时，过大的动力响应会影响车辆的安全行驶，会引起驾驶员、乘客的不舒适，应予以设法避免。在实际测试中，通常通过以下几个方面来评价桥梁结构的动力性能。第一，比较桥梁结构频率的理论计算值与实测值，如果实测值大于理论计算值，说明桥梁结构的实际刚度较大，反之则说明桥梁结构的刚度偏

小，可能存在开裂或其他不正常现象。一般地，在进行理论计算时，常常会做出一些假设，忽略了一些次要因素，故理论计算值要大于实测值。第二，根据动力冲击系数的实测值来评价桥梁结构的行车性能，实测冲击系数较大则说明桥梁结构的行车性能差，桥面的平整程度不良，反之亦然。第三，根据实测加速度量值的大小，评价桥梁结构行车的舒适性。根据国内外研究资料，一般地，车辆在桥梁结构行驶时最大竖向加速度不宜超过 0.065g（g 为重力加速度），否则就会引起司乘人员的不适。第四，实测阻尼比的大小反映了桥梁结构耗散外部能量输入的能力，阻尼比大，说明桥梁结构耗散外部能量输入的能力强，振动衰减得快；阻尼比小，说明桥梁结构耗散外部能量输入的能力差，振动衰减得慢。但是，过大的阻尼比则说明桥梁结构可能存在开裂或支座工作状况不正常等现象。

四、桥梁荷载试验基本原则

在桥梁荷载试验的实践工作中，根据我们所关注到的问题，将其归纳起来，主要有如下几条基本原则。

（一）测试部位应突出受力关键

桥梁荷载试验的主要测试内容是应力（应变）和挠度等反映承载力的指标。而承载力指标体现了结构最不利受力状况下，各主要因素影响的综合反映值。而结构的最不利受力状况必须是结构承载力的关键部位。因此，测试控制部位必须突出结构体系受力的关键。

众所周知，对于不同体系的桥梁，受力的控制部位早已有惯用的规定。例如拱桥以跨中、$\dfrac{L}{4}$、$\dfrac{3L}{4}$ 和两拱脚五个断面为设计、检测的控制断面。其变形曲线、反弯点与弯矩正、负变化规律如图 12-4 所示。对于跨度更大的拱桥，控制断面还将相应增加。这些控制断面也即内力（应力）将会产生极值或突变的部位。因此，测试控制部位相应也需遵循这一原则。

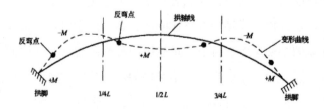

图 12-4　测控断面及内力变化示意图

此外，对于其他承力的构部件，根据评定及分析工作的需要，同样，也应选择受力最大的关键位置。为了考察受力与变形的同步或协调性，常常在构件相互连接处同时布置测点，观察应变与位移值。例如，双曲拱桥拱肋上缘与拱波脚同时布置测点，如图 12-5 所示。

对同一拱肋，为控制沿断面高度的应力变化，需在肋的上、(中)、下缘布置测点。为控制肋与波挠度变化是否同步，在拱肋下缘及拱波波顶的同时布置位移传感器等等。

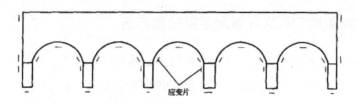

图 12-5　断面测点布置示意图

(二) 测试内容应反映承载力指标

承载力指标是在各种因素影响下，结构承受荷载能力的物理力学指标。主要包括强度、刚度、稳定性、动力响应、动力特性以及构件损伤折减等指标，测试内容与方法也应与之相对应。

随着结构体系的不同，承载力测试的指标侧重也有所不同，以吊桥为例，承载力主要由索、塔、梁、锚碇等部件决定，这些部位的材料、受力性能和传力规律各不相同。

因此，吊桥的测试内容需包括加劲梁弯曲、剪切应力及挠度测试，悬索的拉力及变形测试，塔柱 (墩台) 抗压强度及弯曲变形测试，锚碇的内力及位移测试等项内容。

当测试桥梁横向分布系数及横向整体刚度时，对各拱 (梁) 肋在同一断面分别布置挠度测点，从中载及偏载试验挠度值的大小，则可做出定量的结论。

(三) 施测载位应以无损结构为限度

桥梁检测鉴定的目的是掌握桥梁实际承载力，能否满足当前交通运输载重量的要求，如不能满足要求，从而采取相应对策，以保证安全通行。因此，我们所进行的一切检测性的荷载试验，绝不能达到使桥梁破坏损伤的程度，加载吨位应不超过桥梁破损为限度。特别是对破坏较严重，甚至阻断交通的旧危桥，加载试验尤其应严格控制。加载吨位过低，不足以反映承载力实况；加载过重，有导致桥梁破坏，甚至垮塌的可能性，因此，适度控制加载吨位至关重要。

怎样控制加载吨位呢？根据内外因一致的原则，无破损测控的主要内容应表现在：从外表观测，原裂缝不继续扩展，不能增加新的裂缝；不能使混凝土有脱落损伤；最大挠度应控制在预计的允许范围内；控制截面应变不能超过预计的允许值等。

因此，加载工况应由低吨位分级向高吨位逐渐增加。载位的增加程度应以下列三个指标来控制：一是挠度增量指标；二是裂缝扩展指标；三是应变增量指标。每加载一个吨位级差，测出读数后，应及时报告，当场汇总，立即决策下一轮加载吨位。与此同时，还需加强桥梁整体变形及构件局部损伤脱落的意外情况观察。

五、桥梁承载能力和实际状况定量检测方法

对于公路桥梁实施荷载试验，用于检测和评定其承载能力和实际状况，应遵循内外相统一的因果规律，通过由现象到本质、由表及里的深化认识和跟踪，从检测和现场荷载试验入手，寻求桥梁现状和承载力的定性关系，从而确定桥梁具体测试方案、测试孔跨及其测试部位，按逐级加载的多工况实施静态测试；按不同车速进行动态测试；利用应力释放原理，施测结构自重恒载应力（有条件和具有相应测试仪器可考虑做此项测试工作）及混凝土弹性模量；对结构几何尺寸作空间变形观测；对混凝土材料标号用综合法作探测试验等等。在一系列实测数据的基础上，将实测值与理论值做相似条件下的对比分析，以校验系数作为指标参数合理性的衡量标准。由此，对得出的承载力指标，再经过可靠度分析和实际状况评定，从而确定桥梁实际承载能力和实际状况。

一般常用的桥梁承载能力和实际状况的定量检测方法，归结起来主要有如下十种：一是承力部件损坏程度的无损探伤——超声探伤仪；二是裂缝在荷载增量下的开展程度观测——位移传感器；三是静、动力荷载增量下的挠度测试——位移传感器；四是静力加载的应变测试——智能应变仪；五是动力载荷的动特性测试——自动测控系统装置；六是自重恒载应力及弹模测量——盲孔松弛——加压法装置；七是钢筋位置及数量探测——钢筋探测仪；八是混凝土强度等级质量监测鉴定——综合探测法；九是混凝土表层变异程度探测——碳化深度酚酞测定；十是材料物理力学指标性能试验——实验室系列仪器设备。

六、桥梁动载试验非线性问题

在进行桥梁结构动力分析时，建立桥梁有限元动力特性数学模型，通过计算机分析，可得到桥梁的动力参数。由于有限元理论模型在单元类型的确定，单元的划分，节点联结及边界条件的近似性，其计算结果和实际结构往往有一定误差。因而必须进行桥梁结构的试验模态分析，用实测的方法确定结构的动力参数。该参数比较接近实际结构的情况。但由于受到试验设备的限制，测点数目不可能太多，难以细致地反映动力参数的情况。因而可以用试验结果修正有限元分析的数据，即进行结构的力学模型修改，以得到有较高置信度的动力参数。

钢筋混凝土桥梁在荷载作用下，其力学参数的非线性主要表现在抗弯刚度 EI 的非线

性。E 是弹性模量，它与受力之间的非线性称为材料非线性；I 是截面模量，它取决于结构的工作状态。当对梁施加的荷载较小时，其下缘的钢筋和混凝土都参与受拉作用，此时荷载与变形关系接近于线性，I 接近常量。当继续加荷，梁下缘开裂，混凝土逐渐退出抗拉状态，梁的中性轴上移，I 下降，此时的荷载与变形呈现的非线性称为几何非线性。以上的非线性规律国内外已有大量的研究。除此之外，结构的动力参数，如固有频率和阻尼等也表现出非线性特征。

实际上动力参数的非线性是由于施加静荷载很大引起的，即使动荷载产生的响应有放大作用。不同的静荷载使结构处于不同的工作状态，从而对应有不同的动力参数。

对于梁结构，静荷载试验的传统加载方法为反力梁加载及重物加载。但在进行动力试验时，前者对结构有附加约束，改变了结构的力学体系和刚度，后者增加了结构的参振质量。

对于钢筋混凝土桥，在一般情况下，由于车辆的自重比桥梁的自重小，可以把桥梁系统作为受动态力作用的弹性梁来考虑。该力的幅度随时间改变，其作用点也在改变。由于桥面不平整，因而汽车对桥施加的动荷载是一种非平稳的随机过程。

通常汽车是沿纵轴线对称，如忽略轮胎阻尼，可将汽车荷载简化成单个的轴荷载来分析。其阻尼和刚度可以通过测定轮胎和悬架的弹性，钢板弹簧加载、卸载曲线包围的面积和减振器的示功图来求得。

车辆在通过桥梁时，对桥的动态激励除上述的确定性激励之外，还由于桥面的凹凸不平引起的车辆的随机振动，从而使车辆对桥梁的动荷载包含有随机激励的部分。

第四节　荷载试验评定

一、一般规定

按本规程有关规定检算的作用效应与抗力效应的比值符合相关的规定时，应进行荷载试验评定。

实施荷载试验的主要目的是：当通过检算分析但无法明确评定桥梁承载能力时，通过对桥梁施加静力荷载作用，测定桥梁结构在试验荷载作用下的结构响应，并据此确定检算系数 Z_2 重新进行承载能力检算评定或直接判定桥梁承载能力是否满足要求。

静力试验荷载可按控制内力、应力或变位等效原则确定。静力荷载试验效率可按下述公式计算，宜介于 0.95~1.05 之间。

$$\eta_{q} = \frac{S_{s}}{S' \cdot (1 + \mu)} \qquad (12 - 12)$$

公式中：S_{s}——静力试验荷载作用下，某一加载试验项目对应的加载控制截面内力、应力或变位的最大计算效应值；

S'——检算荷载产生的同一加载控制截面内力、应力或变位的最不利效应计算值；

μ——按规范取用的冲击系数值；

η_{q}——静力试验荷载效率。

静力荷载试验效率 S 是某一控制截面在试验荷载作用下的计算效应与该截面对应的设计控制效应的比值。对于在用桥梁，其使用荷载变化情况复杂且长期处于各种荷载作用之下，为使荷载试验能充分反映结构的受力特点，一般要求采用较高的荷载试验效率，其取值范围宜介于 0.95~1.05 之间。静力荷载试验应针对检算存在疑问的构件或断面及结构主要控制截面进行。

静力荷载试验结构主要控制截面的选择，可按表 12-4 提出的不同类型桥梁主要加载测试项目参考选择。在满足评定桥梁承载能力的前提下，加载试验项目应抓住重点，不宜过多。

表 12-4　不同类型桥梁主要加载测试项目

序号	桥型		内力或位移控制截面
1	简支梁桥	主要	跨中截面最大正弯矩和挠度；支点截面最大剪力
		附加	1/4 截面正弯矩和挠度；墩台最大垂直力
2	连续梁桥、连续刚构	主要	跨中最大正弯矩和挠度；内支点截面最大负弯矩；1/4 截面弯矩和挠度
		附加	端支点截面的最大剪力；1/4 截面最大弯剪力；墩台最大垂直力；连续刚构固结墩墩身控制截面的最大弯矩
3	悬臂梁桥、T 形刚构	主要	锚固跨跨中最大正弯矩和挠度；支点最大负弯矩；挂梁跨中最大正弯矩和挠度
		附加	支点最大剪力；挂梁支点截面或悬臂端截面最大剪力
4	拱桥	主要	拱顶截面最大正弯矩和挠度、拱脚截面最大负弯矩；刚架拱上弦杆跨中正弯矩
		附加	拱脚最大水平推力；1/4 截面最大正、负弯矩及其最大正、负挠度绝对值之和；刚架拱斜腿根部截面最大负弯矩

序号	桥型		内力或位移控制截面
5	刚架桥（包括框架、斜腿刚构和刚架一拱式组合体系）	主要	跨中截面最大正弯矩和挠度；结点截面的最大负弯矩
		附加	柱脚截面最大负弯矩、最大水平推力
6	钢桁桥	主要	跨中、支点截面的主桁杆件最大内力；跨中截面的挠度
		附加	1/4 截面的主桁杆件最大内力和挠度；桥面系结构构件控制截面的最大内力和变位；墩台最大垂直力
7	斜拉桥与悬索桥	主要	主梁最大挠度；主梁控制截面最大内力；索塔塔顶水平变位；主缆最大拉力，斜拉索最大拉力
		附加	主梁最大纵向飘移；主塔控制截面最大内力；吊索最大索力

静力试验荷载应分级加载。对结构变位或应变较大的测点，应实时绘制测点变位或应变与荷载的关系曲线，分析结构工作状态，保证结构安全。为了获取结构试验荷载与变位的相关曲线以及防止结构意外损伤，对主要控制截面试验荷载的施加应分级进行。加载级数应根据荷载量和加载最小荷载增量而定。试验荷载应按控制截面最大内力或位移分成 4 ~5 级施加。受条件所限时，至少也应分成 3 级施加。在前一荷载阶段内结构应变或变位相对稳定后，方可进入下一荷载阶段。

试验过程发生下列情况时，应立刻停止加载并查找原因，在确保结构及人员安全的情况下方可继续试验：控制测点实测应力、变位（或挠度）已达到或超过计算的控制应力值时；结构裂缝的长度或缝宽急剧增加，或新裂缝大量出现，或缝宽超过允许值的裂缝大量增多时；拱桥沿跨长方向的实测挠度曲线分布规律与计算结果相差过大时；发生其他影响桥梁承载能力或正常使用的损坏时。

试验加载过程中，应有专门人员统一指挥加载的实施，及时掌握各方面情况，根据试验数据的实时处理分析以及有无试验现象等情况，安全有序实施加载计划。

二、结构校验系数及相对残余变形计算

主要测点静力荷载试验结构校验系数 ζ，应按下述公式计算：

$$\zeta = \frac{S_e}{S_s} \tag{12 - 13}$$

公式中：S_e——验荷载作用下主要测点的实测弹性变位或应变值；

S_s——试验荷载作用下主要测点的理论计算变位或应变值。

静力荷载试验结构校验系数 ζ，是试验荷载作用下测点的实测弹性变位或应变值与相

应的理论计算值的比值 ζ，值小于 1 时，代表桥梁的实际状况要好于理论状况。

主要测点相对残余变位或相对残余应变 S'_P，应按下述公式计算：

$$S'_P = \frac{S_P}{S_t} \times 100\% \qquad (12-14)$$

公式中：S_P——主要测点的实测残余变位或残余应变；

S_t——试验荷载作用下主要测点的实测总变位或总应变。

相对残余变位或相对残余应变 S'_P，是测点实测残余变位或残余应变与对应的实测总变位或总应变的比值。S'_P 越小，说明结构越接近弹性工作状况。

三、试验结果评定

当出现下列情况之一时，应判定桥梁承载能力不满足要求：第一，主要测点静力荷载试验校验系数大于 1。第二，主要测点相对残余变位或相对残余应变超过 20%。第三，试验荷载作用下裂缝扩展宽度超过的限值，且卸载后裂缝闭合宽度小于扩展宽度的 2/3。第四，在试验荷载作用下，桥梁基础发生不稳定沉降变位。

按本规程规定，桥梁荷载试验的条件为：通过检算分析确定桥梁结构或构件的作用效应大于抗力效应且超过幅度在 20% 以内，表明通过检算分析，已预判结构承载能力存在不满足要求的可能性。在此条件下，主要测点静力荷载试验结构校验系数 ζ 大于 1，表明桥梁实际工作状况要差于理论状况；主要测点发生较大的相对残余变位或相对残余应变，以及结构裂缝超限且闭合状况不良，表明结构在试验荷载作用下有较大的不可恢复变位荷载试验评定或应变。这都表明结构实际状况与理想状况相比偏于不安全，可直接依据试验结果判定承载能力不能满足要求。另外，对在用桥梁而言，由于地基在长期荷载作用下已趋于稳定，如在试验荷载作用下，发生基础不稳定沉降变位，可直接判定其承载能力不满足要求。

第五节　桥梁现场荷载试验实例

一、试验桥梁概况

南京长江二桥北汉桥主桥为 90m+165m×3+90m 的五跨变截面连续箱梁桥，位于半径 R=16 000m 的竖曲线上。桥面宽 32m，预应力混凝土箱梁桥由上、下行分离的两个单箱单室箱形截面组成。箱梁采用纵、横、竖三向预应力体系。全桥于 2000 年 12 月底建成，为亚洲当时已完成的最大跨径预应力混凝土连续箱梁桥。

为了确保大桥安全可靠地投入营运，对竣工后的大桥进行荷载试验是十分必要的。根据大桥建设指挥部的要求，北汉主桥的竣工荷载试验工作由东南大学桥梁与隧道工程研究所具体实施. 北汉主桥由两幅分离的预应力混凝土单室箱梁组成，现场竣工荷载试验选择在上游幅进行。

二、荷载试验目的

第一，检验北汉桥主桥主体结构受力状况和承载能力是否符合设计要求，确定能否交付正常使用。

第二，根据北汉桥主桥特大跨径预应力混凝土连续箱梁桥的结构特点，用静载测试的方法了解桥梁结构体系的实际工作状况，检验桥梁结构的使用阶段性能是否可靠。同时，也为评价工程的施工质量、设计的可靠性和合理性以及竣工验收提供可靠依据。

第三，通过测试移动车辆荷载作用下桥梁控制截面的动应变和动挠度，得到结构实际的动态增量，判别其动态反应是否在预应力连续箱梁桥允许范围内。

第四，通过动力性能试验，了解桥梁结构的固有振动特性以及在长期使用荷载阶段的动力性能。

三、静载试验

（一）试验荷载

试验荷载采用的加载车辆由东风康明思 EQ3141 自卸车和太脱拉 815-2 自卸车两种车型组成。加载车辆主要尺寸如图 12-6。

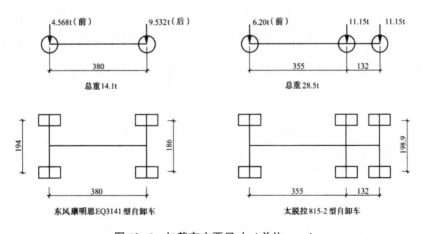

图 12-6　加载车主要尺寸（单位：cm）

南京长江二桥北汉主桥按静载试验方案，共使用 6 辆太脱拉自卸车和 21 辆东风康明思自卸车。采用的车辆均按标准配量进行配载称重。

（二）测试截面、测试内容及测点布置

1. 测试截面

根据设计提供的资料和对北汉桥主桥预应力混凝土连续箱梁在营运阶段的分析计算，北汉主桥桥跨，中跨跨中截面 A 和次中跨跨中截面 C 的正弯矩值以及 23 号墩顶附近截面 B 的负弯矩值是设计的主要控制值；而箱梁混凝土主应力由边跨截面 D 控制。因此，北汉主桥桥跨结构的静载试验相应选择了 4 个主要控制截面（见图 12-7）。

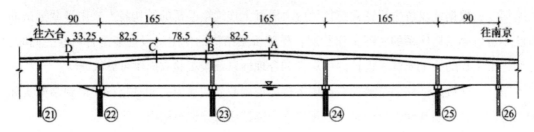

图 12-7　北汉主桥静载试验测试截面位置图（单位：m）

2. 测试内容及测点布置

根据《大跨径混凝土桥梁的试验方法》和选择的控制截面要求，本次静载试验是在每种加载工况作用下，测试截面的混凝土应变和观测各桥跨的挠度变形。

（1）箱梁挠度变形测试

箱梁挠度变形测点布置见图 12-8，除在每个桥墩纵向中心线位置箱梁上布设测量测点外，每跨的跨中处及四分点处均设挠度变形测点。

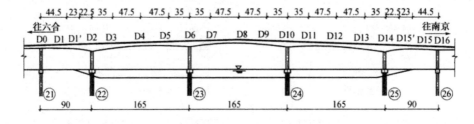

图 12-8　桥跨箱梁挠度变形纵向布置图（单位：m）

挠度变形测点设在桥面上，在桥面横桥向的上、下游两侧，分别布置了 19 处共 38 个测点（见图 12-9）。

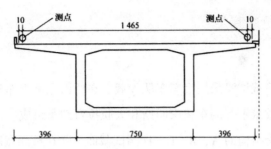

图 12-9 挠度变形测点在横桥面上的布置图 (单位: cm)

挠度变形采用多台水准仪沿全桥分段同时进行测试。

(2) 箱梁应力测试

在箱梁主要控制截面 (A、B、C) 上各布置混凝土应变测点 17 个, 其中钢弦式应变计 5 个 (在箱梁施工中已预先埋入混凝土内), 外贴大标距钳式应变片测点 12 个。部分截面的应变测点布置见图 12-10。

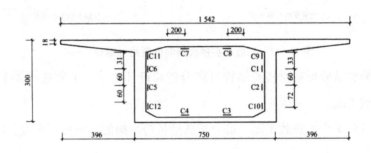

图 12-10 截面应变片测点布置图 (单位: cm)

D 截面为箱梁主应力测试截面, 共设置了 4 个应变花测点, 计 12 片混凝土应变片。主应力测点布置见图 12-11。

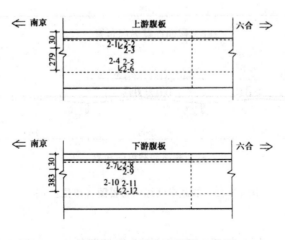

图 12-11 截面主应力测点布置图 (单位: cm)

（三）加载工况及方法

1. 加载工况

北汉主桥跨结构静载试验采用汽车车队加载。在桥面宽度上布置 3 列车队，每列车队按照加载工况要求由数量不等的东风康明斯和太脱拉自卸车组成。

对于北汉主桥桥跨结构的 A、B、C、D 测试截面，除在桥面宽度方向进行对称加载工况，还进行偏心加载工况。在桥面横向位置具体对称加载和偏心加载布置见图 12-12。

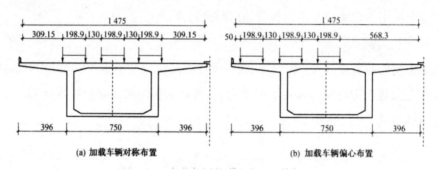

图 12-12　加载车在桥面横向位置图（单位：cm）

北汉主桥静载试验根据对桥跨结构具体分析和设计要求，主要进行 4 个大加载工况，共计 8 个小加载工况。

按照静载试验 4 个大加载工况，部分车队沿桥跨结构的纵向排列布置见图 12-13。

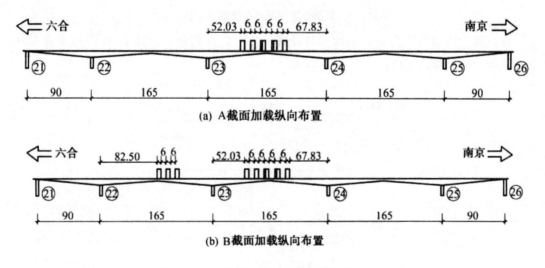

图 12-13　加载车队纵向布置图（单位：m）

2. 加载方法

北汉主桥静载试验，每个加载大工况采用分级加载的方法，当加载工况为沿桥面横向对称布置车队时，分 3 级加载，即 1 列车队为 1 级；当加载工况为非对称布置车队时，分 2 级加载，即先上 1 列车队为第 1 级，而后同时上 2 列车队为第 2 级。本次加载时在桥跨结构经过车队预压之后，依次按工况顺序进行加载试验。

3. 静载试验效率

按照图 12-7 所示车队纵向排列位置以及桥面上共 3 个试验车队作用时，计算得到的静载试验效率 $\eta_q = 0.8 \sim 0.9$，满足《大跨径桥梁试验方法》的要求。

（四）试验仪器

第一，混凝土应变测试采用 TDS-303 静态数据采集仪，其分辨率为 $0.1 \times 10*$；最大测量测点数据为 1 000 个，测量速度为 0.06 s，与之相配的混凝土应变片为大标距铝式应变片。

同时对箱梁截面混凝土应变还使用了 SS-2 型液晶显示钢弦频率接受仪 2 台，其测量精度为 1 Hz，最大测量范围为 8 000 Hz。与之相配的是预先埋入箱梁混凝土内的钢弦式应变计。

第二，桥跨结构挠度变形测试仪器采用 8 台精密水准仪沿全桥分段同时进行测量。

四、静载试验结果

（一）桥梁结构的挠度

根据北汉主桥桥跨结构各控制截面最大加载工况实测得到部分的最大挠度值与相应加载工况的理论计算挠度值对照表见 12-5。

根据全桥跨结构实测挠度结果整理绘制的部分加载工况挠度实测曲线见图 12-14。

表 12-5　控制截面实测最大挠度与理论计算挠度对照表

测试截面	实测挠度/mm	理论计算挠度/mm	备注
A 截面	46	62.5	中跨跨中
B 截面	49	52.4	次中跨跨中

测点编号	D0	D1	D1′	D2	D3	D4	D5	D6	D7	D8	D9	D10	D11	D12	D13	D14	D15′	D15	D16
实测挠度/mm	−1	−4	−3	4	8	18	15	−1	−22	−43	−22	2	11	13	4	2	2	−2	1
计算挠度/mm	0.0	−7.6	−5.0	0.0	10.7	31.6	25.0	0.0	−31.0	−62.8	−28.2	0.0	22.5	28.5	9.6	0.0	−4.5	−6.8	0.0

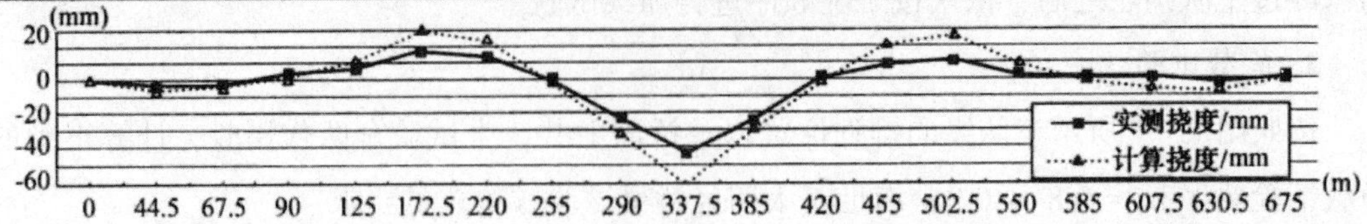

(a)

测点编号	D0	D1	D1′	D2	D3	D4	D5	D6	D7	D8	D9	D10	D11	D12	D13	D14	D15′	D15	D16
实测挠度/mm	1	4	−3	3	7	20	15	0	−18	−46	−22	−6	12	11	1	0	−1	−3	3
计算挠度/mm	0.0	−7.6	−5.0	0.0	10.7	31.6	25.0	0.0	−31.0	−62.8	−28.2	0.0	22.5	28.5	9.6	0.0	−4.5	−6.8	0.0

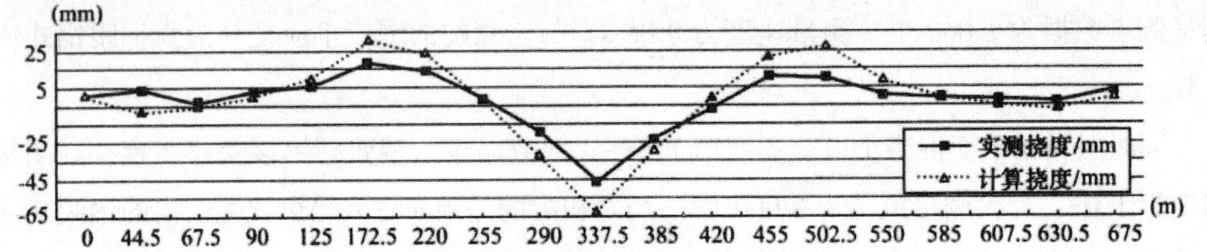

(b)

图 12-14　A 截面偏载上、下游测点挠度曲线图

（二）箱梁混凝土应变

根据北汉主桥桥跨结构各控制截面加载工况，静载试验中所测得的箱梁控制截面各部位应力值均为加载后的应力增量值，下面仅将理论计算的应力增量值与实测的应力增量值进行比较。其中应力值为负号代表受压，正号代表受拉。下面实测应力值与理论计算值均指加载后的应力值增量。

1. 根据全桥各控制截面箱梁混凝土正应力实测值得到的范围数据与理论计算正应力值对照见表 12-6。表中实测混凝土正应力变化范围数据均小于理论计算值。

表 12-6　混凝土实测应力范围数据与理论计算值对照表

截面部位		实测值应力范围/MPa	理论计算应力值/MPa	备注
A	顶板	2.77~3.58	3.73	
	底板	2.96~3.89	4.20	
B	顶板	0.92~L 04	1.85	
	底板	0.57~1.07	1.58	
C	顶板	0.69~0.77	1.77	
	底板	2.5~2.60	2.62	

2.根据北汉主桥施工控制组在全桥桥面铺装施工后,对预埋在中跨跨中截面和次中跨跨中截面的钢弦应变计测试结果,中跨跨中截面顶板混凝土压应力为 6.67mPa, 底板混凝土压应力为 11.42mPa；次中跨跨中截面顶板混凝土压应力为 8.89mPa, 底板混凝土压应力为 14.96mPa。因此, 静载试验各工况在试验荷载作用下, 北汉主桥箱梁截面混凝土总的应力状态处于压应力范围内。

（三） 主应力测试结果

实测计算结果得到的箱梁腹板混凝土主拉应力最大为 0.94mPa, 小于理论计算得到的主拉应力值 1.2mPa。

（四） 结构工作状况

①结构校验系数 η

桥梁结构的校验系数 η 主要是利用控制截面的主要测点的实测值与理论值之比求得。根据中跨跨中截面和次中跨跨中截面实测最大挠度值与理论计算挠度值, 求得北汉主桥结构校验系数 η 在 0.736~0.935 范围内, 表明北汉主桥结构处于良好工作状态。

②相对残余变形 S'_p

根据北汉主桥控制截面的主要测点的实测总变位与根据实测计算得到的残余变形值, 可计算得到北汉主桥中跨跨中和次中跨跨中截面的相对残余变形在 14%~16% 范围内, 满足大跨径桥梁试验方法中 S'_p 不大于 20%的要求。

五、动载试验

根据国内目前对特大跨径及大跨径预应力混凝土桥梁动载试验的做法, 北汉主桥的动载试验也采用动应变的测试方法与动态增量分析法；另外北汉主桥自振特性测量采用环境随机振动法, 通过记录脉动波形并对其做进一步的频谱分析后, 得到结构的低阶自振特性。

（一） 试验荷载与工况

动载试验采用太脱拉自卸车作为移动荷载来加载。根据试验方案, 制订的北汉主桥桥跨结构动载工况见表 12-7。

表 12-7　动载试验工况

序号	工况	观测截面
1	3 辆太脱拉静载	中跨跨中（A 截面），次中跨跨中（B 截面）
2	3 辆太脱拉 20km/h 匀速跑车	中跨跨中（A 截面），次中跨跨中（B 截面）
3	3 辆太脱拉 30km/h 匀速跑车	中跨跨中（A 截面），次中跨跨中（B 截面）
4	3 辆太脱拉 40km/h 匀速跑车	中跨跨中（A 截面），次中跨跨中（B 截面）
5	1 辆太脱拉 10km/h 跨越障碍	中跨跨中（A 截面），次中跨跨中（B 截面）
6	1 辆太脱拉 20km/h 跨越障碍	中跨跨中（A 截面），次中跨跨中（B 截面）
7	1 辆太脱拉 30km/h 刹车	中跨跨中（A 截面）

上表工况 5 和工况 6 中，车辆跨越的试验障碍物为 40 cm 底宽、7 cm 高的梯形木板。

（二）测试仪器

动态应变与动态增量测试仪器为 DH3817 动应变测试系统，其测点采样速率为 100 次/s，最大满度值为 30 000$\mu\varepsilon$，示值分辨率为 1$\mu\varepsilon$。

自振特性测试仪器为 DH5936 动态测试分析仪，与之相配的是 DH107 压电式加速度传感器。

（三）动态试验结果与分析

1. 混凝土动应变

通过各种移动荷载行车条件下实测箱梁混凝土最大动应变结果。中跨和次中跨箱梁混凝土在不同速度匀速跑车的作用下，箱梁混凝土动应变测试数据比较稳定，箱梁中跨跨中底板动应变变化范围在 18~20$\mu\varepsilon$，次中跨跨中箱梁底板动应变变化范围在 25~27$\mu\varepsilon$，中跨跨中箱梁顶板动应变变化范围在 -16~-17$\mu\varepsilon$，次中跨跨中顶板动应变变化范围在 -16~-19$\mu\varepsilon$，均在允许范围内。

2. 动态应变增量 φ

动态增量是桥跨结构受各种不同动荷载作用时，对结构动态反应的一种量度，动态增量可用以下公式计算：

$$\varphi = \frac{最大动态位移(应力) - 最大静态位移(应力)}{最大静态位移(应力)} \quad (12-15)$$

北汉主桥根据所测得的箱梁混凝土动应变计算得到的动态增量 § 在 0.06-0.09 的范围内（均小于 0.1），表明动态增量不大。

3. 桥梁结构的自振特性

当时，国内外对大跨径预应力混凝土桥梁的自振特性尚无明确规定，北汊主桥桥跨结构前五阶固有频率、阻尼比见表12-8。

北汊主桥桥跨结构实测部分振型简图见图12-15。

表 12-8　实测固有频率、阻尼比结果

参数 振型	第一阶振型竖向弯曲	第二阶振型竖向弯曲	第三阶振型竖向弯曲	第四阶振型横向弯曲	第五阶振型横向弯曲
固有频率/Hz	1.025	1.175	1.318	1.559	1.807
阻尼比	0.027 1	0.029 2	0.022 3	0.0132	0.021 2

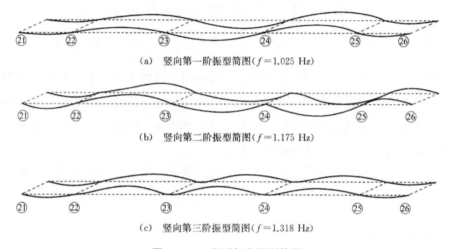

(a)　竖向第一阶振型简图（$f = 1.025$ Hz）

(b)　竖向第二阶振型简图（$f = 1.175$ Hz）

(c)　竖向第三阶振型简图（$f = 1.318$ Hz）

图 12-15　实测部分振型简图

北汊主桥桥跨结构的自振特性与国内外同类桥梁实测的结果比较接近。根据有关文献介绍，当跨径在110~140m范围内，变高度的连续箱梁桥的基频（竖向第一阶固有频率）在1.03~1.08 Hz之间，北汊主桥的自振频率在上述范围之内。另外试验测得的前五阶振型中无明显的扭转振型，表明北汊主桥桥跨箱梁具有足够的横向抗扭刚度。

4. 桥梁结构应力响应

从测试结果分析，无论是采用不同跑车还是跳车等工况，都没有出现所产生的激励频率与北汊主桥梁固有频率相近而发生共振的现象，实测得到桥跨结构的激励频率范围在2.47~4.0 Hz，远离北汊主桥梁的基频1.025 Hz。

车辆制动时的纵向响应较小，在桥上制动时能保证行车安全，制动时对桥梁结构产生不利影响较小。

综上所述，对南京长江二桥北汊主桥的荷载试验测试结果是可靠的。荷载试验结果证明，北汊主桥预应力混凝土箱梁的结构性能符合设计和使用要求。

第十三章　桥梁工程结构试验检测仪器设备

第一节　仪器基本技术指标

桥梁试验检测的目的是获得桥梁结构作用与响应的各种参数，要得到这些参数，需要使用各种各样的专业仪器设备。桥梁检测工程师的主要任务或者说首要问题，是如何选用合适的仪器设备，并正确地使用它们以满足试验检测要求，所以必须了解和掌握桥梁试验中一些常用测试仪器的基本性能和使用方法。

对仪器基本技术指标的了解是正确选用仪器的基础，本节简要介绍桥梁检测常用仪器的基本技术指标。

一、精度和分辨力

仪器的精度是反映仪器误差大小的术语，它一般指观测结果、计算值或估计值与真值之间的接近程度。作为仪器设备固有属性的分辨力是测量装置最小可检出的单位，即仪器所具有的可读数能力。分辨力通常以测量或分类的单位表示，如千分表的精度为0.001mm，某静态电阻应变仪的最小可读数为1M10-6应变）等。

精度和分辨力不是一个概念，相互之间没有关系。

二、量程

量程指仪器的最大测量范围，在动态测试中称作动态范围。如一种千分表的量程是1mm，某静态电阻应变仪的最大测量值是 30 000$\mu\varepsilon$ 等。

三、灵敏度

被测物理量的单位变化引起的仪器读数值的变化叫作灵敏度，灵敏度的量纲是输出、输入量的量纲之比。例如，电测位移计的灵敏度 S_d =输出电压/输入位移，当位移变化

1mm 时，输出电压变化为 200mV，则其灵敏度应表示为 200mV/mm，当仪器的输出、输入量的量纲相同时，灵敏度可理解为放大倍数。

提高仪器灵敏度，可得到较高的测量精度。但灵敏度愈高，测量范围愈窄，稳定性也往往愈差。

四、信噪比（S/N）

仪器测得的信号中信号（Signal）与同时测得的噪声（Noise）的比值，称为信噪比。一般来说信噪比越大，说明混在信号里的噪声越小，测量效果越好。

五、稳定性

仪器稳定性指仪器较长时间使用或受环境条件干扰影响时，其指示值的稳定程度。如应变测量中应变的零漂问题：稳定性好的设备不会偏离零位，反之为零漂。

六、误差

试验离不开对物理量的测量，测量有直接的，也有间接的。由于仪器、试验条件、环境等因素的限制，测量不可能无限精确，物理量的测量值与客观存在的真实值之间总会存在着一定的差异，这种测量值与真值之间的差异就是测量误差，简称误差。

（一）绝对误差

测量值偏离真值大小的误差称为绝对误差，它反映一个测量结果的可靠程度。如设被测量的真值为 a，测得值为 X，误差为 ε，则 $\varepsilon = X - a$，误差 ε 和测量值 X 具有相同的单位。

（二）相对误差

相对误差是一种误差的表示方法，它是绝对误差与测量值或多整测量的平均值的比值。如设多次测量的平均值为 $\bar{X}$，绝对误差为 $|\varepsilon|$，则相对误差 $\varepsilon_d = |\varepsilon| / \bar{X}$。

（三）误差分析

如果说绝对误差可以反映一个测量结果的可靠程度，那么相对误差则可以比较不同测量结果的可靠性。

误差与错误不同，错误是应该而且可以避免的，而误差是不可能绝对避免的。试验时，往往采用精度高一级的计量设备所复现的被测值来代表约定真值，并以此来衡量实际误差。

七、试验仪器标定和校准

试验仪器设备的出厂必须经过国家认可的计量论证或检测标定，并出具仪器性能指标说明。具体在使用过程中还需要定期（每年一次或半年一次）对仪器主要技术指标进行检验性标定或校准。对一些特别重要的测试，试验前要求做专门标定或校准。

八、桥梁试验检测对仪器的特殊要求

第一，性能指标能够满足桥梁试验检测的具体要求。

第二，仪器使用时不影响原结构的受力性能和工作状态。

第三，使用方便、结构可靠、经济耐用。

每种仪器不一定能同时满足试验检测的特殊要求，有些甚至会相互矛盾，所以选用时应该根据具体情况决定。

第二节 桥梁静载试验仪器设备

桥梁静载试验时，需要测量结构的反力、应变、位移、倾角和裂缝等物理量，应选择适当的仪器进行测量。常用的测量仪器有百分表、千分表、位移计、应变计（应变片）、应变仪、精密水准仪、经纬仪、全站仪、倾角仪和刻度放大镜等。这些测试仪器按其工作原理可分为机械测试仪器、电测仪器、光测仪器等。机械式仪器具有安装与使用方便、迅速和读数可靠的优点，但需要搭设观测脚手架，而且需用试验人员较多，观测读数费时，不便于自动记录。电测仪表安装调试比较麻烦，影响测试精度的因素也较多，但测试和记录均较方便，便于数据自动采集记录。荷载试验应根据测试内容和测量值的大小选择仪器，试验前应对测试值进行理论分析估计，以便选择仪器的精度和测量范围。静载试验常用测试仪器的使用精度和测量范围见表13-1。

表 13-1　静载试验常用仪表及适用范围

测量内容	仪表名称	最小分画值	适用测量范围	备注
应变	千分表	2×10^{-6}	$50\times10^{-6}\sim2000\times10^{-6}$	需配附件
	杠杆引伸仪	2×10^{-6}	$50\times10^{-6}\sim2000\times10^{-6}$	需配附件
	手持应变仪	5×10^{-6}	$100\times10^{-6}\sim20000\times10^{-6}$	需配表脚
	电阻应变仪	1×10^{-6}	$50\times10^{-6}\sim5000\times10^{-6}$	需贴电阻片
位移或挠度	千分表	0.001mm	$0.1\sim0.8$mm	需配表座及吊架
	百分表	0.01mm	$0.3\sim8$mm	需配表座及吊架
	百分表（长标距）	0.01mm	$0.3\sim25$mm	需配表座及吊架
	挠度计	0.1mm	>1mm	需配表座及钢丝
	精密水准仪	0.1mm	>2mm	需配特制水准尺
	电阻应变位移计	0.01mm	$0.3\sim25$mm	需配表座
	经纬仪	0.5min	>2mm	需配短尺
倾角	水准式倾角仪	2.5″	$20″\sim1°$	需固定支架
裂缝	刻度放大镜	0.05mm	$0.05\sim5$mm	需搭脚手架

一、机械式仪表测量装置

机械式仪表的测量装置一般由机械式仪表即百分表（位移计）、千分表、挠度仪和引伸仪等与适当的夹具和连接装置组合，直接测量结构物在荷载作用下的位移和应变。其中百分表（位移计）的基本构造如图 13-1 所示，千分表结构与百分表（位移计）基本相同，它们与其他附属装置配套后可用于测量位移、应变、力及倾角等。

（一）接触式位移测量装置

接触式位移测量装置是由百分表（位移计）等与夹具（各种形式的磁力表架）组合而成，其中百分表（位移计）的测量性能见表 13-1。

应用接触式位移计测量装置测读挠度时应注意下列几个问题：第一，作为固定位移计的不动点支架必须具有足够的刚性。采用磁性或万能百分表架时，表架连杆不可挑出太长。第二，位移计测杆与所测量的位移方向完全一致。测点表面需经一定处理，如在混凝土、石料等表面粘贴小块玻璃片或金属薄片等，以避免结构变形后由于测点垂直于百分表测杆方向的位移而使位移计产生误差。如果上述方式还不足以消除误差，则不宜采用此测量方法。第三，位移计使用前后要仔细检查测杆上下活动是否灵活，并及时清洁。第四，位移计使用日久或经过拆洗修理后必须经过标定。标定可以使用更高精度的百分表或千分表进行。

（二）张线式位移测量装置

张线式位移测量装置是由百分表（位移计）与张线钢丝等组成。张线钢丝直径一般选用 0.3～0.5mm，其一端接在桥梁结构的测点上，另一端悬吊适当的重物，百分表（位移计）通过夹具和钢丝相连接。结构受荷载后产生位移，引起钢丝上下移动，钢丝则带动位移计测杆移动，随指针转动即可测读位移变化量。

（三）机械式应变测量装置

机械式应变测量装置一般由千分表和特制的夹具组成。固定千分表和顶杆的夹具可用钢、铜或铝合金等制成，按照选定的标距以粘贴或预埋的方式固定在结构需测量应变部位的表面处。

粘贴是最常用的固定方式。在混凝土结构表面上粘贴夹具时，应先将混凝土表面用砂轮机打磨，除去泥灰后再用细砂布略为磨光，用丙酮等擦净，随后用胶粘剂将夹具按选定的标距粘上，待胶固化后即可安装千分表进行测量。

机械式应变测量装置主要用于测量结构构件的轴向应变。常用的测量标距对混凝土为 10～20 cm，对砖石砌体则更大。当应变值变化范围很大或需用大标距测定应变时，采用这种装置是非常合适的。

应该指出，对受荷后会发生曲率变化的构件，不宜采用机械式应变测量装置来测定其表面的应变。仅当构件截面变形满足平截面假定且曲率变化很小时，才能从机械式应变测量装置所测读的虚应变（又称视应变）值推算出实际应变。

（四）手持式应变仪

手持式应变仪也是一种用千分表测量应变的仪器。其特点是不用固定安装在结构测点上，使用时可临时安装在各测点上进行测读，用后收起，并能保持数据的连续性，适用于现场较长期连续地观测结构应变的场合。

1. 标距两端的测孔必须钻得和仪器的插轴钢夹相吻合

钻孔与插轴钢夹相吻合，可以保证钢夹与测孔的接触相对稳定，以便减少读数误差，保证测读的准确性。

2. 采用横向温度补偿法消除温度变化的影响

在长期测量过程中，初读数和加载读数不可能在同一温度条件下读取，因此，在测量读数中不仅包含了受载应变 ε_p，而且还包含了温度应变 ε_1。为了从读数中扣除温度部分的影响，就要在测量过程中进行"温度补偿"。在布置应变测点的同时，在与之垂直的方向布置温度补偿测点。

3. 专人使用手持式应变仪

手持式应变仪操作较为简单，但测量的精度会随操作人员和每次操作方式的改变而改变。因此，测量时不宜更换使用者，并要保持仪器与试件表面垂直，每次对仪器施加的压力要尽量相等，且使仪器插足时应在同一孔穴等，以减少测量误差。

（五）机械式转角测量装置

转角的测量系统有两种，一种是用倾角仪及夹具组成的测量系统；另一种是利用两个位移计及相应夹具组成的测量系统，均可以进行结构截面、桁架节点、支座等处的转角测试。

水准管式倾角仪的构造，其原理是利用高灵敏度的水准管来测定结构节点、截面或支座处的转角。将仪器用夹具安装在测点后，用微调螺丝使水准管的气泡调平居中，结构变形后气泡漂移，再转动微调螺丝使气泡重新居中，度盘上前后两次读数差即代表该测点的转角。

二、电测式测量装置

静载试验所用的电测式测量装置主要是指由传感器（电阻应变片、应变计）等测试元件将结构位移或应变等机械量转换成电信号，通过放大和接收将电信号又以机械量值给出测量值的一种测量系统。这种测量装置基本上由三部分组成，即：

传感器→放大测量→指示记录

电测方法能高效率、准确地测量结构表面、内部各部位的变形和其他参数的变化，可以远距离操纵并自动记录。因此，电测技术在桥梁荷载试验中获得了广泛的应用。

（一）电阻应变片

电阻应变片又称电阻应变计，简称应变片或电阻片，它是非电量电测中最重要的变换器，与其他测试方法比较，有如下的一些优点：

1. 灵敏度高

由于利用电阻片将非电量转换为电量，再经电子仪器进行放大、显示和记录，所以能获得很高的放大倍数，从而达到很高的灵敏度。

2. 电阻片尺寸小且粘贴牢固

对于结构十分紧凑以至其他测量仪表（如杠杆引伸仪）根本无法安装的情况，电测法就能发挥更大的作用。电阻片尺寸小的另一个重要意义在于可以用来测量局部应力。现在电阻片的标距甚至可以小于1mm，这对于应力集中区的测量比较合适。

3. 电阻片质量小

这是一个突出的优点，它使得电测不仅可以作静态应力的测量，而且可以在动态应力分析方面发挥独特的作用。应变片的基长可以制作得很短，并且有很高的频率响应能力，因此在应变梯度较大的构件上测量时仍能获得一定的准确度，在高频动应变测量中具有很好的动态响应。

4. 使用环境较宽松

可以在高温（80~100℃）、低温（-100~-70℃）等特殊条件下成功使用。

此外，由于应变片输出的是电信号，就易于实现测量数字化和自动化。应变片已在桥梁荷载试验中得到了最广泛的应用。

应变片电测法的主要缺点是粘贴工作量大，重复使用困难等。为克服这些缺点，人们利用电阻应变片的工作原理，通过某种转换器间接地测定出被测量的数值，这种转换器称为电阻式应变传感器。

（二）电阻应变仪

电阻应变仪按使用内容不同，分为静态应变仪、动态应变仪和静动态应变仪。下面介绍常用的几种静态电阻应变仪。

1. 国产 YJS-14 型静态数字应变仪

YJS-14 型静态数字应变仪是一种静态应变自动测量装置，能自动平衡（或不需平衡）、自动换点、自动测量、数字显示和自动打印，并可与计算机联机进行数据记录与处理。YJS-14 型应变仪主要由五个部分组成，分别为转换器、电阻应变仪、运算器、控制器和输出装置。

YJS-14 型静态数字应变仪的工作过程就是把应变测点组成惠斯登电桥电路。电桥的初始不平衡采用初始值存贮的办法，即把每一个测点的初始不平衡值通过放大和 A/D 转换器转换成数字信号，记入对应序号内存中。在测量时，测量信号也转换成数字信息送入运算器，运算器从内存中取出对应测点的数字信息。测点转换或测量区段的选择均由控制器控制。

YJS-14 型静态数字应变仪最多可联四台转换箱，每台 100 点，共 400 点。仪器测点电阻值按 120Ω 设计，但对 60~1 000Ω 的应变片也适用，其非线性影响由运算器逐点在测量中修正。可任意控制转换测点位置，可任意选定转换或启动方式（自动或手动转换，定时自动启动或手动启动）。测点转换速度为每点 0.15s、0.25s、0.45s、0.85s、1.65s、3.

25s、6.45s，共七档。分辨率 A 级为 2μ/字，B 级为 1μ/字。灵敏系数 K 值可在 1.5～3 之间调整，最大量程为 0～±19998μ。

2．日本产 7V08 数据采集仪

7V08 型数据采集仪是应变仪的换代产品，也是 20 世纪 80 年代先进的产品之一。该仪器是由单板机组成的一个计算机控制系统，可由键盘或面板触摸功能键直接输入数据或程序，主要是通过接口来输出模拟信号（电压、电流、应变、温度等），并通过 A/D 转换器来完成存储、记录、转换、运算和输出。其测试过程如下：

接线扫描箱→7V08 数据采集仪→磁盘存储或打印机

该系统接线扫描箱采用直流电桥，因此，分布电容等不影响电桥平衡。在荷载试验测试现场，在 100m 内用连接电缆可将接线扫描箱与 7V08 数据采集仪连接，测试数据记录和一次计算可进行程序控制或按键控制。

7V08 型数据采集仪的最大测点为 1 000 点，扫描速度可由程序选择（不小于 100 点/11.2s）。整个测试文件编制、测试曲线绘制等均有程序可调用。计算机除直接配备热敏打印机输出或磁盘记录外，还配备了国际通用的标准 RS-232 接口、GP-1B 接口等。因此，该机引入国内后较受欢迎，测试计算都可使用。尽管该机型较旧，目前仍然广泛应用在桥梁荷载试验中。

3．DH3815 静态应变测量系统

DH3815 静态应变测量系统是国内开发生产的一种高灵敏度、低漂移、多点巡回采样的数据系统，可用于全桥、半桥和 1/4 桥路（公共补偿片）的多点应变测量以及多点压力、力、温度等静态物理量的测量。该系统实现了从开始测量到产生试验报告的一系列过程。

4．日本产 TDS-303 数据采集仪

TDS-303 数据采集仪采用 ADC 专利技术，交互式触摸屏操作，最多 8 个通道监视，内置高速打印机、3.5″软驱和存储卡驱动器，具有手动、定时、比较等自动测量功能，交直流供电，适合实验室和现场使用，是同类产品中的佼佼者，也是 20 世纪 90 年代较为先进的产品之一。

TDS-303 数据采集仪最多可达 1 000 个测点，主机本身最多为 30 个点，其余则需要使用外部转换箱。可用于全桥、半桥、1/4 桥和长桥路的多点应变测量，测点转换速度分别为 0.06s/点（ISW 转换箱）和 0.08s/点（SSW 和 ASW 转换箱），分辨率在一般方式下为 1μ，在高分辨率方式下为 0.1μ。测量范围±640 000μ，测量精度±0.05%，适应环境温度 0～+50℃和湿度 85%。目前国内不少桥梁检测单位在积极引进并开发使用这类仪器。

（三）电阻应变传感器

电阻应变仪不仅可以测量应变，在桥梁荷载试验中尚可利用它的工作原理对其他物理参数进行测定。这时需通过相应的转换器，先把要求观测的物理量转换成该转换器中某一弹性元件的应变，由贴在该元件上的应变片所测得的应变量间接求得被测量的物理参数值。这种转换器称为电阻应变式传感器，最常用的有以下几种：

1. 应变式测力传感器

图 13-1 所示为压力传感器的典型构造图，圆柱（或筒）形弹性元件承受轴向压力，而粘贴在元件上面的应变片感受其应变。知道元件的截面积，即可求得压力。为了提高测量的灵敏度和达到温度补偿，在元件上粘贴 8 片应变片，并组成全桥式接线。

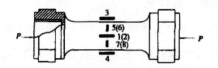

图 13-1　应变式测力传感器构造

采用上述应变片的桥路连接，电桥的灵敏度提高到 2（1+V）倍。同时，这种连接形式还能消除由于弹性元件因荷载偏心而产生的附加弯曲影响。

应变式测力传感器除可用电阻应变仪进行测量外，还可以用专门的电位差计（通称电子秤）进行测量。目前国内生产的 BLR 型电阻式拉压传感器和 BHR 型电阻式荷重传感器就是按上述原理制造的。量程从 1.0~1 000kN，可配以 DCZ 型电子秤进行测量和显示。国外发展了一种利用剪切应变的测力传感器，其高度小，稳定性好，精度高，非线性误差和滞后误差均在 0.02% 以内，温度零漂小于 0.003%（额定荷载）/℃。

2. 电子式位移传感器

电子式位移传感器是一种位移测量计，属于一次仪表，它只能检测试件的位移，而本身不能显示其数值，因此，使用时必须依赖二次仪表进行显示或指示。

（1）电阻式位移计

YHD 型电子位移计是电阻式位移计的一种，它主要由机械传动机构、应变电桥和滑线电阻等组成。YHD 型位移计的工作原理也是利用应变电桥进行测量的。在仪器内部设置四个无感电阻 R_1、R_2、R_3 和 R_4，在 R_1 和 R_2 之间用一根电阻丝串联起来组成应变电桥。当试件产生位移时，位移计的测杆便沿着导向槽做轴向移动，带动触点在电阻丝上滑动，从而产生电压变化并转化为位移量输出。电阻式位移传感器的特点是结构简单，输出信号大，但因存在着活动触点，寿命受磨损影响。

（2）应变式位移传感器

应变式位移传感器主要由测杆、悬臂梁、应变片和弹簧等组成。将两个弹性元件、弹簧和悬臂梁串联，在矩形截面悬臂梁根部正、反面分别贴上 2 片应变片，组成应变电桥。结构位移时推动顶杆，使悬臂梁产生弹性变形，再用应变片来感受弹性元件的变形来实现位移的测量。这种传感器的特点是分辨率高，反应速度快，但测量精度和稳定性受应变片粘贴质量的影响。在实践中发现，这种传感器固定座易损伤变形，因此使用时应格外留意。

（3）弓形弹性板 PI 系列位移传感器

弓形弹性板 PI 系列位移传感器结构，它主要由方形弹性薄板、应变片组和固定基座等组成。结构变形时，由弓形弹性薄板两基脚的相对变位而引起弓形段的应变片组产生应变来实现位移的测量。常用于测量混凝土表面裂缝张开变位，也可用于带裂缝混凝土区域的平均应变测量。

三、光测式测量装置

光测式测量装置主要包括精密水准仪、经纬仪、全站仪、光电式挠度仪和刻度放大镜等仪器。静载试验过程中，桥梁结构的空间变位是结构评估所必需的重要测量数据。对于搭设支架困难的情况（或为了与机械式、电测式位移计对比），采用精密水准仪、经纬仪或全站仪和光电式挠度仪可更方便地观测桥梁结构控制截面处的变位（竖直、水平两方向）、桥轴线的偏离、桥梁主跨径的相对变化等重要测量值。有关各种测量仪器的使用详见各自的操作说明书。刻度放大镜一般用于桥梁结构表面最大裂缝宽度的观测，方法较为简便，不再赘述。

四、试验仪器的连接

（一）测量电路

测量电路是应变仪的重要组成部分，其作用是将应变片的电阻变化转换为电压（或电流）的变化。在特殊情况下，应根据测量的目的和具体要求自行设计测量电路。应变片电测一般采用两种测量电路，一种是电位计式电路，一种是桥式电路，通常采用惠斯登电桥。电位计式电路常在冲击测量等场合使用，而且其阻值变化与输出电压的关系不是线性关系，在特定情况下可以满足试验要求，不常用。

在电阻应变仪中，主要是通过惠斯登电桥原理来测量应变所引起的电阻变化的微小信号。该电桥以电阻 R_1、R_2、R_3、R_4 作为四个桥臂，如图 13-2 所示。桥路中 R_1 与 R_2、R_3

与 R_4 分别串联，两组并联于 AC 两端，在 AC 端接有电源，另一对角 BD 上接有电流计 G。一般应变电桥有两种方案，一种是等臂电桥，即 $R_1 = R_2 = R_3 = R_4$，另一种为半等臂电桥，即 $R_1 = R_2 = R'$，$R_3 = R_4 = R''$，且 $R' = R''$。

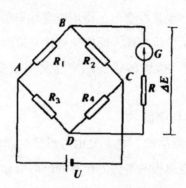

图 13-2　惠斯登电桥电路

由惠斯登电桥原理可知，当电桥平衡时满足如下条件：

$$E_{BD} = U \frac{R_2 R_3 - R_1 R_4}{(R_1 + R_2)(R_3 + R_4)} \qquad (13-1)$$

即 $R_1 R_4 = R_2 R_3$

此时电流计 G 没有电流通过，$I_g = 0$，即 B、D 桥压无信号输出。在符合该关系条件下，输出电压的增量与电阻片阻值变化可近似由下式计算：

$$\Delta E_{BD} = U \left[\frac{R_1 R_2}{(R_1 + R_2)^2} \left(\frac{\Delta R_1}{R_1} - \frac{\Delta R_2}{R_2} \right) + \frac{R_3 R_4}{(R_3 + R_4)^2} \left(\frac{\Delta R_4}{R_4} - \frac{\Delta R_3}{R_3} \right) \right] \qquad (13-2)$$

根据应变电桥平衡的条件，上式可写为：

$$\Delta E_{BD} = \frac{U}{4} \left(\frac{\Delta R_1}{R_1} - \frac{\Delta R_2}{R_2} + \frac{\Delta R_4}{R_4} - \frac{\Delta R_3}{R_3} \right)$$

$$= \frac{1}{4} UK(\varepsilon_1 - \varepsilon_2 + \varepsilon_4 - \varepsilon_3) \qquad (13-3)$$

公式中：K——灵敏系数，为无量纲量，$K = \frac{\Delta R_i}{R_i} / \varepsilon_i$。

ε_1、ε_2、ε_3 和 ε_4——分别为与电阻 R_1、R_2、R_3 和 R_4 阻值变化相对应的应变。

根据电桥的测量电路，应变电桥的测量方法有下列几种：

1. 单点测量

单点测量时，组成测量电桥的四个电阻中，R_1 为电阻片电阻，其余三个为精密电阻元件（无电阻变化），则：

$$\Delta E_{BD} = \frac{1}{4} UK\varepsilon_1 \qquad (13-4)$$

2. 半桥测量

其方法是将半桥接电阻片，另半桥为精密电阻元件（$\triangle R_3 = \triangle R_4 = 0$），则：

$$\Delta E_{BD} = \frac{1}{4}UK(\varepsilon_1 - \varepsilon_2) \qquad (13-5)$$

3. 全桥测量

其方法是组成测量电桥的四个电阻全由电阻片组成，即：

$$\Delta E_{BD} = \frac{1}{4}UK(\varepsilon_1 - \varepsilon_2 + \varepsilon_4 - \varepsilon_3) \qquad (13-6)$$

根据应变电桥测量电路的分析，所建立的这些基本关系式表明了电桥的电压输出与桥臂电阻（电阻片）的相对增量$\triangle R/R$或应变ε成正比的关系。由此也可看出电桥的增减特性，即相邻两臂的输出符号相反，相对两臂的输出符号相同。根据电桥的这些特性，我们就可以选择不同的电阻片接线方法进行应变测量。

（二）温度补偿

用应变片测量应变时，它除了能感受试件受力后的变形外，同样也能感受环境温度的变化而引起电阻应变仪指示部分的示值变动，这称为温度效应。

温度变化从两方面使应变片的电阻值发生变化。第一是电阻丝温度改变$\triangle T$（℃），其电阻将会随之改变ΔR_β，即：

$$\Delta R_\beta = \beta_1 R \Delta T \qquad (13-7)$$

公式中：β_1——电阻丝的电阻温度系数（1/℃）；

R——应变片的原始电阻值（Ω）。

第二是因为材料与应变片电阻丝的线膨胀系数不相等，但二者又粘合在一起，这样温度改变$\triangle T$（℃）时，应变片中产生了温度应变，引起一附加的电阻变化ΔR_α，即：

$$\Delta R_\alpha = K_0(a_j - \alpha)R\Delta T \qquad (13-8)$$

公式中：K_0——贴好的应变丝对温度应力的灵敏系数；

a_j——试件材料的线膨胀系数（1/℃）；

α——电阻丝的线膨胀系数（1/℃）。

因此，总的温度效应是二者之和，即：

$$\Delta R_T = \Delta R_a + \Delta R_\beta = [K_0(\alpha_j - \alpha) + \beta_1]R\Delta T$$

令：$\beta = K_0(\alpha_j - \alpha) + \beta_1$

则：

$$\Delta R_T = \beta R \Delta T \qquad (13-9)$$

公式中：β ——贴好的应变片总的电阻温度系数。

温度效应的应变值也即视应变为：

$$\varepsilon_T = \frac{\Delta R_T}{K_0 R}$$

$$= \frac{1}{K_0}[\beta_1 + K_0(\alpha_j - \alpha)]\Delta T \qquad (13-10)$$

一般情况下，上式中因子 $\beta_1 + K_0(\alpha_j - a)$ 不会为零，其值是不能忽视的，必须加以消除。消除温度效应的应变值主要是利用惠斯登电桥电路的特性进行，称为温度补偿。

如图 13-2 所示，在电桥的 BC 臂上接一个与测量应变片 R_1 同样阻值的温度补偿应变片 R_2（简称补偿片），测量应变片 R_1（简称工作片）贴在受力构件上，它既受应力作用又受温度作用，故 R_1 是由两部分组成，即 $\Delta R_1 = \Delta R_\sigma + \Delta R_T$。

补偿片 R_2 贴在一个与试件材料相同并置于试件附近、具有同样温度变化条件，但不承受外力作用的小试块上，它只有 $\Delta R_2 = \Delta R_T$ 的变化。此时，电桥对角线上的电流计的反应为 $\Delta R_1 - \Delta R_2 = \Delta R_a$。测量结果仅是试件受力后产生的应变值，而温度效应所产生的视应变就消除了。

在实际工作中，为保证补偿效果，对补偿片的设置应考虑如下因素：一是补偿片与工作片应该是同批产品，具有相同的电阻值、灵敏系数和几何尺寸。二是贴补偿片的试块材料应与试件的材料一致，并应做到热容量基本相等。如是混凝土材料，则需同样配合比和在同样条件下养护。三是补偿片的贴片、干燥、防潮等处理工艺必须与工作片完全一致。四是连接补偿片的导线应与连接工作片的导线同一规格、同一长度，并且相互平列、靠近布置或捆扎成束。五是补偿片与工作片的位置应尽量接近，使二者处于同样温度场条件下，以防不均匀热源的影响。六是补偿片的数量多少，根据试验材料特性、测点位置和试验条件等因素决定。一般情况下，钢结构可用一个补偿片同时补偿 10 个工作片。对混凝土材料可用一个补偿片补偿 5~10 个工作片。如果要求严格或者是某些测点所处条件特殊时，应单独补偿，以尽量减少因补偿片连续工作而工作片间断工作所造成的温差影响。

上述桥路补偿的主要优点是方法简单、经济实用，在常温下补偿效果较好，因此获得广泛应用。但在温度变化梯度较大时，将会有一定误差。

目前除采用桥路补偿外，还有采用应变片温度自补偿的办法，即使用一种特殊的应变片，当温度变化时，其电阻增量等于零或相互抵消而不产生视应变。这种特殊应变片称温度自补偿应变片，它主要用于机械类试验中，在桥梁荷载试验中国内目前尚少采用。

（三）电阻应变测量的桥路连接

在桥路中，连接在同一桥臂上的应变片的电阻变化是电阻应变片阻值之和，而连接在相邻桥臂上的应变片的电阻变化则是应变片阻值之差，利用这一特点，结合温度补偿片设置方法，电阻应变片在测量电桥中可以有不同的接法，以便达到实现温度补偿，从复杂的变形中测量出所需的应变成分，扩大读数以减少读数误差这三个目的。在荷载试验测量中，应变片与电桥的连接有半桥与全桥两种接线方法。

1. 半桥式接线方法

这是电测中最常用的连接方法。实用中将两个相同规格的应变片分别接在桥臂 AB、BC 上，R_1 是工作片，R_2 是补偿片。为了测量需要，有时 R_1、R_2 都作为工作片，并且又互为温度补偿片。按半桥式接线方法，可以进行下列常见的构件应变的测量：

拉伸应变测量的连接方法。R_1 感受外力变形和温度变化的影响，R_2 只感受温度变化的影响，考虑两个应变片同处一个温度场中，因此温度变化的影响消除了，所测得的值即为与试件轴线相一致的应变值。电阻增量为：

$$\Delta R = KR_1 \varepsilon \tag{13 - 11}$$

与前者不同的是 R_2 与 R_1 垂直，R_2 反映试件受力后的横向变形。经分析，电阻增量为：

$$\Delta R = \Delta R_1 - \Delta R_2 = KR(1 + \nu)\varepsilon \tag{13 - 12}$$

公式中：ν——试件材料的泊松比。此时仪器的灵敏度增大到原来的 $(1+\nu)$ 倍。

2. 全桥式接线方法

将电阻应变仪四个桥臂上全部接上工作片，如图 13-3 所示。这种桥路连接方式既能提高测量的灵敏度，同时又能解决互为补偿的问题。由于四个应变片的电阻改变的绝对值相同，所以仪器上得到的读数为单贴一片工作时的 4 倍，实测应变 $\varepsilon_{实}$ 为仪器读数的 1/4，即：

$$\varepsilon_{实} = \frac{\varepsilon_{读数}}{4} \tag{13 - 13}$$

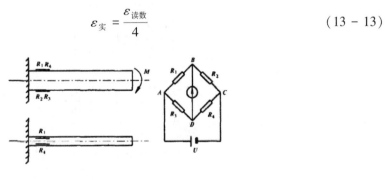

图 13-3 弯曲应变测量的全桥连接方法

全桥式接线法常用于电阻式传感器的桥路连接。电阻应变仪应用在多点测量时，可使用与其配套的预调平衡箱。使用时首先将预调平衡箱的连接线插在应变仪的联用插座上，将测点导线分别接到预调平衡箱的接线柱上。联机操作时，各点先预调平衡，加载之后逐点测取读数即为实测应变，这使多点应变测量工作大为方便。平衡箱与应变仪联合使用可以做多点的半桥或全桥测量。

第三节 桥梁动载试验仪器设备

结构振动的测试仪器包括测振传感器（拾振器）、信号放大器、动态电阻应变仪、光线示波器、笔录仪、磁带记录仪和数字信号处理机等。近年来振动信号分析处理技术发展很快，已开发出多种以 A/D 转换和微机结合的数据采集和分析一体化的智能仪器和大型动态分析应用软件，可以进行实时数据采集分析，并能实现数据储存，有取代磁带记录仪和专用信号处理机的趋势，但还有待普及。

一、测振传感器

振动参数有位移、速度和加速度，测量这些振动参数的传感器有许多种类。但由于振动测量的特殊性，如测量时难以在振动体附近找到一个静止点作为测量的基准点，所以就需要使用惯性式测振传感器。通常所指的测振传感器即为惯性式测振传感器（以下简称为测振传感器），由惯性质量、阻尼和弹簧组成一个动力系统，并固定在振动体上（即传感器的外壳固定在振动体上），与振动体一起振动，通过测量惯性质量相对于传感器外壳的运动，就可以得到振动体的振动（13-4）。由于这是一种非直接的测量方法，所以传感器动力系统的动力特性对测量结构具有很重要的影响。

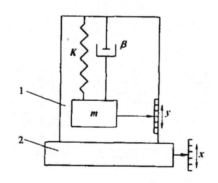

图 13-4 测振传感器力学原理

1-传感器；2-振动体

惯性质量、弹簧和阻尼系统是测振传感器的感受部分。感受到振动信号要通过各种转换方式转换成电信号，转换方式有磁电式、压电式、电阻应变式等。传感器所测的振动量通常是位移、速度和加速度等，按它们的转换方式和所测振动量可以分成很多种类。以下简要介绍磁电式速度传感器和压电式加速度传感器。

（一） 磁电式速度传感器

磁电式速度传感器是根据电磁感应的原理制成的，其特点是灵敏度高，性能稳定，输出阻抗低，频率响应范围有一定宽度。调整质量、弹簧和阻尼系统的动力参数，可以使传感器既能测量非常微弱的振动，也能测量比较强烈的振动。

图 13-5 所示为一磁电式速度传感器，其中磁钢和壳体相固连，并通过壳体安装在振动体上，与振动体一起振动；芯轴和线圈组成传感器的系统质量，通过弹簧片（系统弹簧）与壳体连接。振动体振动时，系统质量与传感器壳体之间发生相对位移，因此线圈与磁钢之间也发生相对运动。传感器的电压输出（即感应电动势 E）与相对运动速度 v 成正比。

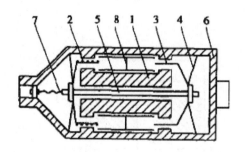

图 13-5　磁电式速度传感器

1-磁钢；2-线圈；3-阻尼环；4-弹簧片；5-芯轴；6-外壳；7-输出线；8-铝架

图 13-6 所示为一摆式测振传感器，它的质量弹簧系统设计成转动的形式，因而可以获得更低的仪器固有频率。摆式传感器可以测垂直方向和水平方向的振动。它也是磁电式传感器，输出电压与相对运动速度成正比。

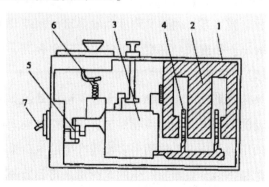

图 13-6　摆式传感器

1-外壳；2-磁钢；3-重锤；4-线圈；5-十字弹片；6-弹簧；7-输出线

磁电式测振传感器的主要技术指标如下：第一，传感器质量弹簧系统的固有频率。它直接影响传感器的频率响应。第二，灵敏度。即传感器在测振方向受到一个单位振动速度时的输出电压。第三，频率响应。当所测振动的频率变化时，传感器的灵敏度、输出的相位差等也随之变化，这个变化的规律称为传感器的频率响应。对于一个阻尼值，只有一条频率响应曲线。第四，阻尼比。传感器的阻尼比与频率响应有很大关系，磁电式测振传感器的阻尼比通常设计成 0.5~0.7。磁电式传感器输出的电压信号一般比较微弱，需要用电压放大器进行放大。

（二）压电式加速度传感器

压电式加速度传感器体积小，质量小，使用频率范围宽，稳定性与抗干扰性能等都较好，因此在桥梁结构动载试验中，尤其是在模型振动试验中应用广泛。压电式加速度传感器的突出缺点是灵敏度较低。

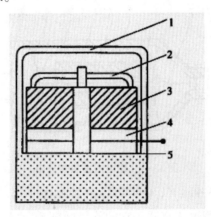

图 13-7 加速度传感器

1-外壳；2-硬弹簧；3-质量块；4-压电晶体；5-输出端

图 13-7 所示为压电式加速度传感器的结构原理，压电晶体片上是质量块，用硬弹簧将它们夹紧在基座上。质量弹簧系统的弹簧刚度由硬弹簧的刚度和晶体片的刚度组成，刚度很大，质量块的质量较小，因而质量弹簧系统的固有频率很高，可达数千赫兹，高的甚至可达 100~200 kHz。

由理论分析可知，当传感器的固有频率远远大于所测振动的频率时，质量块相对于外壳的位移就反映所测振动的加速度。质量块相对于外壳的位移乘上晶体的刚度就是作用在晶体上的动压力。这个动压力与压电晶体两个表面所产生的电荷量（或电压）成正比，因此我们可以通过测量压电晶体两个表面所产生的电荷量来得到所测振动的加速度。

压电式加速度传感器的主要技术指标如下：

1. 灵敏度

压电式加速度传感器有两种形式的灵敏度，即电荷灵敏度 S_q 和电压灵敏度 S_v。传感器灵敏度的大小取决于压电晶体材料的特性和质量块的质量大小。传感器几何尺寸愈大亦即质量块愈大，灵敏度愈大，但使用频率愈窄；传感器体积减小亦即质量块减小，灵敏度也减小，但使用频率范围加宽。选择压电式加速度传感器要根据测试要求综合考虑。

2. 安装谐振频率 $f_安$

$f_安$ 是指传感器牢固地（用钢螺栓）装在一个有限质量 m（目前国际上公认的标准是取体积为 1 立方英寸，质量为 180g）的物体上的谐振频率。压电式加速度传感器本身有一个固有谐振频率，但是传感器总是要通过一定的方式安装在振动体上，这样谐振频率就要受安装条件的影响。传感器的安装谐振频率与传感器的频率响应有密切关系，不好的安装方法会大大影响测试的质量。

3. 频率响应

根据对测试精度的要求，通常取传感器安装谐振频率的 $1/5 \sim 1/10$ 为测量频率的上限，测量频率的下限可以很低，所以压电式加速度传感器的工作频率很宽。

4. 横向灵敏度比

即传感器受到垂直于主轴方向振动时的灵敏度与沿主轴方向振动的灵敏度之比。在理想的情况下，传感器的横向灵敏度比应等于零，即当与主轴垂直方向振动时不应有信号输出。

5. 幅值范围

即传感器灵敏度保持在一定误差大小（通常在 $5\% \sim 10\%$）时的输入加速度幅值的范围，也就是传感器保持线性的最大可测范围。压电式加速度传感器使用电压放大器或电荷放大器对信号放大。

正确安装压电式加速度传感器尤其在高频振动时更为重要。一般常采用以下几种安装方法：

（1）用钢螺栓连接

这种安装方法与实际校准时条件相似，可以达到最佳频率响应。如安装表面不平时，可在传感器底部涂一层硅蜡以增加安装刚度。

（2）用绝缘螺栓与云母垫圈连接

由于云母片的硬度高，因此这种安装方法的频响特性较好。

（3）用永久磁铁固定

适用于加速度小于 $200 \times 980\ cm/s^2$ 的振动情况。

（4）用蜡或粘结剂固定

用蜡将传感器粘在振动物表面，频响特性较好；用环氧树脂作粘结剂时，只能用于低加速度的振动测试。

（5）用手持方法

一般桥梁结构振动的基频较低，相对来说对压电式加速度传感器的安装较为简单，仅适用于 1 000 Hz 以下的振动测量。

（三）电阻式传感器

电阻式传感器是桥梁结构动载测试中常用的一种传感器。将振动量转换成传感器元件的电阻变化的形式比较多，其中主要有滑线电阻式和电阻应变式两种。目前采用的半导体应变片由于灵敏度系数高，从而提高了这类传感器的灵敏度。

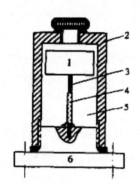

图 13-8　电阻式应式传感器

1-惯性块；2-外壳；3-簧片梁；4-电阻片；5-注满硅油；6-基座

图 13-8 所示为电阻应变式传感器构造示意图。电阻的变化是通过电桥电路原理进行测量的，可直接与动态电阻应变仪相配合进行测试。电阻应变式传感器的特点是低频响应较好。根据其固有频率的高低，也可分为位移传感器和加速度传感器。

二、测振放大器

测振放大器是动力测试系统中的重要组成部分，一般称为二次仪表。测振传感器输出的信号一般都很微弱，需经放大器放大之后才能推动记录设备。测振放大器除对信号有放大作用，一般还具有对信号进行微分、积分和滤波等功能。放大器按放大方式分为两种：一种是直接放大形式，并具有微、积分等运算网路和滤波器，这类放大器配合电动式和压电式传感器使用；另一种是载波放大形式，将输入信号经载波调制后再放大，经过检波解调恢复原波形输出。它又可分为调幅式、调频式和调相式等，这类放大器配合电阻应变式传感器及电感、电容式传感器使用。

在桥梁结构试验中，一般常用的放大器有微积分放大器、电压放大器、电荷放大器、动态电阻应变仪等。

（一）微积分放大器

在桥梁动力测试中，经常需测量位移、速度和加速度这三个振动量，而这三个量在数学上便得到被测对象的位移、速度和加速度等振动参数。即：

加速度：$a = \dfrac{\mathrm{d}v}{\mathrm{d}t} = \dfrac{\mathrm{d}^2 x}{\mathrm{d}t^2}$

速度：$v = \dfrac{\mathrm{d}x}{\mathrm{d}t} = \int a\mathrm{d}t$

位移：$x = \int v\mathrm{d}t = \iint a\mathrm{d}t\mathrm{d}t$

利用电量的微分和积分运算较容易实现这一特点，在测试系统中用微积分电路可以很方便地得到被测对象的位移、速度和加速度等振动参数。通过微积分放大器可将电动式传感器的输出信号加以积分、微分和线性放大。

（二）电压放大器

电压放大器是压电式传感器的一种前置放大器，其作用是将压电传感器输出的微弱信号加以放大，将传感器的高输出阻抗转换成较低值。电压放大器构造简单，可靠性强，其缺点是传输电缆长度对测量结果有影响，低频响应差。因此，在测试中要选用短导线和低噪声电缆。

（三）电荷放大器

由于压电式传感器输出阻抗很高，并且输出信号微弱，因此需采用输入阻抗极高的一种放大器与之相配合，否则传感器产生的电荷会经放大器的输入电阻释放掉。采用电压放大器同压电式传感器配合时，由于传输电容对结果有很大影响，且有传输距离较短、低频响应差等缺点，因此常采用电荷放大器与压电式传感器相配合。

电荷放大器的优点是对电缆电容不敏感，传输距离可达数百米，并且低频响应好，因而适用于低频或超低频测量。然而，电荷放大器内部噪声较大，而且成本高。此外，电荷放大器的工作下限频率可以做得很低，低频响应好，不但可测超低频信号，而且电荷放大器还可进行静态校准。

（四）动态电阻应变仪

对于电阻式、电感式和电容式传感器配用的放大器，一般多采用载波放大的形式。在动力测试中常用的载波放大器有电阻应变仪、差动变压放大器和鉴频放大器等。载波放大器可分为调幅式、调频式和调相式等类型，在测试中常用的电阻应变仪属于调幅式。动态电阻应变仪输入端与电阻应变片或电阻式传感器相连，并对输入信号进行放大，采用偏位法（直读式）测量，输出端与光线示波器或磁带记录器相连，将振动信号记录下来。

动态电阻应变仪种类较多，根据可测频率范围分为动态与超动态两类，前者可测频率在 10 kHz 以下，而后者可测频率在 10 kHz 以上。按供桥电压的不同可分为交流电桥动态电阻应变仪、直流电桥动态电阻仪和脉冲供桥电压动态电阻应变仪等，这些不同类型的应变仪各有特点，以适用不同的需要。其中以交流电桥动态电阻应变仪应用较为广泛。

三、测振记录装置

测振记录装置是动力测试系统中的最后一个环节，在桥梁动力测试中早期经常使用光线振子示波器、笔录仪，近期主要采用磁带记录器等记录装置。

（一）光线振子示波器

光线振子示波器是一种常用的模拟式记录器，主要利用惯性很小的磁电式振子的偏转运动，将电信号转换为光信号并记录在感光纸或胶片上，得到的是试验变量与时间的关系曲线。

对光线示波器记录的试验结果进行数据处理，需要用量尺直接在曲线上量取大小，根据标定值按比例换算得到仪表试验结果的数值。关于时间的数值，可用记录纸上的时间标记按同样方法进行换算。这种记录装置因不能实现数据自动传输和重新回放，已很少采用。

（二）笔录仪

笔录仪也称笔描式记录仪或 X–Y 记录仪，由驱动记录笔运动的检流计、记录纸、传动机械、标记机构和专用放大器组成。笔尖的运动方向基本上与纸带运动方向垂直，在纸上绘出记录曲线。记录方式以墨水式用得最多。笔录仪的自振频率低，只能测量 100Hz 以下的动态过程，工作频率也较窄，并且对跳跃信号的响应性能较差。因此，目前也较少采用。

（三）磁带记录仪

磁带记录仪是一种常用的较理想的记录仪器，可以用于振动测量和静载试验的数据记录，它将电信号转换成磁信号并记录在磁带上，得到的是试验变量与时间的变化关系。

磁带记录仪由磁带、磁头、磁带传动机构、放大器和调制器等组成。磁带记录仪的记录方式有模拟式和数字式两种，对记录数据进行处理应采用不同的方法。用模拟式记录的数据，可通过重放把信号输送给其他分析仪器，用 A/D 转换得到相应的数值。用数字式记录仪记录的数据，可直接输送给打印机打印输出，或输送到计算机等进行分析。

磁带记录仪的特点是：第一，工作频带宽，直接记录方式工作频率为 5~20kHz，采用配频记录方式工作频带宽为 0~40kHz。第二，可以同时进行多通道记录，并能保持多通道信号之间正确的时间和相位关系。第三，可以快速记录慢速重放，或慢速记录快速重放，使数据记录和分析更加方便。第四，通过重放，可以很方便地将磁信号还原成电信号，输送给各种分析仪器。第五，作噪比较高，零点漂移小，线性好，不怕过载。

四、测试系统的选配

根据常用的一些测振仪器的性能，一般可构成电磁式测试系统、压电式测试系统和电阻应变式测试系统等三种测试系统。

（一）电磁式测试系统

电磁式测试系统在桥梁的动力测试中应用较为普遍，这类系统通过仪器的组合变换可测位移、速度和加速度。电磁式测试系统的特点是输出信号强、灵敏度高、稳定性好、传感器输出阻抗低、长导线的影响较小，因此抗干扰性能好。系统的组成为：

电磁式传感器→信号放大器→记录装置

（二）压电式测试系统

压电式测试系统一般用于测量加速度。由于压电式传感器具有高输出阻抗的特性，要求与输入阻抗很高的放大器相连。因此，放大器输入阻抗的大小将对测试系统的特性产生重大影响。由于压电式传感器自振频率较高，因此可测频响较宽，但系统抗干扰性差。长导线对阻抗影响较大，易受电磁场干扰。配套的前置放大器有两种基本形式：一种是电压放大器，它的输出电压正比于输入电压；另一种是电荷放大器，它的输出电压正比于压电传感器输出电荷。这两种前置放大器各具特点，电压放大器的输出电压受输出电缆长度的影响，低频特性也受其他输出电阻的影响，由这种放大器组配的系统适用于一般频率范围的动力测试；电荷放大器不受传输电缆分布电容的影响，低频特性也很少受输入电阻的影响，使用频率可达到零，它适用于低频或超低频长距离的动力测试。系统的组成为：

压电式传感器→电压或电荷放大器→记录装置

（三）电阻应变式测试系统

电阻应变式测试系统中传感器的种类较多，例如应变计、位移计、加速度计等，需配套使用的放大器是各类动态电阻应变仪，记录装置为常用的光线振子示波器或磁带机等。这类测试系统的低频响应好，可从零赫兹开始。动态电阻应变仪可作为各类电阻应变式传感器的放大器。但这类测试系统易受温度的影响，抗干扰性能较差，长导线对灵敏度也有影响。电阻应变式测试系统中各部分仪器具有通用性强、应用方便等特点，在桥梁动力试验中应用普遍。系统的组成为：

电阻式传感器→动态电阻应变仪→记录装置

在选配上述三类测试系统时，要注意选择测振仪器的技术指标，使传感器、放大器和记录仪的灵敏度、动态范围、频率响应和幅值范围等技术指标合理配套，以保证测试结果的准确性和可靠性。

五、测振仪的标定

在桥梁动力测试中，仪器的标定是一项十分重要的工作，为保证测试结果的精确度与可靠性，要求在试验的准备工作阶段对测试系统各部分的仪器装置进行认真的标定。

（一）基本的标定内容

测试系统中的传感器、放大器和记录仪等组成部分的标定内容虽不完全一样，但是标定的主要内容是基本相同的。基本的标定内容有灵敏度标定、频率特性标定和线性度标定。

1. 灵敏度标定

仪器灵敏度的标定一般在振动台上进行，标定频率应取在其频响曲线的平台范围内，并标定三次以上，取其平均值。通过对单台仪器或整个测试系统的标定，可获得单台仪器或测试系统的灵敏度，也就是输出量与输入量的比值。

2. 频率特性标定

频率特性标定包括幅频特性标定和相频特性标定。一般应用较多的是幅频特性标定。幅频特性标定是确定仪器的灵敏度随频率而变化的规律。标定时，固定振动台的输入幅值而改变其频率，测出各个工作频率时仪器的输出量。在记录图上读出不同频率时的输出幅值并除以标定的输入幅值，则可得到不同频率时的灵敏度。用灵敏度作为纵坐标，标定频率作为横坐标，即可得幅频特性曲线。根据曲线可确定仪器的使用频率范围，即可测频率范围。

3. 线性度标定

仪器的线性度表示在一定的频率下仪器灵敏度随输入信号幅值大小而变化的规律。标定时使振动台的标定频率为一定值，而改变其输入幅值并测出仪器的输出幅值。以输入量为横坐标，输出量为纵坐标，根据对应的标定值即可做出线性度曲线。由此曲线即可确定仪器的线性动态范围，即可测幅值范围。

（二）常用的标定方法

标定测振仪的方法较多，常用的方法有绝对标定法和相对标定法、分部标定法和系统标定法等。

1. 绝对标定法

采用绝对标定法标定时，由标准振动台产生一正弦振动，用相应的手段测出这一振动的振幅和频率，以这两个基本量作为测振仪的输入，再根据测振仪所获得的这一标准振动的记录值，即可计算出测振仪的灵敏度等。绝对标定要求精确测定振动的振幅和频率，一般多以读数显微镜和激光测振仪来测定。标定位移传感器灵敏度时，将振动台调至某一固定频率，再调节振幅于某一定值，读出振幅值，测出被标定仪器的输出量，则可算出灵敏度。

标定速度或加速度传感器时，则调节振动台位移幅值，使振动速度或加速度为一定值，例如 v=1cm/s 或 α=980cm/s² 时，测出此时传感器的输出量即可求得它们的灵敏度。

进行频率特性标定时，固定振动台各参数的幅值，改变其频率，然后测出对应的数据，即可绘成曲线。标定线性度时，振动台频率不变，改变输入幅值，测出对应的输出量并绘成曲线，即得线性度曲线。绝对值标定通常由计量单位或生产厂家进行。

2. 相对标定法

相对标定法或称比较标定法，是用一标准的测振仪去校准要标定的仪器。用相对法标定时，传感器或测试系统的灵敏度、频率特性和线性度的标定过程与绝对标定法相同，只是用两套仪器同测一个振动量，以标准仪器的读数为准去校准被标定的仪器。由于能直接从标准仪器读出振动的幅值、速度和加速度，因此比绝对法简单、直观。

3. 分部标定法

分部标定法是将测振传感器、放大器和记录器等构成测试系统，分别测定各部分仪器的灵敏度，然后将其组合起来求得整个测试系统的灵敏度。如分别标定传感器、放大器和记录仪的灵敏度为 K_S、K_F、K_R，则测试系统总的灵敏度为：

$$K = K_S K_F K_R$$

分部标定时，应注意各级仪器间的耦合与匹配关系。

4. 系统标定法

系统标定法是将传感器、放大器和记录仪配为一体，然后标定整个系统输出量与输入量的关系，以得到系统总的灵敏度和频率特性等指标。系统标定一般在振动台上进行。标定时要注意仪器的配套使用条件应和实际测试时完全一样。标定后仪器之间的对应关系不能随意改动，必须更换时需做补充标定。标定时要认真记录仪器编号、通道、衰减档等，实测时要严格按此匹配系统布置，不得改动。系统标定法简易方便，仪器标定时的情况与使用时一样，因此工作可靠。

[1] 于洪江. 道路桥梁检测技术 [M]. 黄河水利出版社, 2019.

[2] 张美珍, 周德军. 公路工程检测技术 [M]. 北京：人民交通出版社, 2019.

[3] 陈爱军, 吴鸣, 黄立浦. 结构试验与检验 [M]. 哈尔滨工程大学出版社, 2019.

[4] 王友顺, 刘冰峰, 常柱刚. 道路桥梁与交通工程 [M]. 天津：天津科学技术出版社, 2018.

[5] 修林岩, 徐小娜, 孙文杰. 公路工程与桥梁施工 [M]. 天津：天津科学技术出版社, 2018.

[6] 金孝权. 建筑工程材料进场复验和现场检测抽样规则 [M]. 北京：中国建筑工业出版社, 2018.

[7] 李军, 陈青萍. 道路建筑材料 [M]. 武汉理工大学出版社, 2018.

[8] 裴军军, 庞建利, 姜艳军. 道路工程试验与检测 [M]. 成都：四川大学出版社, 2019.

[9] 于洪江. 道路桥梁检测技术 [M]. 郑州：黄河水利出版社, 2019.

[10] 杨勇, 费月英, 任小艳. 公路工程检测技术 [M]. 成都：西南交通大学出版社, 2019.

[11] 李霞, 王建锋. 道路材料试验实训 [M]. 上海：上海交通大学出版社, 2018.

[12] 李伟, 杨佳, 赵中华等. 道路工程施工项目管理与技术创新 [M]. 北京：清华大学出版社, 2018.

[13] 刘志前, 刘莲馥, 王丹辉. 道路建筑材料检测 [M]. 武汉：华中科技大学出版社, 2018.

[14] 李军, 陈青萍. 道路建筑材料 [M]. 武汉：武汉理工大学出版社, 2018.

[15] 周烨. 道路建筑材料 [M]. 北京：北京师范大学出版社, 2018.

[16] 修林岩, 徐小娜, 孙文杰. 公路工程与桥梁施工 [M]. 天津：天津科学技术出版社, 2018.

［17］朱芳芳，于忠涛，杨晓林. 桥梁工程试验与检测［M］. 北京：人民交通出版社，2019.

［18］叶生. 桥梁工程试验检测技术［M］. 北京：人民交通出版社，2019.

［19］李国栋，赵卫平. 桥梁结构试验与检测技术［M］. 北京：人民交通出版社股份有限公司. 2019.

［20］魏洋，端茂军，李国芬. 桥梁检测评定与加固技术［M］. 北京：人民交通出版社股份有限公司. 2019.

［21］王毅，张恩正. 建筑工程试验与检测［M］. 成都：西南交通大学出版社，2019.

［21］朱小辉，颜炳玲. 桥梁检测与维修［M］. 上海：上海交通大学出版社，2018.

［22］高军，胡隽，林晓. 高速铁路岩溶地质桥梁桩基施工检测技术［M］. 武汉：华中科技大学出版社，2018.

［23］辛公锋，黎奎，胡佳波等. 公路工程试验检测技术与管理［M］. 徐州：中国矿业大学出版社，2017.

［24］谢开仲，陈光强. 桥梁加固与改造［M］. 成都：电子科技大学出版社，2017.

［25］卞永明，刘广军. 桥梁结构现代施工技术［M］. 上海：上海科学技术出版社，2017.

［26］张少华. 公路桥梁工程与项目管理［M］. 北京：北京理工大学出版社，2019.

［27］丁雪英，陈强，白炳发. 公路桥梁建设与工程项目管理［M］. 长春：吉林科学技术出版社，2019.

［28］王燕浩. 公路桥梁工程桩基础施工技术［M］. 芒市：德宏民族出版社，2019.

［29］马祖桥. 公路桥梁工程建造精度体系［M］. 北京：人民交通出版社股份有限公司. 2019.

［30］关凤林，薛峰，黄启富. 公路桥梁与隧道工程［M］. 长春：吉林科学技术出版社，2019.